POCHES ODILE JACOB

UNE HISTOIRE MONDIALE DE LA TABLE

DU MÊME AUTEUR
CHEZ ODILE JACOB

Et si on refaisait l'histoire ? (avec Fabrice d'Almeida), 2009.

ANTHONY ROWLEY

UNE HISTOIRE MONDIALE DE LA TABLE

Stratégies de bouche

Odile Jacob
poches

15, rue Soufflot, 75005 Paris

www.odilejacob.fr

ISBN : 978-2-7381-2297-1
ISSN : 1621-0654

Pour vous.

AVANT-PROPOS

Arrachés aux souvenirs ou à l'instant, les récits de bouche suggèrent à l'arrière-plan des péripéties souvent heureuses. Rien ne sert pourtant d'en astiquer les détails comme des pierres précieuses, leur éclat distrait au mieux un moment de l'angoisse à laquelle on revient dès qu'on y a goûté, l'ultime festin.

Se payer de mots est un exercice illusoire : alimentation, cuisine, table et gastronomie sont des pansements inventés par l'esprit et posés sur la blessure unique qui nous taraude et nous vainc. Grains, pommes de terre et fromages sont emballés dans des tissus jugés longtemps assez dignes pour fournir des linceuls ; en ce registre, la vergogne n'est pas de circonstance : consommation et disparition font la paire. C'est pourquoi l'alimentation a pour contrepartie une perception pessimiste de l'existence, alors qu'elle est gouvernée par le réalisme de l'action et de la connaissance. Il manque toujours quelque chose, du pain, du vin ou de la viande ; du soleil ou de la pluie ; des mains ou des greniers ; des produits qu'on doit se contenter de regarder de biais ou derrière la vitre.

Mitonner du bon, parfois du grand, dans ce miracle quotidien qu'est la cuisine, ne prémunit pas davantage. On y rencontre savants, alchimistes et artistes du fourneau. Par leurs idées et leurs échanges, ils ont écrit une histoire passionnante, portée par des objets, des recettes, des menus ; ils ont modelé un espace et créé un foyer. Mais tout cuisinier, amateur comme professionnel, sait qu'il se livre à une activité de montage, dissimulatrice voire mensongère, aux fins de rassurer lui et les mangeurs. Les raccords sauciers, le maquillage des chairs, le feuilletage des pâtes, la découpe et la présentation des plats participent de cette mise en scène dont l'apothéose demeure la bien nommée pièce montée.

Même le prince qui claque des doigts pour convier à sa table amis et obligés, servi à toute heure en grande pompe, n'échappe pas à l'inévitable sentiment de perte après chaque repas. La table a beau rassembler, contenter, inciter à l'euphorie, inspirer des propos où les poncifs à la mode deviennent des questions pertinentes, jamais le halo nostalgique du déjà-plus ne se dissipe, festins d'enfance ou repas de fête. La formidable collection d'habitudes culinaires qu'elle exploite et enrichit laisse toujours planer un doute sur la répétition culinaire : le plaisir en bouche vient-il du même ou du presque-rien manquant qui le rend inatteignable et désirable ? Et le gastronome est le plus mal placé pour échapper à cette délicieuse damnation, lui, le juriste du boire et du manger, le scribe d'une cérémonie hédoniste et en même temps le notaire qui enregistre les actes d'une culture sans cesse entre ruine et reconstruction.

Pour sortir de cette emprise, on peut vagabonder ou se chercher un « chez-soi » où se reconnaître et se retrouver. La première méthode se soucie moins d'exactitude que d'anecdotes, de lieux communs transformés en petits faits de la sagesse épulaire par l'esprit de l'auteur. Leur agrégation compose, au long des générations, un patrimoine indivis et qui passe pour attesté. Ainsi est indémodable la fable qui fait inventer les pâtes alimentaires en Chine, tribut à l'ancienneté d'une cuisine, agrémenté d'une touche exotique, vu d'Europe, puis qui imagine leur transmission par un médiateur à la fois marchand, explorateur, écrivain et vénitien, Marco Polo, résumé vivant de la quintessence culinaire puisque sa « découverte » nourrit, permet d'échanger, mérite d'être consignée et réunit en sa personne deux lieux du paradis culinaire, la Chine et l'Italie. Qui voudrait de pâtes roulées faute de mieux dans les terres pauvres et insalubres de l'Afrique du Nord, voire du Mezzogiorno, bonnes à caler l'estomac de paysans affamés et de prêtres décharnés ? Ainsi, l'opportune exhumation, fin 2005, d'un bol enfoui dans les limons du fleuve Jaune depuis quatre mille ans et rempli de quelques débris permet de rétablir la légende en majesté.

La seconde méthode consiste à circonscrire des objets d'études, afin d'échapper aux coups frontaux qu'assènent les formulations paradoxales déjà évoquées. Devant la suffocation mentale que déclenche le pessimisme alimentaire, il est plus gratifiant de s'intéresser aux bouchers provençaux de l'époque médiévale et de mesurer le rapport entre rations de viande, menus et techniques culinaires. Plutôt que de s'épuiser à gratter les placages ornementaux apposés par des mangeurs-menteurs, il est plus valorisant de privilégier la simplicité stylistique et la modestie des entreprises intellectuelles. Le savant devient maître d'œuvre : il décompose, analyse et bâtit sur des fondations inventoriées, sondées scientifiquement. Son périmètre est limité, mais homogène : les choix ou les procédés sont étudiés en fonction des métiers, des religions, des zones géographiques, des âges, des sexes… Les règles, systèmes ou conclusions ainsi établis sont censés être acceptables par tous, en vertu d'un présupposé humaniste et d'une confiance dans le progrès de la connaissance.

Manque de chance, la barbarie, la solitude et l'orgueil comptent autant. En d'autres termes, les passions et les questions de table ont toujours affaire avec le terrifiant. L'absence des autres détermine des lignes de partage mental particulières. Or, c'est sur tous les fronts de la pensée que l'origine, la tradition et la modernité doivent être éprouvées. C'est pourquoi j'ai décidé, à la manière d'un cuisinier, de me salir les mains en entreprenant de tracer des chemins avec des matériaux composites. Vers l'amont, cela suppose de combiner les remémorations avec les survivances se faisant écho – au risque de se laisser piéger par leurs manipulations et de céder à l'anachronisme – et de construire des retours chronologiques, cycliques ou rectilignes, nécessaires à la compréhension des périodes ici rassemblées, à commencer par la nôtre. Vers l'aval, le diagnostic des « phénomènes au long cours » conduit à l'examen critique des valeurs, des discours et des images qu'ils portent. Il n'y a pas dans ce livre d'aboutissement heureux mais, on l'espère, le plaisir de partager un banquet planétaire, à la recherche d'une archéologie et d'une généalogie.

J'ai choisi de raconter cette histoire en procédant par questions générales. Cela me permettait d'enjamber les bornages périodiques et de ne pas me laisser enfermer derrière la clôture des terrains inventoriés par les anthropologues. Empruntant à ces deux approches, je me suis également efforcé d'analyser des configurations particulières, au besoin d'en confronter certaines et de rapprocher les conclusions des situations générales.

Pour ce premier volume, j'ai construit mon intrigue autour des stratégies menées par les hommes pour assigner un territoire à leur nourriture ; fixer un commencement et une histoire à la cuisine, agencer des concepts. Ce parti d'écrire une histoire du continu, du discontinu et de la répétition explique mes choix, toujours discutables. Nulle préoccupation d'équilibre géographique, nulle hiérarchie culinaire, nul souci de dosage entre les époques n'ont commandé mes choix.

Ce travail est la concrétion d'expériences diverses et de recherches entamées depuis plusieurs décennies. Tout m'a fait ventre : une pratique précoce et assidue de la table – de la famille à celle des restaurants et à leur chronique –, un métier d'historien qui m'a appris à dépouiller et à compter, une vocation d'éditeur qui m'a nourri de la pensée des autres. J'ai pu compter sur les documents repérés par deux jeunes chercheurs remarquables de persévérance et d'intuition, historiens déjà experts de l'alimentation, Frederica Tamarozzi et Frédéric Duhart, ainsi que sur l'aide précieuse – comme toujours – de Micheline Servin et Nicole Rollier. J'ai lié la sauce avec les épices de la conversation et les conseils de mon éditeur. Le tout est servi, je le souhaite, avec la générosité qui convient à un amphitryon.

CHAPITRE 1

NAISSANCE DES STRATÉGIES ALIMENTAIRES

Chercher les origines de la cuisine donne la sensation d'être le survivant d'un cataclysme qui aurait enlevé les traces des commencements. Aucune chronologie n'offre son secours, les débris à peine et les bribes de récits mythiques mille fois tamisés au fil des générations. À quoi bon gaspiller son temps en d'inutiles archéologies quand, du festin d'*Homo sapiens*, il ne reste presque rien ?

Pourtant cet affleurement minuscule est la ruine des surgissements qui ont décidé, pour l'essentiel, de notre destin alimentaire contemporain. À chaque fois – et nous le signalerons sans crainte de lasser – ils ont obligé les individus à redéfinir des normes, à reconstruire leurs paysages mentaux avec des souvenirs et des légendes autant que du nouveau. Ils ont contraint ceux-ci à comparer leur sort avec celui de leurs voisins et de leurs devanciers, à rechercher une vérité alimentaire, tantôt magique, politique ou scientifique, toujours fuyante, souvent contredite. Ils lui ont donné la passion de la nourriture.

Celle-ci se repère même dans l'univers désormais quasi fantomatique de la préhistoire. Pendant trois mille siècles, les Néandertaliens avaient démontré leur habileté écologique.

Plus grands et plus forts que leurs devanciers, ils avaient résisté aux glaciations, appris à protéger le feu avec des pierres sèches, à sculpter des haches en silex efficaces à la chasse et au combat. Ils avaient poussé l'intelligence alimentaire jusqu'à cuisiner de manière différente les morts, rôtis pour ceux du clan, bouillis pour les ennemis, et ils savaient que la soupe de bananes accompagnait bien ces repas exceptionnels. Leurs descendants, Yanomani et Paaka Nova en Amérique du Sud, Hurons du Nord, s'en souviendraient longtemps. Rien ne semblait les menacer et surtout pas ces nouveaux venus, vers 30000 av. J.-C., dont le représentant le plus célèbre fut appelé Cro-Magnon.

Or, celui-ci s'imposa. Sans métissage et donc sans descendance commune ; sans affrontement généralisé, peu vraisemblable vu le petit million d'arrivants éparpillé sur tout le continent asiatique. Mais par la force d'un choc symbolique évoqué dans des récits codés – épopées, généalogies, chants de guerre – et repérable, des milliers d'années plus tard, dans des tombes. À Predmost, en Moravie, les occupants ont ainsi disposé des omoplates de mammouths ornées de motifs peints à l'ocre rouge, ici leurs défenses ouvragées, là des crânes de loups. Aucune arme ni outil. Le bagage des défunts était alimentaire et pacifique. La compagnie d'une nourriture choisie, cuisinée matériellement et artistiquement, visait à contrecarrer l'inévitable décomposition de la chair, à la précéder et garantir aux défunts qu'ils consommeraient encore quelque chose au lieu de se consumer dans les flammes et sous terre. C'était cela la rupture : manifester la supériorité de l'homme sur la mort, grâce à la cuisine.

Il est aisé d'imaginer la séduction terrifiante d'une telle pratique. Il fallait envisager la perspective de sa propre disparition en même temps que celle de l'autre, admettre que l'exécution d'un tel rituel était légale et en codifier les étapes, décider d'une juste répartition alimentaire entre les vivants et les morts. Bref, concevoir des stratégies adaptées à cette origine, s'accommoder des survivances d'une cuisine qui n'existait plus par la magie formelle de la tradition, en apprendre le langage.

Et cela à chaque « origine » de la cuisine. Avant d'y revenir, commençons par décrire la scène alimentaire.

Cette exploration des profondeurs du goût renvoie à une double obscurité, celle des sources – fort rares – et celles d'un cheminement souterrain qui conduirait logiquement d'une cuisine des origines à l'apothéose d'une gastronomie contemporaine. Il est si tentant de privilégier les moments de bascule, la « catastrophe néolithique » par exemple avec son changement climatique et technique, pour écrire la saga d'un monde culinaire en route vers le progrès. Cela assure le succès de la nostalgie – les peuples du feu dévorant leurs carcasses de mammouths – et de la bonne conscience alimentaire – nous nous nourrissons forcément mieux que nos ancêtres hominidés.

Vive le régime préhistorique

Les traces chimiques contenues dans les os fossiles et les fouilles préhistoriques incitent à penser que le régime alimentaire de nos prédécesseurs était non seulement équilibré, mais plus sain que celui de bien des Occidentaux d'aujourd'hui, voire conforme à de nombreuses prescriptions diététiques[1*]. Les rayures obliques sur les dents montrent en effet que les humains de ce temps étaient omnivores, tandis que les carnivores présentent des stries verticales et les herbivores, des stries horizontales. Le diagnostic est confirmé par l'analyse chimique du rapport entre le strontium et le calcium qui décroît en cas de forte consommation de viande : à La Chapelle-aux-Saints en Corrèze, comme dans les grottes de Paglicci, Romanelli, Veneri et Romito – au sud donc d'une ligne Bari/Naples –, les prélèvements attestent d'une nourriture « mixte » (viande, végétaux).

---

* Les notes sont regroupées en fin d'ouvrage et, sauf exception, par blocs afin de faciliter la lecture. On a choisi de citer les seuls textes utilisés pour chaque passage ; une bibliographie générale aurait nécessité un ouvrage autonome.

Certes, il existe des anomalies : à Romanelli, un squelette trahit un individu très porté sur la chair fraîche, mais on ignore si cela correspondait ou non à une fonction religieuse ou sociale particulière. On trouve même des exceptions, à Marcillac en Charente et à Sclayn en Belgique, où c'est toute une tribu de carnivores qui a été identifiée. Pour autant, la conclusion ne fait guère de doute : les hommes du paléolithique sont bien des cueilleurs, peut-être plus que des chasseurs. En témoigne là aussi l'étude du rapport entre deux isotopes du carbone (C13 et C12) ainsi que celui du zinc et du carbone, qui permettent de mesurer la place du végétal dans l'alimentation et de conjecturer les différentes plantes ingérées. Le bilan est édifiant : nos ancêtres avalaient deux fois moins de lipides que l'Américain moyen et quasiment trois fois plus de protides, tandis que leurs mauvaises graisses (acides gras saturés) étaient trois fois moins élevées que celles de leurs descendants et inférieures de moitié aux conseils des nutritionnistes. Quant au sel, obsession de ces derniers qui recommandent de s'en tenir à 1 500/2 500 mg, les « hommes des cavernes » – sans l'ignorer comme on l'écrit parfois à tort – s'en tiennent à un modeste 700 mg, soit dix fois moins que leurs plus indisciplinés descendants et sept fois moins que la moyenne occidentale.

Cela ne nous dit pas ce qu'on mettait à bouillir dans les outres en peau ou dans les baquets de bois. À Limeuil, près des Eyzies en Dordogne, deux jardiniers savants, Véronique et Michel Guignard, se sont efforcés d'en proposer une traduction concrète : « Les femmes ramassent toutes sortes de feuilles : oseille sauvage, ail sauvage, consoude. Les feuilles d'orme, de bouleau, de tilleul blanc, de chêne sont aussi consommées [...]. On aime les saveurs amères, piquantes, acides. Les feuilles duveteuses, râpeuses, un peu coriaces sont appréciées. Le marché est complété par la récolte de baies à farine, de fruits sauvages, de graines de graminées. Poiriers et pommiers, néfliers, abondent dans les bois. Diversifié en saveurs, le panier de la ménagère préhistorique est aussi varié en couleurs. Les fleurs des champs, telles la mauve, la fleur de laitue sauvage, la violette et la fleur de pissenlit sont ramassées pour être cuisinées[2]. » Ajoutons-y aussi la moelle des os longs, ainsi que des os concassés qui, une fois bouillis, donnaient un jus gras.

Une telle description relève plus de l'enluminure, avec ses stéréotypes, que de la photographie. En y additionnant des œufs, de la viande, des coquillages, rarement du poisson et, pour la bonne bouche, des noix, noisettes et myrtilles, on ne doit cependant pas être trop éloigné du vraisemblable. Ni d'un constat planétaire aux nuances climatiques et topographiques près : le Chinois fait son ordinaire de chanvre, de plantain, de chiendent, d'oyat ou de lotus, comme son cousin lointain d'Égypte.

Reste à connaître les critères selon lesquels les peuples préhistoriques opéraient leurs sélections : des savants américains penchent pour une cueillette systématique, au gré des opportunités locales ou saisonnières, une mithridatisation génétique acquise permettant de surmonter ou d'éliminer les effets nocifs de plantes telles que l'ivraie. Le talentueux Raymond Dumay préfère imaginer des hommes se guidant à l'odorat vers la rhue des garrigues (herbacée à feuilles jaunes) ou bien repérant dans les intestins des délicieuses marmottes l'odeur de la gentiane. Cette hypothèse poétique pèche malheureusement par le même défaut de reconstruction symétrique évoqué au début de ce chapitre : le nez des Néandertaliens correspondrait à l'œil de nos contemporains.

En fait, ces gens suivent le trajet des bêtes, repèrent leurs regroupements saisonniers, observent les lieux et la manière dont les grands fauves éparpillent les restes des carcasses. Tout cela demeure l'apanage du sexe dit fort, mais celui-ci chasse tout au plus une matinée et encore pas quotidiennement. Aux femmes et aux enfants de collecter les indispensables végétaux, puis de donner vraisemblablement le signal du départ quand le territoire provisoire a été ratissé. Si le raisonnement est exact, c'est donc une cuisine de femme qui décide des plus anciennes accoutumances.

Au moins peut-on créditer médicalement leurs choix. Aucune trace de rachitisme, pas de cancers ni de tuberculose repérés ; de l'arthrose accentuée par la fréquence de la position assise, mais peu de fractures et encore moins de caries. Malgré la sédentarité régulière, l'obésité paraît absente, ce que confirme la proportion élevée de fibres (cinq fois le standard occidental) ou un taux de cholestérol proche de la norme diététique. On objectera qu'entre le solutréen (autour de – 18000) et Lascaux (– 17000), le climat s'est fortement réchauffé et que l'écart thermique à cette date entre l'Éthiopie et la France était considérable. Il n'empêche, la viande (donc les lipides) ne sert pas de régulateur calorique, que sont les glucides, en particulier le miel dont l'usage est attesté par une peinture rupestre du Levant. Au demeurant, si la consommation carnée augmente, le taux de lipides suit lentement car les gibiers sont maigres. Au point que la chasse au gras revient comme une hantise des populations, notamment parce que celui-ci fournit un glucose de substitution indispensable au cerveau et au muscle.

Chasseurs ou voleurs

L'image remplit les livres d'école et les contes pour enfants : des hommes aux pieds ailés coursant rennes et mammouths, avant de les dévorer dans l'ombre portée des grands feux. Miracle du progrès : le chasseur aurait fait l'homme. Car on voit mal celui-ci rivaliser avec le galop des troupeaux ; la chasse suppose donc l'intelligence – avec sa complice, la ruse – et la communauté pour mettre en œuvre cette habileté, concevoir des pièges de tourbe ou de bitume où venaient s'engluer et s'épuiser des animaux affolés par les feux de prairie allumés dans d'autres tourbières voisines, puis tués par des épieux de bois rougis et raidis aux braises. Ulysse se débarrassant ainsi du cyclope Polyphème aurait donc eu des cousins quinze ou vingt mille ans auparavant.

L'hypothèse parut relever du roman et, dans les vingt dernières années, une longue passe d'armes opposa les tenants de la noble chasse aux iconoclastes décrivant de maigres hordes de charognards à l'affût des reliefs abandonnés par les fauves ou, au mieux, assez rusés pour leur dérober une partie de leur festin puis la cacher dans l'endroit ou ils entreposaient armes et outils[3]. Au premier abord, ce débat entre spécialistes semble loin de notre propos, l'essentiel reste ce que les gens ont à se mettre sous la dent. Après tout, que le service soit assuré par des hyènes est secondaire tant que les restes de gigot ou d'épaule, morceaux de choix nombreux dans les fouilles, attestent de la qualité des repas.

Sauf que l'on peut examiner la question d'un angle différent et s'intéresser aux stratégies alimentaires que ces interprétations supposent. Un préhistorique charognard ramène l'individu sous la coupe de la nature, au mieux secouru par une éventuelle divinité ; l'hypothèse infantilise un homme qui ne choisit pas son menu. À l'inverse, faisons-le chasseur et il utilise son flair, sa vue, son ouïe, sa main et sa langue pour se procurer, autant que de besoin donc quand il le veut, une nourriture qui lui plaît. Homme de goût contre homme des bois. Que n'a-t-on glosé sur le chasseur et son gibier supposé, objets d'une création devant laquelle nous nous extasions au point de croire que « la seule perte irremplaçable serait celle des œuvres d'art que ces siècles auraient vues naître ». Voilà qui nous ramène à une piste explorée par Claude Lévi-Strauss : l'opinion refuse de considérer le simulacre, alors qu'elle célèbre l'artiste. De ce point de vue, la conclusion est évidente : l'homme *doit* chasser parce que nous partageons avec lui des combats et des rêves voisins.

Dans cette perspective, il n'y a pas d'homme ni de femme d'hier. Mais une longue chaîne qui traverse les siècles et reçoit même l'onction du récit fondateur. Nous sommes ici dans l'ordre de la répétition, en tant qu'indispensable redite, qui efface à chaque fois le souvenir précieux des premières chasses, des repas des origines, tout en les célébrant. Ainsi, dans le mythe Tsimshian, la gloutonnerie de l'aînée est punie par une indigestion suivie d'une souillure excrémentielle qui la ravale à hauteur d'animal, tandis que la cadette sait quoi choisir et combien manger. L'intempérance de la première rappelle que le repas et ses règles honorent d'abord l'exploit du chasseur nourricier. Et c'est en suivant ce raisonnement que Chinois et juifs s'interdisent boudins, par « respect » du chasseur et d'un animal anthropomorphisé pour la circonstance dont on laisse de côté le sexe et le sang. Héritiers-passeurs, ceux qui se pensent le plus vieux peuple de notre monde ou comptables de la plus vieille religion transcendante croient lire (et nous en convaincre aussi) sur les murs de Lascaux, les galets sculptés de Torralba (Espagne), les os peints et les défenses gravées de Predmost, un code socioculturel qu'il faudrait commémorer. Là où il ne reste qu'œuvres d'art comme traces du chasseur.

Pourtant, dans cette répétition, entre une part désagréable, gâcheuse de plaisir, comme s'il manquait à la chasse une once de création. C'est tout le paradoxe cynégétique : chaque campagne doit apporter sa ration et offrir de la variété alimentaire. Du coup, le voleur de carcasses – épisodique ou pas – n'est plus simplement motivé par la survie mais grandi par la décision qui lui fait choisir un gibier déjà mort, ruser vis-à-vis de ses concurrents, etc. Le pirate et l'artiste de la sagaie vont de pair.

Pour s'en convaincre, il suffit d'examiner le problème carnivore en privilégiant deux données majeures : la densité de population et le climat. Le paléolithique est en effet scandé par quatre glaciations – celle de Günz (environ – 600/– 500 000 ans), de Mindel (– 400/– 300 000 ans), de Riss (– 190/– 130 000 ans), de Würm (– 80/– 10 000 ans) – qui déclenchent un bouleversement aquatique et végétal. Le chasseur devient d'autant plus précieux que le froid raréfie l'approvisionnement en glucides et en accroît la nécessité. Les abeilles, les chênes et les châtaigniers reculent vers le sud, tandis que s'installent la tourbe et le bouleau. Seulement le gibier aussi se raréfie, à l'exception de grands animaux peu chassés car vraisemblablement trop dangereux et d'un animal, sorte de coffre-fort ambulant offrant une nourriture abondante, stockable et une matière première artisanale pour les outils, les armes et les bijoux. Le paléolithique est bien l'âge du renne et non du mammouth ou du tigre à dents de sabre.

Or le renne est à la fois migrateur, amateur de tourbe, de bouleau, de sel et fuit ses deux prédateurs naturels, le loup et la hyène. En période de basse pression démographique, sur les maigres terres du Bassin parisien, du Nord, de Moravie, chasse au hasard et chasse de rencontre devaient alterner. Les gués de la Seine ou de l'Oise permettaient de s'approvisionner en renne vers la fin de l'été et au début de l'automne, dans des campagnes courtes. Comme on relève peu de traces de consommation d'oiseaux ou de petits gibiers, on peut penser que le complément alimentaire carné provenait d'aubaines, abandonnées par les fauves ou d'animaux égarés, affaiblis, souvent âgés ou jeunes. Ainsi, à Biache-Saint-Vaast (Pas-de-Calais) comme à Wallertheim (Allemagne), quelques débris de rhinocéros laineux confirment ces opportunités qui, en l'absence de renne, transforment le chasseur en cueilleur[4].

Quand le nombre incite à des mesures d'urgence, il reste à suivre le renne – c'est ainsi que se peuplent les territoires de la mer du Nord depuis les Flandres jusqu'à la Pologne, après les deux glaciations de Riss et de Würm. Ou bien, le chasseur doit s'effacer devant le savoir-faire du « boucher » et du « cuisinier » : exploitant le climat sec et froid, ils savent fumer la viande, la sécher, l'enfouir dans des puits gelés en permanence. Auparavant, comme à Verberic dans l'Oise, ils ont dépecé les bêtes. Il existe enfin une sorte d'Éden préhistorique couvrant la surface des deux Charentes et du Périgord. L'abondance des rennes et de la nourriture végétale dispense du chapardage pour avoir son compte de calories, voire du stockage. On chasse en hiver et au printemps, à la poursuite de troupeaux entiers, sans se soucier de l'âge des bêtes et en variant les espèces, comme à Mauran (Haute-Garonne) ou, plus haut, à Vilhonneur, Gardes et Mouthiers.

Dans ces conditions favorables, la répétition devient culinaire et sociale. On sait domestiquer le feu, ce qui permet de faire cuire des demi-carcasses à la broche, de porter à ébullition un bouillon clair où l'on plonge des viandes séchées, voire de griller des petits morceaux sur des pierres réfractaires chauffées, comme jadis les bergers des Landes et encore des paysans japonais. On n'oubliait pas la moelle des os longs, à la recherche de la fameuse graisse. Autour de – 40 000 ans, le système semble avoir atteint un optimum de fonctionnement avec une spécialisation des chasses et une diversification des prises : en Catalogne, des chèvres, des taureaux, des chevaux sont au menu, de même que des oiseaux. Pour autant, l'équilibre reste fragile ; les hommes qui, vers – 40/– 30 000 ans, s'égaient à la découverte de la planète et vont s'y employer deux cents siècles, rien n'atteste qu'ils soient partis le ventre plein. L'âge d'or des cavernes se fera attendre vingt-cinq mille ans…

Des coquilles mais peu d'arêtes

A priori, le poisson – riche en protides et en lipides – aurait dû fournir l'ordinaire des préhistoriques. Abondant dans les rivières et sur toutes les côtes, il ne nécessitait qu'un effort modeste du pêcheur. Or il est curieusement absent des fouilles, de même que les instruments de pêche, du moins jusqu'au magdalénien (– 15/– 10 000 ans). En Catalogne, à Bora Gran d'en Carreres, on a récupéré des vertèbres d'anguille, de barbeau et de saumon ainsi que quelques ustensiles ; ailleurs, peu ou pas de traces. À peine quelques arêtes de thons rouges ou d'espadons venus s'échouer sur les côtes méditerranéennes ; les os d'une baleine retrouvée sur un rivage de la mer du Nord. On a l'impression d'un charognage de substitution, peut-être dû aux temps de disette. Même à Mount Sandel (Irlande) et dans les pays scandinaves, il faut attendre le mésolithique (– 10/– 4 000 ans) pour relever en abondance des saumons, des morues et du bar. Seul le Portugal, à Muge, fournit des indications anciennes pour une pêche de mer et de rivière pendant l'année entière[5].

On a longtemps expliqué cette absence par la fragilité des squelettes et par le considérable déplacement du niveau de la mer, remonté d'une bonne centaine de mètres depuis. Les traces seraient rares et noyées. Soit. Deux séries d'indices suggèrent cependant qu'entrent en ligne comportement stratégique et répétition alimentaire. Les chasseurs connaissent leur territoire, ils observent le comportement des gros mammifères et tiennent compte des contraintes climatiques. La plaine alluviale constitue pour eux d'abord un lieu idéal de tir et de piégeage, au passage des troupeaux ou des oiseaux migrateurs, sur les bords du Nil par exemple. Ils viennent également s'y abreuver. Aussi ramasse-t-on sur les rives plus de « bouchons » en os à forme conique, servant à obturer les outres en peau, que de harpons ou d'arêtes.

En période de choc climatique – glaciation würmienne en Europe et son correspondant, l'hyperaride postatérien en Afrique – le point d'eau offre la chance d'une spécialisation cynégétique. Au Maghreb comme en Égypte, les chasseurs-collecteurs se livrent à une pêche saisonnière, suivie par le fumage et le stockage des poissons en prévision des jours maigres. À Pincevent, en Seine-et-Marne, les chasseurs de rennes profitent de la migration des saumons. Tout cela ne suffit pas à déclencher une occupation sédentaire. *A fortiori*, imaginer comme Raymond Dumay, un garde-manger aquatique dont les pérégrinations de l'anguille constitueraient l'emblème, relève du roman. Car l'eau fait peur par ses crues soudaines – la vallée du Nil est désertée pour cette raison autour de – 10000 –, par le péril que court le chasseur sur un sol spongieux, voire par une certaine répugnance des individus à se mouiller les pieds au-delà des chevilles, notation certes très postérieure mais répétitive des auteurs latins.

La consommation du poisson semble en fait limitée à certaines espèces, d'une manière si exclusive qu'autour de – 10000, les côtes danoises et scandinaves ont pu être affectées par une surexploitation halieutique, et peu ou pas concernées par le phénomène de diversification qui s'esquisse au Levant et le long du Nil. Bien plus que le poisson, c'est la passion de la coquille qui a saisi l'ensemble des zones peuplées. Au Danemark par exemple, ces « déchets de cuisine », selon la formulation locale, encombrent les poubelles préhistoriques. On songe à une denrée de complément ou de remplacement. Mais pourquoi écarter le plaisir gustatif répété, si l'on en juge par l'extrême sélection des coquilles au gré des sites ? À Songon Dagbé, en Côte-d'Ivoire, 99 % des coquilles récupérées proviennent de la *Corbula trigona*, un mollusque bivalve de la taille d'une coque, tandis que quinze variétés se partagent le maigre pour cent restant. Au Danemark et à Roc del Migdia, en Catalogne, escargots de mer et de terre fournissent 90 % des fossiles ; en Gironde et en Camargue, ce sont les huîtres.

Rien ne prouvant que cette pêche à pied est pratiquée pendant les temps difficiles, il est tentant de reconstruire l'image d'une société heureuse et oisive où les gens n'auraient qu'à soulever les algues pour se servir en homards. En un sens, les préhistoriques seraient « dignes » d'être nos ancêtres puisqu'ils rivaliseraient dans l'art d'accommoder les légumes marins, produits de « pré-salé » avant l'heure. Les cuisines chinoise et japonaise en offriraient la confirmation. Ce n'est là qu'une autre manifestation de l'obsession paradisiaque qui hante les civilisations, en particulier la nôtre. Dans un monde de marchandises, le fantasme de la diète idéale fait recette.

Les archers du redoux

Comme le revers de la médaille édénique, l'eau du déluge bout au fond des marmites de l'humanité. Cette merveilleuse catastrophe sert de marqueur chronologique aux ruptures climatiques, caractérisées autant par la dispersion d'hommes que par le confinement d'autres. Par le mythe ou la religion, elle transforme le cataclysme en point de départ, occasion supplémentaire de célébrer le progrès technique comme réponse à la malédiction céleste.

C'est ainsi qu'un mythe wayãpi de Guyane française met en scène le rôle primordial de l'arc dans le destin de l'humanité. Un déluge ayant anéanti les humains, à l'exception (indispensable) d'un couple, leur problème était de ne pas mourir de faim dans un univers où seuls quelques singes étaient à la fois consommables et à la portée du chasseur. Seulement l'enveloppe charnelle des aliments correspondait aux mânes ancestrales de la jeune femme. Entre l'interdit et la contrainte alimentaire, l'homme choisit le singe, entraînant la fuite de sa compagne et ravivant le risque d'extinction démographique. La malédiction du déluge n'était pas levée ; il fallait attendre l'intercession bienfaisante de la divinité, réparant par le don technique les conséquences de sa colère climatique. Wilakala indique donc l'objet de la chasse, un anaconda, et le moyen de tuer, l'arc. Or le serpent est tabou : il est exclu de le toucher et *a fortiori* de le manger. Les flèches lancées par l'homme signent sa capacité de révolte libératrice sous contrôle divin. Car c'est la divinité qui fait franchir le pas à l'homme, selon une symbolique ouvrant nécessairement sur un monde aux règles redéfinies. Voilà pourquoi sort des entrailles de l'anaconda une nouvelle humanité qu'il faut purifier et accommoder par un passage dans la grande marmite bouillonnante où l'indispensable Wilakala nettoie et « cuit » les humains (d'où leurs couleurs de peau différentes), avant de les lâcher, munis de leur arc, dans une nature à leur merci[6].

Apprentissage et audace afin de surmonter la dépendance alimentaire ; les leçons du mythe s'appliquent au comportement des hommes du mésolithique. La fonte des glaciers et son corollaire, l'élévation de quarante mètres du niveau des mers, entraînent une modification de la flore, de la faune mais aussi des itinéraires humains. Au long mouvement qui drainait les habitants d'Arabie et de la Méditerranée orientale vers l'Europe, par un exode pédestre le long des côtes, succède une émigration jusqu'au-delà du Rhin et de l'Oder, à la suite des troupeaux. Médiocres navigateurs, les peuples de la Méditerranée hésitent à partir pour les climats tempérés, tandis que les Européens restés dans le Sud apprennent à utiliser leurs arcs sur des poissons et des gibiers de petite taille relative (sanglier, chevreuil, lapin, renard, oiseaux) et redécouvrent les plaisirs d'une cueillette diversifiée où apparaissent framboises, myrtilles et lentilles sauvages.

Le réchauffement climatique prolongé entraîne un grand remuement d'hommes. Lorsque les pluies reviennent dans le Sahara, vers – 10000 et pour cinq millénaires, les points d'eau accueillent à nouveau des chasseurs, utilisateurs déjà confirmés de l'arc, qui dressent des campements plus ou moins sédentaires. Un millénaire avant les Européens, ils savent tailler des silex de quelques grammes, signe de perfectionnement et non de décadence technique puisque ces objets sont mieux adaptés à la chasse à distance. Longeant des rivières aujourd'hui asséchées, retournant au bord du Nil pour y pêcher au harpon, parcourant les hauts plateaux du Maghreb, ils semblent profiter d'une embellie alimentaire. En Europe, l'activité et la mobilité humaines sont tout autant liées au changement de la flore et aux migrations animales. Dans le Nord, forêts giboyeuses et rivières poissonneuses incitent à une installation durable sur le modèle prédation-cueillette ; au centre, la mobilité saisonnière est plus systématique en fonction de l'épuisement progressif du lieu choisi ; au Sud, par exemple dans l'Hérault ou dans la grotte de Fontbrégoua (Var), les noisettes et les lentilles sont en partie stockées. L'usage s'apparente à celui des tribus indiennes de Californie jusqu'à une époque récente capables d'assurer ainsi la nourriture annuelle de quarante personnes sur un territoire de cent kilomètres carrés, une performance supérieure à celle de leurs cousins agriculteurs de l'Est américain.

Dans la logique industrialiste rétrospective, il était tentant d'attribuer à la révolution de l'arc un effet de division du travail. *A priori*, tout s'emboîte à merveille : l'arc réduit le nombre des chasseurs en rendant superflus les rabatteurs de horde ; ces individus désœuvrés domestiquent des animaux attirés par les restes aux abords des campements ou découvrent le moyen de cultiver les plantes sauvages. Le tour est joué et l'agropastoralisme inventé avant l'heure, avec en prime un lien originel symbolique, l'Égypte et son désert occidental. À Nabta-Playa, parmi les os de lapins et de gazelles, on repère des fragments de bœufs, d'une taille anormalement petite par rapport aux aurochs ; donc, cet animal incongru dans une faune peu abondante a été amené par l'homme au rythme de ses migrations.

Manque de chance, des fouilles voisines à Bir Kiseiba n'ont pas confirmé l'hypothèse et surtout, des aurochs de même taille ont été retrouvés en Afrique du Nord et en Espagne où, suivant le même principe évolutionniste, on leur a attribué le nom impropre de *Bos ibericus*. En fait, on ne sait pas dater le passage à la domestication qui résulte probablement d'un apprentissage occasionnel et long dans lequel l'arc n'a aucun rôle[7].

En revanche – et au nom des mêmes présupposés développementalistes –, il est abusif d'associer l'âge de l'arc à une économie alimentaire de survie. On retrouve une fois encore la thématique des années 1960-1970 : la volonté de repérer les cycles de croissance, fondés sur un progrès technique, espacés par des intervalles de recul voire de déclin, tandis qu'il convient de célébrer le grand et le gros au détriment du petit. Coincés entre les géants artistes de la pierre ancienne et les novateurs du néolithique, les hommes du mésolithique auraient gaspillé leurs acquis, se seraient à nouveau laissé dominer par la nature avant de reprendre leur marche en avant.

Preuve de cette « paresse » humaine, la consommation importante de mollusques, d'escargots et de grenouilles. Selon un stéréotype bien connu des médiévistes et que l'on repère chez les Anglais à partir de la révolution industrielle vis-à-vis des Français, le mangeur de grenouilles devient l'exemple du mauvais chrétien (Moyen Âge) ou du sous-développé (Angleterre), contraint d'ingurgiter une nourriture molle, d'aspect répugnant, médiocrement ramassée au bord d'étangs vaseux et dont la petite taille souligne la débilité des gens qui s'en régalent. Comment ces individus seraient-ils dignes d'esprit et d'ailleurs, le grand art animalier des cavernes ne disparaît-il pas à ce moment ? Voilà qui signe un déclin postulé. Or la grenouille et les prises annexes assuraient, avec les fruits sauvages, un apport quotidien d'environ 2 500 calories à la population tout entière si bien que ces années dites médiocres coïncident par exemple avec un triplement des habitants pour la superficie actuelle de la France. Certes, le temps passé à la cueillette, au ramassage ou à la chasse de petits animaux pouvait être long, mais le secours de l'arc permettait une chasse spécialisée ou diversifiée, choix alimentaire suffisant pour pallier d'éventuelles carences que les fouilles n'ont d'ailleurs pas révélées. Autant d'éléments qui n'incitent guère à imaginer une humanité affaiblie.

Une révolution à problèmes

Mais à quoi bon s'astreindre à la culture des champs et à l'élevage des animaux ? Après tout, la chasse aux escargots est autrement plus distractive que l'entretien d'un champ de blé ou d'un troupeau de chèvres. On ne peut même pas avancer l'hypothèse d'un traumatisme. Nous venons de préciser que les hommes du mésolithique savaient varier leur chasse afin d'en adapter les produits à la demande alimentaire du moment, ce que confirment des fouilles récentes au Liban supprimant l'éventualité d'une pression démographique intenable sur l'organisation chasse/cueillette. Au demeurant, même en construisant un modèle de crise, les indices disponibles pour la période de l'azilien (autour de – 9 000, grottes du Mas-d'Azil en Ariège) laissent à penser que la technique du *coralling* (regroupement) offrait une réponse occasionnelle satisfaisante aux chocs thermiques ou épidémiologiques. Celle-ci consiste à regrouper des troupeaux sauvages en fond de vallée, pour en abattre une quantité anormale en cas de besoin, ou bien pour les parquer en prévision de périodes pénibles, ce qui implique un élevage d'entretien rudimentaire. On notera d'ailleurs que les ossements de « chèvre » trouvés à Tanger, Sétif ou dans le désert du Tibesti attestent une identique efficacité, sans que l'on ait aucune preuve de domestication animale.

Quant à l'aubaine climatique de plusieurs dizaines de siècles, mise à profit par l'humanité pour épargner des vivres, cette vision modernisée de la parabole des vaches grasses et maigres a été démentie par des observations remontant à l'aurignacien (– 30000) et au solutréen (– 18/– 16000), où l'homme ne s'était pas réveillé révolutionnaire parce qu'il faisait beau.

La question devient inextricable si l'on cherche à élucider deux mystères connexes : pourquoi le phénomène agropastoral s'est-il déclenché au même moment et pourquoi à ce moment-là ? L'interrogation rappelle les débats des années 1960 sur les conditions permissives et les facteurs réels à l'origine des révolutions industrielles. Le grand économiste Walter Rostow avait identifié une séquence de cristallisation, entraînant un « saut » dans l'aventure humaine ; mais la recette du célèbre *take-off* comportait toujours des « facteurs résiduels » laissés à l'appréciation de l'observateur, en clair le tour de main du chef qui manque toujours dans les livres de cuisine[8].

Force est de reconnaître que nous ne savons pas ce qui s'est passé au néolithique, évidence assez impérieuse pour anéantir des habitudes millénaires et efficaces. Dans ces conditions, l'histoire de la révolution agropastorale s'enracine sur des logiques intellectuelles contemporaines et concurrentes. Depuis deux siècles, nous racontons cet épisode *via* le prisme de nos passions. En reconstruisant le roman de la révolution néolithique, nous écrivons la généalogie idéale et le menu adapté à nos ambitions d'aujourd'hui. On repère ainsi une version européenne et une autre américaine : la première attribue à la domestication du sol et de l'animal un pouvoir originel absolu dont découlent une histoire et une géographie nécessaires à l'élaboration de mythes fondateurs ; la seconde la considère comme une dérivée de pratiques embryonnaires repérables sur plusieurs millénaires et dans des dizaines de sites éparpillés. D'un côté, une répétition codifiée qui éloigne peu à peu le naturel au profit de la transmission des gestes, de la mémorisation des savoirs, les codes s'enclenchant sur eux-mêmes pour aboutir à la manière contemporaine de travailler la nature. De l'autre, une mutation inspirée du réel et de ses contraintes économiques ou démographiques. En caricaturant, le fétichisme du geste contre l'obsession du rythme.

Le panorama qui en découle est singulièrement différent, même si des amodiations ont été proposées pendant la décennie 1990. Dans la vision européenne, le foyer d'Asie occidentale – baptisé, ce qui ne trompe pas, le « croissant fertile » et qui s'étend de la Palestine à l'Iran *via* la Syrie et l'Irak – est la matrice de l'agriculture en général et du blé en particulier, autour de – 7000. Les fouilles de Jarmo (Irak) sont probantes et suggèrent une culture de plantes à graines, propice à l'élevage du mouton, du porc, du bœuf. Une fois posée cette prééminence, on peut logiquement dérouler les « routes de l'agriculture » en faisant au passage l'impasse sur les raisons précises de la transmission et en s'en tenant à la philosophie diffusionniste des années 1960-1970. D'autant que celle-ci avait le bon goût de corroborer les récits mythologiques puis religieux des origines.

Du croissant fertile partent ainsi trois parcours. Le plus ancien débute par la Méditerranée orientale (Chypre, – 5650) et l'Égypte (– 5500) avant de filer jusqu'en Afrique du Nord puis de rentrer, *via* l'Espagne, en Europe (– 4500), tandis qu'un millénaire plus tard, un foyer soudanais autochtone, spécialisé dans le sorgho, reçoit les animaux d'Égypte puis se propage vers le centre de l'Afrique et, par bonds mystérieux où apparaît le riz africain, jusqu'en Afrique de l'Ouest. Le deuxième parcours rejoint l'Europe depuis le nord des Balkans *via* l'Italie alpine jusqu'au Bassin parisien, tandis qu'une partie du groupe s'échappe des Balkans le long du Danube jusqu'aux Pays-Bas (– 4200) puis à la mer Baltique, un millénaire plus tard. Le troisième prend un chemin opposé vers l'est et rencontre deux foyers autonomes déjà en contact partiel sur l'archipel indonésien, l'Inde puis la Chine. L'une est initialement cantonnée aux vallées de l'Indus et du Gange, productrices de millet et de riz ; l'autre, originellement semblable à l'Inde, le long des fleuves Jaune et Bleu, adopte le blé et le bovidé avant d'exporter le riz irrigué vers ses voisins indonésien et océanien.

À un Ancien Monde plein s'oppose un Nouveau Monde circonscrit, limité, tardif, voire vide. L'agriculture paraît comprise dans une bande territoriale allant du Sud mexicain au Guatemala, avec un noyau chilien sur les plateaux andins à partir de l'âge de fer (– 1000). Au moment où le Levant est en pleine révolution, la citrouille et le haricot (– 7000) puis le maïs (– 6000) sont cultivés en appoint minoritaire de plantes sauvages. La bascule agropastorale s'opère au mieux vers – 3000, ne se diffuse pas puisqu'il faut attendre le premier millénaire av. J.-C. pour relever des signes de lama domestiqué, tandis que le topinambour et les citrouilles atteindraient l'Ohio autour de 500 ap. J.-C. et le maïs, emblème agricole de la région, à notre ère.

On devine la conclusion tirée en Europe. En ordonnant l'histoire de la nourriture sur ce modèle, on écrit le récit d'une grande transformation qui recoupe celui des mouvements démographiques, prétexte pour souligner la nécessaire cohésion des nations européennes devant les risques de guerre (années 1930) ; les exigences de la reconstruction, après 1945 ; les blessures de l'échec colonial (années 1950), ou encore pour se rassurer devant les offensives commerciales américaines contre la nouvelle CEE (guerre du poulet, 1962 ; guerre des céréales 1972/1973). Au besoin, on enrôle le langage au service des explications diffusionnistes : le millet, originaire de Chine, devient la céréale de voyage des nomades asiatiques qui en auraient fait « cadeau » à l'Europe lors de leurs pérégrinations/invasions. En témoignent des appellations successives en ossète, tchouvache, turc, magyar, géorgien et latin où l'on prend soin de le distinguer de son cousin local, le panic, présent à l'état sauvage dans des zones humides. Quant au rival nord-américain, sans histoire et donc sans racines culinaires, il se voit réduit à un statut pire que l'illisibilité, l'absence de sens.

La lecture européenne de la révolution néolithique permet d'introduire divers critères de déclenchement, en fonction des relevés de fouilles. Les plus évidents viennent de la surreprésentation de restes fossilisés, grains de céréales ou espèces comme le mouton et le bœuf, ainsi que des modifications du squelette ou de la morphologie animalière (absence de cornes, réduction de taille, allongement de la queue du mouton). La répartition des os en fonction de l'âge et du sexe laisse entrevoir une première organisation d'élevage puis d'abattage. Avec les traces d'enclos et quelques ustensiles, l'ensemble constitue un schéma cohérent qui tient en deux propositions : la culture occidentale et l'asiatique, en partie, sont tributaires d'inventions proche-orientales ; le Vieux Monde impose au Nouveau ses acquis et ses conceptions de manière « légitime ».

C'est dans le double registre de l'invention et de la légitimité que s'organise la riposte américaine, notamment sous la conduite de l'école de Higgs. Celle-ci pointe plusieurs faiblesses dans l'argumentation européenne. L'invention n'en serait pas une dans la mesure où les hommes du paléolithique ont utilisé l'animal autant que de besoin, soit en l'accompagnant dans ses migrations, soit en le gardant dans des espaces naturels, par exemple dans le Périgord. Après tout, les rennes de Lascaux et les gazelles du mont Carmel ne témoignent-ils pas d'une familiarité proche de la domestication ? De même, les chasseurs de ce temps, lorsqu'ils sélectionnaient le mâle d'une espèce dans leur randonnée n'anticipaient-ils pas sur le comportement sélectif des éleveurs ? En ce sens, la révolution néolithique traduirait plutôt une généralisation, moins simultanée qu'on ne l'affirme en raison des possibilités d'élevage ou de culture inégales. Ainsi, ces animaux domestiques se rencontrent dès le début du néolithique autour de Trente, tandis qu'à quelques kilomètres, au nord du lac de Garde, il faut attendre la fin de la période. D'une manière générale, critères économiques – ici la voie de passage dans le massif alpin – et conditions écologiques paraissent décisifs.

Quant à la légitimité, c'est une question de frontière. Sémantique d'abord puisque les Américains incluent la gestion du troupeau dans la domestication, à la différence des Européens continentaux. Entre monde sauvage et civilisé surtout, ce qui met en jeu les critères de taille, d'âge et de sexe. Sachant que certains troupeaux vivent séparés sauf à la période du rut, les ovins notamment, les résultats des fouilles peuvent correspondre à une division naturelle plutôt que sélective. Même la taille est sujette à controverse : autour de Vérone, on repère des bœufs à grande taille, mais on ignore si le résultat est dû à des croisements avec des animaux sauvages ou à la qualité de l'élevage. Dans ce cas, s'agit-il d'un effet d'importation venu du Moyen-Orient *via* la Hongrie où les données sont avérées, ou bien d'une adaptation locale ?

Dans le registre sauvage/culture toujours, l'origine et l'importation des principaux produits compliquent le tableau. Comment expliquer que le riz sauvage cultivé jadis au Niger puis répandu jusqu'au Tchad ait cessé d'intéresser les cultivateurs des montagnes ? Pourquoi retrouve-t-on des amidonniers, blés à grains vêtus dans le nord de l'Italie, alors que le blé arrivant de Mésopotamie en Europe est tendre ? Par quel tour de passe-passe, le haricot à l'œil, originaire d'Afrique, arrive-t-il en Chine avant d'atteindre la Méditerranée ? Faudrait-il considérer que l'Asie est un foyer autonome, voire plus ancien, dont le développement agricole serait fondé sur des tubercules (taro, igname) et non sur les céréales ? Dans ce cas, on rend la carte de la révolution agricole proprement « illisible ». Pourquoi la courge, originaire du nord-ouest du Mexique, s'étend-elle en direction de l'Amérique centrale jusqu'au Pérou et au Chili (– 3000) quand il n'y en a pas de traces au Nord ? Cette liste interminable où l'on ajouterait sans peine la carotte et le navet, mauvaises herbes qui n'appartiennent pas en propre au Proche-Orient, mais où on en localise la culture, faute de sources ailleurs, a pour effet de brouiller le récit ordonné des origines. De la sorte, se trouve réglé le problème de la propagation, puisque le hasard ou la nécessité se substituent à un *deus ex machina* qui aurait introduit telle activité en différents lieux du globe par l'opération du Saint-Esprit. L'Amérique n'en voit pas sa position réévaluée ; le Vieux Monde, en revanche, doit à la chance et au pragmatisme de quelques individus un patrimoine qu'il présenterait à tort comme le résultat d'un élan généralisé.

On mesure ce que ces présentations antagonistes ont de frustrant pour le lecteur. Aussi propose-t-on, au risque de la généralisation et de l'anachronisme, une hypothèse de bon sens. L'agriculture et l'élevage reposent sur un pari rationnel, à moyen terme puisqu'ils supposent le calcul, l'évaluation et la rentabilité d'un travail et un arbitrage entre des activités. Ils impliquent également une préférence pour la sédentarité ou, au moins, pour un nomadisme à repères réguliers. Tout cela définit un système, autrement dit le choix de la présence contre l'absence. Or la systématisation entraîne la soustraction, ici la sélection des espèces et des plantes retenues. Pour que cette opération supplante l'addition de la chasse et de la cueillette, il faut à la fois que son utilité marginale lui soit très supérieure, sinon la force de l'habitude s'impose, et qu'elle soit légitimée par le service rendu à la collectivité. Peu importe alors le motif, religieux, économique, démographique voire idéologique si l'on considère que la domestication traduit une volonté de puissance et de domination de l'homme sur la nature. L'essentiel, c'est le don, envisagé comme signe d'appartenance à une collectivité, ciment de la cohésion du groupe, mais aussi comme un facteur de hiérarchisation, d'exclusion et éventuellement de conquête – par exemple chez ces nomades de l'Est ou d'Afrique qui « donnent » leurs plantes en échange de leur installation.

Changement de menu

Mais il existe une sorte d'envers du don : la violence. Celle qu'on subit, qu'on pratique, qu'on cache parce qu'elle vient d'un sentiment indigne ou l'entraîne : la peur. Aussi se protège-t-on des irrégularités climatiques en édifiant des silos à grains à même le sol (à Villeneuve-Tolosane) ; on enclot les troupeaux pour se garder des animaux sauvages ou des pillards et, au besoin, en installant un bastion sur une éminence (à Saint-Michel-du-Touch) ; on creuse des puits nécessaires à un approvisionnement régulier, notamment pour les bêtes ; on les surveille afin de repérer les épizooties et l'alimentation des individus. Car, à la différence des années antérieures, les carences font leur apparition : même si la diminution de taille peut s'expliquer par l'adaptation à un réchauffement climatique, cela ne suffit pas à justifier un tassement de dix centimètres environ, ni surtout les signes de tuberculose ou de cancer.

La violence s'exerce également à l'encontre de la proche nature, comme si les gens du néolithique devenaient indifférents à la forêt. Autour de – 4500, des émigrants arrivés sans doute *via* les Balkans et le Danube s'installent à Cuiry-les-Chaudardes (Aisne) ; ils construisent de longues maisons, destinées à plusieurs familles, couvrant jusqu'à trois cents mètres carrés. À cet effet, ils abattent des centaines d'arbres et opèrent de même pour la culture, à l'aide de brûlis, jusqu'à l'épuisement du sol, ce qui les force alors au départ, avant que la lente reconquête de la forêt soit interrompue par une nouvelle arrivée de colons. Personne ne semble se soucier de la régénérescence de la terre ; compte l'univers délimité par la culture et l'élevage, donc le rapport entre la production de cet espace, le nombre des hommes et le temps passé. Comme le notait un anthropologue américain avec le goût de la provocation, le travailleur du néolithique décide à la manière d'un financier de Wall Street : trois heures quotidiennes pour subvenir aux besoins et à l'agrandissement de la famille, c'est admissible ; cinq à six heures, cela vaut-il encore le coup ?

Les Chasséens ont peut-être suivi ce genre de raisonnement. Au milieu du quatrième millénaire, ils quittent leurs campements du midi de la France pour conquérir les bonnes terres du Nord. Pas question cependant d'un passage temporaire ; cette fois, ils s'installent en défrichant plus loin la forêt, en multipliant les élevages – bœuf d'abord, puis porc, chèvre et mouton. Et surtout, ils se lancent dans la cuisine, ce dont témoignent de multiples couteaux, faucilles, pilons ou mortiers. Il ne s'agit pas de faire mieux, mais autrement. La diversité des préparations répond ainsi aux contraintes de la sédentarité ; puisque des ressources variées incitent au changement de régime, il convient de les adapter. On remarquera à nouveau que les tentations d'un retour alimentaire en arrière sont absentes, malgré les inconvénients mentionnés de cette nouvelle alimentation. Question lancinante : pour quel plaisir de bouche le néolithique supporte-t-il les caries que son aïeul ignorait ?

Il ne suffit pas de réfléchir à d'autres recettes, il faut des ustensiles adéquats. D'où l'importance de la poterie. Certes, on savait déjà faire bouillir et, en Méditerranée orientale comme dans le sous-continent indien, la céramique restait réservée aux rites cultuels, notamment funéraires, ou décorative puisque les habitudes culinaires, rôtissage ou grillade, perduraient. Il n'empêche : les récipients facilitent l'ébullition et le stockage, le trempage ou la fermentation des aliments ; ils autorisent la cuisson des bouillies. La nécessité de broyer les céréales et les légumineuses entraîne l'invention de la meule statique, en granite le plus souvent, sur laquelle les grains et les fèves sont concassés puis broyés avec une molette. Le résultat devait approcher la consistance d'un flan et les galettes, larges de trente centimètres, étaient plates car à Charavines et à Malinval dans les Alpes on ignorait le levain. Avec la bouillie, apparaissent l'ancêtre de la cuillère ou, dans le Jura par exemple, les spatules en bois dont l'usage est identique : touiller le fond de la marmite pour lier le liquide et la farine en évitant que celle-ci attache.

Les transformations alimentaires décisives semblent cependant liées à la cuisine animalière. Quelle que soit l'hypothèse retenue – diffusion à partir de foyers centraux, polycentrisme, adaptation locale par croisements entre bêtes sauvages, domestiquées ou importées –, les laitages et la viande d'élevage deviennent de consommation courante vers – 4500 (lac Fayoum, Égypte ; Mehrgarh, Pakistan ; Mureybat, Syrie ; Corse). La « mondialisation » du lait demeure certes incomplète dans la mesure où plusieurs peuples s'en détournent par goût (le lactose les incommode) ou par choix socioreligieux. Cependant, c'est bien à la même époque que des moules perforés et des faisselles à Baudinard, dans le Var, attestent une consommation régulière de fromage, l'ustensile remplaçant l'éventuel tissu employé auparavant. On suit d'ailleurs la route de la faisselle à mesure que les chasséens remontent vers la Bourgogne ou poussent vers la Dordogne. Qui dit fromage suppose beurre : nous n'en avons pas de preuve archéologique, mais la taille de certaines poteries et l'usage des spatules constituent un indice ; la galette beurrée a peut-être six millénaires... Quant aux techniques de cuisson de la viande, elles se multiplient puisque le garde-manger est à portée de main. La cuisson directe se double d'une préparation à l'étouffée qui ne se fait plus dans une fosse mais par l'emploi de pierres chauffées et mouillées, placées dans une poterie ou directement posées sur le produit. D'autres morceaux sont séchés ou fumés, sans que l'on sache avec certitude si leurs lambeaux sont incorporés à la bouillie.

Tout cela donnait-il des menus variés ? Envisagée de notre point de vue contemporain la réponse est négative en raison, on l'a dit, de la place tenue par la cuisson directe et de la simplicité des préparations quotidiennes. L'homme du néolithique avait de quoi calmer son appétit, il pouvait choisir parmi un registre de produits et de techniques mais il manquait un truchement capital : la main d'un « cuisinier ». Quelques indices permettent toutefois de tabler sur une spécialisation progressive vers la fin du néolithique. Ainsi identifie-t-on trois France carnivores : celle du bœuf en Ile-de-France, Normandie et Est ; celle du mouton en Bretagne, dans les Causses et le long de la Méditerranée ; celle de la mixité bœuf-porc-mouton dans le Nord, les pays de la Loire, le littoral atlantique de la Vendée aux Pyrénées et la Corse, avec une domination bœuf-porc en Bourgogne, Corse et côte atlantique contre une suprématie bœuf-mouton en Charente, dans le Nord et le Centre. Les fouilles indiquant des consommations variables au fil des siècles, l'hypothèse d'une spécialisation par goût n'est pas invraisemblable : à Er Yoh (Morbihan), le mouton gagne du terrain, tandis qu'à Oberlarg (Jura) le porc s'impose, notamment aux dépens de la chasse. Là, comme à Videlles en forêt de Fontainebleau, la reprise tardive de la chasse et l'importance accordée aux cerfs confortent l'idée d'une spécialisation gustative étayée sur des rites ou des rituels sociaux. En règle générale en effet, le cerf se prépare sans mélange d'autre viande – comme la gazelle de l'autre côté de la Méditerranée ; il s'accompagne d'une sauce au sang, ajoutée au dernier moment afin d'éviter qu'il fige à la chaleur, principe toujours essentiel dans l'exécution, par exemple, de l'emblématique recette du civet de lièvre.

En suivant cette trame, on peut alors se livrer, avec la préhistorienne Catherine Perlès, au plaisir de la reconstruction gastronomique : « Des sardines grillées aux herbes parfumées, sur un grand plat d'écorce couvert de feuilles [plus tard sur un plat à pain, en fait une galette] ; une soupe d'amandes pillées avec de l'ail, glacée, comme il se doit, dans la source d'eau fraîche ; un cuissot de cerf et un cuissot de sanglier [puis de porc et de mouton] aux herbes, rôtis à la broche [puis bouillis pour le cerf et les animaux domestiques] que l'on consommait avec des galettes d'avoine grillées ; lentilles et vesces aux baies de genièvre[9]. »

Reste à élucider la transmission de ces « menus ». La question a fasciné les savants du XIXe siècle parce qu'elle recoupait deux de leurs préoccupations majeures à l'époque : l'unification des territoires et le progrès des techniques comme des modes de vie. Il était tentant d'imaginer les Chasséens et leurs héritiers « colonisant » la France du Nord et y installant le mouton ; à l'inverse, la progression à saut des ovins en Italie (surtout le Nord-Est) et dans la péninsule Ibérique (en Catalogne et au Portugal) « vérifiait » les difficultés d'homogénéisation de ces pays. De même, les mystérieuses cités lacustres du lac de Paladru (Dauphiné, – 2750) avec leurs pommes coupées en deux puis séchées et le kilo de viande mensuel consommé par les habitants attesteraient d'un âge d'or néolithique français confirmé par l'usage d'une vaisselle familiale particulière et l'emploi de cuillères. Outre le prétexte à justifier la prééminence de la gastronomie nationale au temps de Gouffé puis d'Escoffier, on repère le souci très nationaliste d'affirmer une autonomie de la cuisine française qui échapperait au pot commun européen et, en particulier, à la consanguinité germanique. Ou le paradis gustatif des ancêtres contre la sauvagerie alimentaire des voisins…

Dans cette logique, le festin devient nécessaire parce qu'il est signe de civilisation et de raffinement, « donc » de progrès. D'où l'importance attachée aux variétés de bols et de plats, aux assiettes qui distinguent encore une fois l'individu de la nature et, par leur travail plus ou moins élaboré, permettent d'ordonner une histoire cohérente. Les fouilles du dernier demi-siècle en ont brouillé la lecture et ravalé le coup de génie tricolore à des dimensions contingentes locales. Spéculation rétrospective peut-être, il n'empêche que la dépense excédentaire du festin se voit attribuer une utilité. Mieux, plus l'écart est marqué, plus l'efficacité de l'opération semble grande : avec l'âge de bronze, l'histoire de la table entre dans l'ère du clivage.

CHAPITRE 2

L'ORDRE À TABLE

Quand des hommes entreprirent de chercher le moyen le plus efficace pour affirmer un pouvoir, en préciser les contours et en justifier les commencements, la cuisine a gagné une histoire. Et des complications. À Babylone ou à Sumer, l'incision du poinçon dessinant des lunes noires dans la terre cuite servait à compter les ressources alimentaires – stockées, consommées, servies à la table des puissants ou pillées –, à en indiquer les détenteurs donc à fixer des hiérarchies, à en codifier les usages donc à définir des normes. Pas d'éloquence qui trahirait l'abandon de la maîtrise officielle, mais des signes, occasion d'avertir que le projet mis en œuvre éloignerait sans retour des modes mythologiques et familiaux.

Cependant, raconter l'histoire alimentaire en ses débuts, la localiser sur un territoire, construire au besoin une « Maison des tablettes » à Babylone et y conserver le plus grand nombre possible de récits, avec leurs variantes, c'était une autre façon de s'engager dans une exploration des profondeurs. Il s'agissait de faire son trou, autrement dit de déterminer une cuisine autochtone, procédé essentiel de la cuisine sous toutes les latitudes, l'enfouissement dans la peau d'un animal déclenchant par réaction chimique faisandage, fermentation, marinade qui le cuisent. Les trous alimentaires déterminent un parcours nutrifif, en général saisonnier, sur le modèle de ceux suivis encore par les Inuits qui, à l'été, bourrent une peau de phoque avec des oiseaux, l'enterrent, repèrent l'endroit avec un tas de pierre et viennent ouvrir le garde-manger un an plus tard, avant de déguster les volatiles confits. Faire son trou suppose de choisir un lieu, s'y enraciner, sédentariser mentalement l'alimentation, revendiquer une continuité, la transmettre, pour finir par l'inscrire dans des lois et fabriquer du politique.

Dans le chapitre intitulé « Saveurs originelles » du traité écrit, vers le IIIe siècle av. J.-C., par Yi Yin, principal ministre du roi Tang et ancien cuisinier, la logique d'équilibre définie convient autant à l'art de gouverner que de cuisiner : « L'harmonie s'obtient par la combinaison du doux, de l'acide, de l'amer, du piquant et du salé au moment opportun et en quantité appropriée dans une subtile alliance qui a ses raisons propres. » Soit ce que les souverains Shang avaient entrepris : ajuster les mutations lentes aux chocs des rencontres – invasion, commerce, découverte... En même temps, à cause de cet objectif politique, il était tentant d'écrire le récit des commencements en exploitant le répertoire mythologique, la mémoire vive, voire la révélation religieuse. Les Shang ont entretenu la légende de Suiren, le héros transmetteur du feu et artisan de la supériorité des humains sur les animaux, comme celle de l'empereur Huang, l'inventeur du chaudron, le père des cuisiniers, donc le civilisateur par excellence.

Beau moyen de revenir à la politique. Se présente une histoire aux formes séduisantes, au contenu rassurant – d'où la fortune des histoires cycliques ou ascensionnelles – dont la présentation est orientée vers une issue triomphaliste. Pour le dire à la manière de Yi Yin : « Les transformations qui s'effectuent à l'intérieur du chaudron sont délicates et impalpables [...]. Elles sont semblables aux transformations du ying et du yang. » Aucun peuple n'a échappé au fantasme de la meilleure et/ou de la plus ancienne cuisine, y compris des groupes entrés au XXe siècle dans la tradition écrite, comme les Canaques, inventeurs dans les années 1980 d'« une histoire, moitié mythe, moitié mémoire » afin de légitimer leur autochtonie en particulier alimentaire[1].

Malheureusement, les critères d'admission au club des anciennes cuisines sont contradictoires. Le premier postule une cuisine invariante, fondée sur le mimétisme : la même triade aromatique soja-gingembre-ciboule, parfumerait encore la table chinoise, sauf que la cuisson longue du soja a remplacé la fermentation lente, sans parler des changements botaniques. Le second repose sur la réalisation des prophéties formulées par les générations précédentes à l'égard de la présente, soit la concrétisation des rêves en comportements, puis la mesure des écarts. D'un côté une cuisine « éternelle », de l'autre le fait qu'il n'existe pas de cuisine « intemporelle » : contradiction insoluble si ce n'est dans l'écriture d'histoires sans cesse recommencées, comme celles que nous allons raconter.

Chinois, Égyptiens ou autres Babyloniens sont des nôtres. Ils ont voulu une cuisine, l'ont transportée, proposée, protégée et parfois imposée. À leur manière, ils ont systématisé la réflexion de leurs ancêtres sur la façon de manger, bien ou mal. Et ils en ont déduit une logique d'équilibre d'autant plus incertain qu'il fallait l'ajuster aux mutations lentes du temps historique, aux chocs des rencontres alimentaires quelles que soient leurs formes (invasion, commerce, pèlerinages, découvertes) et aux goûts régionaux. Le changement des modèles de comportements sur une période courte de l'aventure humaine (5 000 ans) est certain ; en revanche, les directions et les contenus sont bizarres voire contradictoires. Encore une fois, le progrès et le passage du petit au grand ne sont ni évidents ni exclusifs de retours.

Révolutions en cuisine

Encore faudrait-il identifier les changements : dans les tombes égyptiennes (fig. 3) de Saqqarah (3700 av. J.-C.) comme de Deir el-Medineh (1400 av. J.-C.) des pains d'orge, du fromage, des poissons séchés, quelques morceaux choisis de mouton accompagnent les défunts. Seuls les grands personnages du royaume entassent dans leur sépulture les huiles venues de tout le Proche-Orient, de la bière syrienne ou du vin libanais. Le temps de la conquête céréalière – à cette époque le millet, l'orge à grains vêtus et l'épeautre – ne s'interrompt pas, en raison d'une pression démographique constante qui justifierait le défrichement de sols jugés ingrats jusque-là, puis semés de ces plantes qui y poussent mieux que l'orge nue ou le traditionnel amidonnier. De même, l'acclimatation carnivore s'opère-t-elle au pas lent de la domestication des animaux et selon les circuits imprévus suivis par l'araire qui passe ainsi de la Lombardie au Trentin avant de remonter aux confins suisses puis de piquer vers la mer. Rien ici d'original : la nourriture satisfait l'indispensable immédiat, pensé comme un entre-deux (je vais manger, que vais-je manger ? J'ai mangé).

Sauf que des hommes ont voulu en parler, s'en parler, voire s'offrir une chance de se souvenir ou de communiquer avec un monde disparu, inconnu, rêvé[2]. Dans cette poursuite du « jamais plus » se combinent – par le truchement du sacrifice, de l'échange ou de la commémoration – l'utilité de la demande et la gratuité du geste puisqu'on n'est pas sûr d'être entendu. L'important demeure la transcription des animaux, des recettes voire des événements parmi les choses mémorables : en Mésopotamie, la bande dessinée d'un repas pris autour de 2500 av. J.-C. souligne la solennité d'une circonstance ou d'un rituel (fig. 2) ; huit siècles plus tard, ce sont des recettes que les Akkadiens ont gravées sur leurs tablettes. Le même genre d'observation vaut pour les codes culinaires de la dynastie Zhou (1000 av. J.-C.) ou à propos des inconnus du mont Bego (Alpes-Maritimes), qui ont piqueté sur la pierre des centaines de bœufs, souvent attelés à un araire, comptés peut-être grâce à de mystérieux traits et dont les cornes puissantes correspondent aux reliefs des fouilles.

Ce qui leur semblait si important à transmettre tient en un mot : la variété, mère du plaisir à table. Avec l'agriculture et l'élevage, ils en avaient déjà obtenu une, mais soumise aux aléas climatiques ; celle-là tenait à leur génie propre, celui de la cuisson et de l'accommodement. De l'Égypte à la Chine, la cuisson à l'eau permettait de raffiner la préparation des produits, de l'enrichir par adjonctions successives, de combiner valeur nutritive, diététique et gustative dans un même plat. Ils n'inventaient pas, ils modulaient. Avec leur talent coutumier pour la synthèse, les Romains du Ier siècle établirent la séquence culinaire idéale : le rôti, le bouilli et le mijoté. Dans cette logique, la sauce ajoute saveur et prix au plat parce que sa préparation et son emploi résument à la fois l'acte et le changement de perspectives, puisque l'essentiel devient le résultat. Ainsi les tablettes akkadiennes indiquent que le pigeon s'accompagne d'ail et de verdure, tandis que les oies et les oiseaux-kippu sont servis à la menthe et au sel. Les produits ont beau être différents, c'est bien un répertoire culinaire qui commence d'être constitué.

Considérons par exemple l'une des plus célèbres sauces de l'Antiquité, le garum et son homologue asiatique, le nuoc-mâm[3]. Elle s'emploie indifféremment pour des poissons crus, cuits ou séchés, selon les conseils du médecin Hu Sihui, auteur des *Justes Principes du boire et du manger* vers 1330 avant notre ère. Au reste, le poisson importe peu : les Chinois recommandent la carpe, les Portugais raffolent des sardines, les Méditerranéens privilégient le thon et le maquereau sans négliger les poissons des marais, les habitants du Pont-Euxin essaient le garum avec l'esturgeon et, après la conquête romaine, les Nord-Européens tenteront d'y associer le hareng. Encore une fois, tout est dans le savoir-faire. La partie antérieure des os frontaux de la bête est d'abord découpée afin de vider le sang, censé répugner les hommes ; en ajoutant une saumure de sel marin à la chair, on déclenche un phénomène de macération et d'autocuisson comparable à la fermentation microbienne de certains fromages ; grâce au sel antiseptique, le « pourri » se transforme en liquide plus ou moins filtré suivant la qualité recherchée ou en compote de poisson – l'ancêtre vraisemblablement du pissalat niçois –, atteignant ainsi à la dignité gastronomique.

Cette recette universelle n'exclut pas les variations locales, des revendications historiques en paternité culinaire, ni des distinguos sociaux. Les Chinois ajoutent du gingembre, les Indonésiens poivrent et les Grecs vinaigrent à profusion. En outre, la longueur du procédé – jusqu'à trois mois pour une fermentation au soleil – incite à chauffer et à utiliser les filtrages intermédiaires. Le garum *stricto sensu* se vend cinq cents sesterces la conge de trois litres, approximativement le prix du kilo de silphium et de poivre, les épices les plus recherchées dans la Rome impériale. Belle occasion pour Délos et Corinthe de placer leur garum « original », prétention contestée par les Syriens et ignorée par les Romains convaincus, comme les Chinois, de l'insurpassable excellence de leur sauce. Le marc du garum, l'hallec, était proposé à un prix inférieur et alternativement en liquide ou en purée, tandis que la sauce « ordinaire », la muria, obtenue à partir de la saumure, offrait aussi matière à querelle d'amateurs, les uns avouant un faible pour celle de thon, d'autres célébrant le goût rustique du silure (poisson-chat). Même un tabou alimentaire comme le sang intéressait les cuisiniers, au moins romains, puisque le nectar des garums était « noir », ce qui eût révulsé un Chinois.

De la maîtrise technique naît un raffinement dans la présentation, sans doute nécessaire lorsque le plat était destiné aux dieux et aux chefs mais qui s'est propagé par capillarité sociale et par imitation. Les oiseaux de Babylone sont servis « sur le dos, la volaille cuite de laquelle on aura retiré les articulations des cuisses, pour attacher celles-ci contre les flancs, au moyen d'une ficelle, et ligoté le cou contre le corps » ; au besoin, ils sont présentés en coffrage de pâte cuite, selon un procédé que ressuscitera la célèbre recette des cailles en sarcophage, orgueil du Café anglais sous le Second Empire, popularisée récemment par le film *Le Festin de Babette*. Il ne s'agit pas seulement d'impressionner par l'ampleur des plats, le nombre des assaisonnements, il faut faire bon.

Car, en cuisine, le raffinement n'est pas un privilège de riches. Bien sûr, la littérature enregistre plutôt les péripéties exceptionnelles comme ce fameux rouget de deux kilos acheté aux enchères et contre l'empereur par le gourmet le plus renommé de Rome, Apicius, mais on est là dans le registre du fait divers. L'acclimatation raffinée se produit presque sans laisser de traces ; elle repose par exemple sur l'adoption des techniques de fumage, de séchage et de cuisson à l'huile connues depuis des millénaires mais pratiquées mieux ici qu'ailleurs. En détournant la belle expression de Jean Guilaine, on parlerait volontiers d'un « marché commun » culinaire : les Égyptiens achètent du poisson en saumure chez les Phéniciens et les Syriens ; vers le IVe siècle av. J.-C., ils poussent jusqu'à l'Afrique du Nord et à l'Espagne, une monnaie frappée au thon signalant l'importance de Gadès (Cadix). À la différence de la conquête céréalière, liée à des mouvements migratoires, donc exposée au risque d'un contact délicat avec l'étranger, ce type d'échange repose sur la xénophilie et ce qu'on peut appeler le désir gastronomique. Principe résumé vers 430 av. J.-C. dans *La République des Athéniens* : « Tout ce qu'il y a de délicieux en Sicile, en Italie, à Chypre, en Égypte, Lyaie, dans le Pont [...] tout cela afflue sur un même marché grâce à l'empire de la mer. » Ou la thalassocratie au service du palais (fig. 1).

Sur les traces de l'oie

Reste à comprendre et à hiérarchiser les motifs de ces gens : sentiment religieux, marques de puissance sociale, politique qui signerait l'entrée des riches et des chefs dans l'histoire de la table ou héritage des mythes préhistoriques transformés par la convention artistique ? Comme nous ignorons également comment l'image, le caractère ou le choix des objets découpent la réalité d'hier, il est délicat de reconstruire cette histoire. Aussi le premier mouvement consiste à organiser un schéma ascensionnel (ou descensionnel d'ailleurs) qui ferait sortir les cuisines les unes des autres, selon la figure de la filiation et de l'évolution. Dans ce registre, les aventures de l'oie sont exemplaires et commencent, de l'Égypte à l'Inde en passant par Mycènes, avec une « éducation » réciproque[4] : les rudes guerriers de Troie ne connaissaient que l'oie sauvage ; Pénélope – incarnation de la fidélité et du labeur, qualités domestiques premières – se console de l'absence d'Ulysse en regardant son troupeau d'oies. Elle ne songe pourtant à les consommer, gâchis économique et culinaire doublé d'une invraisemblance (nous y reviendrons), mais zoomorphisme utile à la hiérarchie des ménages : l'oie/la femme est ordinaire ou sacrée suivant qu'elle reste dehors (sauvage) ou dedans (domestiquée).

Avec les fresques tombales du régisseur Ti à Saqqarah et du vizir Mérérouka vers 2600 av. J.-C., la spécialisation du palmipède se précise selon le principe cardinal des préhistoriques : tout est bon dans l'animal (c'est pour cela qu'il est domestiqué donc choisi) d'abord pour le ventre, sinon le corps, enfin l'échange. L'engraissement de l'oie constitue un perfectionnement humain d'une observation naturelle – les animaux stockent avant de migrer. Les méthodes sont l'occasion d'emprunter au voisin, de le concurrencer – le gavage égyptien est à base de boulettes de gruau et de farine, le grec recommande le gruau et le son – voire de s'inventer des réputations : au prix d'une interprétation fantaisiste du premier *Livre des rois*, les juifs des Ier-IIIe siècles se posent en rivaux des Égyptiens puisque le roi Salomon aurait eu son troupeau d'oies engraissées. Quant à l'usage éventuel des figures séchées, broyées et trempées dans l'eau, c'est une superbe tradition forgée par les agronomes romains, bien après la disparition de l'Empire égyptien, et combinant la symbolique religieuse et sexuelle du figuier arbre de vie avec la vogue culturelle de l'Égypte.

La distinction de la nourriture ingurgitée et du patronage culinaire favorise une vente à bon prix et, aubaine commerciale, deux spécialités pour une seule bête, le foie gras et la volaille. Le palmipède engraissé et entier (en général, il sera bouilli) vaut à peu près le double du volatile ordinaire ; ses morceaux prêts à rôtir – les pattes, le cou farci – sont parmi les plus taxés. Comme son foie, prétexte à un concours de recettes pour l'affinage (miel à la grecque ou lait romain) et la cuisson, car le produit est servi chaud. La légende des Romains et en particulier d'Apicius, expert en foie gras, a été fabriquée par Buffon sur le même principe que les oies grasses du roi Salomon alors que le « pâté de foie gras » faisait saliver tous les gastronomes du XVIIIe siècle.

On en apprend ainsi davantage sur les effets de la domestication. Elle contribue à alléger la contrainte temporelle (que vais-je manger et quand ?) parce que l'élevage est bref – six mois –, que la bête se nourrit avec des aliments meilleur marché que ceux requis pour des espèces comparables et pour un résultat calorique supérieur. Elle fournit des revenus d'appoint, attestés par des monnaies macédoniennes à l'effigie de l'oie, et elle n'embarrasse pas le paysan sur le chemin du marché puisqu'elle y est conduite et non portée. Elle offre la chance de s'inventer une tradition qui permet de soulager la contrainte sociale : les poteries chinoises de Hupci signent l'excellence éternelle de l'oie locale, les peintures égyptiennes de Tell al-Maskata montrent des oies obèses, signe d'une cuisine qui se revendique supérieure aux anciennes dynasties. Grâce au palmipède domestiqué, les Romains d'Afrique peuvent ordonner l'histoire de leur suprématie puisque les peuples du désert ignorent l'oie, tandis que leurs cousins de la capitale se délectent du voyage des oies flamandes – élevées comme par hasard dans les tribus jugées les plus redoutables par César pendant la conquête des Gaules et désormais domestiquées elles aussi.

Comment s'étonner alors qu'un animal si « total » – ses œufs sont recherchés, sa graisse sert d'onguent, sa cendre de remède, ses plumes de stylet ou d'oreiller – entre dans la compagnie des prêtres, jusque sur les marches des temples. L'oie rassure l'homme sur sa capacité à s'imposer contre la nature, même si les fouilles récentes ont montré que la morphologie de la bête différait un peu du standard sauvage. Grâce à son talent, un animal criard, agressif et glouton devient, chez les Romains, « celui qui avertit », donc qui garde, y compris Rome contre la menace des barbares gaulois pendant le siège de 390 av. J.-C. « L'Enfant à l'oie », classique de la statuaire antique, atteste de cet ennoblissement zoologique et sert au besoin de marqueur culturel, par exemple dans la campagne contre les Bretons, réputés non-mangeurs d'oies.

Ainsi se met en place une logique évolutionniste, reproductible à d'autres produits, qui présente de surcroît l'avantage de fournir des explications à la décadence culinaire et civilisationnelle d'un peuple. Car la mauvaise réputation de l'oie est exhumée sous l'Antiquité tardive pour condamner les gastrolâtres qui négligent les règles de la nouvelle religion chrétienne et se gavent d'un animal « paresseux et vaniteux ». Voilà une bête qu'on juge à présent trop méchante pour la laisser en compagnie des petits. S'enclenche de la sorte un processus descensionnel multiséculaire en Europe qui s'achèvera, au XVIIIe siècle, par la division entre un produit de luxe (le foie gras), de demi-luxe (la volaille, les plumes) et le reste d'un animal associé à la vulgarité, réservé à ces provinciaux du Sud-Ouest qui mangent avec les doigts les délicieuses « demoiselles » (la chair grillée de la carcasse), et emblème de la bêtise puisqu'elle avale sans réfléchir.

Une telle indexation sur l'axe du temps n'a rien d'obligatoire : s'alimenter, c'est exister, donc se projeter vers des fins ; cuisiner, c'est vivre selon le moment. Bien malin qui pourrait marquer le début ou la fin de l'opération : le populaire « quand c'est prêt » des livres de recettes en fournit la vérification quotidienne ; *idem* pour l'assaisonnement et la « rectification » des sauces. Le profane éprouve une désagréable sensation de lacune – le fameux secret du chef ; pourtant tout Carême, Escoffier, Raymond Oliver ou Bernard Loiseau qu'ils étaient, ils confessaient leur incapacité à borner le moment culinaire. Certains pointeraient une contradiction avec un travail exécuté à la pendule et des plats à réaliser en fonction d'un environnement, d'une évolution des goûts particuliers. En fait, il faut envisager que le moment culinaire s'apparente à une cuisine à haute voix où le secret réside dans l'à-propos, tandis que les autres activités relèvent de la trace.

Vues sous cet angle, les pérégrinations de l'oie divaguent des parcours racontés. La recette du foie (avec ou sans figues, alcool, truffe, cuisson à l'eau) cache un protocole magique puisqu'on arrive à en inférer l'excellence d'une cuisine, la sincérité régionale d'une autre, l'efficacité diététique d'une troisième ou encore sa probité religieuse. Notre raisonnement analogique spontané repose sur des stéréotypes à la fois réconfortants par leur prétendue valeur explicative et transformable en vérité du moment. Lorsque, à la fin des années 1990, des nutritionnistes américains imaginent le « paradoxe gersois », ils ne s'y prennent pas autrement. Le foie gras dont la consommation régulière contribuerait à la longévité remarquée des Gersois, rappelle les cendres guérisseuses de l'oie romaine. Ce psychologisme de pacotille nous séduit tout autant parce qu'il étaye la « vérité » de l'assiette, censée traduire l'indicible du moment culinaire. Or, le recouvrement étant variable selon les sociétés et le temps, il laisse un intervalle rempli par les mythes et les rituels, donc des règles.

L'art de la découpe

Comme la magie, la cuisine a besoin de continu. Dans une économie et une société agropastorales, celui-ci est mobile, tantôt divisé en opérations – la découpe d'une viande, sa cuisson et sa répartition par exemple –, tantôt compacté – les circuits monophages, du pays mythique des mangeurs de lotus dans l'*Odyssée* aux peuples « carnivores ». Les usages multiplient les formes du continu, notamment par l'habitude et l'échange, à l'origine de la « grandeur » si l'on en croit Thucydide dans son éloge de Périclès. À l'âge de bronze et du fer, la cuisine organise, cache et transmet.

D'où l'impression générale d'un dualisme entre la nourriture des hommes et celle des dieux, des vivants et des morts, des seigneurs et des manants, des uns et de l'Autre, des premiers spécialistes – cuisiniers de Babylone ou de Persépolis – et des braconniers de la faim. Chaque doublet répond plus ou moins à la question qui paraît obnubiler : comment on mange ? La consommation des espèces domestiques, y compris le chien, le rééquilibrage de la ration alimentaire en faveur des céréales, les variations de taille, de poids et de forme des animaux pendant ces trente siècles, le retour des batteries d'assiettes décorées, de bols ou de vases après mille ans d'éclipse dans le Périgord (vers 1000/800 av. J.-C.), puis leur remplacement par une vaisselle en bois, plus solide que la terre cuite mais mobilisant dix jours, tout cela ne s'explique pas par les seuls changements de climat, d'environnement écologique ou humain. À certains moments, des individus ont décidé de manger contre l'évidence alimentaire.

Que viennent faire par exemple les chèvres corses dans la plaine d'Aléria ou sur le plateau de Bonifacio, tandis que la montagne est le domaine du mouton ? Celle qui symbolise depuis le XVIIIe siècle la « vache du pauvre » était domestiquée sur des terres riches, à proximité des pôles urbains. Au fond, il n'y avait guère de différence entre les bergers de Villeneuve-Saint-Germain (Île-de-France), de Vaison-la-Romaine et de Bonifacio : ils laissaient vieillir leurs moutons en lisière des forêts et surveillaient leurs chèvres. Leurs ossements remplissent souvent les fossés de protection, alors que les comptages – en Corse et en Provence – placent la chèvre à 12 ou 15 % du cheptel total. C'est donc que ces gens préféraient la chèvre au mouton. Sans raison scientifique évidente puisqu'ils se sont peu intéressés à son élevage et aux éventuels croisements : en vingt siècles, la taille au garrot varie au plus de six centimètres. On avance l'odeur, le goût, les qualités diététiques ou économiques, l'intérêt religieux même puisqu'au Monte Ozol, les restes de l'animal sont sanctuarisés[5].

Arguments plausibles mais dépendants d'un acte politique au sens le plus noble : la découpe. On en trouvera des dizaines de formes, depuis les usages de l'incision suivant les espèces jusqu'à la découpe culturelle des textes de recettes et sociale des festins entre le choix des convives et la représentation de la scène. Elles illustrent l'obsession éducative des Antiques, y compris à table puisqu'on doit y concilier la nature, la raison et le plaisir. Cette obsession inspire les rédacteurs de tablettes cunéiformes aussi bien que le Platon du deuxième livre des *Lois* ou ses lointains lecteurs du Vᵉ siècle de notre ère, inventeurs du mot sympotique, « une science du comment il faut se conduire dans les banquets et du comment il faut boire ensemble » (Stobée). À la fois effets et engrenages de cette acculturation culinaire, diverses règles s'imposent. La technique de la découpe passe ainsi d'une désarticulation progressive de l'animal au couteau puis au couperet à une séparation axiale en quartiers, recoupés ensuite en fonction des besoins, ce qui laisse supposer une différenciation nette entre le travail d'écorchage, réservé à la pelleterie, et celui de boucherie, conditionné par les objectifs de conservation et de cuisson pour les morceaux choisis, mijotés ou rôtis puis répartis en fonction des âges, des sexes ou des conditions sociales[6].

D'une manière similaire, des règles d'élevage, d'organisation du cheptel et de consommation sont dictées sans préoccupation particulière de l'offre, mais plutôt de l'organisation du travail, du calendrier et de l'allocation des ressources. Seule la demande compte : chez les Babyloniens, on ne s'intéresse guère à la viande de mouton. C'est bon pour les pasteurs ou les peuples de la Bible, même les pauvres préfèrent les céréales : la chair du mouton vaut le dixième du prix de sa laine et n'est pas jugée digne du repas des morts et des dieux. Quinze siècles plus tard en revanche, les grands travaux urbains, les campagnes militaires lancées par Darius et ses successeurs, les besoins de la Cour et l'autorisation de sacrifier aussi les moutons déclenchent des livraisons massives, sans que celles-ci soient expliquées par une surpopulation animale. Les pérégrinations royales autour du VIᵉ siècle commandent une sorte d'économie de pillage organisé, où l'on rafle jusqu'aux moutons du temple s'il manque de la viande à la table des dignitaires. On comprend mieux de la sorte le soin mis par le Grec Alexandre à sacrifier et à consommer plus de bêtes qu'on en avait jamais vu pour concrétiser sa supériorité conquérante.

Les dix mille animaux du festin de Babylone, en 324 av. J.-C., marquent le niveau d'une victoire absolue puisque tout le pays devait y contribuer[7].

Ainsi un système en râteau d'approvisionnement, de contrôle et de répartition se met-il en place dès le troisième millénaire. En Égypte comme sur les tablettes d'Uruk et de Suse, sont précisées la distribution des aliments, viande ou céréales, dévolus aux esclaves de chaque sexe, aux contremaîtres ou aux intendants. Les règles sont sans cesse ajustées, si bien que, vers 500 av. J.-C. par exemple, l'intendant général Farnak dirige cinq niveaux de personnels, chacun pourvu de quantités alimentaires et chargé de livrer des volumes précis aux personnalités du royaume, de la reine aux prêtres et aux fonctionnaires. Là encore aucune variation annuelle n'est observée.

Il ne reste plus qu'à verrouiller cette machine à pomper le travail et les ressources par la loi des hommes et des dieux. Les différents codes proches-orientaux s'y emploient avec un luxe de précisions, visant à régler les questions de bornage, de contrôle de l'eau, d'implantation de bergeries, de parcours pour les troupeaux, en un mot tout ce qui « découpe » l'organisation de l'élevage. Dans le livre de Samuel, ce sont les fils de Ruben et de Gad qui demandent à Moïse de soumettre le choix d'un emplacement urbain au repérage d'une terre propice aux moutons ; le livre de la Genèse et le code des Hittites sont remplis de disputes entre les bergers dont les solutions sont prévues et tarifées. On élève et on mange comme le veut l'État, c'est-à-dire le roi, qui trouve dans la caution religieuse la légitimité supérieure de son action.

Celle-ci est toujours considérée bienfaisante puisque les récits des origines redoublent l'histoire : Assurnatsirapal II l'Assyrien est célébré à l'égal du dieu Enlil, le bâtisseur d'étables, de bergeries et de villes, parce qu'il accepte quelques milliers de bêtes après sa victoire. Au lieu de raser les pays conquis, il leur impose son tribut et sa loi ; en les incluant dans son domaine, il déplace la frontière de son univers civilisé[8]. On retrouve cet évergétisme intéressé chez Euripide qui fait banqueter les citoyens de Delphes pour la gloire de Ion, tandis qu'Alcibiade l'Athénien rassasie les citadins du ve siècle.

En contrepartie, pas question de déroger. La perfection implicite du commanditaire lui impose de satisfaire tous les sens et de se montrer ainsi pleinement humain. L'odorat des dieux est comblé par des fumées du sacrifice, le goût des commensaux par l'abondance et le choix des plats, l'ouïe de tous les deux par la qualité de la conversation (la « bonne ivresse » des Grecs par exemple), le toucher par les redistributions des restes et du surplus, la vue de chacun – y compris les étrangers – par le spectacle de la reproduction des festins. Le « comment on mange » est un carcan dont personne ne saurait s'affranchir. La transgression éventuelle se paie par la perte du statut social (Erysichthon le prince réduit à la mendicité), par le ravalement au rang d'animal (Tantale), par la ruine du royaume (*La Malédiction d'Agadé* à Sumer).

Le privilège du bœuf

L'importance accordée à une telle mise en coupe paraît peut-être excessive à une époque où l'autoconsommation est l'usage. Dans ces économies de proximité, on l'imagine réservée à une poignée de chefs puis de citadins. C'est négliger les effets d'imitation et le souci de hiérarchisation, repérables jusque dans le vocabulaire : les « hécatombes » (le sacrifice de cent bœufs) constituent une sorte d'étalon de la cérémonie culinaire grecque puisqu'elles rassemblent l'État, les prêtres, les puissants et accessoirement le peuple en entier à l'occasion des événements solennels. La codification des rituels, leur inscription littéraire en font davantage le prix que leur rareté. Celles-ci entraînent l'établissement d'un panthéon alimentaire au sommet duquel trône le bœuf : chez les Gaulois de Gournay-sur-Aronde (Oise), les neuf fosses périphériques accueillaient les moutons, les porcs et les chiens, tandis que la fosse centrale était réservée aux bœufs. À chacune son rituel et peut-être ses officiants : les premières fosses devaient ressembler à des étals de boucherie où l'on se répartissait la viande avant de la consommer ; la seconde voyait l'animal abattu d'un coup de hache puis égorgé et sa dépouille laissée sur place afin de nourrir les dieux, avant que le crâne vienne orner la clôture du sanctuaire. Geste qui n'échappait déjà pas aux Grecs du IVe siècle, puisque le poète Théophraste, dans ses *Caractères*, se moque du parvenu vaniteux clouant sur la porte de sa maison la peau recouvrant la tête de la bête.

En un sens, le bœuf est le meilleur des bienfaits que s'est offert l'homme ; aussi est-il juste de rendre grâce aux dieux. Y compris dans la hiérarchisation culinaire de ses morceaux : dans l'ordre des préférences égyptiennes, le boudin était concurrencé par la rate et le foie – utilisé en farce pour un pain spécial – alors que les « bas morceaux » étaient bouillis, à la différence des Babyloniens qui proposent sept « grandes » recettes au moins de bœuf bouilli préparé « à l'assyrienne » et « à la sauce rouge » avec adjonction de sang. Encore une fois, le langage vient redoubler la prééminence accordée au bœuf : les Grecs donnent à leurs meilleures régions productrices le nom de Béotie (pays des bovins) et d'Eubée ([île] des beaux bovins). Le procédé est repris par les Romains qui n'hésitent pas à prétendre qu'Italie signifierait le pays riche en veaux ou en taureaux, suivant une étymologie latine (*vitulus*) ou grecque (*italos*). Ils en profitent d'ailleurs pour se vanter de concurrencer l'excellence grecque en utilisant les fresques des tombes étrusques, par exemple celles de Cerveteri et d'Orvieto où sont représentées les étapes culinaires du festin depuis la préparation de la carcasse jusqu'au service. Quitte d'ailleurs à attribuer la défaite des Étrusques devant les Romains à leurs habitudes alimentaires qui les rendaient « gras comme des veaux de table[9] ».

A priori, l'Inde bouddhiste devrait ignorer le bœuf puisque les sacrifices y sont interdits, et que la mise à mort des animaux est prohibée et que les bouchers sont précisément « intouchables » en raison de leur profession, plus mal considérée encore que celle de gardien de prison. Pourtant, la viande

– et singulièrement celle du bœuf – compte parmi les cinq « aliments supérieurs et délicats ». Elle est donc autorisée pour les moines qui ont par ailleurs obligation d'accepter toutes les aumônes alimentaires, y compris la viande. Dans les principales villes se tiennent ainsi boutiques et marchés ambulants où la viande de bœuf – mais aussi de porc, de poulet et d'oie – est exposée avant d'être préparée à la broche ou, plus souvent, frite dans l'huile après avoir été salée et poivrée, tandis que la sauce est assaisonnée d'épices et vinaigrée[10].

La recherche de la juste distance semble être au centre de ces diverses célébrations. L'éloignement respectueux à l'égard des dieux est de rigueur mais il importe de marquer leur suprématie par l'offrande (Europe, Méditerranée), le retrait du sang (culte hébraïque) ou la combinaison codifiée des deux (Chine), le résultat visé étant identique, assurer la réception favorable du message par la pureté de l'acte. Le commerce des ancêtres et de la famille exige en revanche proximité affectueuse comme si l'on invitait tout le monde à sa table. Voilà pourquoi les Chinois se débarrassent du sang avant de proposer chair crue, viande bouillie et mets cuisinés. De même, les peintres étrusques d'Orvieto ont-ils inséré dans la fresque d'un banquet mythologique une sorte de frise en plusieurs tableaux décrivant la préparation du repas amical, le service ordonné des plats depuis le poisson jusqu'à l'apothéose du rôti. L'ultime panneau est consacré au sacrifice du bœuf à Dionysos, dont on constate qu'il sera bouilli ou rôti, sans précision supplémentaire et peut-être servi des deux manières. Ainsi Romains et Chinois de la dynastie Zhou pourraient-ils dîner ensemble sous le regard apaisé de leurs dieux[11].

Cartographies

Dans cette conception d'un monde sédimenté, rien n'est laissé au hasard. Entre schémas culinaires mythiques et antiques, aucune solution de continuité n'est repérable et l'analyse canonique proposée par Claude Lévi-Strauss n'a pas à être modifiée : « Par sa présence, le feu de cuisine évite la disjonction totale, il unit le soleil et la terre et préserve l'homme du monde pourri qui serait son lot si le soleil disparaissait vraiment ; mais cette présence est aussi interposée, ce qui revient à dire qu'elle écarte le risque d'une conjonction totale et d'où résulterait un monde brûlé[12] ». En revanche, le nombre des produits, les lieux changent ainsi que le principe de circulation entre les étages. Les Celtes et les Américains du Nord avaient recours au truchement climatique, dont les variations permettraient ou interdiraient le passage entre différents niveaux. Ainsi, le brouillard, la vapeur, la fumée des incendies de forêt ou du brasero fonctionnent à la manière d'interfaces.

Chez les Antiques, le principe de cohérence demeure mais sa forme et ses effets sont modifiés par les contraintes de la découpe – horizontale (l'espace) et verticale (les hiérarchies). Ajoutons que le système de fermeture change : celle-ci était obligatoire et symétrique dans le mythe, elle devient facultative et circulaire. D'où la ritualisation accélérée des pratiques culinaires, des modes ou des ordres de cuisson comme de répartition. Le processus est évident en ce qui concerne le sang et les viscères, toujours exposés à la pourriture rapide donc offert chaud aux dieux pour le premier et rôtis puis servis aussitôt à tous les participants selon les récits mythiques. Désormais ces abats sont répartis en fonction d'une découpe hiérarchique liée à de multiples critères (pouvoir, âge, sexe, fonction), alors que le sang – on l'a noté dans les recettes assyriennes – signe l'excellence de certaines préparations, « dignes des dieux ». Les recommandations du médecin romain Celse, au siècle d'Auguste, constituent la première expression coordonnée de cette ritualisation qu'on commence à appeler diététique.

Car celle-ci n'est pas autre chose qu'une mise en correspondance des aliments, de leur production, leur préparation et leur effet sur un arrière-fond mythique laissé sans explications. Seule compte une injonction : l'homme doit se rapprocher de la nature, évidemment dominée par ses soins. D'où l'importance des procédures répétitives qu'induit le rite, dans le régime quotidien comme dans les jugements automatiques : les produits cultivés forgent le corps, les viandes le purgent. Les règles de régime forment la contrepartie indispensable à la régression ordonnée vers une nature de mieux en mieux délimitée. Au loin, dans les forêts, les mers et les déserts vivent les animaux sauvages ; dans le lointain proche des pâturages, des animaux domestiques paissent ; dans l'espace urbain mais hors de la ville s'étendent les champs ; en ville enfin, se trouvent vignes, vergers ou potagers. Les « interfaces » n'ont pas disparu ; en se concrétisant dans l'espace, ils se sont transformés en frontières alimentaires, comme le fossé entourant le village où l'on prend soin de jeter exclusivement les ossements d'animaux recherchés (l'ours dans la Rome du Iᵉʳ siècle), nettoyés à l'eau et conservés un temps par les dignitaires avant d'être lancés dans ce qui sépare l'extérieur et la ville. La encore, la ritualisation est complète et s'apparente à des comportements observés chez les Chinois et Indiens d'Alaska[13].

À chacun de ces territoires correspond un peuplement. En forêt, le chasseur est un errant, souvent rapproché du barbare parce qu'il évolue pour l'essentiel dans un monde sauvage. De ces excursions chez « l'autre », il rapporte des nourritures rares et surtout des parures extraordinaires – peau d'ours ou de girafe, plume de faisan – qui le transforment en incarnation de la virilité au travail. Le pasteur est une sorte de cousin germain puisqu'il est nomade et donc assimilé à un autre danger, le bandit. Cependant il fournit une nourriture et une matière première indispensables dont la consistance résume le processus culinaire : l'œil, mou, humide, que l'on donne aussitôt au doyen tellement la corruption est avancée ; le lard si dur qu'il est incorruptible et donc recommandé aux hommes ; entre les deux, des produits à la fois nourrissants et se prêtant à toutes les préparations, un peu comme une étoffe est aisée à travailler par le couturier : hure, pied de porc ou oreille. Le même genre de corrélation se relève pour les jardins urbains ou le territoire cultivé, avec ici des dangers d'ordre climatique – la sauvagerie de l'hiver, la beauté soudaine et fragile de la floraison menacée par les rayons de la lune autant que du soleil. Autant d'indices qui laissent entrevoir l'armature encore solide des mythes réemployés.

L'étape suivante consiste à combiner ces représentations horizontales avec le classement vertical des individus afin d'ordonner la répartition des produits et de dégager des aliments dignes du paradis ou de l'enfer (fig. 4). On a déjà mentionné la hiérarchie animale repérable dans les sacrifices : en apparence, elle descend du bœuf aux volailles, sans distinction d'âge ni de sexe. Ce serait évidemment trop simple et surtout en contradiction avec l'ambivalence déjà évoquée. Ici, le bœuf de labour est prohibé ; là, le mouton de trois ans porte malheur, en revanche s'il a cinq ans, la félicité est assurée. Ainsi se dégage une sorte de catalogue des produits en fonction de l'effet recherché. Le goût des Méditerranéens pour les petits oiseaux synthétise par exemple l'héritage probable des mythes de la fécondation masculine, à la fois dans la forme ronde et petite d'animaux rapprochables des testicules, dans le mode de cuisson où la chaleur extrême du plat fait penser à la « cuisson complète » de la copulation, dans l'ingestion entière de l'animal qui rapproche un moment du cannibale – un archétype de la virilité – et enfin dans la rareté de l'oiseau qui en fait une parure remarquable pour un repas. Ainsi s'explique sans mystère l'origine des surnoms donnés dans les Landes à l'ortolan, « petit oiseau » ou « oiseau de Paradis ».

Entre le ciel et les profondeurs, il faut également trouver un moyen de communiquer : chez les Romains, le sanglier – version pourtant sauvage du porc mais ennobli par la chasse – est un mets de choix, alors que le porc est courant et commun. Le procédé est ainsi appliqué aux bêtes les moins connues, la girafe, l'ours, l'antilope. Aux remarques avancées plus haut s'ajoutent l'effet de l'exotisme qui efface la vulgarité du territoire sauvage d'origine et celui de la consommation imitative qui fait du mangeur quelqu'un de la haute société. À tel point d'ailleurs que cette propriété peut devenir réversible et servir d'illustration à la dégradation des mœurs, telle que la stigmatise Pétrone dans *Le Festin de Trimalcion*. En servant à ses convives des boudins d'ours confectionnés à partir de bêtes soldées après un spectacle au Colisée, le parvenu ment sur la qualité de la viande. Comme ce trafic n'est pas repéré par les convives, il annonce la décadence de toute une société, ce qui brûle le système de communication sans altérer le pouvoir exceptionnel de l'ours, capable de faire déconsidérer un groupe social entier. Ironie de l'histoire, cette version sera privilégiée par la postérité, jusque dans la caricature proposée par une bande dessinée, *Astérix chez les Helvètes*[14].

La règle et le consentement

La multiplicité des critères donne à la carte alimentaire de l'Antiquité l'apparence d'une coupe en terrain volcanique. L'inégalité des statuts et des fortunes est contrebalancée (non symétriquement, on le rappelle) par l'obligation du don, lui-même modulé en fonction du destinataire, égal ou différent. Les complications nées de cette situation sont vérifiées par l'attitude de l'empereur Domitien qui, au Ier siècle, crut bon de faire préparer des paniers-repas offerts lors d'une fête au culte impérial avec des produits et dans des quantités inégales, selon que ceux-ci revenaient aux sénateurs, aux chevaliers et au peuple. C'est en ce sens qu'il convient d'interpréter le trait attribué au gastronome le plus fastueux et renommé de l'Antiquité ; son « Lucullus dîne chez Lucullus » résume l'obsession cartographique du temps. Si personne n'est jugé socialement ou culturellement digne des plats servis ce soir-là au maître de maison, alors la solitude de l'amphitryon vaut acte d'accusation contre le déclin romain.

Un tel système de normes implique un approvisionnement, un acheminement et un stockage efficaces. Or, les variations de récolte, les guerres notamment, contrarient en permanence ce bel échafaudage. En pratique, les villes sont incapables de financer des réserves de précaution. En Méditerranée orientale, la loi de Samos, promulguée vers 200 av. J.-C., reste le seul exemple d'un fonds commun céréalier constitué par une centaine de citoyens. Ailleurs, hormis quelques tentatives en Lycie, il faut compter sur la bienveillance intéressée des évergètes qui se dédouanaient de leur fâcheuse réputation d'accapareurs et prévenaient les émeutes. Leurs noms ornent les stèles comme autant de traces des bénéfices sociaux et politiques qu'ils retiraient de leurs actions. Ainsi, les Gygès et Boulagoras de Samos, Protogénès d'Olbia ou Polycrite d'Érythrée lâchaient-ils un peu de grains pour que rien ne change.

Chez les Romains, l'évergétisme épuise ses effets à mesure que le territoire se dilate et que la population gonfle. Il se maintient à l'initiative de certains empereurs (Trajan, Néron, Julien) visant soit les Italiens au lieu des seuls Romains, soit une ville en situation de crise frumentaire comme Antioche au IVe siècle. En fait, la rationalisation est rendue inévitable par la hantise politique que suscite l'instauration éventuelle de la tyrannie à la suite d'une disette. Déjà, vers 440 av. J.-C., les manœuvres d'un certain Spurius Melius, faux évergète et vrai conspirateur, avaient conduit à son assassinat par précaution. En 123-122 av. J.-C., la loi défendue par Caïus Gracchus – tribun aussi remarquable par son courage politique que sa démagogie – organisait l'approvisionnement de la capitale dans un double objectif : redistribuer les cartes au sommet de l'État et s'assurer le poids politique d'une clientèle d'affamés. Certes, tout cela était enveloppé du manteau de la vertu républicaine à sauvegarder et d'une morale diététique dénonçant les repas fastueux ou appelant au respect de la nourriture « licite ». Gracchus à son tour éliminé, la leçon fut perfectionnée par les candidats au pouvoir absolu : Crassus assit sa popularité sur une campagne de banquets et Pompée avait mis la main sur l'approvisionnement d'outre-mer. Les temps étaient mûrs pour l'organisation impériale combinant évergétisme et contrôle du marché. Système assez efficace pour être imposé à toute la Méditerranée vers la fin du Ier siècle et auquel la christianisation ne change rien, la charité étant une version ritualisée et à peine plus démocratisée de l'évergétisme[15].

Valorisation de la frugalité, souci d'un approvisionnement pour tous obtenu notamment par une diète végétarienne qui panache interdits, prescriptions, libre choix, évergétisme envers les religieux mais aussi à l'occasion des fêtes familiales – ainsi la coutume d'offrir du porc aux invités comme en cadeau de mariage –, on retrouve chez les bouddhistes le souci d'équilibre entre règle et vie en société que nous venons d'étudier. Les différences entre l'Inde et l'Europe portent sur la sélection des aliments prohibés – ici, l'ours est tabou comme les grands carnassiers de la forêt mais aussi le chien – et sur la pondération des facteurs normatifs, le respect des observances rituelles éliminant pour l'essentiel la consommation ostentatoire. Il en va de même pour l'exotisme, officiellement condamné au profit des ressources indigènes, mais les dispositions concernant le sucre de canne et le miel laissent sous-entendre des accommodements : au total, huit variétés sont répertoriées, leurs valeurs nutritives analysées, leur couleur et leur goût étudiés au point que le sucre de canne rouge foncé est recommandé par le Buddha à ses moines. En revanche, l'interdiction du *gula* (gâteau au sucre séché), au prétexte qu'il favoriserait la gourmandise, et en même temps son autorisation aux convalescents rassurent sur l'universalité de certains comportements.

Les Asiatiques mettent autant de soin que les Européens à circonscrire les étages de leur monde culinaire. En Inde, nul ne confondrait les soupes ordinaires avec les potages supa et yusa confectionnés avec des petits pois, au lieu des lentilles ou des haricots quotidiens, et assaisonnés de poivre noir, de cumin ou de gingembre. En Chine, on mange bien ou vrai. La « bonne soupe » se distingue par la qualité des mets, par la saveur appréciée du mouton ou du porc et par le dosage des épices ; la « grande soupe » n'est pas assaisonnée parce qu'elle ne doit pas masquer le goût particulier de la viande. Dans le *Traité des rites*, il est précisé que ce moyen permet de retrouver le goût des origines, c'est pourquoi la grande soupe possède la saveur de la mémoire. Voilà que l'obsession de la vérité culinaire ressurgit, cette fois historicisée : on s'offre ce que l'on imagine être une cuisine d'hier en postulant (contre l'ordinaire avec ses recettes et ses produits variés) que le progrès a altéré la vérité, même si la saveur du progrès est délectable car assaisonnée, elle. À la recherche des profondeurs du goût, les Chinois font mijoter l'héritage, le processus et la mode selon deux figures : un kaléidoscope de saveurs, équilibré par la symétrie des goûts, et un « casse-tête » qui ne comporte qu'une seule solution[16].

L'énigme du beurre

Un détour par la philosophie politique contemporaine aidera à saisir l'importance du legs des gastronomes antiques. En combinant les gradations temporelle (le présent/l'ancien), spatiale (l'éloigné/le familier), sensitive (le répugnant/l'attirant) et hiérarchique (le respect/le vulgaire), ils ont échafaudé une norme « pour tous », au sens où le sociologue Kelsen l'a théorisée au XXe siècle. Dans l'ordre de la table, prétendre gouverner les estomacs serait folie ; il convient de les administrer. De la sorte, chacun peut réaliser une « bonne soupe » avec les moyens du bord pourvu qu'il respecte les étapes. Modernité et tradition n'ont donc aucune raison de s'opposer. Il n'empêche que subsiste le risque d'un chambardement, quand des individus choisissent par exemple de faire aussi bouillir les viandes dans l'eau plutôt que de les laisser sécher ou rôtir. Décision exceptionnelle certes, mais essentielle, puisqu'elle contraint le groupe à constater l'insuffisance de la norme avant d'en établir une autre, ce qui suppose l'intervention d'un décideur – souverain, prêtre ou législateur.

Ce privilège exorbitant fascine les Antiques parce qu'un individu détient grâce à lui les clefs du paradis et de l'enfer culinaires. Quand les rédacteurs du *Deutéronome* répètent l'interdiction de la cuisson au lait : « Tu ne feras pas cuire un chevreau dans le lait de sa mère » et que ceux de l'*Exode* prennent le soin, exemple unique dans la Bible, de recopier cette prohibition, ils s'octroient un passe-droit invraisemblable, eux qui avaient caractérisé Israël comme « le pays du lait et du miel ». L'analyse courante insiste sur la transposition du tabou de l'inceste dans le registre culinaire, occasion de rappeler la prégnance des mythes. Mais elle omet d'en pointer la conséquence : si une autorité, quelle qu'elle soit, décide de la vérité, alors il en existera d'autres, avancées au nom de la religion, de la science ou de la politique. Du coup, modernité et tradition retrouvent leur fonction contradictoire et complémentaire : c'est en leur nom que l'interdit biblique de la cuisson au lait s'étend à tous les animaux au lieu du seul chevreau, puis que la consommation du lait et de la viande au cours du même repas est refusée. Peu importe que la Bible n'en souffle pas mot, l'autorité du clergé suffit, provisoirement mais pour des siècles. En quoi les juifs et les Chinois décrits dans le *Lüshi Chunqiu* ne sont pas si éloignés puisque les souverains de l'empire du Milieu décident du bon goût, au motif que « les anciens rois n'utilisaient pas beaucoup de condiments ».

Alors s'éclaircit l'« énigme du beurre ». Le corpus des dispositions concernant le lait et ses dérivés vise d'abord à établir des règles de répartition et de circulation pour ces produits. En Inde, le lait est symbole d'immortalité et l'on badigeonne de beurre les statues des divinités. Chez les peuples du désert, il est monnaie d'échange, cadeau choisi, offrande religieuse même pour les Égyptiens qui oindraient leurs statues au beurre de sésame. Chez les juifs, le beurre est offert à Yahvé par Abraham et par les nomades-éleveurs qui accueillent David. Chez les peuples d'Europe du Nord, l'accent est mis sur les qualités médicales et esthétiques du produit, crème corporelle ou parfum, ce que rappelle le mot anglais *smear* (enduire) identique au suédois *smör* (beurre). Les Grecs ont porté à son maximum la classification puisque le lait est à la fois nourriture divine (Zeus est nourri par la chèvre Amalthée) et diabolique car il régale les monstres (les cyclopes) et les barbares (Scythes, Éthiopiens, Hindous jusqu'aux Galactophages mystérieux de la littérature). On retrouve, plus ou moins élaborés, les marqueurs déjà mentionnés, comportementaux (le mangeur de beurre sent et il a les cheveux gras beurrés pour les Grecs) comme spatiaux (la bizarrerie de la crème et du beurre pour Hérodote) ou religieux (l'invention d'un tabou égyptien concernant la viande de bœuf sous prétexte de consommer du lait, moyen pour le Grec Philochoros d'établir leur infériorité alimentaire). Des habitudes si bien établies qu'elles résisteront à l'arrivée de l'islam, celui-ci accordant au lait des vertus scientifiques et intellectuelles particulières, tandis qu'il reprend les recommandations du médecin Actius (VIe siècle) sur les mérites thérapeutiques du beurre comparé à l'huile, conseils que l'on retrouvera mélangés à ceux de Galien sous la plume d'un apothicaire français du XVIIIe siècle, Barthélemy Martin[17].

Modernité et tradition sont au détour de chaque épisode : privilège des gentils dans le *Livre de Job*, le lait et le beurre deviennent des signes de régression chez *Isaïe*, après l'invasion assyrienne. Mais l'intention dominante ne varie pas et elle est bien politique : il faut fabriquer de la régularité, autrement dit un goût classique. La surprise dérange, elle ne peut être qu'inventée par l'autre – le barbare ou la femme hindoue dont le lait serait plus riche que celui de la vache. Au contraire, la mise en ordre rassure parce qu'elle fait appel à l'intelligence des situations, cette fonction à la fois animale et humaine. Par son intelligence supérieure, l'homme antique vérifie qu'il appartient bien à la nature et qu'il est capable de la civiliser par ses règles. Au fond, celles-ci constituent le meilleur des antidotes à son angoisse existentielle.

Ces ratiocinations n'ont pas disparu dans nos sociétés. Ainsi des scientifiques hindous ont-ils entrepris de vérifier la codification bouddhiste de la valeur nutritive et gustative des différents laits. En sélectionnant les critères d'après la réponse à apporter, ceux-ci ont bien sûr attesté la prééminence du lait de vache sur celui de la femme, au prétexte que celui-là apportait deux fois plus de protéines et de minéraux, et expliqué que la force énergétique inférieure du second était imputable au « mauvais » gras du lait féminin et à l'abondance de lactose… De même la qualité « remarquable » du lait de chèvre justifiait qu'on préfère son élevage à la domestication de l'éléphante, de l'ânesse ou de la jument, pourtant dispensatrice du lait le moins gras, mais non religieusement correct. Et si l'on cherche une « décision » susceptible d'engager à son tour des gens pour des siècles, il suffit de mentionner l'annonce, en décembre 2002, qu'un professeur de l'Université hébraïque de Jérusalem, Avigdor Cahaner, avait réussi à produire un poulet sans plumes. Jadis, la dissociation de la chair et de la parure rangeait aussitôt l'animal parmi les monstres, donc l'expédiait, lui et son éventuel mangeur, en enfer. Cette fois, l'hybridation génétique offre une consécration possible à l'impur par l'excellence, condamné pourtant par le *Lévitique* et le *Deutéronome*. Manger un poulet chauve et casher relève de la quadrature du cercle, à moins d'abandonner l'âge théologique…

CHAPITRE 3

RÈGLES ET CONFUSIONS

L'ordre alimentaire est friable, délité par l'habitude ; il est rarement à l'heure, ici tributaire d'une conjonction naturelle, là d'une hypothétique intervention divine ou tardif produit d'un mûrissement qui laisse ses promoteurs épuisés. Est-il pour autant précaire ? La question a passionné les Anciens, qui ont disputé pendant des siècles de la meilleure codification et de son harmonisation avec une réalité multiple et changeante. Mais l'ébranlement des peuples entre le IVe et le Xe siècle modifie les grandeurs et crée un effet de dérive dans l'ordre alimentaire. Il semble impossible d'en respecter toutes les dispositions et, simultanément, les principes nouveaux paraissent moins séduisants qu'inquiétants. Hommes et femmes donnent tour à tour l'impression de rester immobiles, de se laisser porter par les vagues démographiques ou de consacrer leur intelligence à conjurer une séparation entre valeurs locales et universelles, à en organiser les modalités ou encore à prévoir une recomposition.

Ainsi s'engage un millénaire au cours duquel la logique générale d'articulation des contraires, autour de la Méditerranée, et la tenue harmonieuse des goûts ailleurs, clefs du succès culinaire et alimentaire, se trouvent exposées au risque de la confusion dans les priorités nutritives, les choix, les saveurs et les influences. Inspirée du mythe babélien, cette hantise explique l'attention extrême portée au désordre, considéré comme le préambule à une corruption généralisée des institutions, des corps et des âmes.

Ces mouvements stratégiques se déroulent pendant que deux cassures fractionnent la planète alimentaire. De l'Atlantique aux steppes, le retour ponctuel et codifié à la nature par le biais d'une régression culturelle maîtrisée ou d'un court-circuit volontaire donc temporaire, ne relève plus de l'évidence. Il n'y a plus, en Europe ou autour du Bosphore, de bonne ivresse ni de cru délicieux, surtout s'il est pourri. En même temps, une armada de docteurs s'emploie à vider ou trancher l'admirable querelle entre l'universel et le local : ceux des religions s'occupent de l'universel, ceux de la loi du rationnel, et ceux des corps à l'entretien de la vie comme elle va.

Ce travail est trop accaparant pour qu'ils prêtent attention à la dérive continentale qui les éloigne de leurs semblables. Or, ailleurs, la logique de cohabitation compensatoire entre l'homme, le groupe et la nature n'est pas modifiée. Au contraire, quelques indices laissent à penser que les différentes fonctions classificatrices, du totémisme à la politique fondée sur le triptyque appropriation-restitution-réception, se voient réévaluées. C'est peut-être une manière de conjurer le risque d'une disparition, toujours est-il qu'aucune confusion ne menace ces sociétés.

Expliquer les étapes de ces dérives culturelles entre mondes alimentaires est indispensable à la compréhension des conflagrations inaugurées au XVIe siècle et qui se poursuivent. Nous avons choisi d'organiser ce cheminement en deux séquences, du IVe au Xe siècle, puis du XIe au XVe siècle. Ce découpage européanocentré est critiquable ; il nous semble justifié par la tension entre culte de la différence, produit d'un héritage, d'un territoire, d'un terroir, et la curiosité pour le mélange des goûts qui a incité les hommes de l'an mil à s'aventurer parfois très loin.

Le ver est dans le fruit

Le changement d'horizon s'ébauche au IVe siècle en Europe et en Méditerranée, et il se prolonge trois siècles plus tard au Moyen-Orient et en Asie Mineure, sans même intéresser le reste de la planète. Il s'explique par un double déplacement de frontière, dans l'ordre terrestre et spirituel. Jadis, les « Barbares » étaient exclus de la table. Quand leurs territoires étaient colonisés, il s'agissait de les rendre en quelque sorte transparents par imprégnation des habitudes, des techniques et des rites culinaires. À la faveur de migrations continues et massives étalées sur cinq siècles, Européens et Méditerranéens découvrent des populations réticentes à cette transformation, voire désireuses d'en opérer une sur leurs bases. L'échange existe du coup, mais l'indifférence tout autant qui se nourrit justement des valeurs d'héritage.

Pour s'y repérer entre les deux, un nouveau détour par la science politique est instructif : échanger, c'est se reconnaître un ennemi/partenaire et donc choisir une stratégie de l'affinité, même au prix de l'exclusion et de l'interdit ; ignorer, c'est privilégier une stratégie où l'organisation sociale et le symbolique convergent de manière autonome, tandis que le dehors appartient au néant. Franchir des limites proches et multiples, sans certitude de résultat, ne va pas de soi ; il est souvent plus rassurant de déserter et de désertifier le monde en s'en tenant à des espaces identifiés, intelligibles. Les peurs du vide et de l'ailleurs se ressemblent.

En même temps, chez les hindous, les jaïnas et les bouddhistes, chez les chrétiens et les musulmans, à la suite des juifs, la frontière avec le surnaturel se rapproche à mesure que leurs textes sacrés codifient, expliquent, classent les usages alimentaires avec, en perspective commune, un avenir *post mortem* à préparer. En résulte une gigantesque confusion, comme si un univers dualiste se mettait en place. À côté de ce bouleversement dans l'ordre ordinaire des choses, les mondes américain et africain semblent immobiles tant il faut scruter de près les ravaudages, les ajustements, cachés sous un rituel sans cesse célébré.

Commençons par la dissociation du pourri et du délicieux en Europe puisque la pourriture noble est la première victime des invasions, des troubles politiques et du discours culinaire chrétien. D'emblée, les lettrés occidentaux expliquent la chute de Rome, les villes en ruines, les champs dévastés par une corrosion conjointe de l'espèce et des mœurs. Jérôme attribue les malheurs du Ve siècle à l'adoption par les Romains d'habitudes alimentaires barbares, hier les Parthes, aujourd'hui les Goths et les Vandales. À force de se délecter comme eux de « larves à tête brune, au corps replet, prenant naissance dans les bois », leur estomac s'est barbarisé. En comparant des larves ou des aliments pourris aux perdrix et aux rougets, orgueils de la cuisine impériale, ces Romains amollis ont commis une faute contre l'esprit. L'empire aurait ainsi commencé de pourrir par la bouche. Un demi-siècle plus tard, Ambroise, évêque de Milan, réjoint Jérôme et conclut qu'une addiction gastronomique a rongé les hommes et le corps social aussi bien qu'un morceau de bois.

Le procès repose, on s'en doute, sur des pièces falsifiées. Les citoyens de l'empire se gardaient d'ingérer de la viande avariée, des poissons gâtés ou des condiments rances. La pourriture antique était une construction de l'esprit organisée en degrés utilisant les effets des différentes techniques de conservation ou bien supposant par exemple qu'une pourriture délicieuse s'échappait de l'huître quand on la gobait. L'idée, certes arbitraire, n'était guère différente du rituel des *sushi*, établi en Chine à la fin du IIe siècle puis adapté quatre-vingts ans plus tard au Japon sous l'appellation *nare-zushi*. Là aussi, la chair de poisson salée était mise à fermenter avec du riz, jeté lors de la consommation. Dans les deux cas, la hiérarchie gustative des plats était établie en fonction du temps de mûrissement – entre un et trois ans – puis par la subtilité des sauces chargées de faire ressortir la suave mollesse du produit et par ricochet, le raffinement des convives.

Ce régal était associé partout à la consommation de vers et de larves, réputés pour leurs propriétés médicales et leur goût faisandé. Dans son *Histoire naturelle*, Pline détaillait l'engraissement à la farine des gros vers du chêne, avant de s'extasier sur la texture souple et la saveur fumée de ces chenilles à la manière d'un amateur d'andouillette. L'accommodement permettait de distinguer mangeurs raffinés – les Romains ou les Athéniens les préparaient à la broche et les servaient sans sauce – des butors comme les béotiens, nappant les bestioles de sauce aigre-douce. Là comme en Inde, à suivre Élie dans son *Histoire des animaux*, les plus belles pièces étaient offertes au seigneur ou à l'hôte d'importance et les ambassadeurs devaient se contenter de fruits quand le maharadjah dégustait des vers en dessert. Au besoin, les Grecs, fidèles aux leçons d'Aristote et d'Aristophane, utilisaient le ramassage pour vanter leur supériorité culturelle : il fallait choisir les insectes au moment où ils se débarrassaient de leur enveloppe pour goûter à l'exceptionnel.

Voilà qui passe au Ve siècle pour une inadmissible confusion culinaire et autorise la charge contre la décadence romaine. Jérôme et Ambroise évoquent tous les deux une « extinction des lumières » et on connaît la fortune de l'expression, reprise à la lettre en anglais puisque *The Dark Ages* sont censés couvrir les années postérieures à 410. Cette sentence définitive a pris rang parmi les évidences chronologiques entre les XVIIIe et XXe siècles, y compris chez un observateur aussi avisé que le naturaliste Jean-Henri Fabre : « Quand il eut assez mangé de peuples, le Romain abruti par l'excès de luxe se mit à manger des vers. » Le gluant entrave la marche de l'homme vers le progrès, le pourri ronge l'espèce comme l'or, l'esprit. Vues sous cet angle, les invasions ont constitué une aubaine alimentaire pour l'Occident, grâce au goût des Barbares pour la viande reconstituante, revirilisante, productrice de générations pleines, autant de raisons qui légitiment l'exclusion du gluant et l'adoption d'un régime carnivore.

Condamner le luxe des riches ne suffit pas à détourner les paysans d'une alimentation gratuite et coutumière. Il faut ajouter la force de l'interdit religieux et une habile disposition pratique. Les Byzantins sont sommés de renoncer à l'entomophagie parce que celle-ci est un marqueur dépréciatif accolé aux païens ou aux hérétiques – Valaches, Bulgares, Syriens, plus tard Dalmates et Albanais – qui continuent à se cuisiner des omelettes aux vers à soie. En Lombardie, en Moldavie ou dans les Cévennes, un distinguo est établi entre la larve, prohibée, et l'insecte, autorisé. Le répertoire culinaire y perd la tettigomètre, régal d'Aristote et des cuisiniers asiatiques, au profit de la cigale, au goût réputé comparable à celui de la crevette. En pratique, le résultat sur la longue durée est peu convaincant : jusqu'aux années 1950, Cévenols et Lombards préparent bombyx et autres abdomens de hannetons ; leurs voisins des côtes consomment, eux, des *pannochi*, friture de cigales de mer au sel et aux oignons, en attribuant à tort l'origine de la recette aux confréries évangélisatrices du Moyen Âge. Les sauterelles et les chenilles ont, en revanche, disparu des plats africains, à l'exception de rares usages culturels, sous l'effet de la contagion moderniste, appuyée par un discours religieux importé, au motif qu'un « civilisé » ne mange pas cela. Leur mémoire culinaire évanouie, ces populations sont davantage désarmées devant les invasions de criquets, comme en 2005.

À l'inverse, en Asie, les méthodes d'élevage sont perfectionnées afin que le résultat culinaire se rapproche de l'idéal harmonique : les vers palmistes engraissés plusieurs mois avec différents fruits – pêche, poire, prune ou banane – doivent rendre sous la langue le dégradé de saveurs et de correspondances colorées. Les vers sont ensuite saisis à l'huile puis broyés et battus avec des jaunes d'œufs, soient les diverses techniques occidentales d'accommodement mais ici envisagées dans une perspective d'abord gastronomique puis nutritive. Suivant la logique symétrique qui préside à la convergence autonome évoquée plus haut, l'animal a parfois deux usages culinaires : l'abdomen du Belostome, une sorte de cigale mesurant cinquante centimètres, contient deux tubes odorifiques au parfum de cannelle qui, percés et versés goutte à goutte, servent de condiment aux préparations courantes de l'Asie du Sud-Est, par exemple le bouillon de crevettes aux vermicelles ; l'insecte est aussi mangé grillé, cuit à la vapeur ou sauté à la graisse de porc. La larve dont le goût rappellerait le jaune d'œuf et pour cette raison proche de la perfection harmonique, est conseillée aux femmes ; l'insecte est nourriture de mâle. Chinois, Indochinois ou Coréens poursuivent leur quête culinaire sans se soucier des recettes du voisin : en Indochine, le ver palmiste est engraissé dans un morceau de canne à sucre puis noyé dans un alcool de riz avant d'être frit. En Chine, un dessert fruité et gluant ; ici un goût de noisette et un mets qui craque sous la dent, pour une même conclusion : les deux peuples estiment ces chairs à l'égal des trésors culinaires que représentent la paume d'ours, la langue de paon, les babines de panthère, auxquels s'ajoutent en Indochine, la peau de l'aisselle du rhinocéros et la plante du pied de l'éléphant, précisions dignes d'une « chasse au trésor », celle de l'harmonie, à table comme en politique.

La guerre des criquets

Loin d'être anecdotiques, ces dispositions s'inscrivent dans une sélection guidée par des critères religieux et des contraintes alimentaires. Certes, les textes existaient mais leur enseignement se trouve actualisé. Dans de nouvelles versions du *Traité complet d'agriculture* en Chine, les rédacteurs précisent les méthodes de la chasse aux sauterelles, les temps de cuisson à l'eau salée et leur place dans l'ordre des repas cérémoniaux, à la fin du premier service. Autour de la Méditerranée, la coïncidence de la christianisation européenne, de l'islamisation méditerranéenne et d'une nouvelle diaspora juive ouvre une longue période de débats savants. En particulier dans le registre entomologique, car les textes anciens sont lacunaires, parfois contradictoires, souvent négligés sous l'Empire romain tardif, tandis que les idées reçues sont légion. Leur étude permet de préciser le degré de confusion et la nature des ennemis.

Le musulman mange criquets et sauterelles parce que le *Coran* l'y autorise ; il évite en revanche les cigales puisque le Livre est muet sur le sujet. Le juif hésite entre deux prescriptions : le *Deutéronome* proscrit tout insecte, mais le *Lévitique* autorise les sauterelles. Seulement le lettré sait qu'Aristote leur compte six pattes, ce qui rend l'animal impur donc immangeable. Entre la connaissance et la tradition – Moïse dénombre quatre pieds à la sauterelle – il faut l'habileté des rabbins pour assimiler les pattes postérieures à des propulseurs et donc déclarer la sauterelle bonne à manger. Reste à identifier l'espèce autorisée puisqu'au verset 22, le *Lévitique* a limité les sauteurs autorisés à quatre noms : s'agit-il d'espèces différentes ou des quatre états vitaux du seul criquet migrateur ? Cette fois, tradition et nécessité alimentaire sont en concurrence. Si la réponse est religieuse, le criquet doit être retenu car Arbeh désigne, dans l'*Exode*, le nuage de sauterelles, la punition envoyée par l'Éternel avant que l'insecte soit tué puis consommé et donc agréable, le croyant avalant pour son bien ce qui lui a fait du mal. Si la réponse relève de la nutrition, alors il est évidemment préférable de définir quatre espèces consommables, le criquet migrateur, la sauterelle verte et deux grillons.

Les justifications sont souvent opportunistes. Ici on empile des règles, là des coutumes ; parfois on mélange ou on divise. Le chroniqueur Ibn al-Fakih, sans doute amateur d'insectes, consacre de longs développements à la qualité de ceux ramassés dans la montagne du Liban au prétexte que « anachorètes et saints soufis » y vivent, que « tous les fruits connus et la meilleure eau douce » leur servent de nourriture et qu'il y a des Perses et des Druzes pour glisser les bêtes dans les sacs, y compris les espèces interdites comme le criquet des buissons. Une fois embrochées et passées au gril, bien malin qui distinguerait les bestioles impures car il suffit d'observer les bas-reliefs du palais assyrien de Senacherib pour se douter que la brochette mixte n'a pas d'existence officielle.

Pourtant, les découpages et les préventions ne s'effacent pas des têtes : faire griller des criquets en les tenant par les ailes avant de les badigeonner au sel, à la manière des Bédouins, semble extravagant et douteux religieusement aux sédentaires de Palestine et du Liban. Eux les cuisinent à l'eau, censée préserver de tout contact impur. L'émergence des chrétiens puis des musulmans transforme le sujet en modèle de question « byzantine ». Juifs, chrétiens et musulmans se déchirent sur la friture et le rissolage à l'huile autant que sur le dosage et le choix des épices ; chiites, sunnites et unitaires (druzes) adoptent des recettes différentes et s'opposent ensemble aux zélateurs égyptiens et syriens de la recette bédouine, sous prétexte que l'austérité alimentaire des nomades affaiblit intentionnellement le corps au lieu de le préserver. En retour, ceux-ci utilisent le patronage lointain des suzerains de La Mecque, ancêtres des califes de Bagdad, pour légitimer un combat moral contre les passions gloutonnes que la fréquentation des impies inspire.

À la fin du Xe siècle, le géographe Ibn Hawkal propose une sorte de guide gastronomico-religieux libanais. À Tyr, ville austère, on se contente du *tharîd*, une tranche de pain accompagnant un bouillon de viande aromatisé ; à Beyrouth, mélanges et techniques variées sont autorisés pour deux raisons prosaïques peu mentionnées : le commerce portuaire avec son inévitable brassage humain et la défense d'une position stratégique autorisant beaucoup de tolérance dans l'alimentation des mercenaires recrutés. Les gardiens de la meilleure tradition culinaro-religieuse officieraient à Baalbeck, l'isolement géographique servant de conservateur et le savoir-faire pâtissier de garantie à l'authenticité des recettes.

De l'autre côté de la Méditerranée, données et solutions sont voisines. La comparaison de la valeur nutritive des animaux sert à étalonner l'insecte et à justifier prohibitions et conseils : le rapport criquet/crevette facilite les échanges le long des côtes, tandis que son double continental criquet/écrevisse sert plutôt de repoussoir car l'écrevisse bénéficie d'un statut particulier dans la symbolique chrétienne. Dans les zones de contact avec des religions rivales, par exemple en Macédoine, les principes sont réaffirmés et illustrés par des comparaisons viriles – « l'énergie rugueuse des Macédoniens entomophages » ; là où la concurrence joue peu, dans les Cévennes ou la montagne lombarde, de multiples concessions, emprunts aux rares visiteurs, tours de main païens, sont accordées. En Poitou, des recettes « à la romaine » se transmettent jusqu'à la Première Guerre mondiale si bien qu'en 1917, les Américains mandatèrent la mission Howard pour exhumer des greniers culinaires quelques informations sur une éventuelle utilisation industrielle des insectes en ersatz, dans une guerre alimentaire interminable.

Au total, trois attitudes se vérifient sur tous les continents : l'observation des règles signe le passage à une conscience politique – on mange sous la menace d'un autre, rival local, voisin spatial ou surveillant stellaire ; elle est d'autant plus stricte que des régimes concurrents sont disponibles ; les écarts sont d'autant mieux tolérés que la position sociale est médiocre. Ainsi, la stricte division hindoue en castes permet aux brahmanes de s'autoriser une consommation associant insectes et viandes, en fonction des hasards climatiques et dans les régions – Inde du Centre et du Nord-Ouest – où leur présence ne risquait aucune contestation.

Signe de continuité alimentaire, secours à portée de main et marqueur religieux, l'entomophagie constituait un signe de reconnaissance. La persillade de cigales échappa ainsi aux interdits alimentaires chez les coptes d'Égypte parce qu'elle incarnait dans le plat la transmission culinaire, préparations pharaonique, romaine, chrétienne alternant ou se mélangeant comme autant de repères destinés à vérifier la cohésion d'un groupe menacé. Car la domination musulmane n'empêcha jamais les Coptes de s'offrir une ventrée d'insectes à chaque fête de la brise printanière, pas plus que leur réforme cultuelle décidée au XIe siècle. Cette sédimentation culinaire, observée par les explorateurs européens à la recherche des sources du Nil, vers la fin du XIXe siècle, déclencha même de curieux réflexes de mémoire associative, des chenilles servies en papillotes de lotus se voyant rappochées de recettes médiévales communes en Flandres ou de feuilles de vigne farcies à la grecque, telles qu'on les décrivait chez Anthimus au Ve siècle[1].

Un problème de digestion

À l'intégration et à l'exclusion correspondaient, en cuisine, l'ingestion et la digestion. Le dérèglement du processus marqua la première manifestation de l'impressionnant évidement de substance qui devait précipiter la dislocation de l'Empire romain. Les déserts bordant la mer Rouge furent, au IVe siècle, colonisés par des ermites aussi doctes qu'ascètes et fréquentés par des pèlerins. L'un d'entre eux, Évagre le Pontique, décida vers 365 que la gourmandise était le premier des péchés et le vice principal laissé en héritage par Adam. L'abondance ne favoriserait plus la cohésion de la communauté, l'excès de consommation handicaperait le groupe, chaque abus perpétuerait la faute initiale, exaspérant une passion malsaine – notamment par ses raffinements – jusqu'à déclencher une thrombose sociale. Vu de Rome, prêcher le remords d'un acte aussi gratifiant qu'un repas copieux et choisi, c'était une faute de goût mais sûrement pas une menace puisque la condamnation reprenait les termes du *Lévitique*, en l'occurrence les règles d'une secte dispersée qui, au Ier siècle en Égypte, avait pratiqué sans succès le retour au désert. Avec l'âpre religion des sables, un mouvement de recentrage s'amorçait pourtant des deux côtés de la Méditerranée.

La fermeture des grands greniers urbains impériaux et l'interruption des distributions gratuites de pain par le pouvoir allaient donner un écho inattendu à la prédication. Lorsqu'elle avait été décidée en 275 par l'empereur Aurélien, l'autorité administrative avait imposé la charge de la distribution aux boulangers et elle fixait le prix du pain ainsi que le montant des taxes. Un siècle plus tard, elle n'arrivait plus à empêcher les boulangers de fabriquer des pains plus légers, avec des farines de blés pauvres souvent mal tamisées. Ni à garantir le respect des prix officiels. L'échec d'un État contrôleur, percepteur et dispensateur de nourriture donnait un prétexte aux émeutes et une justification aux ascètes, du moins en Occident car Constantinople parvenait à servir une ration moyenne voisine de huit cent cinquante grammes par jour aux Vᵉ et VIᵉ siècles.

Cela n'explique pas pourquoi le modèle alimentaire impérial finit par faire défaut, incapable d'assumer la crise des IVᵉ et Vᵉ siècles et de la dépasser. L'historien Carlo Cipolla suggère que les élites romaines auraient été victimes d'un empoisonnement au plomb. D'usage courant pour les ustensiles de cuisine, celui-ci aidait à la conservation au vin et stabilisait certains colorants. Or, au-delà d'une ingestion supérieure à un milligramme par jour, la nourriture plombée entraîne constipation, stérilité, épuisement physique et perte de lucidité. L'explication paraît burlesque alors qu'elle livre une indication interprétative précieuse. Le blocage serait imputable aux carences de ceux qui étaient en charge de la répartition alimentaire ; occlusion et stérilité impliquent qu'une rupture d'équilibre s'est opérée entre conservatisme et innovation, au détriment de celle-ci. Se sont alors généralisées des attitudes dogmatiques – la référence systématique à l'empire rayonnant personnifié par Pline et ses conseils – et scolastiques – le culte voué à Apicius, la reprise de ses sauces, le pastiche de ses festins. L'énormité des connaissances accumulées et de l'héritage à transmettre serait devenue telle que les élites se préoccuperaient de conserver et d'enseigner. Méfiants jusqu'à l'hostilité à l'égard de la nouveauté, elles maçonneraient les règles d'une orthodoxie culinaire jusqu'à multiplier les rappels à l'ordre – telle la friture obligatoire de la dorade dans une farine de moutarde sous peine de tromperie – et les cloisons entre provinces occidentales et orientales.

Cette interprétation contemporaine a l'inconvénient de décalquer les angoisses occidentales apparues depuis le début des années 1970, alors que la rareté alimentaire menace et que les famines à répétition accaparent l'émotion internationale. La submersion de Rome constitue une sorte de modèle annonciateur des catastrophes à venir si l'humanité ne choisit pas la diversité et l'échange, conditions liminaires au progrès. La leçon de ce schéma développementaliste est pourtant cruciale pour notre propos : la crise barbare y est résolue par le haut ; les invasions deviennent une épreuve nécessaire, poursuivie par une contraction convulsive et par une dilatation féconde. Ainsi un ordre horizontal qui suppose la pente, se mesure en progrès et relève du roulement laborieux, se substitue à l'ordre vertical du cycle antique, avec ses hauteurs grisantes – les fameux âges d'or – et ses profondeurs noires. Cette stratégie de rupture s'ébauche aux Ve et VIe siècles, avec une ambition, projeter les païens d'hier dans un universel religieux[2].

Grégoire de Tours ou le pape Grégoire le Grand ne se revendiquaient pas encore en hommes du progrès, mais placés sur la courbe ascendante d'un cycle nouveau, plus large que l'impérial et supérieur puisque le bon repas allait supplanter le beau, le festin de Bacchus s'effacer devant la Cène. D'où l'intérêt de déconsidérer un présent qui ne vaudrait plus grand-chose et le récit d'un interminable calvaire alimentaire. C'est à croire qu'un flash mental a ébloui l'entendement des chroniqueurs, Grégoire de Tours ou l'Italien Procope : des individus au visage jaune, à la peau desséchée, à la maigreur squelettique, mangent des pépins de raisin, des racines de fougère réduites en poudre puis incorporées à de la mauvaise farine. À les lire, l'Occidental affamé n'a plus de choix qu'entre le cannibalisme et le retour à l'état animal, « s'inclinant avec avidité pour arracher l'herbe de terre ; mais comme ils n'y parviennent pas par manque total de force, ils tombent le visage en avant et, les mains tendues, ils meurent là ».

Réduits à se comporter en animaux, les peuples de l'empire, « étouffés avec des nourritures variées et toutes sortes de friandises », en auraient été incapables, proies désignées pour des barbares « à l'appétit de loup ». Il ne sert donc à rien de déplorer la disparition de Rome ; en garder la nostalgie serait attitude fautive contre le bon sens et la religion. Au dérèglement moral, seriné par les citations du *Lévitique* (XX et XXVI) et du *Deutéronome* (XXVIII) qui seront aussi utiles aux musulmans (*Coran*, XXXV et XXXVII), est associé le désordre diététique : la nourriture gourmande a porté l'estomac des Romains « à ébullition » ; pour en apaiser les douleurs, il convient de réapprendre aux hommes la mesure alimentaire par la géographie et l'histoire.

Le désert chrétien se veut en effet une sorte de cataplasme appliqué sur les passions de table. Ici, souffles et nuées s'y lèvent à l'improviste, ruinant les orgueilleuses constructions humaines et contraignant à l'abstinence ; le grain de sable s'y distingue mal de l'immensité désertique, rappel opportun des vanités gourmandes vouées au néant final ; peuplée d'animaux bizarres peu comestibles, ce qui oblige au jeûne, et d'individus inquiétants – nomades ou bandits –, cette terre d'épreuve est un lieu de solitude. Abrasif efficace aux débordements de gueule, le sable force l'homme à adopter une bonne conduite alimentaire, faite de prescriptions et d'interdictions. Mais le désert inspire aussi un sentiment d'assiégement, qu'il soit de sable au Sud, ou forestier au Nord : son avance menace l'approvisionnement de la communauté, impose un bornage défensif, voire un repli dans un espace identifié et sûr, le village. Désert alimentaire et géographique ont partie liée dans une idéologie du salut.

Dans une Europe traumatisée par les invasions, l'accent initial mis sur la déchéance alimentaire, la ruine des champs et les morts de faim permettent d'écrire parallèlement une histoire réparatrice. Depuis la gourmandise originelle jusqu'à l'effondrement impérial, le superflu avait été privilégié ; conformément à la recommandation de *Matthieu* (VI, 32-34), le nécessaire devint la règle. Restait à le définir, opération délicate puisque le christianisme revendiquait l'absence d'interdits alimentaires – contre le judaïsme – tout en condamnant les offrandes alimentaires païennes et en tablant sur la manne céleste plutôt que sur le travail : « Regardez les oiseaux du ciel ; ils ne sèment, ni ne moissonnent [...] et votre Père les nourrit » (*Matthieu*, VI, 26). Tabler sur une nourriture obtenue miraculeusement était un pari trop risqué ; en pratique, les chrétiens proposèrent un programme, adaptable, et un modèle, la sainteté.

Le raisonnement était spécieux mais efficace. Puisque tout partait de la chute, il fallait réapprendre à se nourrir et empêcher les occasions de retomber, sans prohiber officiellement des produits, du moins sans raison historique. Aussi convenait-il de donner peu à manger ainsi qu'à des enfants qui viennent de naître, de recommander une alimentation végétarienne car la viande qui « échauffe l'estomac » favorisait la chute. En 732, un pape condamnerait ainsi l'hippophagie au motif que des empereurs romains avaient voué un culte au cheval. La ficelle était grosse ; il s'agissait en fait de déréaliser un peu plus le régime impérial en escomptant que ses habitudes finiraient par s'évaporer à la manière de traînées de condensation. Glouton obscène et impie, le mangeur romain fut ainsi caricaturé en amateur d'orgies alimentaires, à l'exemple de Gallien, constructeur « d'un misérable raffinement, des châteaux de fruits ».

A contrario, l'ascète, « indifférent aux plaisirs de la table », acceptait de se nourrir de plantes sauvages consommées crues, non pour se rabaisser au niveau de l'animal mais parce que sa volonté le faisait mépriser le feu cuisinier, ce corrupteur de l'âme. Le modèle eut beau être psalmodié à satiété, peu de gens résistèrent à l'accommoder, les religieux en tête. Près d'Alexandrie, ils ne se refusaient pas des pâtisseries ; en Bithynie ou sur le mont Athos, trois repas étaient servis les mardi, jeudi et samedi au lieu de l'unique réglementaire ; en Irlande puis le long du Rhin, les jours jeûnés virent remonter l'heure du service à trois puis à douze heures au lieu du coucher du soleil. À l'époque carolingienne, dans les plus riches monastères d'Europe du Nord, la ration quotidienne approchait les 5 000 calories. Le respect du jeûne dominical et du Carême, instauré depuis 325, valait certificat ascétique.

Au confort impérial par construction euphorisant et trompeur, s'opposait un état de perte qui faisait vaciller les certitudes alimentaires, la consistance des goûts et jusqu'aux souvenirs. Elle préparait le terrain à une légitimation de la différence alimentaire selon une logique voisine à l'autre bout du monde, chez les brahmanes rédacteurs des *Lois de Manu*. Interdire ce qui agressait la nature par un prélèvement excessif, c'était privilégier la nourriture la moins transformée par le talent culinaire (donc la culture), en l'occurrence le végétarisme et, en particulier, la cueillette. Prohiber ce qui déclenchait l'irrépressible envie de manger davantage par goût, c'était chasser la jouissance, cette sorte de révélation exceptionnelle qui foudroie le mangeur, au nom de la règle[3].

Insubmersible Empire romain

Il reste à évaluer si ces dispositions ont changé le rapport à la nourriture, les préférences alimentaires, l'organisation même du travail. Certes, on y reviendra, les lignes de culture se déplacent, la nature grignote la ville, des animaux s'imposent ; il n'empêche, Rome résiste à tout, aux procès intentés par les clercs, à la concurrence des valeurs d'importation, à la folklorisation comme au réemploi culturels. Forçons le trait : la chute de Rome est l'indispensable truchement pour élaborer un nouveau mythe alimentaire. Avant d'en indiquer les éléments, examinons les signes tangibles de la présence romaine.

Le menu quotidien, les activités de routine alimentaire se modifient peu, après le Ve siècle : les légumes et les légumineuses sont dévorés par le carnivore barbare ; le paysan, d'esclave en alleutier, a changé de statut, mais il continue de fumer son potager à l'engrais humain et animal. La taille en reste inchangée – deux à trois cents mètres carrés ; ajoutée, à Byzance, aux sept à huit quintaux de blé annuels et, en Occident, au froment rouge, la *spelta* (épeautre) des Romains, voilà qui suffit à nourrir la famille. Le jardin est cultivé, au moins jusqu'au Xe siècle, selon les techniques romaines compilées par Rutilius Palladius dans son *Opus agriculturae* (IVe siècle), une sorte de guide pratique combinant calendrier, météorologie et techniques. La houe et l'araire sont passés selon ses conseils ; le chou est semé en février autour de la Méditerranée et repiqué en octobre. Quant à la hiérarchie des plantes, elle semble immuable : racines pour les animaux et les errants, légumes à ramasser pour les paysans, fruits pour les puissants. Au XIe siècle encore, le médecin byzantin Hiérophile recommande Pline et Rutilius sur le ton de l'évidence[4].

Les règlements administratifs portent toujours la marque impériale. À Byzance bien sûr, où les comptages, les dispositions corporatistes et les pratiques policières doivent éviter les soulèvements dans une ville de quatre cent mille habitants. Au Xe siècle, le *Livre de l'éparque* (sorte de préfet) relate la traque du marché noir, des poids fantaisistes, préjudiciables au fisc, afin de garantir une sécurité alimentaire minimale, entre hygiène et stockage de prévention. À la place des importations frumentaires d'Égypte, désormais musulmane, les arrivages de mer Noire, de Thrace ou de Bithynie font l'appoint. Les distributions gratuites de pain ont été suspendues là aussi, mais les greniers urbains impériaux fonctionnent toujours en dernier recours, par exemple pendant la famine de 927-928. Est organisé l'acheminement des cochons depuis les provinces d'engraissement, leur abattage, leur découpe et leur salaison, ébauche d'une « traçabilité » fort moderne mais déjà en usage sous Léon III l'Isaurien (717-740). Même en Europe, les souverains croient nécessaire de rappeler que la puissance centrale a autorité sur la fixation des prix et des poids. Au concile de Francfort, en 794, Charlemagne utilise la référence impériale pour rassurer ses sujets sur ce point après plusieurs années de disette.

À la différence de la fusion gallo-romaine du Ier siècle, le cocktail romano-barbare n'a donc jamais pris[5]. Déjà, pendant la brève aventure de « l'empire gaulois », entre les règnes de Postumus et de Tétricus (260-274), le patriotisme romain continuait d'être revendiqué dans l'assiette. Pourtant, au nom d'une gallicisation réclamée par Postumus, l'enrobe rouge à l'italienne disparaissait des plats devant les vernis noirs, les décorations incisées et les formes inspirées de l'âge de La Tène. Mais personne ne tenait à se nourrir « comme des cyclopes » ou « comme des pilloteurs ». Cent ans plus tard, les Wisigoths installés à la frontière adoptèrent les vaisselles impériales, les méthodes viticoles ou les techniques de labourage. L'examen des tessons exhumés autrour de Trêve ou en Argonne suggère même une folklorisation des cultures locales. Lorsque les Wisigoths se décidèrent à partir, peut-être pour échapper aux marcheurs venus des steppes avec des menus qu'eux avaient oubliés, ils épargnèrent les celliers et les ceps des vignobles mosellans. Le plus grand nombre s'est installé aux carrefours de communication, ainsi à Rouen, après avoir signé un contrat de droit romain, et s'est familiarisé au bouilli en concurrence du rôti.

Rome est restée au fond des marmites, même dans les choix alimentaires. Une des idées reçues les plus courantes conclut pourtant à la présence régulière et notable de viande sur toutes les tables médiévales, rupture avec l'Antiquité autant qu'avec l'époque moderne. À l'exception du porc (on y reviendra), cette singularité nous paraît une vue de l'esprit. Ainsi, les bovins ne sont-ils guère plus nombreux sur le pourtour méditerranéen et, à l'exception de l'Angleterre où ils comptent pour un tiers, leur part dans le cheptel approche au mieux le quart jusqu'au XIe siècle. De taille inférieure aux bêtes romaines – un mètre envion – ils devaient peser autour de deux cents kilos et ressembler à ceux qui paissent sur la *Bible de Jean de Sy*, en compagnie d'autres animaux car les traces de troupeau bovin sont inexistantes, rareté aisément explicable puisqu'une trentaine de têtes occupent trente hectares et boivent cinquante litres d'eau par jour. L'hécatombe représentée sur la tapisserie de Bayeux constitue une exception, probablement à dessein propagandiste : pendant cinq à six siècles, le bœuf est un animal de trait, pas de boucherie. En étudiant les os des bovins abattus, les archéologues ont établi que le plus grand nombre avait plus de huit ans ou moins de trois. Si les gens avaient opéré par préférence gourmande, ils auraient choisi des bœufs dans la force de l'âge. Oublions les rôtis fumants sur les tables paysannes[6].

Sur celles des puissants, tout laisse à penser qu'on a longtemps consommé les viandes à la manière d'Apicius. Une mosaïque trouvée près d'Antioche propose des pieds de cochon grillés et des jambons, servis avec des artichauts et accompagnés d'une sauce blanche exécutée sans doute selon la recette copiée par Anthimus au Ve siècle. Entre les indications fournies par Athénée de Naucratis au IIe siècle et le manuscrit du *Rodanthe et Dosiclès* au XIIe, les rares variations concernent épices et herbes. La viande est bouillie, d'abord par hygiène puis pour l'attendrir, dans un fond garni de fenouil et d'aneth ; après un mijotage long, elle est mouillée au miel puis réduite au vin et rectifiée avec un mélange de poivre et d'épices broyés au mortier.

En Europe, l'imprégnation romaine est aussi tenace. Byzantin installé à la cour de Théodoric, roi des Goths, puis envoyé en ambassade chez les Francs, Anthimus déploie l'arsenal culinaire et médical impérial afin de convaincre ses hôtes que le porc cru en salaison, voire frit, est nocif pour la santé, de goût médiocre comparé au bouilli et surtout inadapté à leur nouveau rang international. Les habitudes carnassières sont bonnes pour des envahisseurs – pillards sans lois et presque cannibales ; gouverner suppose de se « faire romain » à table.

Le conseil était peut-être superflu, si l'on en juge par un manuscrit ostrogoth, rédigé par un certain Vinidarius à la fin du Ve siècle, qui adapte Apicius, épices et herbes comprises (même la cardamome et le fenouil) probablement acheminées *via* Byzance. Il n'empêche, la leçon est répétée à l'identique cinq siècles plus tard par Luitprand de Crémone, caricaturant l'irréductible vulgarité de barbares rhénans qui avaient écarté la candidature d'un noble italien à leur trône au prétexte d'un faible appétit. La voracité conquérante a rempli son office en charognant l'empire, désormais elle inquiète par son caractère obsessionnel, marotte tyrannique transformant l'homme libre d'hier en esclave de la table et de ses plaisirs, donc en mauvais gouvernant.

Cette question de volume était une manière vivante de montrer l'impossible conciliation entre trois logiques de répartition. Le régime hiérarchique impérial était établi sur un principe d'alliance, contrainte au départ, d'individus que rien ne prédisposait à vivre ensemble. Mais il laissait une chance d'accumuler puisque son fonctionnement reposait sur le stockage, le commerce et la monnaie. Le complétait une pratique circulatoire par l'évergétisme des puissants qui contribuait à maintenir l'ordre et la cohésion du groupe car ceux-ci donnaient beaucoup aux autres en une contrepartie exceptionnelle et ritualisée de leur autorité. Or les invasions ruinèrent ce mécanisme, puis l'installation des vainqueurs modifia l'ordre social dans un sens clanique avec l'émergence d'une noblesse héréditaire. Voilà qui bloquait l'un des rouages impériaux, articulé sur des fonctions ou des dignités codifiées. Au lieu de respecter le don inégal, les Barbares pratiquaient une égalité illusoire en se partageant entre eux les meilleures parts de froment ou de gibier. Sans cesse recommencée à la mesure d'un appétit gigantesque de pouvoir, cette répartition légitimait la prédation et, avec elle, la sélection.

Les chrétiens entreprirent, de leur côté, un travail de récupération et de sape dans lequel il ne semble pas exagéré de repérer la mouture initiale de la querelle entre Anciens et Modernes. Brochant sur le schéma romain, ils utilisèrent le don ritualisé suprême, le sacrifice renouvelable à volonté du chef dans une cérémonie ouverte à la participation des fidèles, pour faire admettre qu'une répartition sociale de hasard serait corrigée dans l'au-delà : les pauvres d'aujourd'hui seraient les bien nourris de demain. Simultanément, ils renvoyaient l'affrontement entre Romains et Barbares à un épisode supplémentaire du mythe des géants, inscrit dans un temps héroïque désormais clos avec leur arrivée. Chaque année rapetissait ainsi la taille romaine, tandis que les mœurs des barbares géants semblaient incongrues puisque décrétées « anciennes ». Par le discours, les chrétiens se haussaient à leur niveau, avant de les dominer. À la place du va-et-vient fécond entre monde d'hier, d'ailleurs et du temps présent se déployait une stratégie d'englobement. Dans une sorte de partie de go à l'échelle européenne, la récupération chrétienne procédait à un tri sélectif sous la bénédiction céleste, comme les semeurs, les vignerons et les moissonneurs parfaitement romains d'allure et de propos tirés des écrivains agronomiques latins remplissaient les enluminures du *Psautier de Stuttgart* (820-830) (fig. 5).

Dès le ve siècle, des dignitaires ecclésiastiques tournèrent les multiples lois édictées par les Burgondes, Wisigoths ou autres Alains en « modernisant » des solutions romaines. Empêtré dans une interminable controverse avec Chilpéric, roi des Francs, Grégoire de Tours exhuma les usages du *convivium* pour décliner une invitation à haut risque. Le repas en commun supposait en effet l'acceptation par avance des usages de l'hôte, préalable à une transaction selon une échelle de compensation tarifaire conforme au principe de solidarité clanique. En refusant le dîner, Grégoire de Tours rétablissait la distinction antique entre le dialogue et la conversation : l'un admet la feinte, la négociation, le chantage, la violence et n'a pas sa place à table ; l'autre est le sel des repas.

À l'époque carolingienne, les successeurs de Grégoire n'hésitèrent plus à enrôler événements et personnages impériaux propres à accroître la légitimité et le rayonnement de la nouvelle dynastie. Un illustre inconnu, l'empereur Pertinax, fut sorti des limbes pour ses mœurs spartiates et servit de caution ascétique à Louis le Pieux. Les sources, tirées en général de l'*Histoire Auguste* – une compilation de biographies impériales rédigée au IVe siècle – étaient manipulées sans vergogne, mais le résultat primait : le bon roi chrétien mangeait comme un empereur romain, ramené à sa hauteur. Au besoin, les références gênantes étaient gommées : Septime Sévère fut promu stéréotype carolingien au motif qu'il « appréciait les légumes de sa terre et aimait parfois boire du vin ; quant à la viande, souvent il n'en mangeait même pas ». Parfait ascète végétarien et sobre, un Septime Sévère imaginaire éclipsait le vrai, l'Africain qui parlait le latin avec l'accent punique, buvait à la façon des soldats de fortune engagés sur les frontières et mangeait en exemplaire barbare assimilé.

« Vivre comme porcs »

Acharné sur les mancherons d'un araire identique à celui décrit par Virgile, le regard rivé sur la ligne des labours ou semant à la volée de la main droite toujours, des grains mêlés (le méteil) par souci de sécurité alimentaire, le paysan semble la copie conforme de son ancêtre impérial, même en Allemagne et au XIe siècle encore. Dans les psautiers de Stuttgart ou de Winchester, il porte sur l'épaule un araire en hêtre ou en orme à la romaine, la pointe durcie au feu. Il laboure toujours à sillons légers, à fleur de sol, avant de les travailler à la bêche ou à la houe, car la terre a beau être une raison de vivre, sa résistance la transforme souvent en ennemie.

Personne ne songerait à oublier les cadeaux à l'occasion des calendes romaines de janvier et les querelles théologiques sur la fixation du premier de l'an – l'Annonciation, Noël ou Pâques – ne modifient en rien l'usage. Les rituels propitiatoires sont honorés : en Castille, le 1er janvier, en Thuringe et en Creuse, le 6, des communautés paysannes se réunissent autour d'un taureau, en pierre ou en bois, legs païen réputé bénéfique aux pâturages et aux enfantements, les deux obsessions familiales.

Deux fois par semaine, le paysan continue de porter ses grosses boules de pain aplaties chez le fournier et se plaint régulièrement de leur qualité inégale, probablement due à une fermentation insuffisante et à un levain médiocre plutôt qu'à une mutation ou à un manque de céréales après les invasions, comme le suggèrent certains chroniqueurs. Car il mange toujours autant de céréales, mais moins de pain blanc et lourd depuis que l'épeautre, le seigle, l'orge et l'avoine ont gagné du terrain, en raison de leur résistance au froid, de leur indifférence aux mauvaises terres et de leur qualité nutritive. Contre le bon sens apparent, cette diversification ne signe pas des temps plus difficiles : le seigle est aussi prisé que le froment. Tout est question de pression démographique, d'aubaine, d'agilité technicienne. Voilà pourquoi au IXe siècle, l'orge est repérable en Picardie mais pas en Champagne, en Languedoc mais pas dans les Pyrénées, sans qu'il soit nécessaire d'imaginer des Nordistes amateurs de cervoise, convertis à l'orge (fig. 6).

La sécurité alimentaire reste le premier objectif. Sur le pourtour méditerranéen, l'avoine menue semée au printemps fait son apparition sous les Carolingiens ; à Byzance, on pratique des semis frumentaires plus serrés ; en Europe du Nord l'épeautre a la préférence parce que sa farine, débarrassée des sons, est goûteuse et qu'elle se conserve plusieurs mois, mais l'orge d'hiver la concurrence bien que son pain soit réputé peu digeste. Cela ne suffit pas, aussi l'entretien des prés devient-il primordial car le foin est trop cher pour la nourriture quotidienne des indispensables bêtes. La fenaison, ignorée par les artistes antiques, fait son apparition sur les calendriers : celui de Winchester détaille l'opération en six étapes, moyen élégant de montrer en action la faux, outil cher, donc signe de l'importance attachée à la tâche. Installées au bord des marais, le long des cours d'eau, dans les fonds de vallée, les prairies au dessin régulier accentuent l'effet de marqueterie rurale, résultat de l'atomisation des grands domaines et de méthodes aratoires perfectionnées.

L'Europe des charrues émerge. Au Nord, l'araire bloc traditionnel maintient son emprise jusqu'au IXe siècle, mais en Bohême puis en Angleterre des charrues asymétriques font leur apparition. Un siècle plus tard, les Flandres et la Thuringe s'en servent. Au Sud, prime l'araire articulé de type dental, souvent équipé d'une pièce en bois qui permet de modifier l'angle du dispositif et de creuser des sillons plus profonds. N'imaginons pas une Europe nordique avancée et une méditerranéenne attardée ; les ustensiles se côtoient, question d'argent sans doute, de bouches à nourrir ou de curiosité. La charrue asymétrique a été récupérée dans des fouilles le long du Pô, la symétrique est repérée en Espagne à la fin du Xe siècle, tantis qu'en Bresse, araires et charrues des deux types voisinent. Grâce à un travail incessant – on laboure trois fois par an – de multiples lopins intriqués quadrillent l'espace (fig. 8), à l'image de ceux figurant dans le *Psautier d'Harley* (XIe siècle).

Dans un monde cloisonné s'organise la course à la productivité. Vers la fin du IXe siècle, des semeurs anglais s'habituent à sélectionner les grains en fonction du terrain au lieu de s'en remettre à un méteil rassurant[7]. Pour une raison comparable – gagner du temps, rentabiliser l'énergie animale et produire plus – l'attelage des bœufs au garrot, pratique courante chez les Romains, est concurrencé par un joug frontal. Grâce au système D, la gaule guidant les bestiaux est pourvue d'un grattoir, utile pour décoller la terre glaise du soc. L'Europe des bovins se dessine encore en pointillés : l'Angleterre et la Hongrie ont quelques décennies d'avance et se sont organisées à leur manière, depuis les spécialisations animales jusqu'aux usages alimentaires. Aucun échange entre elles, ce que confirme l'indifférence de l'Allemagne centrale à ces pratiques ; pas davantage de lien avec les conditions écologiques puisque la Scandinavie et les rivages de la mer du Nord restent en retard[8].

À vue générale, l'histoire alimentaire se résume toujours à la quête de pain mais à condition que celui-ci soit *vraiment* nourrissant. Au plus banal de l'existence, se fait ainsi entendre l'écho de la controverse moderniste : à quoi sert-il d'avoir prétendu que l'impiété et la goinfrerie romaines étaient la cause des désastres alimentaires impériaux, si la nourriture disponible au temps des modernes chrétiens ne donne pas plus de vigueur et de jeunesse ? La réponse est si difficile à formuler que se multiplient combinaisons céréalières, régimes et prescriptions diététiques régénérants. Miche de seigle et de légumineuses écossées recommandée aux travailleurs ruraux ; épeautre pour les citadins et les employés des monastères autour de Paris, mais pas de Chartres ; seigle homogène pour les frères convers cisterciens, mais froment chez les bénédictins qui surveillent les quantités journalières variables autorisées, sans souci de différencier les convives ou les céréales employées ; les cisterciens se réservent le froment les jours de fête mais partagent le seigle les jours ordinaires ; les chartreux consomment épeautre, avoine, froment sans calendrier particulier.

Même les mots deviennent douteux : patois, dialectes, mauvais latin, latin des savants et d'Église formulent les règles à leur manière et livrent chacun des appellations pour les plantes ou les techniques : le « bouillon blanc » des Anciens devient « chandelier », « cierge Notre-Dame » parce qu'il convient de remercier Dieu et ses serviteurs pour la bonne récolte que sa pousse annonce ; ailleurs, c'est à « Saint-Fiacre », patron des jardiniers, donc à leur travail, qu'on rend hommage ; les jours de soupe maigre, l'ancienne appellation retrouve son lustre comme s'il fallait faire porter la responsabilité du manque à une survivance païenne. Au XIIIe siècle, les érudits tentent d'imposer un nom savant, la molène, mais celui-ci est aussitôt oublié.

La babélisation alimentaire correspond à la partie engagée entre modernisation et conservation. Au vacarme de la transmission orale qui invite aux liaisons et autorise les récupérations du passé répond le discours qui fixe les frontières entre le licite et l'interdit, entre la culture et le folklore. Certes, entre le Ve et le Xe siècle, les bornages se déplacent au gré d'un pragmatisme qui dispense souvent de la rectitude, mais l'effort de mise en ordre est constant. Dès le VIIe siècle, bien des moines « oublient » l'origine animale du poisson, des œufs ou des laitages grâce à un imparable discours moral et diététique : ces nourritures exposent moins à la faute gourmande que la viande et leur ingestion n'élève pas la température stomacale au-delà du raisonnable. À la manière du raisonnement rabbinique sur les insectes, les écrivains chrétiens exercent un scrupuleux travail de redécoupage culinaire : Jérôme fait un sort au faisan car, malgré ses deux pattes et sa taille réduite, il est plus dangereux qu'un cerf en raison de sa saveur remarquable. Pour la première fois, un mets est condamné pour le plaisir qu'il procure en bouche[9].

L'obsession charcutière du moment symbolise la rupture religieuse et alimentaire avec le monde d'hier (juifs ou païens) ou d'ailleurs (barbares ou musulmans). De fait, le cochon médiéval est une bête plus petite que son prédécesseur, moins charnue avec ses quarante à quarante-cinq kilos de viande, moins grasse parce qu'elle hante les sous-bois. Avec lui, le chrétien peut se risquer au désert forestier, soit pour y puiser des forces, à l'exemple des saints ascètes Antoine et Blaise, soit pour y éprouver une résistance morale devant les manigances d'un Diable incarné, lui aussi, en cochon tentateur. Son utilité est proverbiale : il « mange indifféremment les bonnes choses et se délecte des ordures et des fientes », avant de les transformer en saindoux, indispensable au cuisinier, et en chair jugée supérieure à celle des bovins. Grâce à lui, le temps alimentaire desserre un peu son étau : fumée ou salée, sa viande est stockable et se conserve sans perdre tout son goût ; fraîche et savoureuse, elle brouille l'ordre saisonnier de la pénurie hivernale et transforme Noël en fête alimentaire : « À la Saint-Thomas (21 décembre), tue ton porc, maigre ou gras. » Il suffit d'observer, sur le portail de Sainte-Marie d'Oloron, la mine réjouie du paysan s'apprêtant à déguster une hure pour être convaincu que le conseil était suivi.

Omniprésent sur les calendriers chrétiens au mois de décembre, sculpté sur les églises alors que les Romains l'avaient ignoré, sauf à Reims, monnayable en nature comme en espèces de Tolède aux Flandres – les moines de Corbie élèvent six cents têtes ! –, le porc reste pourtant une bête romaine et païenne. Anthropologiquement s'entend : de la forêt à l'assiette, aucune étape n'échappe à l'intervention humaine ; le cochon est « cuisiné », seul animal dans ce cas. Il est toujours surveillé à la maison par la femme, dehors par deux voire trois porchers, car « les porcs doivent être en tout temps gardez », précisent les Coutumes de Bourgogne. Ce gardiennage est matérialisé par le bâton du porcher, parfois par un enclos naturel, plus tard à l'abri de la soue ; il autorise la remise dans le droit chemin à jet de fronde, voire l'intervention protectrice de la Vierge. Le législateur ne s'y trompe pas : seize articles de la loi salique détaillent les amendes et les compensations infligées en cas de vol. Car peu importe si les bêtes se croisent en forêt, l'œil du porcher garantit que la communauté mange des porcs et non des sangliers.

À cette promesse ambulante de bamboche, c'est bien volontiers qu'on « jette des perles aux pourceaux », pain donné à table, moût de raisin, mais l'anneau passé au groin signe l'appartenance autant qu'elle empêche la bête de fouailler le sol. En le surnommant « l'animal », les habitants de l'Émilie, près de Bologne, caractérisent le statut particulier du porc, symbole d'une nature domestiquée et presque familière à en juger par le soin accordé à son abattage : étranglé ou percé droit au cœur en Italie, assommé au maillet ou d'un coup de hache en France, l'essentiel reste de récupérer le fameux sang régénérateur (fig. 11). Les Émiliens y placent « l'âme » du cochon, parfaitement païenne puisqu'elle se confond avec le corps, mais dispensatrice de boudins et de saucissons si délicieux que chacun, moines compris, en fourre les omelettes[10].

Changer le temps

Le cochon incarne si bien la nouvelle organisation qu'il est mis à tous les usages calendaires, de Tolède à Byzance et de manière systématique des Flandres à l'Italie *via* la France : dans chaque église italienne (sauf le baptistère de Parme et la cathédrale de Ferrare), le séquençage chronologique chrétien inclut le porc. Or ce procédé constitue un moyen efficace de desserrer l'emprise impériale et de formater des comportements, culturels comme quotidiens. La victoire politique est la plus aisée à obtenir. En 525, le moine Denys le Petit a publié des *Tables pascales* où il prenait le parti de numéroter les années à partir de l'Incarnation du Christ. Sous un motif religieux, il s'agissait d'effacer des tablettes la référence romaine au prétexte que la datation impériale était calculée à partir du règne d'un tyran, Dioclétien. Deux siècles plus tard exactement, *De la mesure du temps*, écrit par le moine anglais Bède le Vénérable à partir des tables de Denys, entérine le succès chrétien : l'histoire occidentale s'ordonne de manière linéaire et la logique de l'après-Jésus-Christ suppose le progrès comme moteur premier de l'histoire.

Dans le registre économico-social, l'évolution se marque par touches et se prolonge parfois jusqu'au début du XVIe siècle. L'imprégnation impériale est telle qu'il faut tolérer des exceptions calendaires, récupérer plusieurs dates majeures comme la chandeleur à Bruges et à Gand pour symboliser un mois de février sur le modèle classique. Selon le processus d'évidement culturel déjà mentionné, la journée est divisée en huit temps, sans que jamais les vingt-quatre heures romaines soient contestées. Moyennant quoi, le paysan apprend à se réveiller au son des laudes en été et de prime en hiver ; en Espagne, les calendriers lui rappellent le moment d'acquitter la dîme tandis que plusieurs activités sont mentionnées chaque mois comme si elles correspondaient à la découpe du temps quotidien. Souvent, à Gérone, Aoste ou même sur le portail occidental de la Madeleine de Vézelay au XIIe siècle, les saisons concurrencent les mois christianisés.

Ces traces anodines sont beaucoup plus qu'une résurgence ; est gravée là l'extrême difficulté des Occidentaux à passer d'une organisation à une autre. L'opposition entre les saisons, leur retour cyclique aidaient à harmoniser vie de groupe et individualisation. La synchronisation pouvait être imparfaite, différente selon les lieux et les peuples, elle fonctionnait. Le projet diachronique que s'assigne l'Occident chrétien semble si ambitieux (et risqué ?) à Raban Maur que, dans son *Encyclopédie universelle* (XIe siècle), les quatre figures saisonnières se partagent en personnages sortis tout droit de Virgile (le vigneron) et d'autres parfaitement modernes (le laboureur).

Régler son compte au goinfre impliquait, en revanche, une révolution culturelle. Le mangeur d'exception appartenait au panthéon des diverses sagas nord-européennes, au point que dans l'*Edda* islandaise, Logi accédait au pouvoir en récompense de sa vitesse et de sa voracité à table. Capable de sucer la moelle, de lamper le sang, de broyer des os, le dévoreur fascine par la force animale et les capacités viriles associées à cette alimentation. Au IXe siècle encore, Charlemagne reconnaît le fils d'un roi barbare à la façon « dont il mangeait sa proie, comme un lion ». De même, l'*Histoire des Lombards* brossée par Paul Diacre est remplie de banquets tragiques, de coupes empoisonnées, tout comme, au Royaume-Uni, le poème *Beowulf* se déroule pour moitié dans une cuisine.

C'est dire la tâche dans laquelle se lance, le premier, Bède le Vénérable. *L'Histoire ecclésiastique du peuple anglais*, la *Vie en prose de Cuthbert* et la *Vie des saints abbés de Wearmouth et Jarrow* contiennent vingt-sept évocations nutritives, une misère. Pas d'anecdotes, encore moins de descriptions, les assiettes sont maigres et les coupes remplies d'eau. Ce n'est pas un menu, mais un programme. L'habileté de Bède consiste à jouer sur la transformation. Le procédé autorise la critique contre les puissants et permet d'organiser un parcours alimentaire ascensionnel : l'homme supérieur – clerc ou laïc – « se conduit de manière aberrante pour le siècle, il agit selon une autre logique ». Ou la temporalité chrétienne comme condition de l'élévation morale. Le bon mangeur ne se conforme donc pas aux lois de l'hospitalité, il sort des usages de la convivialité, il se nourrit à sa guise, il joue le trouble-fête en prédisant l'arrivée prochaine d'une peste au beau milieu d'un repas de Noël. Sa frugalité et son ascétisme ne sont jamais opposés à la voracité des princes.

L'enjeu est d'une autre dimension : proposer un mode d'emploi enfin acceptable de l'antipartage. Voilà pourquoi le roi Oswald sacrifie les usages de cour et se prive d'un objet précieux en donnant un plat en argent préalablement brisé aux pauvres, les éternels exclus des banquets. En sacrifiant un signe de puissance et de distinction, puis en le « monnayant » par la découpe, le bon souverain réconcilie en sa personne conceptions claniques et chrétiennes, au bénéfice de la seconde. Lui seul peut se permettre un tel geste ; il mérite d'être roi puisqu'il respecte le rituel avant de le transformer par un geste d'inspiration divine. Or Oswald a existé, donc l'histoire écrite par Bède selon les règles chronologiques chrétiennes est supérieure à la légende. Ce festin marque une étape sur la voie de la sainteté : sorte d'apôtre laïc, Oswald entraîne les convives par l'exemple. Roi modèle, il échappe à toutes les corruptions, romaine d'hier, ostentatoire des barbares, car il a su briser le temps ordinaire comme il a rompu le plat[11].

Ainsi naît la nourriture « moderne », produit d'un temps présent où un monde enraciné dans l'expérience – maniement des instruments, connaissance des aliments, respect des rituels – se fixe un horizon d'attente inédit, la rétribution divine. La satisfaction des besoins ne constitue plus la pièce maîtresse de l'organisation sociale ; le régime alimentaire relève de la théologie morale. Dans la *Bible de Moutier-Grandval* (840), un Adam vigneron se retrouve modernisé parce qu'il pense à offrir sa vendange au Christ, en avance sur sa propre transformation *post mortem*. Maîtres de l'image et de l'écrit, Bède et ses héritiers ont modernisé les périodisations alimentaires, toujours selon le principe de l'évidement et non du bouleversement. Autrefois, les hommes cherchaient un équilibre diététique en fonction des saisons : aux produits marins du printemps répondaient les gibiers d'automne ; aux festins entomophages de l'été, les soupes médicinales de l'hiver. Ce calendrier empirique ne devait guère différer des six saisons encore cartographiées par les aborigènes de la péninsule de Dampier sur des coquilles d'huîtres gravées à l'arête de poisson puis teintées. Le labyrinthe était le chemin le mieux assuré vers le repas. Les âges de la vie et le travail déterminent désormais les quantités et le choix des aliments. Tout devient affaire de géométrie : il y a un point de départ et de multiples frontières, pas seulement entre le dedans et le dehors, mais dans le déroulement linéaire des existences. L'Europe et la Méditerranée font chemin rectiligne à part[12].

Ailleurs, on continue à pister les traces de la nourriture, des individus – vivants ou morts –, des ancêtres et des divinités. Ces repérages sont exposés au risque de la disparition, marques fragiles que le vent et l'eau effacent. La temporalité alimentaire intègre ces repères virtuels car l'inévitable vide offre une entrée dans le passé. Ancien et Moderne se confondent. Suivant des principes similaires à ceux de l'adoption, de la reprise d'un nom ancestral ou des réincarnations, l'expérience transmise par le geste et la parole aide à trouver la nourriture et à garantir la survie du groupe. Mais cette circulation vers l'amont ne se réduit pas à l'attente d'un éternel retour ; jamais la tradition n'est donnée, son établissement, à chaque génération, relève du jeu de piste, de l'énigme ou de signes paradoxaux à interpréter. Situer un degré de modernité n'a pas de sens quand le temps, chez les Warlpiris australiens, les Inuits ou les Mayas, s'enroule en spirale. Inventeurs d'une temporalité à la stricte dimension de l'existence individuelle, les jaïnas de l'Inde n'ont nulle conscience que leur ascétisme les fasse progresser ; leur souhait est, au contraire, d'abréger la course des réincarnations.

Aucune raison évidente n'explique par exemple l'adoption de la triade maïs-haricot-potiron chez les Mayas. À l'état sauvage, l'épi de maïs a l'épaisseur d'un doigt, le haricot est protégé par une écosse épaisse et n'a pas de goût particulier, le potiron une saveur redoutablement amère. Or Indiens du Mexique et d'Amérique centrale, sur des terres indifféremment sèches ou humides, chasseurs et cueilleurs historiques se sont improvisés agriculteurs pour cette maigre pitance, au point de sculpter des épis sur les murs de Palenque au VIIe siècle. Des fouilles ont mis au jour des stockages de maïs adaptés aux variations saisonnières et aux accidents climatiques. L'analyse des grains trouvés dans les tombes a permis de déceler un lavage préalable dans des solutions alcalines puis une préparation incorporant les haricots. La première opération élimine le risque de pellagre, la seconde élève la valeur protéinique de la céréale grâce à la combinaison avec un acide aminé fourni par le haricot. Ainsi, ces peuples sans animaux domestiques étaient-ils prémunis contre l'anémie, à l'encontre de l'hypothèse jadis avancée pour expliquer leur disparition « comme la flamme d'une bougie qui tremble avant de disparaître », au nom de l'habituel présupposé carnivore.

Avancer l'hypothèse d'une configuration naturelle opportune n'est pas davantage satisfaisant et conduit à valider la réputation paresseuse des autochtones établie par les colonisateurs, puisque ceux-là n'auraient eu qu'à se baisser pour se nourrir. Certes, les trois plantes poussent sur des sols retournés ; le haricot enroule ses vrilles autour des tiges de maïs, les feuilles de la courge retiennent l'humidité et ses graines, combinées à celles du haricot, enrichissent la terre au bénéfice commun. Cela ne justifiait pas de délaisser la chasse et la pêche au profit d'une activité harassante : défricher le terrain, abattre les broussailles, attendre leur dessèchement et enfin les brûler, donc maîtriser le feu, sans parler des cultures irriguées.

Il faut chercher des indices probants dans les pages du *Popol Vuh* – livre des origines mythiques de la création, des dieux et des premières dynasties –, sur les poteries et les bas-reliefs des tombes ou, encore au milieu du XXe siècle, dans les protocoles employés par les tribus Lacandons, héritières directes des Mayas. À chaque épisode légendaire, le maïs sert de trait d'union : entre le monde des démons et des dieux, entre les cavernes redoutables signes de mort et les vallées ensoleillées porteuses de vie, entre le départ au loin et le retour parmi les siens. Produit de la copulation entre les astres et la terre, entre l'homme et la femme, clef de la survie et de la perpétuation du groupe, la céréale est l'axe central autour duquel l'ordre temporel s'organise. Le rituel de l'allumage précise que les broussailles sont enflammées par le frottement d'un bâton spécial et d'un morceau de coton, tenu précieusement au sec dans une coquille d'escargot. Ainsi, la mèche en tissu filé par la femme et utilisé par l'homme après invocation est-elle le truchement qui déclenche le processus nutritif. La coquille est à la fois réceptacle précieux et les dessins qui la parcourent résument l'intrication d'un temps alimentaire et d'un temps religieux lovés l'un dans l'autre.

Toujours exécutés selon des rites identiques, ce que confirment les tombes inventoriées à Tikal, ils ne donnent jamais la même production de richesses. Les deux calendriers en vigueur traduisent ce décalage irréductible entre permanence religieuse et variabilité saisonnière : le premier compte 260 jours, le second 360 plus 5 jours dits « malchanceux », en quelque sorte dans la main des dieux ou, dans notre perspective comparatiste, l'équivalent des points d'entrée vers le monde de jadis. La circulation entre ces deux computations est harmonisée par la découpe générale du temps en cycles de cinquante-deux ans, lorsque les deux mouvements marquent une même date. Ces calculs ingénieux reproduisent, on l'aura noté, le schéma élaboré par les peuples dits primitifs entre la terre, le brouillard et le ciel ou encore la reptation du serpent et la marche ondoyante du jaguar représentées dans les tombes de Naj Tunich, près de Peten. Dans un monde en perpétuel mouvement, la rotation assure et réassure la nourriture.

En pratique, le travail y contribue par la maîtrise de l'eau, cette interface idéale entre le ciel et les profondeurs, au service d'une agriculture céréalière irriguée : à Edzna, un canal principal de douze kilomètres, complété par sept dérivations, permettait de nourrir environ dix milles personnes. À Tikal et à Calakmul, l'importance des réservoirs et des greniers laissent imaginer qu'entre le VIIe et le IXe siècle, la population a pu doubler grâce à un régime végétarien et poissonnier, car les ossements animaliers, en particulier les cervidés, indices de chasseurs, se raréfient. À Quirigua, le monument dit « zoomorphe B », consacré le 2 décembre 780 sous les auspices d'un crocodile divinisé, associe l'organisation économique de la cité et une circulation cosmique chargée à la fois d'assurer la combustion vitale et outre-tombe, jusqu'à la réincarnation, l'opération qui boucle la spirale chronologique.

Aussi, malnutrition et surpopulation apparaissent comme les causes annexes à la disparition des Mayas après 909. En revanche, une intervention extérieure, brisant net le mécanisme chronologique et éparpillant ainsi les pièces de l'horlogerie nourricière, a pu rendre la logique circulaire maya incompréhensible aux nouvelles générations contraintes de s'exiler au Guatemala et perdant en partie leurs repères alimentaires, à leurs envahisseurs « barbares » toltèques et aztèques, puis aux arrivants européens réduits, comme le moine Bernardino Sahagùn dans son *Codice Fiorentino* (fig. 17), à l'interprétation immobiliste : « Une fois de plus, il en sera ainsi ; une fois de plus, les choses seront, en un temps donné, en un lieu donné. Ce qui se faisait il y a très longtemps et ne se fait plus maintenant, une fois de plus se fera ; une fois de plus, il en sera ainsi, comme ce fut dans les temps anciens. » Le vent soulevé par les conquérants avait effacé les traces, ici aussi[13].

La situation des jaïnas est encore plus insolite puisque ces croyants utilisent l'isolement pour consolider une communauté humaine, en un double refus de l'histoire et des alliances. Depuis l'épopée d'Alexandre en 326-325 av. J.-C., la vallée de l'Indus est devenue une sorte de chaudron démographique où les envahisseurs successifs, vite mués en colons cultivateurs, cherchent à imposer un système clanique fondé, à l'accoutumée, sur une répartition inégalitaire. Au VIe siècle, l'intrusion de tribus huns coïncide avec plusieurs désastres climatiques et une épidémie de peste, en 541-545. En résultent la ruine des cultures fluviales, l'assèchement régulier des citernes et une série séculaire de famines ou disettes. Au même moment et en lien probable avec ces péripéties, le duel interminable entre les hommes, la nature et les puissances cosmiques est ravivé par la rivalité entre les rescapés du zoroastrisme, les hindouistes et les nouveaux venus bouddhistes.

Ces contraintes incitent les jaïnas à sortir de la logique des renaissances successives, donc du cycle nutritif, en raccourcissant la temporalité : le bonheur alimentaire devient affaire individuelle où chaque être a sa chance, en fonction du respect accordé à la règle religieuse. Celle-ci, fondée sur la non-violence, conduit à refuser les sacrifices, la consommation de viande et plus généralement tout ce qui nourrit par prédation, allusion transparente à l'état de guerre endémique. Pour autant, cette conduite n'a rien de moderne : le chemin à dimension humaine n'est pas une pente à gravir vers le meilleur et il ne conduit nullement vers des dieux, pas plus créateurs que juges ou rédempteurs. En théorie, cette liberté contrôlée ouvre un buffet idéal, sauf que cet égalitarisme est contredit par une interminable liste de prohibitions substituant en fin de compte une inégalité culturelle à la traditionnelle hiérarchie des castes. Pas question de manger aubergine ni tomate parce que leurs graines sont promesses de vie ; les fruits offerts aux ancêtres, telles les figues, sont prohibés, comme les insectes sortis de leur chrysalide ou producteurs, par exemple l'abeille. Si l'on ajoute l'exclusion du pourri et des produits laitiers, même traités comme le yogourt, au-delà d'un jour, le compte est vite fait : il ne reste que l'abstinence.

L'observation des règles est certes laissée à l'appréciation des individus, mais l'accumulation des interdits et l'établissement d'une hiérarchie ascétique, du jeûne à la privation complète en passant par la mendicité, donnent un contenu précis à la pratique alimentaire des jaïnas : isolement, purification et immobilité vont de pair, dans une temporalité bornée au présent et au futur immédiat. En un sens, le mangeur jaïniste aspire à un état d'apesanteur entre un ciel débarrassé de ses dieux exigeants, des profondeurs délivrées de la charge des ancêtres et de la hantise de la réincarnation, un sol nourricier qui n'accaparerait plus ses soins exclusifs. Sa liberté consiste à regarder la mort en face ; son ambition ascétique est d'oser le *samlekhanâ*, le suicide par inanition, victoire radicale sur tous les temps[14].

Ainsi, mesure et tempo alimentaires bifurquent, à l'échelle planétaire. Hors d'Europe, la préhistoire reste dans toutes les têtes ; on scrute ses traces, on déchiffre le travail du temps. En Europe et sur ses marges, la hantise de la chute incite à démonter l'horlogerie temporelle avant d'en fabriquer une autre. Un minuscule indice laisse entrevoir l'écart irrémédiable entre ces mondes : chez nous, l'escargot se retrouve sur des tableaux, partout ailleurs, ses coquilles indiquent, comme jadis, le retour et accompagnent le voyage des défunts vers les ancêtres. Sa chair est tantôt consommée crue comme une huître, à la manière des hommes des cavernes, tantôt farcie d'épices et colorée. Aliment réversible, il circule à sa guise dans l'ordre du repas : hors-d'œuvre bouilli avec des herbes, grillé comme un abat, roulé dans le sucre en dessert suave. En Europe, il n'indique le passage que vers l'avenir, lorsqu'il sort de sa coquille avec la rosée, victoire du jour nourricier sur la nuit ; il réapparaît après les intempéries comme les morts chrétiens après le Jugement dernier. Lent comme le temps, il est digne de figurer sur l'Annonciation du peintre ferrarais Francesco del Cossa : un énorme gastéropode illustre la quête à l'aveuglette du salut et, placé en plein milieu de la toile, son sillage baveux brille telle la traîne du progrès sur la voie de la connaissance.

Mangeur arabe et ascète musulman

Une histoire de filiation et de légitimité combinée à un problème d'échange, sous une contrainte chronologique accélérée et à une échelle continentale. Jeté en vrac, ce résumé de l'entreprise arabo-musulmane à ses débuts est assez fidèle. En un siècle, depuis la prise de Ctésiphon, capitale des Sassanides iraniens, en 637, jusqu'au double coup d'arrêt de Poitiers (732) en Occident et de Talas (751) en Chine, les conquérants arabes ont redessiné les contours d'un Orient étendu de l'Èbre à l'Indus et assiègent désormais l'univers occidental, des Pyrénées aux plaines d'Anatolie. Unifier cet empire et intégrer ses habitants était autrement délicat. Il fallait s'accommoder de pratiques impériales sédimentées par les siècles : autour du Nil, les restes égyptiens, les coutumes chamaniques des tribus, les habitudes chrétiennes ; de la Syrie à l'Inde, l'héritage des empires achéménide (VIe-IVe siècle av. J.-C.), hellénistique (IIIe-Ier av. J.-C.) et sassinide (IIIe-VIIIe) ; partout, les traces de l'Empire romain tandis que Byzance organisait la reconquête. Quant à l'intégration, elle supposait que l'encellulement villageois fût dominé, que s'imposât une nouvelle chronologie, établie à partir de Mahomet, qu'un ordre alimentaire fondé sur une distinction marquée entre le pur et l'impur supplantât des usages étalonnés selon le caractère comestible des aliments, leur goût et des objectifs sociaux ou politiques sans rapport avec une certitude religieuse dominatrice.

La rapidité de l'extension territoriale explique l'importance des réemplois agricoles et culinaires. Jusqu'en 752 et la fondation de Bagdad, il n'y a pas de cuisine arabe, mais des cuisines perses, mésopotamiennes, maghrébines… En bonne logique filiatrice, les envahisseurs adaptent leurs palais à la canne à sucre cultivée entre le Tigre et l'Euphrate depuis cinq siècles et déjà exportée à Rome, leurs califes ayant soin, comme leurs prédécesseurs, d'en fiscaliser l'exploitation à partir de 640. Ils prennent goût aux agneaux et aux veaux rôtis ou frits à l'huile, accompagnés d'une sauce sucrée-salée et servis d'abord à la table des anciens dignitaires passés au service de l'occupant. Les épices et le vin fournis à Ctésiphon proviennent encore de Séleucie, bazar de l'époque hellénistique où les juifs se sont faits marchands de vin, les chrétiens de poisson et les zoroastriens de saveurs indiennes. Au début du IXe siècle, dans *Le Livre des avares*, Jahiz place expressément la cuisine des nouveaux maîtres abbassides sous le patronage de la variété persane sucrée, assaisonnée ou épicée et pour cela incomparable, alors que les Byzantins, amateurs de farces, mélangent les goûts et que les Bédouins sont toujours abonnés aux sauterelles, au pain cuit sous la cendre et mouillé au lait caillé, aux seules dattes cuisinées au beurre, variante du sempiternel désaccord entre sédentaires et nomades, surtout quand les premiers ont réussi.

Ces excursions dans le répertoire culinaire favorisent la redécouverte de certains produits, puis leur diffusion géographique. Répétons-nous : jusqu'au IXe siècle, les Arabes n'inventent rien ; ils se réapproprient l'héritage juif et romain, ils diffusent l'acquis indien *via* l'Iran. Mais cela suffit à modifier, plus tôt qu'en Occident et dans des proportions significatives, le paysage cultivé et le régime. En témoignent les avatars du cédrat et du riz. Vingt-cinq siècles auparavant, cette variété de citronnier était d'usage courant entre Nil et Euphrate : appréciée pour ses fruits imposants – jusqu'à vingt-cinq centimètres de diamètre – et remarquée pour sa floraison permanente, elle servait d'unité de compte et symbolisait l'abondance saisonnière automnale. Son incorporation à la tradition juive, à l'occasion de la fête des Tabernacles, eut pour conséquence un perfectionnement des techniques et une notoriété commerciale. Il fallait satisfaire les exigences des rabbins en matière de calibrage, de norme esthétique et de fraîcheur, donc devenir expert en greffe et trouver des marchés. De providentielles vertus médicinales, voire magiques en Égypte, furent découvertes et le cédrat écoulé comme produit de luxe à Rome – au IVe siècle, il coûtait douze fois le prix d'un melon – bien que son goût déplût à un gourmet tel que Pline.

Aussi, la chute de l'empire ne modifie-t-elle en rien les habitudes en Méditerranée du Nord : le cédrat et même le citron doux (probablement l'orange) restent cultivés en Sardaigne, en Espagne et autour de Naples. En Orient, l'absence de mentions sert de justification à la « nouveauté » arabe, argument médiocre si l'on songe que la diaspora juive depuis le Ier siècle avait sans doute transporté l'arbre pour d'évidentes raisons liturgiques. Dans son *Histoire des rois de Perse*, le chroniqueur Al Taalibi décrit d'ailleurs les festins de la cour sassanide au VIe siècle en mentionnant des confitures au citron et le nombre des sauces vinaigrées suggère une prédilection pour la saveur acide. Il y a fort à parier que la redécouverte arabe fut moins le butin du vainqueur que l'invention de ses adversaires/admirateurs[15].

Celui-ci n'est pas davantage l'introducteur du riz au Moyen-Orient. Dans son traité de pharmacologie, le Grec Dioscoride en fait mention et la céréale, attestée au bord du Nil et en basse Mésopotamie depuis au moins le début de notre ère, était présente sur la table des princes iraniens dans un dessert réputé où la farine était mélangée avec de la graisse de gazelle, du lait et du sucre candi. Elle assurait également l'ordinaire paysan des mauvais jours pour épaissir la soupe ou bien cuit en bouillon avec du sucre et des épices ou encore au lait, voire au four. Il faut renoncer à la version poétique des caravanes revenues triomphantes de Bactriane et chargées de riz.

L'exigence est prosaïquement politique : les envahisseurs sont requis de nourrir les vaincus, notamment ceux qui en se convertissant ont fourni l'appoint quantitatif indispensable à la victoire. Le riz, nourriture de nécessité, servait les desseins politiques des califes abbassides. Dépourvus de légitimité religieuse en particulier pour les chiites, concurrencés par des chefs de guerre installés sur les fronts, en Europe et en Asie, contraints de négocier le partage du butin avec les chefs de tribus ou les administrateurs des régimes précédents, ceux-ci se décrétèrent fournisseurs exclusifs et exhaustifs de l'ordinaire comme de l'exceptionnel alimentaire. Pourtant, l'affaire fut laborieuse. En dépit de techniques irrigables au point, les Égyptiens n'entendaient pas renoncer à leurs fèves et avançaient des définitions coraniques imprécises pour se régaler d'oiseaux et d'insectes ; les Maghrébins restaient fidèles à la semoule de blé dur et les peuples du désert aux laitages. Il existait bien un pot commun où mijotaient carotte, fenouil, poireau, courge et oignon, parfois rejoints par une volaille, un morceau de chameau, de gazelle ou de mouton les jours fastes. Mais il chauffait à l'identique depuis au moins dix siècles et personne n'imaginait que le vainqueur apportait avec sa loi des recettes meilleures que le couscous, la gelée de gazelle ou le veau froid vinaigré.

Médecins et fonctionnaires furent requis de démontrer la qualité nutritive de la céréale, notamment aux animistes et aux chrétiens. Car ceux-ci, influencés par la diététique grecque, lui reprochaient renvois, gonflements et flatulences que sa digestion aurait entraînés. Le riz s'imposa – malgré des réticences au Xe siècle encore – grâce à la contrainte conjointe du politique, de la démographie et des malheurs climatiques. Sa farine offrait un pain de substitution si convenable qu'on lui trouva l'avantage diététique de fournir un sucre lent, idéal pour les soldats et les paysans autant que contournement ingénieux des réticences digestives. En outre, les zones irrigables garantissaient un approvisionnement, même sur des terres médiocres, puisqu'il suffisait de récolter trois mois avant les bonnes, au moment de la délicate soudure annuelle.

En même temps, les califes s'employèrent à étayer leur position hiérarchique par l'exemple : les repas de cour, leurs récits et illustrations, servaient de charnière, politique avec leurs obligés, économique avec leurs sujets. Les trois versions du souper à l'improviste livrées par Abou al-Hassan el-Maçoudi dans *Les Prairies d'or* confirment les talents de cuisinier politique du calife Al-Mamûn (814-833) et de ses successeurs. Ils opèrent en conclave, la nuit ou à l'écart (un recoin du palais, une marmite sur la berge d'un fleuve) ; l'héritier – fils, frère, successeur désigné – est présent ainsi que les meilleurs et les plus fidèles compagnons, sorte de noyau dur du clan ; le concours vérifie la culture des participants, leur capacité à gouverner les marmites et les hommes. L'appel à l'inconnu de service boucle le dispositif : chacun a sa chance, donc le pouvoir n'est pas coupé du peuple ; capable d'identifier à l'aveugle la suprématie califale, celui-ci valide la fiction d'une cooptation naturelle (chacun est à sa place). À son tour invité à garder le secret, donc inclus parmi les puissants, ce qu'il ne respecte évidemment pas, l'inconnu devient le héraut de la légitimité califale et le récit des repas, son brevet. Le contenu des recettes, enrichi à chaque règne par des précisions sur l'origine des produits – les poireaux « de Syrie » – ou le nombre des fruits ou épices rares – safran, amandes –, authentifie une prospérité qui se mesure au fumet des cuisines descendues du palais jusque « sous les tentes ou sur les bateaux des mariniers ».

Cette inclusion dans un ordre pyramidal pacifié concurrençait une stratégie religieuse conçue dans une logique guerrière. Puisque des ennemis de chair menaçaient l'esprit du croyant, la délimitation de l'espace alimentaire aiderait à les contenir. Entre le VIIe et le XIe siècle, se précisa une topographie alimentaire aux frontières recoupant la division en moitiés du corps social et de la famille. Aux hommes le traitement de la carcasse, sa découpe, le grillage du foie – siège de l'essence animalière – au grand jour, signe rayonnant du pouvoir masculin nourricier ; aux femmes, le nettoyage à l'eau et au sel contre les djinns voleurs et gâteurs d'aliments, la préparation des abats, la mutation d'une chair par des tours de magie culinaire, opérés dans l'ombre de la cuisine, à l'intérieur, jusqu'au miracle du repas partagé en commun et assez copieux pour être donné aussi aux nécessiteux.

L'essentiel est de suivre les pointillés, pas d'harmoniser des méthodes, ni de créer un style ou un corpus culinaires musulmans. Peu importe si la viande est mortifiée un jour chez les Arabes, deux chez les Africains ; si les morceaux n'ont pas la même apparence, tant que la découpe s'est déroulée de droite à gauche ; s'ils sont plus gros à l'est de la mer Rouge et plus petits à l'ouest. Dans le même esprit, le jeûne n'est pas une privation, mais une rupture : la première, toujours provisoire, incite à la compensation, donc à la faute et, circonstance aggravante, dans cette nuit si propice à l'excitation des appétits de tout ordre ; la seconde substitue une alliance céleste à celle que procure le repas. Abstinence visuelle, auditive, gustative et langagière en sont les preuves. La clôture du jeune protège horizontalement contre la corruption du monde ; sa pratique, associée à une vocation par le *Coran* (XIX, 27), détache verticalement de la communauté des infidèles. La cuisine est réduite à l'accessoire puisque tout se décide avant, dans l'abstinence comme dans la purification, l'abattage et la découpe de la bête.

Il n'y a donc rien d'étonnant si, à la différence de l'Europe, la percolation entre cuisine de cour et ordinaire n'a jamais fonctionné dès lors que la religion proposait un lien concurrent. Ainsi les recettes collationnées par Ibrahim Al-Mahdi, demi-frère du sultan Haroun Al-Rachid et contemporain de Charlemagne, n'ont préludé à aucune renaissance culinaire, ni même à une homogénéisation par le haut. Aux confins orientaux du royaume, les apports califaux et islamiques sont demeurés anecdotiques jusqu'au XIIe siècle environ au profit d'une organisation et d'un répertoire jugés indémodables, des boulangeries spécialisées dans la confection exclusive d'un pain aux ragoûts de viande, de légumineuses, de légumes et d'épices. À l'Ouest, si l'*Anonyme andalou* perpétuait le souvenir d'Al-Mahdi avec des sauces aigres-douces à base de vinaigre et de coing ou de pomme, il attestait surtout la puissance et l'autonomie (on y reviendra) de Cordoue face à ses lointains suzerains. Au reste, les docteurs de la loi étaient logés à même enseigne car si des amendes étaient infligées aux ivrognes, l'Andalousie vinaigrait ses plats et buvait à plein gosier. Même au cœur de l'empire, l'échange ne s'opérait pas : les fatimides d'Égypte profitèrent de leur mainmise sur le commerce des épices pour élaborer une cuisine inspirée des splendeurs bagdadies, sans pouvoir empêcher les ragoûts de se vider de leur sauce vinaigrée puis de muter en tagines, plats aussi roboratifs que désormais déséquilibrés par une saturation d'épices et de fruits. En résumé, chacun est resté sur ses positions avant que l'irruption des croisés change l'équilibre instable entre prise en charge religieuse et politique.

Célébration du doux

Envisageons la hantise biologique du manque comme partie d'un bloc de tuf, strié par des veines d'épaisseur et de consistance variables – dépôts juridiques, séparations religieuses ou sociales –, parfois crevassé lorsque des invasions, des conversions ont précipité une perte identitaire. Au milieu de ce sombre ordinaire, tels des spaths, luisent les douceurs. Elles ont l'étrange capacité de préluder à la communication avec les défunts : les pâtisseries « rappel des âmes » existent en Italie, en Thaïlande et au Liban. De forme conique, préparées à base de blé doux sucré fourré aux amandes, elles sont consommées par les chiites, les druzes ou les maronites. L'évocation des douceurs est révolutionnaire, des sens au langage : en langue thaï, les « choses sucrées » sont dites « libres » car elles sont dégustées de manière exceptionnelle, lors des fêtes ou en dehors des repas. Chez le voisin cambodgien, les habitants des Xe et XIe siècles s'y obligent même selon le chroniqueur Tcheou Ta-Kouan, afin de se déprendre des habitudes hindoues. Quant aux Japonais du VIIIe siècle, ils en transmettent la description par la rumeur après avoir appris que l'empereur utiliserait un produit acheté en Chine, le sucre, d'une saveur si douce qu'il soignerait, d'une longueur en bouche si persistante que ces *kashis* (biscuits ou gâteaux) seraient dignes des dieux, tandis qu'eux se contenteraient du miel.

Impossible pour autant d'en confiner l'usage à un privilège mandarinal, jouissance d'esthète trompant l'ennui d'une culture exténuée en se gavant de chrysalides de vers à soie pralinés au sucre et de larves de guêpes au sirop. Les conquérants Song dénigraient les restaurants ouverts par leurs prédécesseurs Tang (610-907), sans doute les premiers de l'histoire, en raison de leur localisation dans des maisons de plaisir et de ces douceurs jugées émollientes, donc déconseillées aux bras des guerriers comme au cerveau des chefs. Dix ans plus tard, l'avenue impériale de Hangzhou était jalonnée de restaurants et l'un d'eux, sur plusieurs étages, servait cinquante préparations sucrées d'insectes dans ses cent dix salles à manger. Elles ne donnaient toujours pas de règles utiles pour la politique ou l'économie, mais contribuaient au prestige de la nouvelle dynastie puisque les douceurs des diverses provinces étaient proposées ainsi que des friandises adaptées à chaque régime et, en principe, à toutes les bourses.

Les douceurs sont les fétiches du mangeur, les repères d'une alliance communautaire ou familiale. En un sens, les étapes de la vie forment un ruban pâtissier. Ce sont les « petits cœurs » aux noix partagés sous toutes les latitudes avec l'élu(e) sentimental(e) ; les gâteaux « à roue » (en Asie) ou « à étages » (en Europe) confectionnés lors des mariages ; les « anneaux » cuits au four, badigeonnés de sirop ou de confiture, allusion transparente au puits féminin, réceptacle délicieux, admirable s'il enfante ; les biscuits en forme de phallus, croustillants et saupoudrés d'épices et de sucre, triomphe de la fécondation virile, mais aussi de la fertilité terrestre à chaque printemps, conservés de Pâques à la Toussaint et trempés dans l'alcool à la santé des morts tandis que les participants célèbrent le goût des bonnes choses, prétexte au rire, vieux compagnon des rituels propitiatoires.

Car ce défilé sucré et parfumé sert d'aide-mémoire au goût. Le moindre ingrédient compte, l'œuf qui colore les *sanbusaj* irakiens « à chaque table aussi bien que chez les Grands », les amandes rougies au safran, le beurre, l'huile et le lait qui cuisent en friture, sur la braise ou au four, le dosage des épices et de la farine ; chaque coup de couteau dans et autour de la pâte, ainsi les *Lôzcnâg* en forme de losanges, crée une découpe appropriée à la coupure symbolique qu'il s'agit de célébrer. Cette revanche du goût sur un ordre religieux qui l'ignore et sur un ordre alimentaire qui le néglige explique l'étonnante circulation des douceurs. En ces temps d'échanges marchands circonscrits à quelques kilomètres, de voyages rares et dangereux, d'économies sans marché, celles-ci franchissent les barrières. Pas besoin de traducteur pour expliquer les recettes, les emprunts se moquent des nationalités, des religions et des sexes. Les gestes féminins domestiques sont reproduits par des pâtissiers professionnels, l'intuition et la saison comptent plus que la température ou le temps laissé à la pâte pour reposer. Un mot résume tout : *nazar*, le sens du juste.

À partir du IXe-Xe siècle, les musulmans célèbrent la naissance de Mahomet en adaptant les pâtes frites de l'Épiphanie, *awaymait* (boulettes), *mackaroun* (beignets), *zalâbiya* (pains). En retour, les chrétiens d'Orient s'essayent aux *quatâyif*, fourrées aux noix et arrosées de sirop, même s'il faut célébrer le règne d'un calife peu tolérant à leur égard, Il-Muktafi Billâh. Du Liban à la Volga, en Romagne, en Roumanie ou en Cappadoce, nul ne réclame un certificat d'origine au gâteau mais chacun compte qu'il purifie le sang, favorise la fertilité ou ragaillardisse les malades. Les pérégrinations deviennent si hasardeuses qu'il est impossible d'établir le circuit de diffusion suivi par la pâte feuilletée (feuille à feuille, pas levée). La pâte *filo* des Grecs et des Byzantins atterrit en Espagne en sautant l'Italie ; elle est concurrencée par le *hadf* musulman, emprunté aux Coptes et aux nestoriens chrétiens qui tenaient la recette des pâtissiers juifs du Delta et l'ont passée aux diasporas du Liban et de Palestine avant qu'elle arrive à Byzance ; là, elle se frotte au *yufka* ouzbek rapporté par les militaires et adopté, plus tard, par les mercenaires ottomans[16].

On pourrait se contenter de la remarque sensée du sociologue Claude Fischler, selon qui toutes les cultures sont attirées par le doux. Le constat est trop frustrant pour que nous ne risquions pas une hypothèse, tant les indices sont, pour une fois, convergents. Dans l'aventure que constitue la quête nourricière, la douceur alimentaire offre une parenthèse. Il est impératif d'en disposer au jour dit, quitte à sortir de Beyrouth ou à descendre de la montagne jusqu'à Byblos, repaire des meilleurs pâtissiers. Sur la route des pèlerins, vers Venise ou Saint-Jacques-de-Compostelle, le gâteau à la farine de châtaignes suspend la pénitence du voyage ; à l'approche de Rome ou plus tard, à peine débarqué en Terre sainte, ce sont les fougasses à l'anis. Ces marcheurs de la foi emportent les restes et le souvenir du *pan di Natale*, préparé entre Noël et l'Épiphanie, jusqu'en Bohême. Les figues séchées disparaissent, pas les raisins ; les aromates changent, pas les noix. À la manière des cailloux du Petit Poucet, les pâtisseries remontent vers le nord, redescendent dans les bagages des bénédictins irlandais, puis des cisterciens qui essaiment leurs monastères jusqu'en Pologne. Ainsi le voyageur Ibrahim Ibn Jakub, aventuré dans les plaines d'Europe orientale au Xe siècle, pointe avec un étonnement scrupuleux les tourtes aux pommes et aux poires qui lui rappellent la manière byzantine, l'usage festif du pain de seigle au miel, des gâteaux au cumin, aux noix, à la bière, description confirmée par les fouilles du XXe siècle[17].

Liaison avec les ancêtres, au temps coutumier ou religieux et, simultanément, avec les autres ; ce double mouvement vertical et horizontal, *a priori* contradictoire, marque l'originalité d'une époque qui, bien sûr, n'a pas inventé les desserts. Tcheou Ta-Kouan l'a probablement perçu quand il signale à ses lecteurs chinois qu'on sert aussi des beignets à la mangue, à la banane et au litchi chez les Cambodgiens, comme si la chose était improbable. Peu lui importe que les procédés divergent de la façon chinoise ou que les ustensiles soient de qualité inférieure : les Cambodgiens ignorent les marmites en acier employées par les cuisiniers de l'aristocratie Tang depuis le VIIe siècle, leurs pâtisseries sont cuites plus longtemps, voire trop, mais délectables quand même.

Ibn al-Warraq, dans le *Kitab Tabikh* (Xe siècle), avance un critère identique et propose un palmarès des parfums indispensables aux desserts : l'ambre, le safran, le camphre, l'aloès et le musc. Les variantes les plus diverses sont autorisées : géographiques (l'Ouest est le royaume du safran, l'Est de l'aloès), sociales (saupoudrage et dilution chez les uns, superposition marquée chez les riches), sans que la quantité ou le choix ravalent le mangeur à un rang inférieur. Pas d'eau de rose encore, il faut attendre le XIIIe siècle, ni d'ustensile réservé ; comme en

Asie, un bon nettoyage à la boue et au céleri suffit, loin de toute purification[18].

Le présupposé favorable accordé aux douceurs explique la rapidité des échanges et, vérifiant notre hypothèse, leur diffusion à partir des points de contact, fronts pionniers de conquête, zones de concurrence religieuse et de concentration politique. Amandes, gâteaux parfumés, liquides acidulés et, au premier chef, choses sucrées voyagent. La canne fait son apparition en Andalousie autour de 756-760, mais en Sicile vers 878 ; elle s'implante aux confins de l'Empire byzantin, en Syrie vers 710, puis en Terre sainte (710-720), au Liban et en Égypte (720-740). Il lui faudra en revanche deux siècles et demi supplémentaires jusqu'au Maroc. Condiment employé avec une parcimonie régulière par la plupart des gens, le sucre est littéralement mis à toutes les sauces chez les puissants, prétexte à des desserts ornementés, voire à des sculptures aussi bonnes à contempler qu'à manger. Les grincheux et les ascètes fulminent leurs condamnations, elles restent inaudibles ou sont retournées aux envoyeurs. Autant le riz, le safran, la sauce aigre-douce sont décrétées fausses nouveautés, l'aubergine accablée d'une réputation diététique épouvantable – elle déclencherait maux de tête, hémorroïdes, éruptions cutanées, lèpre, voire cancer –, autant le sucre et ses desserts équilibreraient les saveurs en bouche, le flux digestif, le sommeil. L'enthousiasme est si général qu'au XIIIe siècle, un manuscrit andalou stigmatise la détestable habitude prise par les musulmans, au contact bien sûr « néfaste de leurs voisins chrétiens », de se goinfrer de douceurs à la moindre fête, quitte à en manger un 1er janvier en plein Ramadan[19].

Le succès du sorbet perd alors son mystère : additionner sucre, fruits acidulés, parfums, c'est composer une quintessence de goût. La glace pilée est question de saison, secondaire. L'essentiel, c'est la condensation des saveurs, le contraire de la confusion. La recette est peut-être due au hasard ; en tout cas le sorbet, lui, n'est pas là par hasard. Il traduit un sentiment censuré, le plaisir. Grâce aux douceurs, on échappe aux interdits, tout en respectant leurs conditions.

CHAPITRE 4

L'APPÉTIT EUROPÉEN

Les mots sont parfois comme les lentilles au fond d'un plat, ils recouvrent. Quand ils se dispersent, point l'inquiétude profonde. Le moine bourguignon Raoul Glaber se dit ébloui par le « blanc manteau d'églises » couvrant l'Europe du XIe siècle, c'est pourtant aux ravages causés par la famine de 1033 dans sa province qu'il consacre le plus de lignes. Lui, Adémar de Chabannes ou Edmaer de Canterbury pastichent les descriptions de Grégoire de Tours et de Procope : des « hommes sous l'empire d'une faim dévorante », trouvant leur ordinaire dans les débris et sur les charognes, seraient une fois de plus réduits « aux racines des forêts et aux herbes des fleuves », voire ravalés à l'état animal. La litanie des malheurs est si variée et constante (il y aurait eu vingt-six disettes en France au XIe siècle) qu'on se surprend à la penser rassurante pour ces auteurs.

Car il n'y a ni invasion, ni empire au bord de la ruine, ni basculement religieux, ni même désordre climatique prolongé. Contrairement aux descriptions terrifiantes laissées par les moines, les famines s'espacent entre le XIe et le début du XIVe siècle en liaison probable avec le relèvement de la température estivale, une pluviométrie mesurée et un seul hiver catastrophique, 1076-1077, où le gel compromet les futures récoltes, brûle vignes et arbres fruitiers, oblige à puiser au fond des sacs en réserve. Certes, en 1032-1033, 1146, 1151 et 1270, les orages saccagent les moissons, les vendanges et les fruits, mais seule la séquence 1195-1197 paraît avoir décimé les populations[1].

Selon un processus que nous connaissons bien, la famine et la disette sont dans les têtes avant que de serrer l'estomac. Leurs histoires romancées et édifiantes sont déjà calibrées dans les monastères : des signes avant-coureurs, telles les comètes de l'an mil ou de 1315, indiquent un risque apocalyptique précisément consécutif à une famine générale ; les manifestations initiales viennent toujours de l'est – hordes barbares ou Orient hérétique – et concernent les enfants, les pauvres des villes avant les errants, les vieillards avant les femmes ; le nombre des victimes est anticipé, multiplié jusqu'à deux cents fois, à Brême en 1066-1072, à Metz en 1316. Enfin, quand la procession des affamés inclut jusqu'aux puissants et que la régression cannibale est « avérée » – en 1033, à Tournus puis, en 1316 à Ypres, des gens auraient vendu des rôtis humains – se généralise le temps du repentir, de la charité et du jeûne.

Il est tellement plus commode de conseiller l'abstinence, plutôt que d'admettre l'évidence séculaire d'une embellie. Car celle-là, il faudrait peut-être en partager les dividendes. Pourtant, les chiffres sont là. À commencer par un doublement probable de la population européenne entre 950 et 1350, auquel correspond une cristallisation urbaine sans précédent : cent quarante villes dépassent les cinq mille habitants, chiffre si impressionnant pour les contemporains qu'ils n'hésitent pas à le centupler – par exemple pendant les épidémies de peste – pour donner une image de cet entassement humain. À Chartres, Gand, Southampton ou Munster en effet, entre le XIe et la fin du XIIIe siècle, une famille sur deux compte trois fils au moins ayant passé le cap de la première enfance ; dans leurs faubourgs, ils sont presque cinq.

Le « grand bond en avant » des villes et des campagnes européennes a commencé, à l'insu des chroniqueurs ou plutôt, jusqu'au XIIIe siècle, à l'inverse de leurs fresques propagandistes.

L'Histoire des comtes de Guîmes et des seigneurs d'Ardres raconte ainsi comment un terrain de pâture irrégulière, près de Calais, est d'abord transformé en lieu de pique-nique grâce à l'installation à proximité d'un brasseur, puis d'aire de loisirs en marché de moins en moins improvisé, suivi par l'enracinement de familles, la construction d'un moulin, le curetage et la mise en communication des marais avec le réseau fluvial, le bornage soigneux des champs et enfin un village.

Dans un monde, on l'a dit, couturé de limites, l'espace se dégage : taillis, broussailles, haies, arbustes reculent ou rabougrissent. Il faut attendre, en général, les missels du XVe siècle ou les *Très Riches Heures du duc de Berry* pour que les bornages et les obstacles aient presque disparu, sauf autour de la vigne. Dévoreur de terres, le paysan européen repousse bois et espaces incultes à grands coups de bêche, de houe, de charrue ou de cognée. Même les moines de Bobbio s'y lancent : en 883, ils avaient défriché des parcelles « par nécessité » ; trois siècles plus tard, ils se résignent à sacrifier leurs arbres fruitiers. À la différence des VIIIe-Xe siècles, l'entreprise s'effectue vite et massivement : en Picardie, en Île-de-France, dans le Kent, ce sont 20 % de sols conquis ; dans le Bordelais et le Piémont, 15 %. Certes, le travail est pénible, mais les bras disponibles. Pas question de laisser même des lisières hors d'atteinte de l'outil : dans le *Rentier d'Audenarde* qui célèbre la performance des Flamands asséchant leurs marais dès le XIe siècle, un essaim de cultivateurs s'acharne à les transformer en prairies modèles. À la même époque, la pratique des labours multiples d'hiver se généralise, trois en Angleterre, quatre en France du Nord – imitée un siècle plus tard par l'Italie.

Cet esprit d'entreprise invite à légitimer par l'image les gestes techniques et les outils. Sur le transept nord de la cathédrale de Chartres (1220-1230), la lame taillant le cep a la longueur d'un avant-bras. Un demi-siècle plus tard, la *Bible Maciejowski* combine les gestes et les outils des moissonneurs nordistes pendant l'effort ou partageant leur pique-nique. Encore cinquante ans et c'est un panoramique du travail agricole que propose Ambrogio Lorenzetti dans les *Effets du bon gouvernement* (fig. 12), placé au cœur du pouvoir politique siennois, dans la salle de la Paix : du défrichage au jardin potager et au départ des sacs vers le moulin ou le marché, une fourmilière s'active, taille la nature et la rend utile. Chaque geste est important et leur accumulation suggère l'abondance par saturation de l'espace. Personne n'a plus le temps d'attendre le dévidement du cycle, il faut profiter de la nature quand elle est généreuse.

Car, en face, guettent *Les Effets du mauvais gouvernement* : arbres défoliés, champs grignotés par la mauvaise herbe et désormais labourés par les chevaux des soldats, colporteurs disparus, magasins fermés, voire pillés par une foule à la recherche de boucs émissaires. Dans ce monde déserté, le regard bute sur les lignes brisées des murs, des bois, des maisons, des chemins à l'abandon. Mais l'argument de la versatilité psychologique humaine, soumise aux peurs, paraît une explication insuffisante à une époque où la rumeur qu'un enfant à demi-porc était né, peut prendre corps. L'anxiété a changé d'échelle et s'est trouvée pour compagnon un soupçon : l'excès aurait-il eu raison de la dignité humaine ?

Placés au premier rang des accusés, notamment par Enguerrand Quarton dans sa description de l'enfer entourant *Le Couronnement de la Vierge* (1453-1454) (fig. 13), les mangeurs sont coupables de leurs dépenses pour les délices de la table, du caractère improductif de ces dépenses, des désordres que l'abondance nutritive crée dans le corps, individuel et social, et enfin de ce vice qu'est leur gourmandise. Resucée des critiques ascétiques, le propos dénonce la folie des passions gastronomiques et y repère en plus le risque d'un amollissement général de l'espèce, prélude à l'avènement d'une société monstrueuse. Celle-ci prétendrait en effet échapper au regard et au jugement des générations passées : son obsession cultivatrice lui ferait renverser bornes et limites, son appétence pour l'échange alimentaire vulgariserait la nourriture en la rendant monnayable, sa curiosité culinaire l'inciterait à prendre le simulacre de l'entremets, du dessert sculpté ou des parfums exotiques pour le goût vrai de la nature. La trahison générationnelle et morale augurerait d'un monde épicurien, autrement dit sens dessus dessous, où l'on ne distinguerait même plus les Anciens des Modernes.

Les chevaux du progrès

À ces prêches, il convenait de donner une traduction concrète, par un exploit qui confirmerait le postulat initial – « les terres n'étaient ni engraissées, ni bien soignées du temps des barbares » – et validerait l'objectif politique, associer « campagne fertile » et « gouvernement fort ». La mise au travail du cheval devait démontrer qu'il n'y avait pas à redouter un monde cul par-dessus tête. C'était d'abord un pari économique : le cheval coûte le prix de quatre à six bœufs, sa consommation d'avoine se compte en dizaines de boisseaux, son entretien mobilise du personnel, oblige à construire des palissades, des enclos et des bâtiments (fig. 7). L'animal est réputé si fragile que les manuscrits du XVe siècle reproduisent les couvertures enveloppant son poitrail et nouées jusque pendant l'effort. Il n'est pas bon à manger en raison d'interdits religieux déjà évoqués. Il fallait aussi accepter un renversement symbolique puisque le cheval perdait un statut ostentatoire, pour la chasse ou la guerre, au profit d'une fonction productive. La faim justifiait les moyens.

Sans se concerter, des Européens situés outre-Loire se sont résolus à cette stratégie entrepreneuriale. À partir du XIIe siècle, d'abord dans l'East Anglia puis du Val-de-Loire aux Flandres et à l'Alsace, le cheval est attaché à la charrue (fig. 9). Un siècle plus tard, il remplace le bœuf en Scandinavie, en Bohême, en Allemagne car il permet de rester deux heures supplémentaires aux champs et d'allonger d'un cinquième la journée de travail ; il accomplit trois fois plus vite qu'un bœuf les diverses tâches et traîne rapidement les carrioles et les sacs vers le moulin ou la ville. En bref, il étire le temps productif et raccourcit celui qui mène à la marmite. Autour des années

1450, l'affaire est entendue : le cheval, apanage des puissants, est au service des roturiers audacieux, jusqu'à évincer les autres bêtes de trait sur les fresques de toutes les églises danoises sauf deux et à imposer, dans les reproductions du *Psautier de Luttrell*, son manège à côté des cultivateurs[2].

La révolution chevaline contribua à déclencher un cercle vertueux. Les laboureurs anglais et flamands réalisèrent en un siècle à peine les avantages d'une rotation triennale des cultures qui améliorait les rendements et la qualité des grains : deux chevaux bas sur jambes mais aux « côtes grasses comme un bœuf » suffisaient à une trentaine d'hectares, la profusion des sacs obligea à construire : à Troyes, onze moulins furent édifiés entre 1157 et 1191 ; à Rouen, leur nombre fut multiplié par trois entre le Xe et le XIIe siècle ; de la Normandie aux Flandres, des moulins à vent concurrencèrent les moulins « à sang » actionnés par les animaux, excellent moyen pour économiser du temps, des bêtes et des bras, indispensables aux défrichements.

Le pain de mil recule devant le froment, Champenois et Briards rivalisent dans la comparaison de leurs pains, mais sont daubés par les Picards, fiers des quatre kilos de leurs « pains de poisse ». À Reims comme à Brême, les habitants décomptent les boulangeries ouvertes dans leurs villes, les multiplient par dix devant des étrangers et parlent de disette dès que les quantités fléchissent ou que le pain perd en goût et en qualité. Les statuts des hôpitaux et des aumôneries se permettent de préciser le nombre des pains à servir chaque semaine et le choix de la farine, comme à Saint-Lazare de Meaux où les travailleurs se voient gratifiés de trois pains de sept cents grammes et d'un morceau de flamiche. Le droit enfin enregistre cette prospérité panicole : loyers ou dîme sont versés en boisseaux ; on place même son argent afin qu'il rapporte quelques centaines de kilos de pain l'an.

D'où l'impression de ripaille qui étonne les visiteurs venus d'Italie ou d'Espagne et surtout d'outre-mer. Confrontés à des séries climatiques médiocres, à des pénuries et à leurs conséquences politiques – émeutes, coups de main, répression –, ces derniers attribuent la prospérité nordique à une aubaine. Ils ne peuvent pas voir la puissance de l'image que représente la mise au travail du cheval ; celle-ci réveille littéralement les énergies, ce qui donne à cette époque, y compris sur les fresques, cette sorte d'allant, de désir, à la recherche de variations nouvelles. Cela inquiète, réflexe classique, les générations âgées comme les prédicateurs. L'Allemand Werner der Gartenaere s'en fait le porte-parole dans *Helmbrecht* lorsqu'il dénonce ces jeunes refusant la bouillie paternelle à base de millet et prétendant « boire du vin et manger du poulet rôti ». À Rome, les festins des moines de Novgorod ou de Trzebnica alimentent une chronique suspicieuse : ces religieux reçoivent en quantité bouillie, légumes, viande et/ou poisson à leurs dîners, accompagnés de bière et parfois de vin, le tout sous le regard des anges peints sur les fresques des réfectoires, hanaps en main. Le scandale est consommé quand le prince Leszlech Bialy annonce au pape sa défection pour la prochaine croisade, au motif qu'il ne supporterait ni l'eau, ni le vin, ni les privations plus que des nourritures inconnues[3].

Si le dressage économique du cheval conduit à de tels errements, c'est qu'on a fait fausse route au nord de l'Europe et qu'il ne faut surtout pas modifier sons statut, car une société tient sa survie de ce qui ne change pas. C'est pourquoi les Méridionaux maintiennent le cheval à l'écart du travail. L'agronome Theodoricus Borgognoni estime que l'animal est adapté « aux rois, princes et seigneurs, en temps de bataille comme en temps de paix, ainsi qu'aux prélats d'Église ». La hiérarchie des couleurs, la force du regard, l'allure majestueuse, priment sur la force motrice, y compris dans les traités savants. Pietro de'Crescenzi consacre des pages au poulinage, à l'aménagement des étables et au ferrage, mais il faut attendre le XVe siècle pour qu'un manuscrit lombard détaille les usages agraires du cheval tandis qu'un autre, sur le ferrage, présente une bête marquée, signe réservé aux chevaux seigneuriaux, comme s'il était anormal d'employer un tel animal au trait.

Ici, « l'agriculteur vient en aide à la nature ». Les vieux principes formulés par Cicéron ou Lucrèce sont devenus des réflexes mentaux. La ressemblance avec le travail naturel reste le plus sûr moyen dont dispose l'individu pour conserver ou rétablir la filiation « normale » entre la nature et la culture. À Athènes et à Messine, le citadin consomme plus de produits frais – loup, rouget, agneau épicé au safran s'il est riche, bouillon de légumes, thon, fromage quand il est pauvre – que de pain. Dans les campagnes, les légumineuses remplacent les légumes et les céréales fournissent une bouillie parfumée à l'oignon et à la sarriette. Le pain intervient comme un régal culinaire, les fameux pains blancs composés à 90 % de froment – un taux inconnu en Europe du Nord – ou les petits pains aux formes géométriques mangés en friandises. Le nombre des empoisonnés ne détourne ni les Andalous, ni les Siciliens, Maltais ou Péloponnésiens de mélanger des herbes prétendues revigorantes par la pharmacologie orale (le colchique par exemple) avec des farines et de manger ainsi un pain au risque toxique considérable, mais d'abord rassasiant. De même, les recettes des « pains de disette » ignorent les frontières, religieuse ou territoriale : Castillans et Andalous ; Bulgares, Petchnègues et Byzantins ; bandits, commerçants, nomades ou sédentaires, tous sont experts dans le traitement chimique et culinaire qui transforme l'herbe ou la plante en ersatz de céréale panifiable. Ce bricolage apparaît toujours moins dangereux que le recours à la technique escortée de son cortège redoutable, la transgression et la permutation sociales[4].

Le ventre des marcheurs

Arpenteur de quelques ares, abonné à la marmite domestique, l'homme médiéval se transforme régulièrement en convive itinérant. Marchand, il s'arrête jusqu'à trois semaines d'affilée lors des grandes foires, logeant plus souvent sous un abri de fortune que dans une hôtellerie. Soldat ou croisé, il place sur son bouclier la ration quotidienne, à l'instar des guerriers représentés sur la tapisserie de la reine Mathilde. Chasseur, il fait dresser une nappe à même l'herbe pour un pique-nique improvisé et, à partir du XIVe siècle, boit à la régalade le vin de sa gourde. Séducteur, il suit les conseils de Philippe de Rémi dans *Jehan et Blonde* afin de se ménager un déjeuner forestier en tête à tête. Pèlerin, il trouve le gîte chez les habitants des villes-étapes ; chanceux, il se restaure dans les Maisons-Dieu qui, à compter du XIIe siècle, se multiplient au pied des cols et le long des itinéraires conduisant à Rome ou à Saint-Jacques-de-Compostelle (on en compte soixante entre Avignon et la mer).

Les voyageurs par nécessité – émigrants, réfugiés, commerçants – croisaient les « expatriés » volontaires, ceux qui avaient par exemple répondu à l'appel lancé par saint Bernard en 1146 : « J'ai ouvert la bouche, j'ai parlé et aussitôt les croisés se sont multipliés à l'infini. Les villages et les bourgs sont déserts. Vous trouverez difficilement un homme entre sept femmes. On ne voit partout que des veuves dont les maris sont encore vivants. » Ces marcheurs posaient des problèmes de logistique, de réglementation, d'argent, mais ils introduisaient aussi de l'inconnu dans des espaces cloisonnés. Fin XIIIe, de la Hongrie à l'Allemagne orientale et jusqu'à la foire de Strasbourg, des milliers de têtes de bétail transhumaient, vendues au gré des haltes. Sur la route vers Constantinople, les croisés « aussi nombreux que les sauterelles dans les champs » se servaient dans les fermes et forçaient parfois les murailles des villes pour se rassasier, au point qu'ils étaient plutôt considérés comme des envahisseurs qu'en pèlerins. La semaine de combats qui, en 1096, opposa les troupes de Godefroy de Bouillon aux Grecs, n'avait rien de stratégique et tout de la défense byzantine contre une razzia. Quant aux pèlerins en principe pacifiques convergeant vers Saint-Jacques, ils étaient uniformément accueillis aux cris de « sales porcs ».

Sur les pas de ces citadins éphémères, le progrès se frayait un autre chemin, au gré de ce qui s'échangeait ou pas, embryon d'un marché et par là d'une création arbitraire de valeur. En témoigne l'organisation empirique des foires de Champagne. Celles de Troyes (du 22 janvier au 5 février et du 24 juin au 10-12 juillet) acquirent leur réputation à cause de la fiabilité des poids, des mesures et des paiements, placés sous contrôle des hommes du comte. Marchands venus du Hainaut et de Vénitie constatèrent ensuite que l'endroit était à mi-chemin géographique et fiscal : chaque partie acquittait grossièrement un tiers de taxes, de Venise à Troyes comme de Troyes à Anvers. Succès aidant, les deux foires de Bar-sur-Aube s'étaient intercalées, formant un circuit semestriel auquel répondaient, à courte distance, les foires de Lagny, de Provins et de Sézanne, l'ensemble desservant à la fois la région et l'Europe à partir de 1150. Homogénéité commerciale réduite certes, mais décisive quand elle permettait l'échange inégal par le truchement d'une monnaie aux variations erratiques.

Les usages en furent affectés, à commencer par l'accueil obligé consenti jusqu'alors, selon la tradition antique, aux hôtes. L'hospitalité due aux seigneurs apparut comme un fardeau, celle prévue dans les règles monastiques fut jugée cause de surpopulation déplorable aux recueillements de circonstance. On fut prié d'apporter son couvert ou de le payer et de s'estimer content quand il y avait place. Le brassage humain finit par emporter les résistances à la marchandisation hôtelière. Inaugurée en Italie, en France de l'Est et du Sud, en Allemagne méridionale vers 1300, elle s'accomplit avec un décalage de cinquante ans au Nord. Un pays aussi réticent que la Norvège se résigna à abandonner l'accueil amical : en 1279, fut improvisée une grille de compensation pour faire payer les clients, sans le reconnaître, avant l'instauration d'une tarification classique en 1335. Chacun y trouvait son compte : les bourgeois accueillaient des hôtes payants, les édiles construisaient des hôtels publics qu'ils pouvaient surveiller, les seigneurs se déchargeaient à moindre frais des visiteurs jugés ordinaires, des financiers investissaient dans ces bâtiments de dix à cinquante chambres au revenu garanti car ils logeaient aussi les juges, les diplomates et même les gens assignés à résidence en contrepartie d'une dette à rembourser.

Depuis la fin du XIIIe siècle, les pratiques avaient évolué : lorsque l'hôtel était plein, l'aubergiste retirait l'enseigne de sa devanture ; les voyageurs arrivés avec leurs provisions connaissaient les endroits où les cuisiniers les accommoderaient le mieux et les adresses des meilleurs rapports qualité-prix. Il y en avait pour toutes les bourses et en nombre, environ un hôtel pour deux cents habitants dans les villes de foire et les lieux de pèlerinage, un pour cinq cents dans les agglomérations moyennes. Le bouche à oreille fonctionnait déjà avec efficacité si l'on en juge par certaines notations de voyage tenues par des moines et des marchands, dignes des guides touristiques : préférer les repas pris à proximité des débarcadères, éviter le voisinage des églises, se méfier des périples en Espagne et en Pologne dépourvues de gîtes et de couverts, savoir que l'hygiène des chefs français était très approximative, penser à envoyer une estafette chargée de commander à l'avance le repas si on voulait être servi à l'heure, en quantité et avec de bons produits[5].

Éduquer des hommes qui rêvaient de détrousser la terre, l'entreprise était hasardeuse. Elle se comprend si l'on admet que la pédagogie culinaire doit beaucoup à l'état d'esprit insufflé par la révolution romane, son organisation géométrique et sa visée imaginaire ; elle n'est pas réservée à une classe, mais l'expression d'une ambition commune : manger autrement[6]. On saisit alors pourquoi l'*Encyclopédie* de Raban Maur fait figurer deux convives catalans, assis à table, une fourchette à deux dents dans la main gauche. Pas question d'indiquer un usage – personne ne s'intéresse à la fourchette avant le XVIe, soit cinq siècles plus tard –, mais la modernité catalane. Dans les chansons de geste, la géométrie des tables, la disposition des convives, du décor sur la nappe, la dissociation entre la cuisine et l'ingestion détoure la communauté de ces « nouveaux mangeurs ». Ainsi, dans *Jehan et Blonde,* la blancheur virginale du doublier, la présence du muguet – reflets de l'héroïne au teint immaculé –, la lenteur du service, la distraction du jeune homme, composent la géométrie particulière à l'amour. Dans *Aliscans*, les convives s'assoient, se servent, se divisent non au gré de leur appétit, mais selon un ballet diplomatico-politique.

Pour manger, il faut pénétrer dans l'antre des cuisines. Alors, les « poissons » du menu deviennent des saumons et des bars, ils ne comptent plus par leur longueur sur table mais par leurs morceaux les plus charnus, ceux qu'on bâfre à la volée avec « un vase rempli de sauce fortement assaisonnée, tout en dégustant un cou de cygne farci ». Il faut sortir en hâte de ce lieu délicieusement infernal, porte ouverte sur les mystères de la transformation culinaire parmi le bruit des casseroles[7].

Imposer la trêve du repas chez les puissants et les anonymes, tel était le mot d'ordre de ces « progressistes ». Vers la fin du XIIIe siècle, des moines rédigèrent les premiers traités de bonnes mœurs à table. Ces *Tischzucht* étaient destinés à ramener un minimum d'ordre sensoriel dans les réfectoires où les rots, les crachats, l'expulsioin bruyante de gaz intestinaux, les vomissements troublaient quiconque aspirant au silence méditatif ou désireux d'entendre la lecture de l'histoire sainte. Ce règlement hôtelier, écrit d'abord en latin, fut traduit en langue vernaculaire car ce qui était profitable aux pèlerins ne devait pas nuire aux paroissiens, à l'exemple du poème rédigé en lombard par Bonvesin de La Riva.

Toujours selon le schéma du montré et du caché, il convient de borner le temps du repas et de limiter l'agitation corporelle. Première victime, la parole : « Pendant que les autres mangent, n'annonce pas de nouvelles angoissantes, mais garde le silence ou tiens des propos sereins. » Deuxième victime, les gestes : rien ne saurait troubler la quiétude provisoire du repas, ni les mouvements brusques pour puiser dans le plat, ni le claquement de langue satisfait, le récurage des dents à la pointe du couteau, l'usage de la serviette pour éponger la sueur. Troisième préoccupation, le bruit, depuis la mastication jusqu'aux propos lâchés la bouche pleine et autres borborygmes. L'hygiène de comportement répond à la diététique ; est-on incommodé par son voisin qu'il est recommandé de n'en rien montrer. Commenter la qualité des plats est superflu – surtout s'ils sont médiocres –, car le convive ne doit jamais oublier qu'il se rassasie. Au lieu du plaisir en bouche, la satisfaction se marque à un corps redressé, le buste droit, les jambes repliées sous le siège, le mouvement aérien ; un modèle digne d'être sculpté ou décrit[8].

Les incisions sur les plats d'orfèvrerie et les panneaux d'ébénisterie viendront deux siècles plus tard (fig. 19) ; le prosélytisme écrit, lui, tarde d'autant moins qu'il sert la propagande politique. En deux occasions au moins, il illustre la volonté de Louis IX. Ses biographes Joinville et Guillaume de Saint-Pathus ont popularisé l'image d'un roi canonisé avant sa mort, mangeur ascète plus remarquable que Louis le Pieux, plus exigeant qu'un ermite. On ne compte pas les brochets échangés contre une vulgaire friture, l'eau mélangée au vin, les « potages de mauvais goût » et les lamproies distribuées aux hospices, ce qui faisait (miraculeusement...) baisser leur prix de quarante à cinq sous sur les marchés parisiens.

Mais, en juin 1248, le souverain prend la route d'Aigues-Mortes avant de s'embarquer pour sa première croisade. L'entreprise laisse le pays en état de vacance politique (malgré la régence) et, au septième appel pour la croisade, les volontaires ne se bousculent pas. L'itinéraire et le cérémonial des festins royaux visent à rassembler les soutiens capétiens et à suggérer une duplication entre conduite à table et conduite politique. Le prince presque saint cède la place à une figure synthétique qui pourrait manger autant que Charlemagne, offrir des repas dignes d'Alexandre ou d'Assuérus, réunir plus de compagnons que le roi Arthur avec ses chevaliers de la Table ronde. En plus, il sait se tenir : il boit, mais « sans se laisser aller à la manière française qui veut qu'on boive beaucoup » ; il goûte au défilé des services de poissons, accompagnés de sauces différentes, en particulier au verjus, « qu'il apprécie plus que toute autre » ; il picore les cerises, le pain blanc, les tartes et les fromages. Le roi de guerre a oublié l'abstinence du roi-moine.

Précaution supplémentaire, il a autorisé un jeune franciscain venu de Parme à raconter la scène. Ce Salimbene est instrumentalisé pour accréditer la cohésion nationale – la Cour, les chevaliers et les édiles réunis autour de leur souverain – et pour vanter l'association entre un repas pacifique et la paix civile à préserver, double tâche qui incombe aussi aux ordres monastiques. Les dernières traces du *convivium* amical à la manière carolingienne ont disparu devant les exigences d'une solidarité féodale négociée, gage postulé d'une harmonie politique célébrée par les musiciens et les acrobaties des jongleurs. La répétition d'un tel spectacle, en novembre 1254, au retour de la croisade, suffit à renouer les fils d'une autorité jamais absente complètement grâce au récit du repas. Autour de Louis IX, Henri III d'Angleterre, le roi de Navarre, trente ducs, douze évêques et plus de « chevaliers illustres qu'on en peut compter » rétablissent « le roi des rois du monde » dans son éclat. Il n'a même pas manqué un bain de foule dans le quartier de Saint-Germain-l'Auxerrois « dégorgeant de monde jusque par les fenêtres ». La munificence efface par enchantement l'affaiblissement avéré du pouvoir royal pendant six ans. C'est à table que le roi-voyageur ressuscite[9].

Le temps de l'Apocalypse

À l'imminence du désastre et à la déploration du présent, les deux temps ordinaires du monde rural s'était substituée cette ébauche d'art de la mémoire que constituaient, outre les souvenirs de table ou de procédés, les recensions des voyages, les descriptions des produits et les comptages échangés. Le médecin ferrarais Ricobaldus fouillait dans les récits de famille afin de brocarder la « nourriture parcimonieuse » des grands-parents, cette époque où « les gens du peuple ne consommaient de viande fraîche *que* trois fois par semaine ». Ces Européens ne se comportaient plus en chiffonniers critiques du présent médiocre jaugé aux âges d'or antiques ; ils inversaient la conclusion au bénéfice de leur temps. Ils célébraient la victoire du blé sur le seigle, l'orge ou l'épeautre parce que la couleur du pain (le fameux « jaunet » dont le succès en ville lui valut l'appellation « pain de bourgeois ») en déterminait la consommation. Ils disputaient à longueur d'année sur la primauté entre des provenances, Chablis contre vin de Pontoise ou Suresnes, pain de Gonesse ou de Chailly (Chilly-Mazarin), à Paris. On a l'impression que ces gens croyaient à l'abondance quitte à supporter les saccades du progrès.

Or, au tournant du XIVe siècle, cet équilibre se rompit sous l'effet de calamités identifiées : dérèglements climatiques, famines puis épidémies. Le phénomène ne mériterait qu'une mention par son ampleur, s'il ne s'était accompagné d'une catastrophe de la pensée. Voilà que les bienfaits d'un désastre alimentaire étaient plus difficiles à envisager que ses maux, que sa répartition égalitaire obligeait chacun à une espèce de compétition entre la protection et l'élimination, entre l'enfermement et l'ouverture à des protecteurs religieux ou politiques, entre l'abstinence et l'absorption salvatrice. Semblaient évanouis l'ordre horizontal puisqu'il fallait s'éviter et le vertical puisque les puissances supérieures ne sauvaient pas. Restait une question insensée : à quoi bon se nourrir ?

À la manière où se forme une tornade, la désolation résulte de deux phénomènes conjoncturels cumulant leurs effets. En 1303 et pour un quart de siècle s'ouvre une période d'hivers froids inférieurs d'un degré et demi à la moyenne, relayés à partir de 1310 par un déluge estival de dix ans, répété de 1340 à 1349. Ces perturbations dérèglent le cycle agricole : semailles pourries, pousses gelées, inondées et moissons gâchées. La disette pointe dès 1305 ; la première famine en 1315 : en Angleterre, le prix du froment quintuple, celui du sel et du mouton quadruple. Les conséquences démographiques sont immédiates : en six mois de 1316, Ypres et Saint-Albans (au nord-ouest de Londres) perdent environ 10 % de leurs habitants ; Bruges, Tournai et Toulouse, 8 %. Les pauvres meurent de faim, les riches de dysenterie après avoir consommé des aliments avariés[10].

Paradoxalement, ce bilan tragique – il équivaut à vingt fois la surmortalité due à la canicule de 2003 en France – n'était pas une catastrophe. Car l'Europe de 1300 était, selon l'expression du chroniqueur Froissart pour la France, « un monde plein comme un œuf ». En 1328, l'état des paroisses et des feux dressé à la demande du roi recensait 15 millions d'âmes, soit 20 dans les frontières actuelles du pays. Malgré quinze ans de vaches maigres, l'Île-de-France comptait 120 habitants au kilomètre carré, la Flandre 70, des densités qu'on ne devait retrouver qu'au XIXe siècle. Malgré ses progrès, une agriculture aux rendements décroissants ne pouvait ni soulager la misère des affamés, ni nourrir un continent trop copieusement peuplé. En un sens, c'était du Malthus avec cinq siècles d'avance : des superficies moyennes divisées par quatre (au nord de la Loire) ou trois (au sud) entre le IXe et le XIIIe siècle devaient produire pour une population double. Or, avec cinq hectares par famille de cinq à six personnes, le rendement, même activé par un travail forcené, est moins élevé qu'à quinze hectares pour vingt bouches. En règle générale, la maladie surtout et l'émigration rétablissaient par à-coup l'équilibre.

Seulement, en 1315 déjà, l'accident démographique apparut comme le signe d'une malédiction et déclencha une frénésie purgative telle qu'on en oublia l'intelligence politique et économique de la situation. En novembre, le passage d'une comète fournit aux Hollandais la « preuve » d'une famine apocalyptique ; ailleurs les aurores boréales sanglantes ou les éclipses de lune tenaient lieu de prodiges funestes. Il n'en fallait pas autant pour inciter au départ 20 à 35 % des paysans qu'on retrouvait aux portes de leurs villes – Lubeck, Magdebourg, Amsterdam, Ypres, Bratislava – quémandant, parfois de force et en troupe, la charité alimentaire. Processions, catastrophes et miracles alternaient, une baisse momentanée (1322) du prix frumentaire ou le legs d'un stock comestible y étant assimilée.

En pratique, on finançait des messes parce que municipalités et pouvoir politique étaient dépourvus d'idées, tandis que les couvents épuisaient en moins d'une décennie leurs réserves à force d'aumônes et de soupes. Il y eut quelques exceptions : Bruges, Tournai, La Rochelle, Mayence effectuèrent des achats en urgence et des distributions de grains à prix cassés. On proclama surtout sa détermination à lutter contre les spéculateurs ; au besoin, on en pendit certains – Enguerrand de Marigny, le financier de Philippe le Bel, l'enrichi présumé des trésors templiers, en avril 1316. On excommunia à tour de messe, on enjoignit aux seigneurs de libérer leur garenne pour que les paysans mangent au moins du gibier. Tout cela évitait de fixer d'autorité un prix pour les céréales, non qu'on voulût laisser jouer la libre concurrence mais la hausse remplissait les caisses de l'État et de l'Église, *via* la fiscalité.

Tétanisés par les mauvaises récoltes et vendanges à répétition, l'État et les villes privilégièrent le maintien de l'ordre. Mais économiquement, ils peinaient à le définir : en Norvège, on bloqua les exportations de morue avant de se raviser en faveur d'un troc poisson-grains ; en Angleterre, on interdit les ventes de bétail à l'étranger avant d'affréter des bateaux à destination de la Normandie, chargés de se procurer du blé et qui revinrent, faute de mieux, avec de la piquette. Même l'ordre policier était incertain. Comme il n'y avait pas encore eu de révolte populaire, les autorités laissèrent les pastoureaux (bergers) massacrer les juifs en Aquitaine et en Normandie, les lépreux dans le Poitou et en Flandre. Dès les premières émeutes, en 1322-1323, les soldats entrèrent en scène d'abord contre les moissonneurs, puis contre les vignerons. Pendant dix ans, le cycle émeute-répression revint avec plus de ponctualité que l'agricole. Entre des crises de subsistance biennale (1315-1316, 1323-1324, 1330-1331, 1342-1343), les Européens survivaient, indication précieuse sur la puissance de l'élan agricole initié depuis trois siècles : les abbés de Saint-Denis disposaient, bon an mal an, de neuf cents à mille muids de vin[11].

Le naufrage survint sous les meilleurs auspices. La saison 1347-1348 s'était engagée, comme les trois précédentes, par un été mouillé mais qui n'avait pas assez pénalisé les récoltes pour pousser à la hausse les prix. S'ensuivit un hiver doux et sec jusqu'en avril, si bien que la rasière (la chope) de froment, malgré la guerre de Cent Ans et la chute de Calais, ne coûtait pas plus cher début janvier qu'à l'avènement du roi, Philippe VI de Valois, vingt ans auparavant. Pourtant, la peste était déjà à l'œuvre, depuis septembre 1347 à Ancône et Gênes, novembre à Marseille et arriva à Avignon, Nîmes, Milan en janvier. La maladie était une compagne familière, elle ne quittait jamais l'esprit. Les gens les plus raisonnables en expliquaient le déclenchement après coup, affirmaient la déceler à l'haleine et supputaient ses effets sur le cours des denrées.

En l'occurrence, l'épidémie échappa. Elle prit de vitesse les citadins, rattrapés dans leur fuite vers le nord (Lyon fut touchée fin avril), enveloppés par un mouvement tournant digne d'un stratège, de Montpellier à Bordeaux (mai), Londres puis Calais (août), tandis que, *via* le Tyrol, la Suisse et le Rhin, la prise en tenailles de l'Europe était consommée. Ses victimes défiaient l'entendement par le nombre, la rapidité des dégâts et l'indifférence au statut : six semaines en moyenne et il fallait laisser les cadavres dans la rue faute de place au cimetière ; deux mois et tous les villages contaminés avaient au moins perdu 40 % de leurs habitants, à l'échelle d'une année six fois la soustraction opérée par la Première Guerre mondiale. Dans les bassins de population dense, le nombre des feux fut divisé par quatre en un siècle ; au lieu d'une génération fauchée, c'en furent quatre d'atrophiées.

La peste noire était baptisée et les ennuis des mangeurs commençaient. Puisque la couleur de la langue trahissait le malade, tout signe susceptible de virer au noir devint condamnable jusqu'à la mine rubiconde du ripailleur sortant de table le rouge aux joues et l'estomac en feu. Dès 1347, Orvieto donna l'exemple en prohibant les repas de fête et de deuil, occasions de promiscuité contagieuse. Six mois plus tard, on mit à l'index la fréquentation des tavernes, leurs gobelets mal lavés, leurs vins échauffants ; d'ailleurs, il n'y avait plus de candidats aux auberges vacantes. La Faculté multiplia les conseils culinaires : ne manger les légumes que cuits et longtemps ; saupoudrer les aliments d'épices censées carboniser la « bête maligne » – safran, aloès, myrrhe ; se frotter le corps d'herbes odoriférantes, s'oindre de parfum et surtout avoir toujours à portée de main un verre de vinaigre, le désinfectant à tout usage nutritif. Il n'en fallait pas davantage pour donner crédit à la légende d'un bas Moyen Âge puant, saturé par l'odeur des charognes, du musc et des épices.

L'assassin avait forcément des complices. Parmi les « engraisseurs » de la peste, se trouvaient les habituels coupables désignés, empoisonneurs d'eau, de bière et de vin, juifs, lépreux, errants ou étrangers. La persistance du mal incita à y ajouter les animaux en vertu des mêmes réflexes : chiens errants, cochons en semi-liberté, gibier familier d'une nature redevenue hostile, puis toutes les bêtes à poil. Enfin, la rumeur désigna les gros mangeurs pour cause d'immoralité, eux qui narguaient la mort en festoyant et subvertissaient un ordre voué à la pénitence et à l'abstinence. La répétition de coups de chaleur désastreux pour les grains, en 1351, 1360, 1374 désarma les derniers optimistes. Au lieu de moissons abondantes, *La Famine en Égypte* fut dessinée par Nicolas de Lyre, le *Psautier de Darmstadt* regorgeait d'animaux faméliques et les moissonneurs du *Tacuinum sanitatis* d'Ibn Butlan se battaient avec les épis clairsemés[12].

Décomposition, recomposition

Comment les survivants auraient-ils envisagé que les temps d'après-peste leur ouvraient une aubaine économique ? Les salaires quadruplèrent de 1347 à 1450, offrant la chance théorique d'acheter vin et viande, de se fournir en ustensiles de cuisine et en vaisselle. Mais les peuples attendaient des mesures énergiques contre ces rémunérations jugées exorbitantes, contre la hausse erratique des prix, tout ce qui était aussitôt attribué à l'enrichissement indu des profiteurs. Après Londres et Francfort en 1349, le roi de France Jean II gagna le surnom de « bon » par l'ordonnance de janvier 1351 qui plafonnait les salaires au tiers au-dessus du seuil atteint avant la peste. Moyennant quoi, un tour de vis fiscal devait financer la guerre et remplir les caisses par les droits de mutation prélevés sur des terres sans propriétaire. Le résultat s'avéra superbement inefficace : l'inflation rampante s'accéléra, le marché et l'emploi au noir prospéraient, la monnaie fut dévaluée quatre-vingts fois en cinq ans, les capitaux « morts » – jachères, vignes à l'abandon, moulins en panne, stocks inutilisés – en progression constante.

Pourtant, le principe de la réserve alimentaire entra dans les archives et dans les villes. Car édiles et seigneurs n'hésitaient pas à rendre obligatoire l'aménagement du potager-verger, sorte d'assurance nutritive quotidienne. Ils précisaient par écrit les variétés à cultiver et à planter avec un soin pareil à la fixation des jours ouvrables ou des conditions particulières aux foires et à l'arrivée de pèlerins. Le potager se transforma à vue d'œil quand les fruits des bois – fraise, framboise, mûre, noisette, prunelle – s'urbanisèrent au moyen d'hybridations et de greffes sophistiquées. En deux siècles, le végétal grignota le minéral. À Valladolid, au XVe siècle, pommes et poires étaient consommées toute l'année, pêches et cerises huit mois sur douze. Chacun s'en régalait car elles étaient peu chères et modérément taxées ; leur rapport annuel – plus que les légumes et à peine moins que le poisson – donne une mesure fiable de cet engouement.

Il n'était pas le seul. La lentille et les pois chiches, nourriture des paysans et des soldats sous l'Empire romain et jusqu'à la peste, se raréfiaient au profit des pois, de la féverole et des haricots. Bénéficiaires des irrigations le long des berges, de l'horticulture, ils occupaient un gros tiers de ces terres cultivées au début du XVe siècle. Les rejoignaient sur le feu des légumes, objets de manies gastronomiques. Les navets (fig. 10) étaient ainsi célèbres de Kiev à Peruggia pour leur prix modeste et leur propriété à éponger le ragoût ou la sauce, qualité reconnue aux concombres. L'oignon et l'ail connaissaient un tel succès qu'ils servaient de marqueurs critiques : les Dauphinois, les Toscans, les gens du Kent et de Novgorod étaient réputés sentir plus fort encore que les « misérables » Allemands et Siciliens, obnubilés par leurs choux. Les Européens recouraient aux mêmes expédients que les Chinois avec leur *hum-choy* et les Coréens avec le *kimchi*. À ces choucroutes des années noires, il est aisé de trouver des explications rationnelles : elles sont bon marché, aisées à réaliser, digestes et réputées curatives. Nous préférons y déceler un superbe retournement mental qui invite à restaurer un corps menacé de décomposition par la peste avec des légumes pourris.

Dans le Suffolk, le Vaucluse, la Navarre, des laboureurs s'improvisèrent éleveurs ou vignerons plutôt que de subir la dictature du climat et des prix frumentaires. Ils n'avaient pas d'autre projet que de s'en sortir moins mal, ils pariaient à l'aveuglette sur des marchés lointains qu'ils ne connaissaient pas – la Toscane vue d'Angleterre. Entre la mort annoncée et l'hypothétique survie par l'échange, ils avaient choisi, au risque de passer pour des benêts, déchiquetés par Boccace dans son *Décaméron* : n'était-ce pas le comble de la naïveté que d'imaginer « un pays des Basques où l'on attache des vignes avec des saucisses, où l'on peut avoir une oie pour un denier [...], où existe une montagne de parmesan râpé, sur laquelle des gens passent leur temps à fabriquer des gnocchis et des raviolis » (*Huitième journée*, nouvelle 3) ?

En tout cas, croire à Bengodi, le pays des Basques, était un aiguillon efficace car Boccace décrivait exactement les nouvelles priorités de ces audacieux. Moins de grains, plus de légumes et de légumineuses qui nourrissaient des porcs – faute de forêts –, moutons précieux pour leur fromage et leur laine plus que leur viande, des vaches au pré parce qu'elles résistaient mieux que les ovins. La nourriture « blanchit » : les fromages de chèvre et de vache n'étaient plus l'apanage des pauvres, ils circulaient entre les monastères cisterciens, franchissaient dans les deux sens la Manche ou le Rhin, incitaient les paysans de l'Essex à copier les tours de main des Normands. Autour de 1380-1400, sur la côte du Sussex, des marchands venus des Flandres s'approvisionnaient en laine, en viande salée et en fromage. À tâtons, un élevage intensif s'esquissa, dicté par la nécessité et la peur. Les gibiers étaient suspects mais délicieux ; la vogue des lapins de garenne en Angleterre tentait de concilier précaution, plaisir de bouche et mode importée de France. Produit de luxe jusqu'à la Grande

Peste – il s'achetait quatre fois le prix d'un poulet –, le lapin prolifique sortit opportunément des garennes, fut braconné à foison, vendu si bien qu'il comptait pour 30 à 40 % des revenus dans les manoirs du Derbyshire et du Suffolk, enfin adopté sur toutes les tables.

N'allons pas imaginer un standard européen. Au contraire, l'initiative est l'occasion, pour les voisins, de confirmer leurs stéréotypes : lorsque les seigneurs anglais installent des enclos à daims, leurs homologues des Flandres moquent l'amollissement d'outre-Manche ; ceux des plaines orientales, chasseurs forcenés, font confirmer par les médecins que l'élevage du gibier empoisonne les reins. Au besoin, les querelles religieuses et politiques incorporent la dénonciation des fantaisies adverses au motif d'une originalité dangereuse, y compris pour l'ordre moral. Ainsi les orthodoxes se scandalisent au vu des pigeonniers comme si, élevant ces bêtes pour la table, les Occidentaux blasphémaient en osant ingurgiter l'incarnation de l'Esprit Saint.

La frontière entre monde curieux et réticent n'a rien de géographique ; elle divise ceux qui croient à la surface, au nombre et ceux qui tablent sur l'enfermement, sur une productivité empirique, pour se refaire. Ainsi, les étangs à poissons nourris sont-ils mentionnés chez tous les comtes anglais, représentés dans les *Très Riches Heures du duc de Berry* (avril), mais expérimentés, dès 1360 (donc avant), par les assécheurs des marais hollandais. Ceux-ci y introduisent en effet les poissons les plus recherchés – carpes et perches – au lieu des plus prolifiques, imités trente ans plus tard (succès vérifié et préventions levées) par quelques aristocrates anglais, angoumois et poitevins. La distinction et la notoriété de la « marque » font office de marketing rudimentaire mais efficace. En 1431-1432, Lady Talbot investit dans un pigeonnier capable de livrer plusieurs centaines de volatiles l'an sur les marchés du comté. Vu son coût, l'entreprise serait insensée, sauf que le nom de Talbot, adversaire privilégié de Jeanne d'Arc, sorte de Gargantua aussi réputé des deux côtés de la Manche pour son appétit et sa finesse de palais, est un sésame commercial. Estampillés exactement comme les tonneaux de *claret* venus de Gironde, les pigeons s'arrachent ; vers 1460, il s'en achète plus de 1 500. En travaillant sur les marges au lieu de la totalité, quelques-uns ont compris que la nature aimable de 1300 s'organisait désormais en plans disjoints, coupés de vides faute d'hommes et d'animaux.

Leur action se repère dans les livres de comptes d'une maison, au détour d'une notation de voyage. Elle est rarement figurée, encore moins au premier plan. Elle suppose pourtant un effort psychique considérable car la différence prend ici le pas sur l'identité, la discontinuité sur l'homogène. En Sicile, par exemple, faute de trouver des clients pour les produits maraîchers, on s'intéresse aux manies de l'aristocratie européenne : le goût pour les produits sucrés, la vogue des oiseaux chanteurs importés *via* l'Espagne jusqu'en Hollande, la demande frénétique de safran. À Messine, on vante bientôt les grains spéciaux pour canaris, la qualité du crocus local en comparaison du médiocre albigeois ou barcelonais. C'est clochemerle, mais les sommes en jeu sont énormes car produire un kilo de safran nécessite dix personnes au travail pendant huit jours pour récolter 350 000 pistils de crocus. Seulement, vendu au prix du caviar d'aujourd'hui, le safran est une niche si tentante que sa culture sort du jardin pour les champs et suit l'itinéraire des princes jusque sur les bords de la Tamise[13].

Ces initiatives distrayaient de l'obsession frumentaire parce qu'elles invitaient à considérer autrement la terre et son travail. Chose impensable quelques décennies auparavant, un espace en jachère fut représenté sur un calendrier londonien et un missel franciscain du début XVe. À cette époque, le *Tacuinum sanitatis* insistait à deux reprises sur les perfectionnements apportés au poulailler – palissades surélevées et cage sur pilotis – ou à la basse-cour. Ce souci de protection et de découpe spatiale, résultat du manque de main-d'œuvre et d'une rentabilité médiocre dans les activités traditionnelles, se révéla si productif qu'autour de 1430-1450, les statuts commencèrent à en organiser le rythme et les conditions. L'observation et la débrouille étaient les maîtres plus que la stratégie, mais les cloisons locales et les distances n'empêchèrent personne de comprendre que la jachère fournissait une herbe de meilleure qualité pour les animaux.

Ces campagnes-là devaient ressembler à l'arrière-plan de *La Pêche miraculeuse* traité par Konrad Witz en 1444 : les berges colonisées du lac Léman sont jardinées, industrieuses et montent à l'assaut des Alpes. Le décollage évoqué au chapitre précédent n'est plus affaire d'enclaves, ni d'ailleurs de séparation Nord/Sud. Celle-ci se repère à des perceptions décalées du rapport entre désir et échange alimentaires. Les campagnes peintes par Piero della Francesca dans un détail de *La Bataille de Constantin et de Maxence* sont aussi découpées que celles décrites par Witz, mais les terrasses maçonnées suggèrent une existence paisible, dans une enclave à l'abri de la guerre ravageant le reste de la fresque. Les perspectives sont différentes : chez Witz, le lointain laborieux s'étale, avance en une sorte de front pionnier d'une telle force que les habituelles figures stylisées des apôtres cèdent la place à de robustes pêcheurs locaux ; chez Piero, le Tibre baignant les champs n'a rien de commun avec la « route qui marche » des canaux et rivières nord-européens. Ici, pas de ponts, de péages ni de villes, mais un chemin sinueux, invitant à la continuité plutôt qu'au franchissement du seuil.

Même aux confins incertains du continent, de tels contrastes se repèrent. Exposés à la colonisation allemande et à l'invasion mongole, les Baltes recevaient également les marchands de la Hanse et de Novgorod. Précoces victimes de la Grande Peste et menacés d'être confinés dans un réduit désertifié, les Baltes s'intéressèrent aux particularités culinaires de leurs voisins qui excitaient leur verve. Polonais « mangeurs de légumes », Russes « avaleurs de concombres », Allemands « bouffeurs de pois » virent leurs demandes anticipées et satisfaites en un gros siècle. Les mercenaires westphaliens et les moines cisterciens, rassasiés, enseignèrent les tours de main charcutiers pour accompagner les pois ; puis, ils réclamèrent des volailles et les Polonais, des lapins. Faute de millet, céréale traditionnelle ravagée par la peste, les Baltes crurent – à tort – emprunter le sarrasin, une céréale d'envahisseurs, de païens mais réputée fortifiante, aux Tatars, capables de chevaucher le jour et de terroriser l'ennemi en ingurgitant cette bouillie repoussante. Les animaux destinés au commerce avec les étrangers servirent de cobayes ; dans l'intervalle, des Mongols sédentarisés permirent de vérifier leur indifférence au millet, désormais russifié puis polonisé ou germanisé au gré des fortunes militaires. Le millet « barbare » était conseillé en bouillie servie avec les volatiles élevés pour les marchands de Königsberg, Tallinn, Riga ou Tartu.

Ainsi s'installa une cuisine « pseudo-balte » qui se revendiquait d'emprunts, quitte à puiser sans le savoir dans le répertoire le plus traditionnel. Le concombre russe, mangé en fruit à la manière d'un melon, remonta parmi les légumes puis en coupe-faim de la pause paysanne, gagnant au passage du sel, des baies, des feuilles de chêne pour se transformer en parfait *pickle* probablement mangé de la sorte par les premiers occupants de la forêt quelques millénaires auparavant. En même temps, la bouillie verdissait avec l'apport de légumes jadis glanés au hasard et surtout de pois, produits dans de telles quantités qu'au début XVe, les guildes marchandes en faisaient l'aumône aux pauvres des ports. Les Baltes ont ainsi gagné sur tous les tableaux en franchissant plusieurs frontières alimentaires à la fois vers le « barbare » de la Horde d'or, nourrisseur de la dernière chance ; vers le « colonisateur » occidental vu en aubaine commerciale et éducative ; vers l'« exploiteur » oriental identifié comme un convive éventuel auquel on peut emprunter des produits et des recettes ; vers une tradition culinaire, oubliée et réinventée[14].

La revanche des gros

Jusqu'alors perdu au milieu des damnés, peut-être convaincu qu'il échapperait au châtiment par distraction divine, le glouton vit l'efficacité infernale se préciser au long du calamiteux XIVe siècle. Sur les *Jugements derniers*, les anges lui réservaient une variante du supplice de Tantale, attablé de force puis empêché de manger. À la localisation d'un enfer culinaire s'ajouta un pronostic alimentaire déprimant : la série des *Triomphes de la Mort*, inaugurée par Buffalmacco au Camposanto de Pise, laissait les affamés aussi démunis que les goinfres. Ils avaient beau réclamer les flèches de la Mort, celle-ci les ignorait. Les temps étaient donc pires qu'à la chute de Rome ou en l'an mil, si l'abstinence contrainte ne donnait aucune chance.

Le thème fut modulé en chaire, accompagné d'anathèmes contre les pratiques païennes ou chamaniques réapparues pour attirer une bienveillance surnaturelle, peint de la Sicile à la Baltique. Pourtant, la purge passait mal. Une communauté ordonnée, rassemblée, c'était un horizon lointain, presque hors de l'entendement. Les considérations sur la bassesse humaine et les comportements alimentaires erronés qu'elle entraînait, tombaient à plat. Personne ne faisait le lien entre l'intention platonicienne de ces propos (*La République*, 389-399) et leurs conséquences sur l'organisation de la cité. Quand la crainte du mangeur était évoquée, l'auditoire entendait peur de manquer, pas hantise du péché, et surtout violence sociale. Or les transformations agraires, l'entassement urbain, les écarts de richesse l'aiguillonnaient. La commercialisation de l'agriculture privait en partie les familles des produits de leurs terres, bien qu'on les suspectât d'en détourner trop à leur usage. La concurrence pour l'emploi entraînait une prolifération de salariés, d'apprentis, de manœuvres, sans grand espoir de promotion vu le contingentement des corporations.

À une époque obnubilée par le manque de nourriture et le trop-plein des hommes, le montré et le caché excitaient un ressentiment généralisé. Même les jours de fête, quand les mendiants d'existence s'en voyaient accorder un bout par charité. Le paysan espagnol dévorait les sept cent cinquante grammes de bœuf achetés par les confréries, grâce à la générosité des riches, en rêvant de veau. Être rincé au « vin des pauvres » déplaisait à certains parce que les « personnes honteuses » et les prisonniers en profitaient. Les huit cents grammes de mouton servis aux malades ne faisaient pas oublier les volailles que toute personne distinguée par un statut – bonne sœur comprise – était supposée ingurgiter. L'Europe alimentaire semblait gouvernée par l'absence de vergogne.

Des cannibales d'un genre nouveau s'étaient installés, dans un continent civilisé et christianisé. Aussi, les « mauvais usages » désignèrent en vrac la voracité des riches et des pauvres, des citadins contre les paysans, le pressurage fiscal qui privait des bénéfices du progrès, les excès et les relâchements à table. Une solution radicale paraissait le moyen adéquat de les supprimer, ce que confirment les motifs avancés lors des soulèvements populaires, « rebellion des menuz ouvriers » en 1316 à Magdebourg, Verdun ou Provins, émeutes contre la hausse du prix des volailles nourries au grain (en 1369-1370, 1374-1375, 1381-1382), jacqueries antifiscales (1350 en France, 1372 en Ombrie, 1381 en Angleterre, 1382 en Île-de-France). Les Jacques picards, les laboureurs des Flandres étaient indifférents au sort des paysans ; ils réclamaient une part plus importante du festin, à tout le moins que l'existante ne fût pas amputée. Au besoin, les révoltés se souvenaient que leurs adversaires étaient condamnables par leurs mauvais usages. En 1381, Wat Tyler et ses amis reprochèrent non seulement aux marchands de la Hanse, détenteurs de divers monopoles commerciaux, d'être des affameurs, mais de se comporter en mangeurs saxons. La justification trouvée, il suffisait de décider de leur sort par une question digne d'une ordalie : prononcer « bread and cheese » avec l'intonation anglaise, sous peine de mort.

Entre les chanceux qui s'offraient des régals et les abonnés à la répétition, la promiscuité devenait insupportable. Il ne suffisait plus de chasser les « gueux nuisibles » par des arrêtés, de promulguer des édits contre les festins somptuaires, d'afficher une ambition contre « les penchants à la bestialité ». Il fallait mettre les uns et les autres à distance : le plan de rénovation architecturale prévu dans les alentours de Saint-Pierre de Rome prévoyait trois rues parallèles, chacune avec ses commerces et ses tavernes, une pour les riches, une autre pour les bourgeois, une enfin pour les pauvres. Ce découpage posait une difficulté économique puisque les individus ne se côtoyaient plus seulement mais travaillaient ensemble et se nourrissaient les uns sous le nez des autres.

Aussi les récriminations se multiplièrent, principalement chez les artisans et les commerçants. Les armateurs européens ne trouvaient aux marins aucun motif légitime de mécontentement puisque leur statut leur donnait droit à l'équivalent de 4 000 calories par jour, fournies aux deux tiers avec du pain et pour le reste par des graisses et des protéines. Mais que pesait une quantité réglementaire quand la table des officiers et des marchands était jonchée de pain frais, de laitues embarquées à Famagouste, d'anguilles à Messine, de thon pêché à bord et de fruits – melons, grenades – si gros vus des bancs ? Les équipages étaient convaincus qu'on leur mentait, voire qu'on les empoisonnait. Les « biscuits » ne sauraient être du vrai pain, l'abaisse de la pâte était trop plate (un demi-centimètre), la double cuisson l'avait rendu friable et rien ne tenait dessus sauf des copeaux de nourriture – anchois, sardine, fromage. Mauvais par définition, le biscuit était réputé attirer la vermine. S'y ajoutait le spectacle frustrant des cargaisons embarquées ou vendues. Le moindre prétexte suffisait à déclencher les hostilités, à bord comme dans les ports. À Gênes en 1449, des armateurs estimèrent s'écorcher assez les mains pour s'accorder des festins publics, à condition que ceux-ci fussent financés par des affaires « rapportant de grands fruits et d'une grande utilité ». La suite se devine[15].

A priori, le problème semblait insoluble car les autorités ecclésiales et politiques ne pouvaient admettre, sans se trahir, leur incapacité à réunir les gens autour d'une table. Leur habileté fut de justifier la différence en l'architecturant. Que viennent faire par exemple cette pomme et le concombre à l'avant-plan de *L'Annonciation* peinte en 1484 par Carlo Crivelli, si ce n'est indiquer que la perspective constitue aussi un admirable instrument de contrôle social, pavant le chemin (voyez la rue en arrière-plan) de la sûreté dans des villes bien gouvernées. Et ces miniatures glissées dans *La Cité terrestre et la cité céleste*, bréviaire de l'organisation chrétienne depuis Augustin, qui installent bourgeois et domestiques à part, rassasiant les uns de tourtes et les seconds de pain sec. Ou encore ces recueils, comme l'herbier de Carrara, qui modifient la perspective en représentant les plantes vues à hauteur de travailleur afin d'en repérer la valeur marchande.

La revanche des gros se profile, drapée de deux justifications scientifico-religieuses, « la grande chaîne de l'être » et de tableaux diététiques. L'une répartit en fonction des quatre éléments (terre, eau, air et feu) les différents produits, en les dotant d'une valeur plus ou moins noble selon leur proximité avec le sol et en offrant la chance théorique à chaque consommateur de la parcourir à sa guise. Les régimes alimentaires sont, eux, de pratique ancienne et la grille établie au XIIIe siècle par Aldebrandin de Sienne reste à l'époque un modèle inégalé, de même qu'elle inspire encore chaque printemps les magazines quant au meilleur moyen de perdre quelques kilos en fonction des mêmes critères individuels – l'âge, le sexe, l'état général – ou de considérations écologiques – le climat du lieu, la saison, la proximité de l'eau, de la montagne, de la ville. L'astuce tient à la correspondance entre l'aliment et l'existence, sous couvert d'une précaution médicale accrue par la résurgence des épidémies. L'ail échauffe l'estomac plus que le persil, il convient donc plutôt au paysan, et pas à son épouse, mais à aucun des deux quand s'arrête le travail aux champs. Le poivre est réputé exciter les sangs ; peu importe son prix et sa rareté, il est déconseillé à tout détenteur d'autorité, sauf mélangé à d'autres épices, et aux amateurs de viande puisque la consommation de celle-ci s'est répandue.

Ces dispositions postulaient un ordre alimentaire beau et bon parce qu'il serait dicté par une puissance transcendante agissant sur un monde extérieur à l'homme. En fait d'ascenseur vers la distinction et la sérénité, elles fonctionnaient tels des engrenages. La passion pour les volatiles en donne un exemple édifiant. Ceux-ci symbolisaient l'envol vers l'aisance et le raffinement, le passage de la frontière entre le vouloir-vivre et le savoir-vivre. Mais le choix des espèces, le nombre servi, la taille, la disposition sur un seul ou plusieurs plats, le service en une fois ou fractionné rappelaient combien de cloisons séparaient les mangeurs. Les volatiles rafraîchissaient leur mémoire défaillante : c'est une aristocratie éphémère, parfois implicite, qui se forme et se dénoue le temps d'un repas. Ses pratiques excluent à une table voisine, en bout d'assitance ou dans une salle voisine. Elles signent une négociation en fonction des oiseaux sélectionnés, ainsi le magnat polonais du XVe siècle qui proposait un assortiment différent, de l'aigle au merle, selon qu'il traitait avec des marchands hambourgeois ou des ambassadeurs russes. Grâce à elles, la distinction culinaire circule, les oiseaux-chanteurs des princes passant dans la casserole des ducs, les perdrix de la giberne seigneuriale au cadeau d'affaire, avec le chapon en quintessence visuelle et gustative du gros réhabilité.

Manger des yeux

Les livres de recettes viennent confirmer ce programme esthétique et sa nécessaire codification, tandis que les morts se comptent par milliers. Si l'on en juge par les cinquante-cinq réceptaires disponibles en langue allemande et les trente-neuf en anglais, contre treize en italien, onze en français et deux en catalan, l'intérêt est européen plutôt que français ou méridional, ce que la notoriété ultérieure de Taillevent et de Martino occultera. Leur rédaction s'inspire probablement des *Tischzucht* et suit des itinéraires aussi divagants, au gré des rencontres diplomatiques, des places occupées par les chefs et de la curiosité aristocratique, médicale ou bourgeoise. Il s'agit en un sens d'indiquer les bonnes manières de la cuisine. La recette est une signature, pas un protocole ; elle ne s'embarrasse ni de quantités, ni de temps de cuisson ; le professionnel surtout, l'amateur quelquefois sont censés avoir œil, jugement et expérience. Il leur suffit de savoir que le ragoût d'anguilles se cuit moins longtemps que celui de lamproies. Pour le reste, précise un recueil allemand, ils n'ont qu'à inventer le plat adapté aux convives, à la circonstance et aux ingrédients.

Ces dispositions impliquent des préférences régionales – le goût toscan diffère du piémontais et du napolitain –, mais la comparaison des sources révèle des goûts nationaux, le sucré et l'acide en Allemagne malgré cinq origines régionales. En même temps, ces corpus voyagent. Les *Enseignemenz qui enseignent à appareiller toutes manières de viande* sont copiés pour un médecin allemand, le *Viandier* de Taillevent est lu des deux côtés du Rhin, le *Traité sur la manière de préparer et d'assaisonner tous les mets* franchit la Loire jusqu'à Bourges, Lyon et Milan. Ces ouvrages sont échangés, plagiés tels les rouleaux sacrés d'une gastronomie qui ne se reconnaît pas encore européenne : l'huile d'olive se glisse dans un manuscrit danois à l'invitation d'un cuisinier français, l'usage appuyé du beurre dans le *Traité* le rend utilisable outre-Rhin, les recettes des *Enseignemenz* franchissent la Manche[16].

On montre son livre, on cache son tour de main ; l'important, c'est ce qu'on voit sur la table, donc en image (fig. 14 et 15). L'exemple vient de haut : lorsque Richard III est représenté dans les chroniques d'Angleterre, que Charles le Téméraire reçoit Frédéric III, la géométrie des sols, l'alternance des couleurs, l'essai de mise en perspective, la disposition en escalier des commensaux offrent une grande chaîne du pouvoir, symétrique de l'autre. Les produits s'insèrent dans ce dispositif géométrique : le lièvre servi par Charles V à Jean de Lorraine est apprêté en boussac, les morceaux de la bête reconstitués après rôtissage, découpe et friture, donnant au plan l'aspect d'une nature morte. L'incitation princière se repère, sans surprise, chez leur entourage. Sur le *Mariage de Renaut et de Clarisse* (1462-1470), les châteaux forts crénelés présentés aux époux s'insèrent parmi une profusion de repères esthétiques, la desserte ouvragée, les variations architecturales sur le cube, les plans hiérarchisés indiquant la supériorité de l'art musical sur le culinaire. Mais celui-ci n'est pas jugé indigne d'une interprétation symbolique, ce que vérifie un curieux dessin de 1397 où un moine brasse des grains dans une bassine chauffée, sous le patronage du signe de Salomon. Pas besoin d'être kabbaliste pour décoder les trois étapes de la fabrication de la bière, comme une recette offerte à chacun et décryptable par les seuls amateurs.

La démonstration de cette imprégnation esthétique préambule à la civilité, est donnée par une miniature italienne exécutée vers 1460. Comme par hasard, elle célèbre les mérites de l'artisanat, du commerce et de ces entrepreneurs avides d'aisance. Deux tables centrales sont couvertes de tissus, de poteries, d'orfèvreries qui rendent la nourriture superflue au principal : la distinction des personnages et de leurs gestes, le raffinement des objets. Sorte de réplique à la maison divine où les bonnes manières étaient garantes de moralité, se déploie un condensé éducatif, fondé sur le travail et l'imitation. Aucune arrogance, compagne fréquente de la distinction, mais une impression de solidité et d'harmonie. La répétition des cubes sur trois niveaux, la scansion de l'espace horizontal par une triple série de deux arcades, tout concourt à disposer, au choix, un écrin ou un coffre-fort pour les tables. Dans cette maison en dehors du monde et habitée par des gens qui en vivent, la variation sur l'élégance et l'opulence laisse place au véritable sujet du tableau, obsédant à force d'être implicite : les bons usages se passent de nourriture, même délicieuse. Voilà de singuliers rivaux pour Enguerrand Quarton.

Existe-il un mangeur européen ?

À vue générale, la réponse affirmative ne se discute pas. Sur la table, le pain, les légumes, les légumineuses, les œufs et le poisson constituent l'ordinaire, même si la plume des moines a sans doute allongé la liste des préparations dans les deux derniers registres. Le hareng et la morue sont bien le steak du bas Moyen Âge, les poissons d'eau douce et les écrevisses inspirent les chefs. Même si l'« Europe carnivoire », répétons-nous, n'existe pas, la reconversion des cultures en pâtures, faute d'hommes, a entraîné l'augmentation du nombre et la taille des troupeaux, à l'origine d'une baisse des prix. En principe, compte tenu de la hausse des salaires, les conditions d'un regain se trouvent réunies, ce que vérifient quelques observations ponctuelles. Vers 1450-1470, les achats du dimanche à Paris ont triplé en deux générations et, à Tours, il est question d'un meunier si pauvre qu'il n'avait que « sa chair de bœuf pour sa provision de la semaine ». Or, cette viande se mange fraîche, souvent le jour de l'abattage, parfois légèrement salée trois ou quatre jours plus tard, indications d'un débit soutenu.

Si le bœuf marque les esprits, c'est en raison de son poids relatif dans l'alimentation carnivore, environ 40 %, mais sa part reste constante jusqu'au XVe siècle. Il s'opère en effet une redistribution des produits, au profit du mouton (35 %), de la volaille (8 %), des oiseaux sauvages et du petit gibier (4 %), tandis que le porc (15 %) intéresse les paysans les plus enclavés et les élites les plus internationales. Ce reclassement traduit l'application, encore modeste, de la hiérarchie alimentaire et dissimule de notables différences nationales. L'Européen raffole des poulets, mais l'Allemand des oies, l'Anglais et le Français des cygnes et des paons tandis que le Suisse, son voisin, ne s'y intéresse guère. L'Italien, l'Allemand et le Français apprécient autant le porc que le bœuf, mais plus on gagne les marges continentales, plus la consommation du bœuf (au Nord), d'ovins (au Sud), des deux en Angleterre s'accroît. Le chasseur français a oublié le sanglier, alors que ses voisins allemands, espagnols, italiens et suisses s'en régalent. Même les abats se trient selon la cocarde : foies en premier chez les Allemands, cervelles chez les Français. Derrière le mangeur pointe la gastronomie[17].

Identifier les styles de cette Europe culinaire expose à l'approximation et aux schématisations. Les connaisseurs se souviennent du célèbre article dans lequel l'historien Jean-Louis Flandrin avait examiné trente-sept recettes de blanc-manger végétarien pour conclure qu'un ingrédient manquait ou s'ajoutait à chaque fois, si bien qu'hormis le lait d'amande, il n'existait aucune recette standard de ce plat. Une fois ces inconvénients assumés, se distinguent une exception française par rapport à la périphérie continentale et une Europe des circulations à côté de conservatoires nutritifs.

Résumons d'une formule le premier clivage : la France capétienne propose la cuisine la moins épicée du continent. La raison commerciale compte pour beaucoup, car les arrivages africains ou orientaux débarquent d'abord à Bruges, Hambourg, Barcelone, Gênes ou Venise. Le royaume semble rétif aux manies épicières qui enflamment les marchés hollandais pour se procurer graine de paradis, cannelle ou macis, et les marchés anglo-allemands du gingembre. Et ce n'est rien à côté de la folie sucrière qui atteint le Wurtemberg aussi soudainement que la Vénétie, la Catalogne, Londres et Lisbonne. À la fin du XIVe siècle, des recettes sucrées-salées associent la périphérie européenne, alors que l'Île-de-France et Lyon, premières régions à s'intéresser au sucre, en consomment trois fois moins jusque vers 1450 et deux fois moins jusqu'à l'avènement des Valois. D'ailleurs, Taillevent prend soin d'exclure les recettes exclusivement sucrées de sa somme. À l'inverse, les Allemands s'ingénient à employer de multiples édulcorants sucrés, miel ou raisins secs. Un réceptaire « anglo-normand » propose même une recette sucrée sur deux, ce qui laisse rêveur sur la contribution « normande » dans une région où ces préparations étaient conseillées aux malades et comptaient pour un maigre 5 % des manuscrits.

L'étude des recettes européennes, le brouet, le blanc-manger, les aspics, gelées ou la galantine fournit une explication complémentaire. La couleur est à l'origine de la querelle : obsession de l'homogénéité (couleur et acidité) chez les Français, de la saveur mélangée ailleurs. Le Milanais Maino de' Maineri prépare sa galantine en ragoût froid à base d'un fond blanc mouillé au vin, la colle au poisson, l'épaissit à la mie de pain brûlé, la parfume aux clous de girofle, à la cannelle et à la cardamome, avant de rectifier avec une pointe de vinaigre. En Allemagne, on utilise de la chapelure, puis des pieds de porc ou de veau comme gélifiant, le gingembre étant préféré à d'autres épices et le dosage en vinaigre ou en verjus augmenté. Tous procédés réfutés par les Français qui associent qualité et transparence du plat, au moyen d'un mijotage plus long, de filtrages répétés et d'une interminable réduction afin d'amalgamer les parfums en un ensemble harmonieux, proche sans doute de la gelée décrite dans le *Mesnagier de Paris*. Ensuite vient l'acide, perceptible au point qu'il passe, à tort, pour une particularité française alors que les Allemands en sont autant gourmands mais pas tout seuls. Question de style encore entre le trait contrasté et l'explosion en bouche[18].

Rêvent-ils seulement d'épices, les Français ? En propagandiste talentueux de Louis IX, Joinville les prétend en provenance directe du paradis. Tout est bon pour légitimer une aventure outre-mer qui n'intéresse pas plus les gourmands que les chevaliers. Pendant le XVe siècle, aucune *Adoration des mages* livrée en France n'utilise de Balthazar noir en métaphore d'une curiosité pour les parfums, les aromates et les épices. Les Flandriens ont, les premiers, sollicité Rogier Van der Weyden, les principales villes italiennes ont suivi vers 1470-1475, quelques marchands allemands aussi. Que cherchaient-ils dans le secret de ces coffres, si ce n'est une volonté de savoir, associée à un désir de possession ? Sur les bordures du continent, les épices fabriquent de l'imaginaire jusque dans la marmite, donc de l'identité.

Celui des Français semble porter moins loin, vers des terres libres à cultiver, à défricher, qui donnent des fruits à l'origine identifiée, en quantité invraisemblable car « c'est le plus fertile royaume du monde », note le voyageur Fortescue à la fin du XVe siècle. À quoi bon un détour outre-mer quand la grande affaire est de saluer la revanche de « Saint Pensard » contre les doctrinaires du maigre ou bien de transformer le *Thesaurus pauperum* d'un Petrus Hispanicus en bréviaire des gourmands, prélude à ses multiples éditions jusqu'au XVIIe siècle ? Ces amateurs de produits du terroir avant l'heure sont des marcheurs qui acceptent enfin de croire à leur chance, un siècle après le début des calamités. Ils y sont incités par le départ des Anglais à la fin de la guerre de Cent Ans, par les villes dont la valeur locative des immeubles a baissé de 90 %, par les seigneurs qui, à l'exemple du vicomte de Limoges en 1408, exemptent d'impôts pendant quatre ans les nouveaux venus ou les exigent en argent au lieu d'une livraison en nature, utilisation exemplaire d'une relance grâce aux vertus de l'inflation.

Ont-ils désormais déménagé que ces Français n'ont d'yeux que pour leur terre d'adoption. À Sépeaux, près de Sens, les Bretons, Limougeauds, Tourangeaux qui peuplent 90 % du village se préoccupent de leur froment et de leurs vaches au lieu du sarrasin et des porcs de leur jeunesse. En Gironde, les Saintongeais, les Angoumois et les Poitevins qui succèdent aux Anglais, délaissent leur persil au profit de l'ail local. Il n'y a certes aucune raison de les imaginer insensibles à la nouveauté, les commentaires du *Mesnagier de Paris* sur les marsouins et les baleines l'attestent. Mais pas plus à Marseille, à Nantes qu'à Rouen, pourtant le premier centre bonnetier d'Europe en 1450, ne se repère une fascination pour l'ailleurs comparable à celle qui saisit l'Espagnol Pedro Tafur à Bruges, en 1438 : « Celui qui a de l'argent et qui veut le dépenser trouvera dans cette ville tout ce que produit le monde entier. J'ai vu là des oranges et des citrons de Castille qui avaient l'air d'être tout juste cueillis, des fruits et du vin de Grèce, aussi abondants que dans ce pays. J'ai vu aussi des sucreries et des épices d'Alexandrie et de tout le Levant comme si on y était [...]. En vérité, il n'y a aucune partie du monde dont on ne trouve ici les produits à leur meilleur. »

Là, comme à Lisbonne ou au marché du Rialto, le nombre des articles exotiques, le volume des échanges, la presse des acheteurs rassurent. Car le paradoxe de ces villes sans arrière-pays suffisant pour nourrir des habitants grossis à flux continu est de regarder loin. Pas besoin de potagers, de jardins quand on se paie le luxe de dessiner des cercles d'approvisionnement alimentaire, en plus à statut juridique et à fiscalité différents, englobant la Russie méridionale, la Hongrie et l'Irlande. La profusion étonne mais les gens se doutent désormais, comme le Vénitien Marino Sanudo, qu'elle doit plus à l'argent, au marché qu'à la Providence : « Dans cette terre où rien ne naît, on trouve toutefois abondamment de tout ce que l'on pourrait désirer et ceci grâce au commerce de toutes choses. »

Les frontières « invisibles » des Européens se sont déplacées. En témoigne le minutieux récit du Banquet du Faisan donné à Lille le 17 février 1454 par le duc Philippe de Bourgogne, huit mois après la chute de Constantinople, pour appeler à une croisade contre les musulmans. Olivier de la Marche, écuyer de Philippe le Bon, précise qu'il s'agit d'un compte rendu officiel « visité [visé] par les principaux gouverneurs et par les maistres d'hostel ». Il décrit les différents tableaux du *Mystère de Jason*, prétextes à célébrer la lutte des vertus contre les vices et à représenter les meilleurs moyens de déclencher la guerre contre les Infidèles. Il note tout, les poèmes déplorant la captivité de l'église de Constantinople, les serments des vingt et un nobles bourguignons promettant de se croiser, les deux entremets, pièces montées à personnages et à automates posées sur la table ducale. Pas la moindre trace de nourriture. Le seul animal mentioné est un faisan vivant, une des représentations classiques du Saint-Esprit, « orné d'un très riche collier d'or, très richement garni de pierreries et de perles » sur lequel le duc et cent personnes prononcent leur vœu de croisade.

Exemple achevé de mise en scène telle que nous l'avons évoquée, ici à dessein politique, le Vœu du Faisan consacre le renversement de perspective : hier, les corps voyageaient ; aujourd'hui, ce sont les épices et les produits rares. La tête est ailleurs, le ventre est rempli à domicile. Il suffit de lire le seul plaidoyer pour le départ immédiat, sans limitation de durée, ni de soldats recrutés. À sa manière, le seigneur de Créqui, en

Artois, agit en parfait Français d'âme : il ne connaît que deux terres, son domaine et la Sainte, perdue. Préoccupations étrangères aux autres, prêts à déléguer quelques hommes, à monnayer leur soutien, à dresser par avance la liste des empêchements et à invoquer, comme le duc, les devoirs d'État : « J'irai, pourvu que ce soit du congé du roi et que les pays que Dieu m'a commis à gouverner soient en paix. » Autrement dit jamais puisqu'il vient à peine de mater les rebelles de Gand, toujours pour des motifs fiscaux, et que le roi de France, Charles VII, redoute une expédition, surtout si Philippe rentrait victorieux. Ces croisés en paroles, comme Henry VI d'Angleterre ou Frédéric III d'Allemagne, se contentent de démonstrations de force ; l'Orient qui les intéresse, c'est celui des galères marchandes.

Les frontières « invisibles » créent également de curieuses principautés culinaires. Le panorama alimentaire est creusé, à des profondeurs diverses, par des habitudes qui relèvent presque d'un patriotisme de la bouche. Ainsi, pressés de tous les côtés entre le XIe et le XIVe siècle, les Gascons persistent à se revendiquer vassaux de personne, surtout pour la nourriture. À l'Ouest, les comtes de Poitiers et les Anglais les menacent avec leurs habitudes salées « déplorables » ; au Sud, Raimond IV et ses « États de Saint Gilles » (près de Nîmes) sont trop « infectés » par la cuisine catalane ; au Nord, voilà qu'arrivent les Français qui ne cuisent rien comme eux ; ne manquent plus que les Pisans et les Génois, suspects de vendre leurs mauvaises marchandises. Assiégés permanents, les Gascons se proclament « mangeurs de mil », confectionnent un quart de leur pain avec et se convainquent que le mil, les noix et la viande de leurs bêtes les prédisposent à l'exercice militaire.

Cette mise à distance du proche voisin est commune à l'Europe : les Poméraniens ironisent sur le goût balte ou scandinave pour le poisson cru, tandis que ces mêmes Baltes daubent la viande crue des « barbares » tatars sans vérifier si ceux-ci en mangent vraiment. La distance sociale double les effets puisque la même soupe aux herbes lampée par un Bergamasque chez ses paroissiens ou chez un abbé d'outre-

Alpes justifie, dans la première circonstance, un compliment et, dans l'autre, un étonnement navré. Autant de justifications pour une guerre de clochers, autre nom de la distance gastronomique. Aix-la-Chapelle et Mayence se querellent sur le choix des épices et la quantité de salpêtre nécessaires à la préparation du jambon : les deux rares mentions de spécialités régionales françaises – le pâté de Chartres et le pâté à la parisienne – sont prétexte à une dispute interminable sur la technique adéquate pour fusiller la viande (la piquer au lard) et pour confectionner une farce à la fois savoureuse et tenant au corps comme « un château fort casematé ».

Des courants drainent pourtant ingrédients et recettes, parfois à travers le continent et en général dans le sens sud-nord. Le sucre remonte de Catalogne et de Toscane vers le couloir rhodanien en transitant le long de la Méditerranée, diverge à hauteur de Lyon vers Paris, Bruges et Hambourg d'un côté, Genève et Munich de l'autre. À l'inverse, la Provence sous gouvernement angevin n'accueille aucune spécialité ligérienne, insuccès déjà constaté au début du XIIe siècle et pour cent trente ans lorsque Raimond-Bérenger III, le Catalan, avait reçu la province dans la corbeille de son épouse.

L'argent n'y change rien. Entre XIe et XIIIe siècle, Barcelone a croulé sous l'or des Arabes voisins, des Africains puis du commerce maritime, néanmoins la cuisine « Almohade » parfumée de lard, de muscade, de coriandre et de cumin a franchi laborieusement les remparts de Barcelone. Venu des déserts africains, selon Ibn Battuta, *via* les Berbères, le couscous est une bouillie trop rustique par la grosseur des grains, la cuisson à la vapeur, les « humeurs crues » qu'il déclenche, pour atteindre à un autre statut que nourriture de pèlerin ou des maigres soirs d'hiver. Il vient culturellement de trop loin et de trop bas pour rivaliser avec la harissa de l'époque, mélange de blé cuit, de viande pilée, détendu à la graisse et au miel puis mis au pot et enfourné. En un sens, manger du couscous est aussi extravagant que du sucre, jusqu'au XIVe siècle où Arnaldo di Villanova impose en Catalogne un sucre contrepoint à l'amer excellent conservateur et idéal pour refroidir les tempéraments sanguins.

Dans ce labyrinthe de goûts, on se repère à peu près si l'on s'en tient à un principe sociologique rustique : l'humide compte plus que le sec. Autrement dit, l'agrégation des individus au hasard de l'existence, leur fréquentation régulière sur les champs, les marchés et à table, toute cette familiarité créée par le regard, le toucher, la parole, priment sur la cohérence des réseaux. Raimond-Bérenger III, né à Rodez, a beau mentionner sa « patrie ruthénoise » dans son testament, il n'a aucune idée de la cuisine aveyronnaise, devenue pour lui un souvenir d'enfance, mythifié l'âge venu comme nous exaltons la purée ou la tarte maternelle. En revanche, les guerres méridionales, la reconquête puis la colonisation des terres abandonnées par les Arabes ont facilité la transmission de l'aubergine, malgré sa mauvaise réputation. Farcie de fromage ou aux œufs, elle sinue le long de la côte, acceptée par les adversaires biterrois, expérimentée avec retard par les alliés provençaux lorsque ceux-ci ont substitué leurs pâtes locales à l'introuvable et « immangeable » fromage d'Aragon. En résulte un paysage culinaire brouillé encore davantage : les recettes « à la catalane » sont consignées par le Nordiste maître Martino dans son *Libro de arte coquinaria* (vers 1450, cinq mentions), mais ignorées par l'*Anonyme toscan*.

L'homme alimentaire européen ressemblerait au fond à Ferrante Ier de Naples, roi de 1458 à 1494, fils naturel reconnu par Alphonse V le Magnanime, puis expédié en Italie bien avant l'accession de son père au trône de Naples et de Sicile (1442). Soit un bâtard en exil, accompagné d'une cour catalane aux habitudes saucières jugées effroyablement épicées par les Angevins – adversaires et convives. Marié d'abord à une Italienne puis avec une Aragonaise et ayant, selon les chroniques, la pratique des deux traditions culinaires. À preuve, le *Libre del coch* de Mestre Robert, futur best-seller éditorial en Espagne une fois imprimé, rédigé vers 1477, au moment où le remariage de Ferrante invite à borner les apports régionaux de chacun. L'auteur, Robert de Nola, cuisinier royal, est vraisemblablement catalan, ce qui ne l'empêche pas de sucrer à la mode sicilienne ses recettes (cinq fois plus nombreuses que dans le *Libre de Sent Soví*), d'emprunter sans doute aux marchands de Malte et de Chypre, aux Ottomans d'Otrante l'usage de la menthe, de la coriandre, de la cannelle et du gingembre plutôt que l'ail et l'oignon hispaniques. Ce transfert culinaire par capillarité à la fois horizontale (géographique) et verticale (sociale) est assez efficace pour permettre l'acclimatation des épinards, pourtant décrétés « le plus mauvais et dégoûtant des légumes[19] ».

CHAPITRE 5

GOÛT DU NEUF ET OBSESSION DU MÊME

La violence du nouveau se mesure aux traces qu'il laisse sur les murs, dressés d'un coup dans un ordre inconnu, couverts de toiles ou creusés de reliefs qui changent l'évaluation générale portée par les gens de ce temps sur le monde. Au tournant des XVe et XVIe siècles, c'est à Rome qu'on apprécie le mieux ses effets, par exemple en suivant les pérégrinations du dénommé Bartolomeo Sacchi. Chaque visiteur de la Pinacothèque vaticane le connaît, pour avoir admiré la fresque brossée en 1477 par Melozzo da Forli, *La Nomination de Platina comme bibliothécaire pontifical par le pape Sixte IV* (fig. 20). À première vue, tout cela semble familier : le pape et son bibliothécaire, nommé en 1475, sont découpés en blocs massifs selon la norme picturale florentine en vigueur depuis un demi-siècle.

Pourtant, trois détails aimantent le regard : une inscription, un nom et un papier. L'inscription célèbre l'inauguration de la bibliothèque Sixtine en recourant à une technique mixte qui emprunte à l'épigraphie antique ses capitales, aux Allemands arrivés dix ans auparavant les caractères mobiles d'imprimerie et aux sculpteurs (Andrea Bregno) ou aux peintres (Giovanni Bellini) de l'Italie du Nord. Le résultat se veut un manifeste des temps nouveaux, que ceux-ci soient spirituels (la même technique est utilisée sur la façade de Santa Maria del Popolo) ou politico-économiques, avec les inscriptions célébrant l'achèvement du Ponte Sisto rédigées justement par Bartolomeo Sacchi.

Cet homme a une telle importance dans la Rome renaissante qu'il obtient le privilège d'être inhumé à Sainte-Marie-Majeure et de dicter le texte de sa pierre tombale, comme un dignitaire. Pourtant, Platina sent le soufre autant que l'encens. Sous son vrai nom, Bartolomeo Sacchi de Crémone, il a été jeté deux fois en prison pour avoir voulu imposer la force du droit canon contre le pontife, Paul II, puis accusé d'incrédulité après un ouvrage manuscrit sur le vrai et le faux bien. Il semble en conséquence curieux de lui confier les clefs du paradis de la connaissance et de le charger d'en établir le contenu puis de le garder. Surtout sous l'œil de Mgr della Rovere, maître censeur du dogme. On n'imagine pas le futur Jules II et Sixte IV choisir Platina, sauf s'il a donné des gages.

Et quels autres présenterait-il que ses publications ? Ses traités ont été condamnés. Sauf un livre, le *De honesta voluptate*, écrit cinq ans plus tôt et imprimé à Rome en 1473. Un livre de cuisine ! En fait, beaucoup plus que cela, car il est organisé sur le même principe novateur que l'inscription épigraphique de la fresque : la collection des recettes est empruntée au répertoire antique et aux préparations du plus célèbre cuisinier du temps, maître Martino, chantre gastronomique de l'Italie du Nord et vénéré de la Bourgogne à l'Allemagne. Au surplus, le livre devient la matrice d'une révolution des manières de table qui s'impose en Italie puis en Europe par la répétition des éditions, par l'enrichissement du texte original (presque de moitié après la traduction française). Dès lors, rien n'interdit de conjecturer qu'on célèbre la place légitime de la cuisine dans l'entreprise renaissante et que l'on confie à son interprète la tâche de collectionner les recettes de l'influence idéologique.

L'hypothèse est moins extravagante si l'on songe que le succès de l'imprimé repose sur le passage du neuf à la nouveauté, *via* la diffusion des techniques, des objets et des textes. Qu'y at-il d'autre dans un recueil de cuisine, élaboré pour être consulté, lu à voix haute, transmis en dot ou en héritage ? L'usage du livre associe dans une même communauté la foule de ceux qui ne savent qu'entendre les textes et la minorité qui les déchiffre. Mieux, le choix d'un tel ouvrage et de son auteur réconcilie les deux familles d'écriture, celle du commerce ou de la bourgeoisie citadine qui pratique l'écriture marchande « vulgaire » et celle des chancelleries ou des humanistes, aussi « distinguée » que l'antique mais de son temps. Enfin, le contenu du *De honestate* donne le moyen de concrétiser les slogans renaissants qu'on voit fleurir sur les temples de la culture, à l'exemple du Winchester College : « Les manières, c'est l'homme. » On y apprend à apprivoiser la nature par des cultures potagères, le corps en adaptant la diététique à l'évolution de la médecine et la société en codifiant la civilité à table, soit à estomper sous le vernis de la bienséance l'arrogance des privilégiés qui pouvaient manger à leur goût en plus qu'à leur faim.

Dompter la nature et l'homme, c'était une conviction noble, sûrement pas une norme, à peine un programme dans un monde hanté par la guerre, la maladie et le manque. Peut-être était-ce même dangereux car on risquait d'abandonner en route des habitudes que ne remplaceraient pas des denrées ni des techniques, « causant beaucoup de fatigue ». Et puis les attaques contre un *statu quo* étaient monnaie courante. Des individus charismatiques réussissaient à provoquer des émeutes de la faim sans famine parce qu'ils spéculaient sur le prix des grains, qu'ils voulaient imposer des fournisseurs différents ou qu'ils décrétaient mauvais pour la santé le bétail ou les céréales livrés par une région. La nourriture servait même de prétexte à légitimer des coups d'État, en Italie du Nord ou en Allemagne du Sud, au motif que « le retour à l'abondance ancienne » assurerait le bonheur social.

Ce n'est pas un hasard si, en 1550 encore, la série gravée par le Hollandais Marteen Van Heemskerck, l'*Allégorie du monde en cheval emballé*, connaît un succès européen parce qu'elle met cul par-dessus tête les institutions et les élites qui prétendaient prendre en charge le destin, y compris alimentaire, des gens. Dans ces conditions, le plus sage n'est-il pas de rester fidèle à la mémoire culinaire des peuples, nourrie de convictions autrement plus profondes que la civilité moderne ? Rêver d'un autre monde ou d'un monde à l'envers, c'était réservé au temps du carnaval ; au quotidien, cela risquait de tourner au cauchemar. La « manière moderne » convenait peut-être aux peintres, aux archiducs et aux militaires, à table c'était une autre histoire.

La magie de la nouveauté

Pendant un siècle, les Européens ont cueilli et vendangé des fruits : ceux de l'Antiquité après le long hiver supposé de la connaissance entre la chute de Rome au Vᵉ siècle et l'éveil italien du *Quattrocento* ; ceux de leur génie propre répertoriés en 1512 par Érasme dans *L'Abondance de mots et d'idées* ; ceux du Nouveau Monde, concrétisation de l'excitation qui a gagné le continent. Celle-ci s'étale, à Rome toujours, sur les murs et au centre du plafond de la Farnesina. Là, entouré d'une grappe de raisins noirs, trône un splendide potiron. Ailleurs, à portée de main des Trois Grâces ou sous les pieds de Mercure, des épis de maïs offrent leurs grains (fig. 18). Autour de 1512, sous la conduite du premier peintre de la ville, Raphaël, la Loggia de la Villa Farnesina a été peinte à fresque par trois assistants dont l'un, Giovanni da Udine, était seul chargé de ces « détails ». Or celui-ci était déjà confirmé – on le retrouve à la chapelle Chigi de Santa Maria del Popolo – et, selon Vasari, réputé pour sa patte réaliste. C'est dire l'importance attachée à la reproduction de ces trésors du Nouveau Monde, jugés dignes de ce paradis renaissant.

La fresque de la Farnesina constitue un point d'orgue, pas un point final et encore moins de départ. Celui-ci se place quarante ans plus tôt, déjà sur les murs, avec l'œuvre de Melozzo da Forli et il ouvre la voie à tant de curiosités que leur tuilage vivante en chair comestible. Or des Françaises – tout à leur désir d'accéder au moderne statut de productrices ou occupées à ce que les hommes tenaient pour des « futilités », l'alphabétisation, la lecture, la curiosité politique – raréfièrent leur présence aux fourneaux. Dès 1780-1785, le mécontentement masculin fut perceptible : lettres dénonçant l'abus de réemplois, la qualité jugée plus ordinaire des sauces et surtout, l'étiolement des pratiques de la commensalité. Le rappel à l'ordre fut constant et ne faiblit pas jusqu'à la Restauration : la femme devait être renvoyée à ses casseroles.

Les cuisiniers, en particulier, s'offusquaient de cette intrusion. Aussi instruisirent-ils un procès à multiples chefs d'accusation. En raison d'une inaptitude technique supposée – elle se bornerait à répéter les tours de main maternels –, la cuisinière fut déclarée incapable de créer : « On n'est pas chef quand on sait seulement tourner une sauce », martelait Laguipière. À sa suite, les restaurateurs affirmèrent qu'elle était étrangère à l'idée même de « grande cuisine ». La critique était habile car elle ne jouait pas, comme on le croit souvent, sur la référence à Vatel. Personne, en 1790, ne se serait tué pour une marée en retard au prétexte d'un honneur souillé. Chacun savait remplacer les filets de poisson par un salpicon de blanc de volaille (pour la texture), nappé de béchamel (pour l'apparence). Sauf les femmes, par construction incapables de percer les secrets du salpicon ou des tournures culinaires ésotériques. De là à disqualifier l'allégorie nourricière traditionnelle au double motif de la vulgarité des traits et du caractère, il n'y avait qu'un pas. La cuisinière opulente de jadis devint « grosse », donc « grossière », dépourvue de la moindre distinction du palais. Balzac se chargea de l'épitaphe dans *La Cousine Bette* : que pouvaient-elles faire devant un fourneau sinon, mues par l'ambition, s'ingénier à « surprendre les secrets du chef », quitte d'ailleurs à les gâcher et à ruiner la réputation d'une profession, impuissantes qu'elles étaient à « imiter le grand art de la cuisine » ?

Expulser la cuisinière semblait aisé. Au restaurant, une place l'attendait en salle ou, au mieux, derrière le comptoir. Une serveuse coûtait moins qu'un garçon, sa présence « ménagère » était familière et puis, à force de détailler le contenu des plats, elle devenait presque le porte-parole du cuisinier. Derrière sa caisse, la limonadière contrôlait pour le compte du chef, houspillait, calculait, flattait les habitués, bref vérifiait l'appétence réputée de son sexe pour l'argent. La caricature gravée par Bernard Gaillot résume à merveille ces stéréotypes qui fonctionnaient aussi à la maison : la cuisinière était, pour Balzac, une « plaie financière », de surcroît « presque autorisée par l'antique plaisanterie sur l'anse du panier » et par l'absence de « livret ouvrier, donc de tout frein ». Se débarrasser des femmes était ainsi un excellent moyen de limiter la hausse des prix alimentaires, de décourager le vol et sa pire conséquence : une cuisinière enrichie épousant à quarante ans un marmiton de vingt, puis ouvrant une gargote où on mangerait cher et mal.

En pratique, ce fut tout autre affaire. Même « voleuse », une cuisinière coûtait en moyenne 120 à 200 % moins cher qu'un homme, sans parler des extras ou des chefs réputés. Certes, elle ne travaillait pas quatorze ou quinze heures, ses incommodations mensuelles pénalisaient le service, surtout qu'on les soupçonnait de gâter les sauces ; mais, avantage considérable, elles buvaient beaucoup moins que les hommes et, de ce fait, supportaient beaucoup mieux les fournaises à soixante degrés. Il suffisait d'en embaucher deux pour faire tourner la cuisine. Enfin, elles étaient plus stables dans leurs places – le prétendu immobilisme féminin fonctionnant ici de manière positive – alors que les hommes, vieillis avant l'âge, « moins résistants aux maladies pulmonaires », étaient accusés de chercher sans cesse des emplois « moins fatigants et mieux rémunérés ». D'une présence par nécessité, les restaurateurs s'avisèrent de tirer un avantage commercial sur leur carte. Autour de 1835, des recettes se virent attribuer des origines féminines selon des critères aussi fantaisistes qu'efficaces : herbes à profusion – menthe, thym, laurier, persil –, trace de l'héritage « naturel », braisage généralisé sur le modèle des pots mis à cuire pendant la lessive, recours systématique à la sauce blanche ou à la vinaigrette, « spécialité » féminine. Les escargots à la provençale et les cagouilles oléronnaises concurrencèrent ainsi la classique préparation bourguignonne, les poissons d'eau douce en pauchouse – ou son homologue, la matelote – rivalisaient à moindre frais avec les brochets, carpes et anguilles tandis que le hochepot de queues de bœuf, aux sept racines, *à la bonne femme* se retrouvait sur la carte des Frères Provençaux. La signature féminine ne conférait aucun prestige – sauf rappel aristocratique, ainsi les cailles à la Pompadour ; elle ne garantissait pas une valeur relative, comme certaines appellations régionales du type moules de Dieppe, figues d'Argenteuil ou chapon de Gascogne ; elle était distractive.

La cantonner à un statut de ménagère, confinée à une cuisine intemporelle, parut encore plus facile. Réparatrices permanentes d'une force virile qui s'usait du travail jusqu'à la copulation, les femmes étaient priées de donner à leurs compagnons « la force d'affronter la vie avec courage ». Ramasseuse de champignons, de racines et de baies à la campagne, cliente des marchés à l'heure de la clôture quand on a bradé les denrées, veuve désargentée cherchant dans les miettes des festins de quoi nourrir une famille, la ménagère était censée braconner la nourriture. En supprimant le délit de fagots dans les forêts domaniales, le législateur de 1832 entendait autant la contraindre à sa cuisine que soulager sa misère. Les hommes voulaient bien admettre que la femme s'échappât provisoirement de son univers par nécessité financière, qu'elle consacrât une partie de ses gains à l'achat de café ou de fromage pourvu qu'elle restât en bas.

Pas question de manger froid ; l'ouvrier acceptait de déjeuner sur le pouce en cas de circonstances exceptionnelles – préparation d'un repas de mariage, lendemain de couches, maladies. Mais il refusait d'emporter au travail une gamelle préparée le matin. Soit elle lui arrivait fumante à l'usine, soit il retournait déjeuner chez lui et n'hésitait pas à monter sur les barricades, comme près de Rouen en 1827, si la réduction de la pause-déjeuner empêchait l'aller-retour. Dès 1815-1820, des éditeurs proposaient des compilations rédigées par des journalistes mais signées « Mademoiselle » Jeannette, Marianne, Françoise ou Catherine... Les livres se recopiaient les uns et les autres – y compris en Italie, où parût en 1817, un « Jeannette ou la cuisinière des Alpes » – mais tout le monde s'en moquait tant que ces publications, déclinées sur les registres des quatre saisons, des âges de la vie, des menus de la fête, accrochaient un peu plus la cuisinière/ménagère à ses casseroles.

Cette assignation ne convenait ni à certaines intéressées, ni aux avocats du progrès. De fait, on repérait celles-là désormais chez les cabaretiers restaurants à l'assiette, des « crémiers » vendeurs de viandes et de légumes bouillis à deux sous, voire dans les « gargotes » en compagnie des hommes (le mot date de 1835). Chez elles, les sauces au goût du jour concurrençaient les anciennes au prétexte qu'un répertoire calorique gagnait à être servi avec des assaisonnements relevés : le piquant d'une sauce rémoulade, l'ail de la sauce à la provençale, l'aigre du *horse-radish* ou le sucré de la sauce tomate. Les thuriféraires des cuisiniers durent convenir que le talent n'était pas interdit à la ménagère, rhabillée en cuisinière. Même ce cher Balzac s'y résignait dans *La Rabouilleuse* : « Personne ne doute qu'au fond des provinces, il existe des Carême en jupon. » Deux bémols limitaient sa conversion : c'était là don de la Providence – « Flore était née friturière et rôtisseuse » – et ses qualités s'exerçaient sur des « plats emblématiques de la plus basse condition », par exemple des haricots. En somme, la cuisinière était un demi-cuisinier.

Quant aux hygiénistes et aux moralistes, ils déploraient le poids des contraintes physiques, l'ancrage dans les profondeurs quasi souterraines de la cuisine, sorte d'équivalent de la mine. Soutenus par divers sectaristes alimentaires – végétariens, religieux, industriels – ils étaient animés par une ambition ascensionnelle pour les femmes. Leurs mobiles différaient mais ils identifiaient tous le royaume culinaire du bas avec le mal, la souillure, la pourriture. De leur côté, savants et médecins étaient soucieux d'éradiquer des pratiques jugées nuisibles. Ils proposaient une nourriture purgée, issue de territoires intacts – l'usine ou la colonie – transportée rapidement, peu chère mais négociée plutôt que ramassée, stockable et moins périssable.

Un pays inimitable

L'ostentation du futile, voilà pour l'incompréhensible ; le terrorisme des principes, voilà pour l'inadmissible. Vue par ses voisins, la France pratique une cuisine qui prétend s'élever sur les débris des autres ; ses acteurs promulguent des lois changeant les rapports alimentaires et s'imaginent qu'elles sont universelles ; ses amateurs pratiquent l'excommunication pour faute de goût et rédigent l'éloge des vertus ascensionnelles de la table en associant fumet des repas et fumée des mots. L'étonnement que son évolution provoque, le prestige dont elle jouit chez certains Européens, la force de ses armes peuvent donner l'impression que la confrontation a définitivement tourné à son avantage. En fait, on va le vérifier, la cuisine française jusqu'en 1850 conquiert peu d'esprits, s'implante souvent contre le gré des gens et suscite quelquefois une inquiétude si ancrée que se dessine une sorte de coalition contre elle.

De leur côté, selon le mécanisme de l'enjambement déjà évoqué, les Français affichent la certitude que leur empire alimentaire, universel et incontesté, dispense ses bienfaits par éducation comme par contagion. En témoigne le panégyrique brossé par Eugène Briffault, journaliste et écrivain qui se veut héritier de Grimod et Brillat réunis : « Quand Paris se met à table, la terre entière s'émeut […] tous accourent, se pressent et se hâtent, afin d'obtenir la faveur d'un regard, d'une caresse ou d'un coup de dents […]. Dans tous les coins du monde, Paris a des gens attentifs à ses goûts, à ses fantaisies, à ses désirs, à ses caprices […]. Ailleurs, on peut déployer plus de faste et plus de magnificence ; mais, nulle part, les délicatesses exquises du goût et de l'élégance ne peuvent être satisfaites aussi bien qu'à Paris ; le confort parisien n'a pas les raffinements de l'égoïsme ; mais il a l'intelligence d'une vie qui mêle aux contentements de la sensualité les délices de l'esprit […]. On le lui envie, on le copie ; mais on ne peut lui ravir[16]. »

En pratique, la France se targue d'un style et de créer la mode. Elle le revendique authentique, donc juste et offrant la meilleure façon d'accéder à une vérité du goût. Les querelles qui divisent les aficionados ne changent pas l'essentiel : prises ensemble, elles justifient la certitude française d'incarner le « genre » culinaire. Belle illusion, dissipée par exemple si l'on étudie le divorce saucier entre Français et Européens. En 1739, dans *Les Dons de Comus*, François Marin avait cru qu'un néologisme les réunirait : il fallait « singer » les sauces. On préparait des imitations de coulis à la façon « ancienne » en ajoutant de la farine au beurre fondu, avant de mouiller l'ensemble au bouillon puis de laisser réduire, surtout sans roussir. Le cuisinier gagnait du temps, de l'argent et ses plats, de la légèreté. Échec complet en France : quand le mot fait son entrée dans le dictionnaire, en 1770, seule est retenue une définition discréditante, « imitation maladroite, voire frauduleuse ». Singer, c'est parodier la cuisine.

Pour leur part, les cuisines raffinées d'Europe de l'Ouest continuent de s'aligner sur les innovations de Versailles avec dix ans de décalage : ainsi les Britanniques sont les premiers à se convertir au blanc au lieu du brun en se ralliant aux conseils de Massialot, puis à adopter les coulis de veau avec Menon. Le succès du livre de Hannah Glasse, *The Art of Cookery Made Plain and Easy* (1747) montre que le plagiat des recettes françaises constituait le meilleur moyen de trouver un public. Les Piémontais, l'aristocratie lisboète et la bourgeoisie des Flandres les imitent autour de 1760. Grâce à la farine et au beurre manié, combinés selon les pays à l'amertume du vinaigre ou des câpres, à l'acidité du citron, du fenouil et des groseilles, la sauce devient agréable à l'œil. Elle s'éclaire par son brillant, ses nuances et s'allège sous la langue puisque ici la farine n'est plus roussie.

Avec la cuisine fin-de-siècle s'annonce une autre cohorte de sauces : Carême en propose soixante-dix-huit, doublées en version maigre, contre une vingtaine chez Massialot et trente chez La Chapelle. La sauce continue alors, selon Grimod, « le dernier coup de pinceau du peintre », elle séduit l'œil, « stimule l'odorat et provoque l'appétit ». Elle n'assure plus la variante de mets souvent identiques, elle est une composante de la recette. Argument irrecevable en Europe parce qu'il fait passer le goût avant le besoin. La manière française est condamnée pour son luxe dispendieux, parce qu'elle est dévoreuse de temps dans sa préparation pour une activité jugée futile. Quand une cuisine incite à gâcher de l'argent pour des plaisirs éphémères, elle est forcément malhonnête dans l'assiette. Ainsi s'organise une réaction monochrome : Espagnols et peuples du Danube demeurent fidèles à des sauces jugées archaïques en France – safran au Sud, poivron à l'Est ; l'Europe rhénane réhabilite les sauces noires au poivre et au pain brûlé, liées à la farine roussie.

On touche avec cet exemple au cœur du scandale. La démarche française choque parce qu'elle révèle le tempérament, les intuitions, une vision de l'histoire dominateurs. L'esthétique culinaire – explicite dès *Le Manuel des officiers de bouche* (1759) qui s'adresse aux « artistes » – exprime, vue du dehors, la véritable éthique d'une France colonisatrice et non libératrice. Celle-ci paraît négliger le legs de la tradition avec un véritable entassement de goûts et de protocoles ; elle prétend incarner un autre âge historique ; pire, elle postule à une légitimité paradisiaque laïque puisqu'elle décide du montré et du caché avec ses feuilletages, croustades, tourtes et autres enrobages. Non contente de travestir ses aliments, elle s'octroie le prestige du monumental et, au total, instaure la transcendance visible du créateur à la place de la transcendance divine invisible. Et tout cela en public ! Les soirs de festin aux Tuileries – et peu importe le nom des locataires, Bourbon, Barras ou Bonaparte – des gens viennent au spectacle des domestiques et du voyage des pièces montées, circulant à bout de bras juste à la hauteur des fenêtres surélevées.

À cela s'ajoutent un reproche diététique et une critique culturelle. Britanniques, Hollandais et Prussiens dénoncent l'excès de plats gluants, réputés incompatibles avec les humeurs corporelles et provoquant de multiples engorgements de l'estomac par leur difficulté digestive. En quelque sorte, la cuisine tricolore collerait au corps ; aussi convient-il de préférer les sauces épicées qui consument à l'avance les mets, étant donné par hypothèse que la constitution des hommes du Nord les place à l'abri de ces inflammations stomacales, si fréquentes chez les Français. Au besoin, des ouvrages en français confirmant ce diagnostic sont réimprimés à Londres et à Amsterdam, comme *La Cuisine de santé*... de Jourdan Lecointe, en 1790. Quarante ans plus tard, son exécution en règle dans *L'Art de la cuisine française au XIX*[e] *siècle* – « aussi mauvais médecin que mauvais cuisinier » – convaincra plutôt les lecteurs européens de Carême de l'indécrottable complexe de supériorité français.

Car il est un fait absolument étranger à leur palais, cette conviction française d'avoir le coup d'œil et le jugement sûrs. Les amateurs disent repérer le plat exceptionnel à la manière d'un Winckelmann (encore lui) sélectionnant les chefs-d'œuvre parmi les ruines. Les grands chefs en font un critère tout autant que les cuisiniers de province, notamment en Languedoc, Normandie, Lyonnais et Provence, dès 1820-1825. Les autres se fient à leurs souvenirs d'enfance – le savant Marmontel se prétendait ainsi expert en galettes de sarrasin, croquées jadis au collège. Et tout ce joli monde se comporte au besoin en parfait vandale, au point qu'un Anglais anonyme rapproche leur état d'esprit de celui d'un Jacques-Louis David et de ses projets radicaux, par exemple *Le Peuple au front gravé*, où seul le visible mériterait d'être gardé et le reste vandalisé pour insignifiance.

Pour nos voisins, la cuisine française, obsédée du jugement de l'office à la cave, se satisfait de briller. À preuve, les cuisiniers eux-mêmes astiquent les généalogies, en y annexant un maître d'hôtel (Vatel), des étrangers (Apicius) ; ils débarrassent les archives du goût européen et installent leurs statues en majesté, n'hésitant pas à proclamer, comme Carême, que la cuisine commence et finit avec eux. Les Européens raillent la propension tricolore à imaginer sans cesse des barbares à leurs basques et les envolées de Grimod jouant les abbé Grégoire d'un patrimoine qu'il invente : « Si le temps des Vandales eût duré plus longtemps, on aurait perdu jusqu'à la recette des fricassées de poulets. » Combien leur paraît préférable le chic. Cela ne se voit pas, se devine par une sorte de complicité tacite entre gens du même monde et suppose la maîtrise de l'*understatement*. Comment imaginer un sous-entendu dans un monde culinaire français gouverné par les proclamations ?

La francisation des intitulés cède à une habileté commerciale permettant de vendre des recettes dites françaises dont on trouve pourtant la copie conforme dans les manuscrits toscans et napolitains des XVIe-XVIIe siècles. Ainsi « les paupiettes de tripe à la provençale » sortent tout droit de Naples, le détour incorporant l'effet de mode et le coulis à la tomate, audace culinaire suspecte au début du XIXe siècle. Ailleurs, les « dindes en daube », les « bœufs à la mode ou à la royale », les « loups de mer à la sauce blanche » signent une présence française dont la réputation est fondée sur les ragoûts et les sauces. Mais, même chez les aristocrates les plus francophiles à Naples, Milan ou Venise, les menus servis entre 1790 et 1830 incluent au plus deux plats sur onze ou treize dans une filiation outre-alpine[17]. Pour le reste, on mange italien et provincial : caponata ultraclassique aux câpres, olives et vinaigre balsamique ; choux à la crème, plutôt frits au Sud sous l'influence espagnole beaucoup plus prégnante que la française ; galette de polenta, riz, pigeon et jambon. Les saisons n'y changent rien, la fricassée de ris et amourettes de veau aux truffes est noire en France et blanche en Italie.

Même l'influence littéraire est discrète en Allemagne du Nord, aux Pays-Bas ou en Russie[18]. Le premier livre de cuisine russe, publié en 1779, se réfère explicitement à l'exemple prussien et signale une recette française, le « poulet au cognac » ! À Saint-Pétersbourg, les chefs italiens ou allemands sont les plus recherchés parce qu'ils ne prétendent pas modifier la composition des indispensables *pirogi* (viande, fromage, choux, baies), alors que les Français se disent incommodés par l'odeur âcre et chamboulent les contenus traditionnels. Seul le Canada français revendique et cultive sa filiation : des soupes de poisson « à la française » sont servies sur les côtes et arrivent à Boston vers 1830, elles s'installent autour des Grands Lacs avec les pêches de rivière et descendent de Chicago (1820-1825) le long du Mississippi. Mais l'imprégnation est superficielle : dès 1820 les fromages normands ont laissé la place à l'Oka, comparé au cheddar, association pour le moins fantaisiste. Les coques ou les clams « à la Normande » – crème et oignons à la place de l'échalote – poussent vers New York mais s'européanisent après la rencontre avec les « vongole » aillées et tomatées des immigrants Italiens.

Seul le « pain de campagne » – composé à un tiers d'orge, de seigle voire désormais de maïs et cuit dans un four individuel en brique – ébauche une standardisation à la française. Car, au Canada comme en Bolivie, qui en fait l'emblème de sa lutte contre le colonisateur espagnol, ou encore sur les tables de La Haye et d'Amsterdam, le pain « français » est la seule conquête indiscutable. On glissera sur les recettes, les composants et le tour de main ; tout cela est plus qu'approximatif et l'est resté. Mais il s'est produit une sorte de transfert entre le pain et l'universalisme politique dont rêvent les Français. En schématisant, leur est reconnue l'élégance des manières de table, l'ingéniosité des plans de table – le principe de la triple symétrie, horizontale, axiale, diagonale dicte les dispositions européennes jusque autour de 1830/1840 (fig. 27) – et un pain à la saveur inimitable.

Aveuglés par cette distinction couronnée et la carte de visite d'une douzaine de chefs, les Français se sont, pendant ce temps, persuadés qu'ils colonisaient l'Europe. Clouet et La Chapelle, Carême puis Ude, Francatelli et Soyer ; trois générations de maîtres queux installés en Grande-Bretagne, des ducs de pâmoison et des gentlemen qui demandent à visiter les cuisines en Soyer au *Reform Club*. En Prusse, depuis que Noël a officié au service de Frédéric II, Paris imagine le roi-soldat converti aux blancs de volaille à la béchamel parfumée au jus d'orange « alamode de Paris ». Annexons l'italien Francesco Leonardi qui fait connaître une cuisine française très italianisée au général Souvaroff et à Catherine de Russie. Comptons aussi large pour les convives, avec des Bourbons et des Orléans au

Portugal, à Parme, à Naples, confits en dévotion culinaire française – éducation, nostalgie d'Ancien Régime ou exil obligent ; des princes noirs de l'Église, une poignée de cavaliers impériaux de fraîche aristocratie européenne et quelques bourgeois voyageurs. Cinq mille personnes au plus ; pas un empire mais, jusqu'au milieu du XIXe siècle, une principauté.

Au moins en Europe, la cuisine française nourrit des conversations. Outre-Atlantique, à l'exception de quelques anecdotes boliviennes et brésiliennes sur l'enrôlement des spécialités tricolores dans les guerres d'indépendance qui évoquent l'enthousiasme de maître Ragueneau pour Cyrano, ou des sempiternels restaurants français de Boston et New York après 1820 – une dizaine au plus –, silence et indifférence réciproques semblent la règle. Côté français, le Nouveau Monde n'est même pas une terre de mission. Ainsi, à l'automne 1801, le Premier Consul enfin assuré de la paix en Europe déplaça la concurrence avec la Grande-Bretagne dans le registre du commerce colonial et des ambitions en Amérique. Bonaparte imagina un triangle français entre la Guyane, Saint-Domingue et la Louisiane qu'il venait de troquer avec la Toscane – perte gastronomique impardonnable commise à cause de la folie sucrière. Il dépêcha vers cet « empire français d'Amérique » deux escadres et trente-cinq hommes, approximativement le contingent de l'expédition d'Égypte. On chercherait en vain les savants, les découvreurs, les médecins observateurs et les cuisiniers ; dans la relation de la mission Leclerc, la faune, la flore, les habitudes alimentaires sont absentes et la seule trace du passage français se résuma encore à la formation de quelques boulangers secondés par des mitrons créoles.

Une estimation des variétés alimentaires importées depuis le XVIe siècle aux Amériques confirme l'indifférence française : le contingent espagnol avoisine les quatre-vingts, le britannique les trente et le français la quinzaine, autant que son voisin allemand. Admettons que le chauvinisme hispanique ait tordu la réalité ; il n'empêche que la transmission des recettes affiche un déséquilibre comparable, notamment en raison de la facilité apparente d'exécution et de métissage des préparations hispaniques. En Californie, en Floride, et même en Louisiane, la galette de maïs se combine avec le poulet bouilli à l'anis et les travers de porc frits, selon le principe mexicain ou péruvien postcolombien[19].

L'histoire de cette indifférence reste à écrire, d'autant plus que son modeste constat a été occulté par un légendaire – américain cette fois – dont les fins idéologiques sont instructives pour comprendre le rapport de force actuel[20]. Jusqu'aux années 1940, la cuisine française occupe une place distractive dans le récit, un peu à la manière du coiffeur ou de la modiste. Dans cette Canaan moderne qu'est l'Amérique, dispensatrice d'une nourriture inépuisable, avec des animaux plus grands, des plantes plus riches à portée de main et sur une terre « vierge de cuisine » puisque les Indiens mangent le plus souvent cru, séché et boucané, donc en individus non civilisés, la place est aux Anglais, aux Allemands, aux Hollandais parce que leur corps et leur alimentation semblent taillés à la mesure du continent. Peu importe que le *Dutch oven* des grandes plaines et des Appalaches soit la copie du four normand en brique, c'est la trace qu'il convient de retenir.

À l'abord du dernier tiers du XXe siècle, la cuisine française mitonne dans un pot-pourri d'influences, chargées de réassurer par leur nombre l'homogénéité nationale et de dégager les contenus d'une culture américaine commune. Mais elle reste toujours seconde, cette fois après l'Espagne. La touche française apporte un vernis anecdotique. On s'interroge sur l'impact comparé de l'oignon et de l'échalote dans la cuisine épicée du Sud, depuis Bordeaux et Nantes *via* le commerce triangulaire, occasion de rappeler les « racines » de la table sudiste. On vante les mérites du pèlerinage gastronomique dans la France de la nouvelle cuisine, en hommage à un magistère ancien rétrospectivement jugé inadapté aux besoins comme aux goûts, entretenu désormais dans le reliquaire hexagonal grâce au mécénat moderne américain, presque une passation de leadership culturel (on y reviendra). Quelques décisions médiatiques récentes – suppression des menus en français à la Maison Blanche, remplacement du chef tricolore, campagnes de boycott – confirment la captation d'une cuisine « à la manière française » sans que le discours américain s'embarrasse de prévenances ou de précautions, en un mot qu'il soit terriblement français : le « meilleur chef du monde », Alain Ducasse, a ouvert le « meilleur restaurant du monde » à New York où il sert des produits exclusivement américains, façonnant une cuisine à son tour « inimitable ». Propos inaudibles de ce côté de l'Atlantique, bien qu'ils s'inspirent à la lettre des archives culinaires françaises...

À l'autre bout du monde, le retrait colonial après la guerre de Sept Ans et le maigre flux d'émigrants tricolores sont avancés en raison principale de l'absence culinaire française. De fait, dans les territoires français du Pacifique, le régime alimentaire s'inspire dès 1820-1825 du standard britannique et s'ouvre à partir de 1840 aux apports indiens ou chinois des premiers immigrants asiatiques. À la raison économique – la densité des implantations et les colons venus d'outre-Manche –, s'ajoute un présupposé culturel : dans les territoires où la gloutonnerie est un signe de distinction les préparations françaises sont frustrantes par leur complexité de goûts et leurs proportions jugées insuffisantes. Selon un processus observé aussi chez les Maoris en Nouvelle-Zélande, les tribus polynésiennes adoptent des produits, des tours de main à la fois rassasiant et au goût puissant. D'où la fortune du porc au détriment du mouton, ce dernier en général réservé aux dîners festifs, rares moments où la trace culinaire française est lisible avec un « mouton sauce poulette », voire des « côtes d'agneau à la Conti » pour célébrer la première Entente cordiale entre Victoria et Louis-Philippe. Mais seuls le maïs, la pomme de terre et des porcs entiers peuvent calmer des appétits, à qui six à sept kilos de féculents et deux à trois kilos de viande quotidiens, poussés par huit à dix litres de bière dès 1830, paraissent convenir à un adulte actif. Aussi, la lutte d'influence oppose amateurs de porridge, de polenta et de maïs cuit au-dessus de la braise aux tenants du mélange taro, patate douce avec les épices et les cuissons à la vapeur orientales. Quant à la France, elle se résume à Paris, au champagne servi dans les grandes occasions et à cinq ou six recettes, par exemple la soupe à la tortue, avec ses variantes locales, les baies à la place des herbes.

L'inexistence française dans l'hémisphère Sud ne trouble pas la tranquille supériorité nationale, depuis qu'au XVIIIe siècle, les relations de voyage exotique ont conclu à la « parfaite saleté de goût » des cuisines extra-européennes et aux manières d'« authentiques rustres lorsque ces gens boivent et mangent ». L'expérimentalisme œcuménique semble adapté pour des peuples encore dans une ambivalence culturelle, Americains, Russes ou Ottomans (fig. 28). Quant aux Japonais, aux Chinois ou aux Africains, leur cuisine ne représente rien ; au mieux, quelques produits ne demandent qu'à être pillés ou achetés afin d'enrichir le capital alimentaire français, par exemple l'arachide du Sénégal dès 1825-1830. Ce renvoi au néant culinaire ne doit ni surprendre ni scandaliser : jusqu'au milieu du XIXe siècle, la cuisine française ne pense comme différentes, donc intéressantes, que les cuisines européennes. Là, on peut mener des guerres, envoyer des missionnaires, s'imaginer en pays conquis, redouter l'invasion de « l'immangeable charcuterie prussienne » ; ailleurs, on commerce. Entre controverses intérieures et guerres extérieures, le monde culinaire français a trouvé un singulière stabilité jusqu'à ce que, dans la seconde moitié du siècle, industrialisation, échanges et colonisation viennent menacer cet empire convaincu de sa perpétuation.

CHAPITRE 7

LE TEMPS DES VISIONNAIRES

Les générations aux affaires après 1760 prétendaient, on l'a dit, voir clair dans la manière de nourrir les individus. Elles disposaient d'un stock fiable de recensements cadastraux, de mesures vraisemblables de la superficie cultivée et des récoltes, de rôles fiscaux. Elles savaient dénombrer les bouches à nourrir et bénéficiaient d'un système empirique d'assurance : le roi ici, les religieux là, les élites urbaines ou claniques ailleurs qui tenaient le rôle de fournisseurs alimentaires en dernier recours, par charité et intérêt, modernes évergètes. Tant que les puissants festoyaient, nul doute que les greniers s'ouvriraient en cas de catastrophe alimentaire ou guerrière, étant entendu que les famines relevaient d'un ordre cosmique, donc magico-religieux, échappant à l'entendement humain. Le don était la contrepartie de la frustration sociale.

Or le mécanisme se grippa sous le poids du nombre. Entre 1750 et la fin du siècle, la population européenne augmenta d'un tiers pour atteindre 195 millions d'habitants ; quant à la population chinoise, elle progressa d'un quart et comptait 300 millions de têtes. Ces pourcentages étaient jadis le privilège de siècles « copieux » en leur entier et ils succédaient à un premier élan, entre 1720 et 1740, ce qui accentuait l'impression d'un déferlement, favorisé par la fin du « petit âge glaciaire », ses étés humides, ses hivers terribles et les pandémies qui les accompagnaient.

Devant cet encombrement humain, l'extension des défrichements ou la transformation des terres en zones céréalières offraient des réponses coutumières, mais toujours en retard sur l'exigence de quantité. En Europe, les espaces cultivés gagnèrent 20 % ; en Chine, 15 %. Mais les céréales avaient beau fournir vite des calories, le compte quotidien pour un adulte mâle y était rarement. Il fallait se débrouiller au bonheur la chance entre l'ingéniosité, la charité et le banditisme. On parlait bien de révolution agraire, mais aucun pays n'émergeait qui pût servir de modèle et de moteur à la croissance. La globalisation ne concernait qu'un objectif archiconnu : donner la chance et les moyens de survivre au plus grand nombre. L'horizon était borné au pain, au riz et à la soupe.

Certes, les autorités n'étaient pas en reste de bonnes intentions. Elles stockaient des rations céréalières, en Europe du Nord comme en Asie ; elles obligeaient les paysans à prévoir des réserves de substitution – plantes comestibles, racines, fruits, voire fleurs en Corée – signes d'une ponctualité exemplaire puisque le désastre alimentaire était en principe conjuré. Chaque jour, dans Paris, Londres ou Naples, des cohortes bovines entraient dans les faubourgs et la population pouvait admirer des animaux plus gras et de meilleure qualité nutritive. Sauf qu'elle constatait aussi la baisse du nombre de bœufs abattus et qu'elle en concluait que cet élevage commercial était réservé aux « accapareurs ». Même le vocabulaire administratif semblait se préoccuper de la nourriture : en Corée, les instructions étaient rédigées en langue vernaculaire et non avec les habituels idéogrammes chinois.

Pourtant, les causes des pénuries, leur matérialité, leurs effets restaient portés au vent de la rumeur. Les gens commençaient par se plaindre des dérèglements naturels, puis ils imputaient aux puissants de thésauriser les aliments, d'en faire monter les prix, de commercer clandestinement et de se comporter en contrevenants aux règles vertueuses qu'ils recommandaient : travail, ordre, ponctualité, modération. On confondait disette et famine dès que l'estomac s'était longtemps serré, préalable immuable aux colères populaires qui s'ensuivaient : dans la seule décennie 1770, six pays européens furent secoués par ces émeutes de la faim et deux – l'Italie et la Suède – au bord de la « levée en masse ». Cet enchaînement n'avait rien d'original, pas plus que la multiplication des fausses informations : les chroniques des disettes coréenne et chinoise de 1775 reproduisaient les déplorations notées dans un rapport à l'empereur Tchao Ts'o au milieu du IIe siècle av. J.-C.

À États critiqués, hommes providentiels nombreux. À l'automne 1816, lorsque se dessina en France une pénurie frumentaire, la rumeur s'enfla au point qu'une partie de l'opinion disait tabler sur un retour de Napoléon, seul capable de « châtier les nobles et les prêtres prévaricateurs », de casser la spéculation en imposant un prix plafond du pain qui fût respecté et de déclencher le retour de l'abondance alimentaire. Tandis que Louis XVIII était accusé de se détourner du sort des malnourris, on entendait l'éloge de son frère guillotiné. Tout à coup, la propagande bonapartiste vantait la bénévolence du défunt roi illustré par Louis Hersent avec son *Louis XVI distribuant des secours aux pauvres pendant l'hiver de 1789*. Pas un royaliste n'osa rappeler, et pour cause, la contre-publicité qu'avait provoquée l'œuvre trente ans plus tôt, l'embonpoint du souverain ayant été jugé obscène dans plusieurs cahiers de doléances, ainsi que la morgue des talons rouges en pleine santé au second plan. Au printemps 1817, des paysans lisaient même dans les feuilles de blé les initiales magiques de l'empereur déchu. Trente ans plus tard, leurs enfants déchiffreraient d'identiques messages au plus fort de la crise de 1846-1848, cette fois pour le neveu de l'aigle.

On avait toujours demandé aux princes et aux religieux de conjurer la faim puisqu'ils étaient l'incarnation de la confiance ; ceux-ci feignaient de croire que l'effervescence des affamés était chose naturelle inscrite dans le registre des passions. « L'émotion populaire » dont parlait Saint-Simon avait l'avantage de déréaliser la pénurie dans sa durée et ses responsables.

Or, à partir des années 1770 en Europe occidentale puis des années 1820 au Sud et à l'Est, cette construction parut bancale parce qu'elle reposait sur une culture autoritaire récusée pour inefficacité et en raison des désagréments apportés par le progrès, administratif ou technique.

Fallait-il croire à cette régénération de l'individu par l'industrie, la science et le commerce ? « S'américaniser » ou « s'indianiser », n'était-ce pas s'enténébrer en s'entichant d'un exotisme de circonstance, pioché dans le répertoire littéraire et pictural ? Ou bien était-ce emprunter le chemin qui épargnerait à l'Occident l'engluement routinier où lui semblent plongées l'Afrique, la Chine et l'Inde ? La fermeture japonaise, l'indifférence chinoise ne constituaient-elles pas d'excellents moyens de sauvegarder esprit et indépendance de jugement ? Après tout, les peuples du Dahomey expliquaient aux voyageurs, en 1790 comme en 1871, qu'il était absurde de chercher à récolter deux fois le sorgho ou à remplacer celui-ci par du maïs puisqu'il aurait fallu changer de calendrier, de vocabulaire, de rituel, tout en mécontentant dieux et ancêtres, en ruinant une fiscalité annuelle déguisée sous forme de don du culte – donc acceptée – et en pressurant au-delà du raisonnable des individus portés dès lors à refuser le tour d'écrou[1].

Les réponses à ces interrogations occupent encore nos esprits. Nous ne savons pas décider si l'industrie alimentaire et l'homogénéisation qu'elle a entraînée constituent le meilleur moyen de sauvegarder la communauté humaine par la diffusion des travaux et des produits. Nous hésitons tout autant à reconnaître que le progrès technique – par exemple la conserve, l'industrie du froid, la lyophilisation ou la pasteurisation – ait pu conduire l'humanité vers un déclin alimentaire et dans les impasses d'une crise à répétition – perte du goût par effacement et oubli sans raison – au point que des individus se sentent exclus de la nature. Nous n'osons pas enfin envisager qu'à l'échelle de l'histoire humaine, ces deux siècles soient une nouvelle mouture de cette fameuse anacyclose, évoquée au chapitre 5. À notre connaissance, seul Edmund Husserl a considéré cette éventualité dans sa fameuse conférence de Vienne sur *La*

Crise de l'humanité européenne et la philosophie (1935). Notre approche est par construction différente, mais c'est bien aux lancinantes questions du même, de la reproduction et du meilleur qu'il faut nous colleter encore.

Adopter l'Amérique

L'Europe aborde le XIXe siècle bardée d'une certitude héritée de la vieille distinction thomiste entre les pauvres, qui manquent du superflu, et les miséreux, privés du minimum. Selon la « politique du ventre », le statut des premiers tient à leur travail, à l'ordre garanti par la police et la justice et à leurs vertus. En termes économiques contemporains, cela s'appelle un marché d'offre déséquilibré. Les seconds doivent compter sur la satisfaction d'une demande, tout autant déséquilibrée, par des institutions charitables, des dons individuels et une action de la puissance publique en « réassureur ». Or, à partir de la décennie 1770, l'écart entre pauvres et miséreux atteint des proportions insoutenables, connues jadis pendant les guerres ou les catastrophes alimentaires : on passe du simple au triple à la fin du XVIIIe siècle et la décrépitude des miséreux se creuse d'un tiers dans les cités sans activité soutenue – grossièrement situées au sud de la Loire et à l'est du Rhin – et de moitié dans les métropoles prospères, après 1811-1815.

Car les pauvres aperçoivent enfin par éclipse la couleur du superflu. La hausse de la productivité n'y est pas pour grand-chose et l'allongement de la durée quotidienne et annuelle du travail pour l'essentiel. Que les prix agricoles soient à la hausse jusqu'en 1810-1815, puis baissent plus vite que le revenu jusqu'aux années 1840, ils ne jouent qu'un rôle de multiplicateur ou d'amortisseur. Le constat est trivial : on se nourrit mieux en se tuant à la tâche. Dans les pays protestants, les gens sont au labeur 270 jours par an aux Pays-Bas dès 1790-1800 ; chez les catholiques – et même en Espagne ou en Pologne – on travaille au moins 260 jours et on s'approche des

280/285 après 1815 en Belgique, en France ou en Autriche. Le mouvement semble comparable chez les orthodoxes, sauf que la journée de travail est déjà interminable, même pour ceux qui échappent au servage. La barrière des treize heures quotidiennes constitue le seuil du mieux-être, à la campagne comme en ville. Ici, l'artisanat à domicile, l'entretien de la basse-cour fournissent l'appoint ; là, on loue ses bras et ceux des enfants quand les chantiers se font rares.

Dans cette compétition contre la montre, les villes anglaises, Stockholm, Vienne et Venise tirent leur épingle du jeu : hors période de siège militaire, il y a assez de travail pour fournir au moins six kilos et jusqu'à neuf d'équivalent de pain entre 1740 et 1850. À Paris (hormis en 1789, 1795 et 1816), Anvers, Gand, Cracovie ou Barcelone, le seuil des treize heures est approché, parfois dépassé. Il reste hors d'atteinte à Naples, Milan, Brême, Leipzig, Edimbourg, Dublin ou Madrid.

Le sort des campagnes est plus difficile à déterminer, tant les cas particuliers sont légion. Nous avons pris le parti de procéder à des coups de sonde dans des régions réputées déshéritées, la Bretagne, le Quercy, la Sicile, le Piémont et les *lake districts* à la frontière anglo-écossaise. Deux observations reviennent si souvent qu'on les tiendra pour plausibles : dès 1745-1750 et jusqu'en 1825-1835, les familles pauvres qui travaillent consomment plus de viande et boivent beaucoup plus. Dans le pays de Léon comme dans les Côtes-du-Nord ou le Morbihan, on passe quatre fois par jour à table. Certes, l'ordinaire reste la soupe ou la bouillie, mais s'y ajoute du lard un jour sur deux et une tartine beurrée ou une galette de sarrasin à chaque fois. Entre les *Langhe* piémontaises et la région de Ravenne, le distinguo ancien entre les premiers, mangeurs de saucisses, et les seconds, abonnés à la bouillie, s'estompe au profit d'une frontière culinaire subtile selon qu'on farcit (à Ravenne) ou non les pâtes de *ricotta*. En Sicile, les enquêteurs officiels s'étonnent de la qualité du pain consommé ; dans le Quercy, ils sont surpris par la force des manœuvres et journaliers qu'ils attribuent, dans le doute, à la consommation exagérée d'huile de noix, de fromage et de vin blanc. L'Europe pauvre boit énormément et c'est sa chance : du lait parfois, du vin (350 à 400 litres par adulte mâle chaque année), du cidre et/ou de la bière toujours (au moins 600 litres au pays de Galles et jusqu'à 1 000 litres par an de la Belgique à la Poméranie). L'alcool est, en fait, un bon thermomètre de l'activité : le pauvre boit pour se sustenter, pour tenir le coup, pas pour pleurer sur son sort ou s'en évader[2].

En période de hautes eaux démographiques, cela ne suffit pas. Et il n'est pas besoin de révolution pour appréhender l'impuissance des autorités, bien qu'il soit tentant de les brocarder sur le registre inépuisable du « complot de famine » et de déclarer les « Grands », nébuleuse aux contours flous, « ennemis de l'humanité ». Babeuf ne proposera qu'une version laïcisée des sermons du père de Neuville, vingt ans plus tôt, à l'usage exclusif de ceux qui imaginent nécessaire de dépoudrer les perruques pour nourrir les pauvres. Les autres ont compris, dès 1765-1770, que des pouvoirs plus préoccupés de violence criminelle que de brigandage ou de tromperie sur la qualité de la nourriture leur proposeraient peu d'idées. Et sûrement pas de solution juste, à juger par le décalage entre la publicité des procès contre les prévaricateurs et les sanctions : loin de rassurer, les débats judiciaires entretiennent la rumeur et, de Londres à Paris ou Naples, les mesures administratives sont jugées vaines puisqu'elles ne suppriment ni marché noir, ni cours officieux des denrées, ni pénurie spéculative. Selon l'expression bien connue des économistes, sur ce terrain aussi, la mauvaise monnaie chasse la bonne. La rumeur rassure, autant qu'elle exaspère un sentiment d'injustice perpétrée par la nature et par les chefs.

Ceux-ci sont coupables pour deux puisque celle-là n'obéit à personne et est par définition innocente du manque. Le choix paraît donc tranché d'avance entre la résignation frustrée et l'action. Au reste, il ne manque pas d'esprits savants pour y inciter après Malthus et la publication de l'*Essai sur le principe de population* (1798), de Villeneuve-Bargemont et son *Économie politique chrétienne* (1834) à *La Misère des classes laborieuses en Angleterre et en France…* (1840) d'Eugène Buret.

Filant, à leur manière, un thème rebattu depuis l'évangile de Jean, ils concluent que le travail du pauvre, si utile soit-il à l'enrichissement de la société et à la prévention du désordre, ne saurait conduire au bonheur général ou particulier car « de nouveaux besoins créent de nouvelles privations ». Or cette hantise si présente aujourd'hui est à l'époque absente des cerveaux européens, pénétrés d'un argument de bon sens : si le travail est utile, alors il est indécent et injuste que la nature ne devienne pas utile. Les moyens techniques, d'autres se chargeront de les trouver ; en attendant, il est urgent de puiser dans le réservoir naturel, à commencer par ces produits jusque-là encore suspects et apportés depuis l'autre bord du monde.

La consommation massive et la systématisation des usages de la pomme de terre en sont les principales conséquences. Cela suppose, en Europe méridionale d'abord et deux générations après les gens du Nord, le truchement des femmes, le retournement des médecins, la conversion des savants, le soutien des autorités et la récupération par les cuisiniers. En France, le mouvement a été lancé en 1776 par un article du supplément à l'*Encyclopédie* ; en Italie, par le prêtre Occhiolini, auteur en 1784 d'un *Mémoire sur le merveilleux fruit américain appelé vulgairement patate*. Le légume est présenté comme aussi indispensable aux pauvres et à leur nombreuse descendance que le maïs, autre bienfait américain. Deux ans plus tard, un traité florentin donne la recette des pommes de terre frites et de la préparation sous la braise. En 1790, la Convention en encourage la culture et le grand-duc de Toscane l'imite l'année suivante. Cette même année, les vicissitudes d'approvisionnement en grains popularisent le séchage de la pomme de terre, selon l'usage andin, puis son utilisation en pain et en pâtes ou en beignets. *La Cuisinière républicaine* publiée en l'an III donne des conseils sur le choix des espèces et leur cuisson suivant les façons européennes, signe d'un engouement général : bouillie à l'anglaise, au pot et sans eau à la flamande, coupée en rondelles et remise au pot à l'allemande. On lui ajoute un bouquet garni, des câpres, une sauce blanche « à la polonaise », un bouillon, sans oublier le beurre frais. Il reste au professeur bénédictin Niccola Onorati à formuler les règles du *gnocchi*, en 1803, et à Grimod de reconnaître « qu'elle peut accroître singulièrement les jouissances de notre palais », y compris par des desserts sucrés et un gâteau « économique ». Lorsque Carême lance la mode des frites, en 1813, réconciliant l'Europe des gourmets et des pauvres, on se persuade que la fatalité alimentaire n'est pas le lot obligé des démunis.

Car la pomme de terre a la propriété de contenter le mangeur en quête de distinction ou de calories, de « moderniser » la charité chrétienne grâce au succès des religieux italiens, imités par leurs frères espagnols après 1820, et d'exalter les particularismes régionaux. Rien n'empêche en effet un artisan du Puy-en-Velay de se cuisiner des patates au bouillon comme le bourgeois, ni les amateurs de Lille ou de Clermont-Ferrand de se gausser de l'engouement pour les frites de Carême, eux qui en consomment depuis vingt-cinq ans. Au besoin, ils ajoutent que la manière parisienne « pique le goût ».

La vulgarisation du légume enrôle même les habituels spectateurs dans les controverses les plus subtiles de la table, l'authenticité contre l'artifice et l'utile contre le futile. La qualité et le mode de cuisson sont scrupuleusement décodés. Jeter les pommes de terre dans l'eau bouillante puis les sortir sans tenir compte du temps écoulé, c'est bon pour les « montagnards des Vosges », indécrottables lourdauds pour leurs voisins des plaines, allemands ou français, tandis que les Vosgiens s'amusent de ceux qui « rêvent en regardant crever les bulles à la surface de l'eau ». Quand les pommes de terre sont égouttées trop fermes ou tombent en charpie, c'est bien sûr œuvre de femme occupée à des pensées frivoles, en Puisaye, en Auvergne ou en Toscane. Toujours à vouloir manger au-dessus de leurs moyens, s'entendent répondre les hommes du Puy-en-Velay ou de Prato qui réclameraient des légumes « déguisés de crème » comme à Lyon ou à Florence.

Selon un mécanisme que nous connaissons bien, la variante de composition multiplie ses déclinaisons. Ainsi Frédéric Mistral, chantre du régionaliste provençal, se convainc de l'absurdité d'un « légume importé » après avoir ingurgité « un épais ragoût de pommes de terre au plat, rissolées dans de l'huile infecte ». En Saône-et-Loire, dans la Nièvre, le Morvan ou le Berry, des communautés agricoles prennent l'habitude d'incorporer des pommes de terre à la pâte à crêpes. Après avoir versé l'appareil dans un plat graissé à l'huile de noix, on le passe au four ; le résultat est aussi roboratif que le festin élastique comme un pneu. Le registre des moqueries traditionnelles est aussitôt ouvert, sauf que les critiques ne sont plus économiques mais culturelles : voilà des gens qui « perdent leurs dents à cause de ce qu'ils mangent », se prennent pour des ermites et « mangent à la manière des serfs de jadis ». Les jeunes lanternent des « filles qui sentent le beurre rance », mais les médecins, militant pour la suppression des « lieux infects » où l'on prend des repas à même la table dans une auge creusée avant de vidanger les restes à l'eau, sont les premiers à reconnaître que ce ragoût enrichi de chou ou de châtaigne – aliments typiques de pauvreté – donne force et résistance aux consommateurs. Après 1830, la recette devient synonyme de « paysan attardé » mais plus de pauvre.

Certes, la victoire n'est pas complète avant 1840-1845 où la superficie cultivée en France atteint le million d'hectares. Dans un département aussi précocement converti que le Nord, quelques villages résistent parce qu'ils refusent de s'alimenter « comme des étrangers » ; des notables ajoutent que leurs cuisinières ne sauraient les préparer et que, de toute façon, « ils ne les consommeraient pas à la manière des vagabonds qui les achètent au revendeur ». C'est le miséreux qu'on stigmatise désormais par souci de distinction. Même dans les régions où la pomme de terre était rare ou refusée – on la donnait aux cochons – les habitants se découvrent d'appréciables réserves de viande. Dans les *Langhe* piémontaises, en Angoumois, en Maine-et-Loire, autour de Toulouse la consommation de charcuterie augmente de moitié en deux générations. Voilà qui permet de redécouvrir le saindoux, la matière grasse la moins toxique quand elle est chauffée, et de vendre le beurre au lieu de le consommer. Dans l'Espagne « humide », les pommes de terre se glissent entre les rangs des vignes ; après 1850, les voyageurs européens s'étonnent même de leur omniprésence à table, « ils en mangent autant que le pain ». La nationalisation du tubercule offre le luxe aux éternels déclassés de se mêler à la querelle du chic. En 1834, une réclame dénonce le « préjugé populaire » qui valorise les jambons de la plaine du Pô alors qu'un cochon gavé de patate donne « un gras aussi soyeux que du velours ». Les avocats du chic conseillent des tubercules adaptés au plat, à la circonstance, voire au sexe (à Toulouse). La revanche des pauvres sur la nature est complète lorsque des gourmets parisiens empruntent à des « paysans pauvres de l'Oise » (ou d'Arpajon, il y a deux versions) une appellation évocatrice d'une pérennité bucolique : les pommes de terre « en robe des champs ».

Imaginer une irrésistible vague parmentière recouvrant le continent d'Ouest en Est au rythme des conseils diététiques, d'initiatives politiques ou des balbutiements industriels est aussi tentant qu'erroné. À l'Est, la pomme de terre intéresse moins que le maïs. Lorsque, après la famine de 1765, Catherine de Russie avait enjoint à ses boyards d'acclimater le légume, seuls les propriétaires allemands installés dans les pays baltes avaient obtempéré. Sa culture était réputée prendre trop de temps dans une vie qui en manquait sans cesse ; ni les savants, ni les médecins, ni le clergé n'arrivaient à convaincre qu'elle présenterait un avantage calorique, *a fortiori* que son goût serait agréable ; quant à faciliter un progrès matériel, n'en parlons pas. En Roumanie et en Bulgarie, la pomme de terre était négligée au profit du maïs, bien que les deux légumes fussent connus depuis la fin du XVIIe siècle. Les marchands n'en voulaient même pas pour nourrir les armées en campagne.

L'urgence démographique, donc alimentaire, après 1820 contraint à se nourrir de tout, sans même songer à modifier le régime traditionnel. Nourriture des mauvais jours, le tubercule bénéficie cependant d'un emprunt au voisin saxon qui va modifier sa réputation : l'alcool de pomme de terre, additionné d'orge, s'installe en aliment quotidien. Quatre fois moins cher que l'alcool de grains, il paraît si reconstituant que les enfants en consomment et que les rapports médicaux ou les prohibitions (1826-1828) restent lettre morte. Contre la logique marchande, le légume prospère sur les terres des affamés – en montagne – ou sur des sols médiocres, hors du potager, car le souvenir est vivace du temps où les audacieux donnaient ce tubercule bizarre aux animaux. C'est seulement après 1850 que la pomme de terre concurrence le navet au Sud-Est et le chou au Nord-Est, à la faveur d'un rapprochement audacieux : elle est au corps ce que l'anthracite est à l'usine[3].

L'intrusion des tubercules avait été jalonnée de péripéties, la reconnaissance de la tomate – en conserve, puis en sauce – fut une conquête au long cours. Jusqu'au milieu du XVIIIe siècle, celle-ci avait le handicap d'être un produit inclassable – à cuisiner « comme des aubergines » et à goûter « comme un melon » – qui, de toute façon, donnait « une petite quantité de mauvaise nourriture ». Proposé de surcroît par des conquérants – Espagnols à Naples, Ottomans dans les Balkans – et en provenance des « sauvages » mexicains, le légume avait peu d'avenir. Ses mentions se limitaient aux herbiers, chez Gregorio de Rios à Aranjuez, Pietro Andrea Mattioli à Venise, ou aux compilations médicales d'un Francisco Hernandez à Rome. Au milieu du XVIIe siècle, les disettes poussèrent Castillans et Andalous à la consommer en palliatif, comme leurs voisins du Nord recouraient à la pomme de terre, sans songer à s'y habituer. En 1692, le Napolitain Antonio Latini prédisait le plus sombre avenir à cette transposition dégoûtante du « style aztèque ». À la rigueur, la tomate servait d'ajout exotique, par exemple dans *La Cuisine des anges* où Murillo accumulait les produits d'un Nouveau Monde christianisé.

Encore une fois, la pression démographique va imposer un légume de nécessité : après 1765-1770, les paysans espagnols combinent la tomate au piment en friture salée et poivrée ; vers 1790, les cuisiniers italiens des maisons bourgeoises s'intéressent au jus qu'ils cherchent à conserver et aux coulis ; dix ans plus tard, des plants apparaissent dans les jardins familiaux, tandis qu'on commence à divulguer et à comparer les méthodes pour obtenir une bonne conserve. Cuisiniers parmesans à la cour de Marie-Louise et gastronomes napolitains publient, entre 1814 et 1817, des plaidoyers régionaux, disputent de la recette parfaite du jus et oublient la sauce. C'est la véritable chance de la tomate puisque le jus, dès 1840, peut être industrialisé, avant d'être « nationalisé » pendant la guerre d'indépendance, et une seconde fois promue quand – vers 1880-1890 – la sauce tomate industrielle gagne un statut culinaire en délaissant le vil accompagnement des viandes bouillies et des pâtes. Le même processus de mise à distance-récupération-assimilation s'observe en Bulgarie dans les vallées de la Marica, du Vardar et de la Struma. Lorsque la tomate est enfin associée au poivron, c'est en conserve artisanale, prête à l'exportation vers la Hongrie ou la Russie. Soudain, ses qualités hydratantes et digestives sont repérées par les cuisinières, gestionnaires du corps et médecins de la famille par l'assiette. Mieux, il suffit de la faire tiédir et elle masque avec brio une absence féminine plus fréquente devant les fourneaux[4].

Transformation certaine, révolution improbable. Au milieu du XIXe siècle, le constat de l'apport américain en Europe est aisé à dresser. Le modèle agrario-familial historique semble trop installé pour que ses consommateurs s'intéressent à une cuisine dont ils ignorent l'existence et doutent de l'hypothétique intérêt. Les fruits américains ont gagné une place décorative, une réputation de complément alimentaire et, pour les céréales et les tubercules, de substitut économique, moins nocif à la santé qu'on l'imaginait deux siècles auparavant. Quant à vendre ou à manger des bananes, personne n'y songe autrement que par snobisme exotique : qui accepterait de partager l'ordinaire des esclaves du Panama ?

Cette américanisation tempérée ne diffère guère des observations relevées sur d'autres continents. La curiosité botanique l'emporte longtemps sur l'intérêt alimentaire. Les souverains moghols et leur cour aiment à contempler leur plantation d'ananas, les élites de l'île Bourbon (la Réunion) leurs pamplemousses et celles du Gabon, leurs tomates. On incline à penser qu'ils les envisagent à la manière d'un Murillo, en indice supplémentaire de leur pouvoir. Les signes d'une exploitation commerciale demeurent rares jusqu'à la fin du XIXe siècle, alors que la connaissance des produits remonte, on l'a dit, au XVIe siècle. Ainsi, le piment se répand en Inde du Nord en tant que substitut économique au poivre quand se produit le débordement démographique des années 1780-1810. On lui trouve aussitôt des emplois multiples – en poudre, il sert même de conservateur alimentaire, comme au pays basque. Quelques préparations syncrétiques, tel l'*atiéké*, un couscous de manioc, préparé au royaume d'Abomey (à peu près la Côte-d'Ivoire) confirment la curiosité, mais cette façon printanière d'appréhender l'Amérique, à la manière des découvreurs, ne suffit plus à dessiner un avenir[5]. D'abord en Europe.

Faire patienter les affamés

Dans des sociétés où le corps opulent est signe de santé, de prospérité et de beauté, la sempiternelle question du partage – forcément inégal, personne ne le discute si chacun s'en plaint – se pose dans des termes que les contemporains hésitent à qualifier d'aigus ou de nouveaux. Car le divorce entre un corps plein, fertile et une réalité maigre, les Européens en ont une longue expérience ; ils ont assez sculpté et peint des cornes d'abondance pour que la rhétorique de l'accumulation leur soit familière. Certes, tout cela n'est que vanité et finit de toute façon mal mais, en attendant, l'imaginaire de la volupté alimentaire constitue un ciment efficace, d'ailleurs appuyé après le milieu du XVIIIe siècle. Louis-Sébastien Mercier, Joseph-Étienne de Jouy ou Carlo Goldoni, chroniqueurs des fêtes versaillaises ou vénitiennes placés au bon endroit, à la sortie de service, avaient décrit la descente pyramidale des festins et de leurs restes. Elle vérifiait autant l'ossification sociale de l'époque que l'efficace redistribution des assiettes par le truchement des « regrats ». Dans ces gares de triage, marchands de seconde main, traiteurs et poulaillers (actuels volaillers) maquillent avec force pâtes et sauces les plats entamés, les premières traces de pourriture, avant de vendre le résultat à coups de réclame sur la qualité sociale des premiers dégustateurs.

En une génération, la cuisine des restes se transforma en pot-au-feu social pour les familles, autant sous le poids du nombre que des envies suscitées par l'antienne du progrès. Au menu, hachis Parmentier, bœuf miroton, épaule de mouton en hochepot, blanquette, gâteau de riz ou pain perdu concrétisaient l'efficacité du recyclage. Ces plats épais et consistants, signes de force correspondant à la recherche de la « ligne de sustentation » chez les scientifiques, s'adressaient à tous. De la sorte, le vulgaire se confrontait et rivalisait avec le distingué ; après tout, il y a bien des « bas morceaux » chez tout animal et les mangeurs s'en délectent.

Aussi la première gastronomie du froid, élaborée à Paris par Carême et Riquier pour le mariage du prince Jérôme Bonaparte avec la princesse de Wurtemberg en 1807, mit un mois à inspirer les traiteurs, trois pour se retrouver de l'autre côté du Rhin, douze pour atteindre Naples. Seules l'Angleterre et la péninsule Ibérique l'ignorèrent. Les adaptateurs laissèrent le filet de bœuf et ses truffes à la gelée, la galantine d'anguille au beurre de Montpellier, le salmis de perdreaux rouges en chaud-froid aux fines fourchettes. On retrouverait ces plats une autre génération plus tard, sur les boulevards parisiens chez Tortoni ou au Café anglais, puis dans l'Europe chic après 1860. En revanche, la darne de saumon en gelée à la sauce ravigote fut émiettée, malaxée avec d'autres produits pour se transformer en bouchées, boulettes, coquilles, croquettes, servies sur les tables ordinaires. Dès 1820-1825, Milan se prétendait capitale de la boulette, Naples de la croquette, Lisbonne de la coquille ; Bologne, Bruxelles et Munich contestaient la « suprématie » milanaise, autant que Lyon celle de Lisbonne. Providence des édentés – enfants ou vieux –, les restes étaient mélangés avec de la pomme de terre ici, de la morue un jour, de la choucroute ailleurs. Mille recettes pour un objectif enfin à portée de fourchette : un plat quotidien, identique et nouveau.

Cette fois, la variation tenait sa revanche. Par un prodigieux effort d'organisation, la cuisine du lendemain s'emboîtait dans celle de la veille. Et le samedi résumait la semaine, à l'exemple de ces salades de riz proposées aux pensionnaires des collèges ou des hôpitaux, quand la jardinière du mercredi côtoyait le poisson du vendredi. On comprend mieux ainsi la pratique généralisée du braisage de longue durée incertaine à la place du minutage des maîtres queux : on attendait que le bœuf mode eût pris le goût des carottes (Marcel Proust s'en souviendra en empruntant à Balzac les talents de Françoise qui éblouissaient même l'ambassadeur Norpois). La robustesse de ces plats satisfaisait bourgeois, artisans, ouvriers ou paysans, tous enclins à considérer que le gaspillage de la nourriture se paierait, d'argent ou d'efforts supplémentaires.

Puisque les concierges aussi, selon Balzac, savaient faire « mijoter dans leur loge pendant des heures entières, [un bœuf miroton] dont le parfum embaume tout l'escalier et monte en ondes appétissantes jusqu'au huitième étage », pourquoi ne pas croire à l'élaboration d'un standard culturel alimentaire ? L'abondance des propositions – de Londres à Naples – et la bizarrerie de certaines annonçaient une métamorphose. À la « compensation fatale » théorisée par de Jouy pour rendre compte des écarts de la nourriture, dans ses *Observations sur les mœurs et les usages parisiens au commencement du XIX*[e] *siècle* (1815-1816, 5 volumes), font écho la *Loi du contraste simultané* du savant Chevreul (1839), puis les chroniques picturales européennes de Carlo Bossoli, par exemple dans sa *Vue de Princes Street* (1850) où un affamé écrasé par l'envol vertigineux des façades bancaires néoclassiques reçoit son obole alimentaire des mains d'une enfant aux joues roses et replètes. L'ambition du siècle pourrait se résumer au passage de Malthus à Étienne Guyot. En 1798, le premier postulait que « si l'égalité était établie, le manque de nourriture ne cesserait point de se faire sentir parmi les hommes ». En 1894, le second fournissait les principes et les moyens de s'en accommoder dans *La Boussole de l'harmonie universelle*.

Grâce à la cuisine des restes, on faisait bon usage de la rareté alimentaire. Ce postulat ne manquait pas d'avocats : en 1849, le socialiste Pierre Leroux dans « Malthus et les économistes ou y aura-t-il toujours des pauvres ? » et le pape Pie IX dans l'encyclique *Nostis et vobiscum*, deux ans plus tard le conservateur Louis Moreau-Christophe dans *Du problème de la misère* et avec eux, Michelet, Lammenais ou Proudhon appliquaient le baume miracle des vertus sacrificielles. Selon la logique compensatoire, la gourmandise devenait un vice propre aux oisifs, les riches, les intellectuels (en particulier ceux qui dissertaient de nourriture) et les fils de famille, prêts à se goberger au restaurant ou à tourner ivrognes. Le « vigoureux » ouvrier ou paysan, actif car musclé et nourri justement, se dégageait du modèle canonique et de son corps plein ou rempli.

Chimistes et médecins se chargèrent de l'étape suivante. En 1841, le *Traité de chimie organique* de Justus von Liebig devint la bible de ceux qui cherchaient à établir un nouveau tableau nutritif, adapté à l'industrialisation, au gigantisme urbain et à la modernisation réclamée des campagnes. Le répertoire diététique par âges, sexes, saisons, humeurs se voyait déterminé par le rapport entre protéines et les aliments nécessaires au fonctionnement de la chaudière corporelle. Liebig installait la suprématie du régime carné, reléguant les légumes verts au rôle de complément minéral, les fruits à une friandise dangereuse pour l'estomac et réduisant l'emploi des épices parmi les condiments. Ce classement permettait de proposer une réponse argumentée à ceux qui s'interrogeaient sur la ration alimentaire adéquate et une référence à la puissance publique.

Celle-ci en fit un usage habile, d'abord à l'hôpital puis dans les prisons et enfin dans l'armée. Ainsi, dès 1820, le pensionnaire de l'Assistance publique mangeait-il deux fois plus de volaille et de légumes verts (en raison de son manque de sels minéraux) que le Parisien, 60 % de viande, mais un quart de pain en moins. Les pensionnaires toulousains observaient un régime voisin, aux variations régionales près comme la sous-consommation de pommes de terre et de pain[6]. La discrimination diététique gagna du terrain jusqu'au régime « officiel » de 1866 : viande à chaque repas, désormais bouillie, grillée ou rôtie ; entrée au menu du poisson, des légumes verts et même du foie, aux propriétés reconstituantes indiscutées. Les répartitions correspondaient aux principes définis par les chimistes, en particulier après la publication des tables de Payen en 1849, précisant la valeur nutritionnelle exacte de chaque denrée, en carbone, en graisse, en azote, etc. Cette balance nutritive définie – l'adulte perd 25 grammes de matière azotée et 310 de carbone par jour – n'était pas automatiquement équilibrée : les Britanniques, malgré et à cause de leurs kilos annuels de viande, ingurgitaient deux fois trop d'azote et moitié moins du carbone nécessaire. Jusqu'aux années 1860, les rations de ces « reclus » tournaient autour de 2 000-2 200 calories, exactement le standard défini pour un individu de 70 kilos par l'Institut national d'hygiène en 1957. À condition que la personne fût « modérément active ».

Ce bémol change tout puisqu'il revient à exclure en cohorte les travailleurs du XIXe siècle, au profit de la tribu des gêneurs, chômeurs, malades et prisonniers. Les actifs devaient, eux, faire l'appoint en calories et la seule quantité abordable était fournie par l'alcool : 200 à 250 centilitres par repas pour les ouvriers des fabriques textiles et mécaniques, 300 pour les ouvriers du bâtiment, 350 à 400 pour les moissonneurs, et 35 aux malades (moyennes européennes 1820-1860). Cela suffisait à tenir le coup, mais l'industrialisation exigeait plus d'efforts, plus souvent, plus longtemps. Et des ouvriers imbibés exaspéraient les entrepreneurs, en particulier du Nord-Ouest européen. La « nourriture anarchique » fut alors la cible de campagnes d'opinion, dès les années 1810 et systématiquement après 1825 : on lui imputait l'absentéisme des travailleurs, la bombance du lundi, les accidents du travail et les effets sur le métabolisme qui faisaient baisser le rendement, donc les profits.

Voilà qui rencontrait les besoins des représentants de l'ordre et les préoccupations des Églises comme des modernisateurs. Les premiers avaient besoin de bras à l'armée puis aux colonies, finançaient avec difficulté les établissements de ne suffisent pourtant pas, et la perfection exige que l'on travaille sans cesse à renchérir sur une pratique constante, et cependant sujette comme toute autre chose à la vicissitude des temps. »

Plus qu'une crise de génération, c'est une histoire de famille qui s'écrit différemment. Les Anciens se veulent témoins d'une vérité culinaire de longue durée, soutenus par l'emploi judicieux de la variété et considèrent que les Modernes, ayant oublié la connaissance d'hier, pratiquent une cuisine à la fois d'enfance et infantile puisqu'ils ne veulent pas goûter plus loin que leur propre histoire. Les Anciens d'Europe retrouvent ainsi leurs homologues chinois pour célébrer les vertus du « processus » et de son renouvellement, clef de l'équilibre culinaire. Les Modernes retournent l'argument au motif que cette cuisine-là appartient à « l'enfance de l'humanité » et qu'il convient de passer à l'âge adulte, celui du « progrès », avec le secours de la raison, de la science et de la technique. Il existe, pour eux, une cuisine des origines où les passions teintées de superstition interdisent de poser la question primordiale : qu'est-ce qu'on mange ? Cette cuisine a laissé des traces qu'il convient de civiliser, soit en les soumettant à l'empire de la raison économique (les pommes de terre pour échapper à la disette), soit en les traitant à la manière d'un divertissement de bouche (le dindon). L'essentiel reste qu'elle contribue à la perfection culinaire, la fin que s'assignent les Modernes.

Le gouffre qui sépare les deux camps devient vertigineux, en même temps qu'il conduit les uns et les autres à signer leur appartenance. Le coup initial a été porté par deux Anglais, Jonathan Swift et Bernard de Mandeville, au tournant du XVIIIe siècle[18]. Brodant sur le thème similaire, emprunté au patrimoine grec, de la « fable des abeilles », Swift défend un modèle universel tandis que Mandeville définit les bases d'un modèle uniforme. Le premier dresse, comme le note Marc Fumaroli, « un acte de fidélité à la sagesse des Anciens qui se laisse guider par l'expérience et qui tient compte de la jurisprudence fournie par les historiens et les poètes pour “élire ce qui convient", plutôt que de se laisser conduire selon les principes et les axiomes ». Le second, partant de l'idée selon laquelle « le métier n'est pas "donné" mais inventé », propose une division des tâches qui bannirait l'asservissement à l'imitation et permettrait le progrès, donc le changement. On retrouve la variation comme moyen d'échapper à l'abêtissement, quitte d'ailleurs à sacrifier aux plaisirs futiles du luxe. Ces deux visions ne sont pas davantage complémentaires que l'envers l'une de l'autre. Elles n'impliquent aucun dialogue, juste la violence de convictions irréconciliables.

Les manœuvres mobilisent savants, artistes et hommes d'influence. Dès 1704, les notices du *Dictionnaire de Trévoux* inquiètent par les connaissances chimiques qu'elles supposent, par la prétention, jugée exorbitante, qu'il existe des invariants scientifiques et surtout par le décalage qu'elles introduisent entre les certitudes diététiques d'hier et les exigences nouvelles. Ainsi, l'article « Digérer », très conforme en son début à la définition classique de la forge humaine, déroute par sa dernière phrase mentionnant l'action « d'un suc acide qui hache et incise les aliments... de la même manière que l'eau-forte dissout l'or et les métaux ». Autrement scandaleux sont jugés les avocats de règles modernes qui explorent les correspondances sensitives et techniques, avant de privilégier la sensibilité visuelle sur l'olfactive ou la gustative. L'Italien Lorenzo Magalotti – auteur de traités sur les propriétés de la chaleur –, les Français Louis-Bertrand Castel – spécialiste des rapports entre la couleur et le son –, Vincent La Chapelle – auteur, on le sait, du manifeste *Le Cuisinier moderne* –, et Michel-Eugène Chevreul – célèbre pour sa loi du contraste simultané des couleurs autant que pour ses travaux de chimiste sur les graisses et les cuissons – prétendent en effet qu'en recherchant le meilleur par la raison, le cuisinier se hisserait au rang des artistes[19].

L'effet produit s'apparente à un tremblement de terre : « C'est principalement à dater de la mort de Louis XV, écrit le maréchal de Richelieu, que le véritable savoir gastronomique et par conséquent la science du cuisinier s'en sont allés en dégringolant. » Voilà des gens qui revendiquent l'accès à l'évidence culinaire – le fameux « c'est cela » du gourmet satisfait. Aussi l'expression « nouvelle cuisine » lancée par Vincent La Chapelle ne peut qu'attiser les passions, de même que sa première anthologie, en 1739, sous le titre *Les Dons de Comus*. Vingt-cinq ans plus tard, en rédigeant l'article « Goût » de son *Dictionnaire philosophique*, Voltaire déverse sa bile contre la nouvelle cuisine, « ses assaisonnements trop piquants et trop recherchés » et les deux jésuites, auteurs des *Dons de Comus*, coupables de mauvais goût parce qu'ils exalteraient les « ornements trop étudiés » au détriment de la « belle nature ». Marier la truffe et le poisson lui semble aussi hérétique que d'associer la volaille et les framboises ; sacrifier à la mode archaïsante de la redécouverte des Romains ou à l'asiatisme culinaire relève de la prétention sociale.

Au fond, les hommes du XVIIIe siècle balancent entre l'espérance du festin, ce legs de la linéarité chrétienne ravivé par la Renaissance, et la hantise de l'ennui, par l'absence ou la répétition alimentaire. Les Modernes en induisent des lois : le fade appelle le soutenu, la longueur en bouche nécessite un tuilage des goûts (herbes ou épices, puis la matière, le sucré ou le salé, enfin le support de cuisson), le repas doit varier les formes de dégustation – en bouche, sous la dent, sur la langue, dans la gorge. Enfin, la combinaison de la peau, de la chair, des condiments ou des gelées dessinera un triangle propre à réjouir la vue comme la bouche : tonalité forte des adjuvants – le rouge du piment –, faible du safran, voire nulle du sel blanc et du poivre noir. Soixante ans plus tard, le *Gambarra* de Balzac, où la recherche de l'exactitude culinaire et musicale est menée de pair, offrira un tombeau digne de ces générations acharnées à distiller le meilleur. Mais cela ne dissipe pas le rêve des Anciens, d'additionner les aliments en abondance dans la marmite, signe de l'excellence européenne. Ni le rêve de ces « paysans-potagers », incarnation d'un paradis alimentaire que prolongerait, sans le détruire, l'accumulation encyclopédique.

La querelle des Anciens et des Modernes est aussi l'occasion de compromis subtils où la tradition rejoue par l'intermédiaire de la modernité. La facilité d'adaptation du canard musqué à Taiwan s'explique par la substituabilité avec le canard ordinairement cuisiné ; l'exotisme du premier est filtré par des recettes traditionnelles. L'opération n'est pas automatique, comme le montre la réticence à l'égard du dindon, qu'il soit introduit par les marchands européens en Afrique occidentale ou proposé par les Vénitiens à la cour du Grand Turc : autour de 1650, aucun des deux cents cuisiniers n'a essayé d'accommoder le dindon, décrété immangeable parce que « monstrueux », alors qu'il se consomme jusqu'à cinquante oies par jour.

L'opération la plus étonnante part de Quito (Équateur) vers 1660-1670 pour s'achever vers 1800-1810 à Cuzco (Pérou). Il suffit de pousser la porte des couvents de Santa Clara, de San Diego, des cathédrales de Quito et de Cuzco pour tomber sur des *Cènes* traitées dans la plus classique manière picturale italo-hispanique, à cela près que le Christ bénit un cochon d'Inde, dodu comme un porcelet. Le rite de transition saisonnière a été non seulement incorporé au rituel pascal mais sa préservation semble le meilleur moyen de christianiser les autochtones. Un mois avant la fête, une sorte de maître des cérémonies recense les cochons d'Inde à engraisser, désigne au besoin les animaux de substitution – lapin, agneau, chevreau, voire poulet – en même temps que les jeunes filles à marier. Les deux listes sont complétées, tenues à jour jusqu'à la cérémonie qui, sous le patronage ecclésial, ravive les liens de la communauté familiale et villageoise. La coutume de la *Jaca tsariy* fonctionne ainsi comme un trait d'union, mieux comme une transcription bilingue du mythe à l'ordre moderne. L'objectif utilitaire est évident : il s'agit de déterminer comment produits inconnus, techniques nouvelles, pratiques originales peuvent élargir l'étroitesse du guichet où l'individu vient recevoir sa part au banquet alimentaire.

Où mène cette course au meilleur ? À rassurer la société du bas et à conforter celle du haut. De l'Irlande à l'Espagne, Arthur Young célèbre la « modestie joyeuse » des gens qui ont sur leur table pain, fromage, lait, sucre et verre de vin ou de bière ; il l'oppose à l'insatisfaction postulée de ceux qui préfèrent les « superfluités alimentaires[20] ». L'abondance ordinaire est plus digne d'admiration que l'ostentatoire ; donc le goût n'est pas réservé aux biens nés, aux riches et aux savants, il se conquiert par le travail plus qu'il ne serait dispensé par une élite. Peu importe à Young que le paysan de Galway, des Flandres ou de Porto mange de la purée à longueur d'année ; sa satisfaction lui donne accès aux jardins des délices, ceux des Anciens, conservatoires d'une société verticale liée par l'amitié : Naples et la côte amalfitaine, Messine ou les campagnes bernoises. Chez tous ceux-là, la répétition quotidienne s'invente une différence grâce aux recettes. L'essentiel reste de vaincre la faim et d'échapper aux leurres de la marchandise.

Mais il y a une autre façon de répondre à la question : « On ne mange délicatement, écrit Louis-Sébastien Mercier à la même date que Young, que depuis un demi-siècle. Qui pourrait nombrer tous les mets de la nouvelle cuisine ? C'est un idiome absolument neuf. » Loin d'être un plaidoyer pour l'ordre vertical, ce jugement appelle un souffle qui le transforme, partiellement ou non, en une répartition horizontale, avec communication entre les gens : ce que l'un produit, l'autre pourrait le consommer ; ce que mange l'un pourquoi ne pas l'offrir à l'autre, surtout s'il s'agit du « meilleur ». Dans des sociétés opaques et agitées, on devine que ces propos attisent les conflits jusqu'à lancer les camps dans une guerre de tranchée, entre les tenants du rustique, du naturel et du raffiné, du proche et du lointain, de la norme et du bizarre. À sa manière, la guerre des goûts va offrir pendant trois quarts de siècle la première illustration des propos théoriques de Karl von Clausewitz sur l'art de la guerre défensive « où chaque bataille particulière compte autant que le résultat de tous les engagements » et sur la nécessité, pour l'assaillant, de « chercher la destruction de l'ennemi en utilisant tout procédé moderne ».

CHAPITRE 6

L'EMPIRE DU MILIEU

Les Français des années 1760-1840 avaient des rêves en réserve. Du désir à la volonté, de la volonté à la décision, ces générations allaient d'un trait, quitte à laisser leurs héritiers déplorer les erreurs commises. Elles réussirent ainsi le tour de force de borner l'horizon au tout contemporain et d'en profiter pour écrire à leur sauce les principes culinaires, du fourneau à l'ordre de la table. Ayant eu le panache de vouloir savourer leur temps, elles s'y sont parfois perdues et aperçues alors qu'elles ne savaient plus à qui s'adresser pour conjurer les malheurs alimentaires. La Providence ne bouclait plus les bons et les mauvais comptes, la main invisible de l'entreprise et du commerce restait peu secourable, comme la puissance publique, préoccupée de désordre plutôt que de satisfaction gastronomique.

La poursuite du bonheur alimentaire précipita de multiples questions où se croisaient les éléments de l'interminable querelle entre modernité et classicisme avec des interrogations originales. L'incertitude devait-elle inciter à réemployer des vestiges – l'étiquette, le couvert, le service, jusqu'au langage – aux fins de bâtir un ordre alimentaire alors que celui-ci avait toute chance de demeurer virtuel ? Était-il préférable de commencer à évacuer les reliefs du monde d'hier avant de se soucier de codifications, technique avec le minutage des temps de cuisson, sociale avec l'apparition des critiques et des guides gastronomiques, en entérinant une fragmentation de l'univers alimentaire ? Enfin, ces grands travaux nécessitaient-ils de partir ailleurs flairer les produits, éprouver les habitudes ou plutôt de défendre son particularisme ou encore de cultiver l'exotisme, cet avatar esthétisant de l'aventure ? Chaque génération privilégia une réponse, mais celle-ci s'organisait toujours autour du vrai et du juste.

Voilà de grands mots pour une affaire de bouche. Force est de constater qu'ils obnubilent les contemporains. Ceux-ci cherchent le vrai entre alimentation, travail et santé avec les modifications introduites par l'industrialisation et les nouveaux découpages, ici urbains et départementaux, là nationaux. Ils s'interrogent sur le juste quand l'ordinaire concurrence le distingué *via* la mode, quand l'usine semble en passe de calciner dans ses chaudières quelque chose – une nature, un paradis, un passé – que tant d'individus assimilent à une valeur.

Un amas confus de sensations[1]

Le Français de ce demi-siècle semble en perpétuel exil. Les changements politiques, les guerres l'ont poussé hors des frontières ; l'incorporation militaire puis scolaire le lancent dans une course d'obstacles où les concurrents ne sont pas des égaux, mais les obstacles mêmes ; la montée vers la ville, la fabrique, le marché le font pénétrer dans un monde réputé sans foi ni loi. Tout cela sur fond de brouillard événementiel. À l'unisson, le désordre des estomacs occupe les conversations. On s'étonne de l'heure tardive des repas à Paris, de préparations jugées insipides faute de condiments ou d'huile et ailleurs vulgaires à cause des épices. Les quantités conviennent rarement, les motifs avancés pour expliquer l'irrégularité des approvisionnements ou des cuissons toujours malhonnêtes. Ainsi le sieur Dubois, monté de Castelnaudary en 1793 pour embaucher en qualité d'ébéniste, et le comte Molé, futur ministre de Louis-Philippe, pour l'heure en exil à Londres, sont pareillement dégoûtés par une nourriture de « peuples du Nord ». Le premier regrette son huile de noix, l'ail et l'échalote et considère avec désolation des « bouillons sans yeux, pauvres en lard » ; le second s'étouffe en avalant des « tranches de jambon ou de bœuf de Hambourg », des pâtés épicés à en crever l'estomac et des laitages à n'en plus finir.

La guerre aiguise les reproches. Les soldats de la campagne de 1805 se plaignent que seul le tiers de leur pain de seigle quotidien leur soit servi et qu'on les incite à marcher en leur promettant la bombance consécutive à la victoire. Cinq ans plus tard, en Espagne et outre-Danube, des survivants d'Austerlitz évoquent les cantines fumantes d'autrefois en rageant sur les « infâmes brouets où nagent des poivrons ». Ils célèbrent en pensée les plaisirs simples de leurs villages, de leurs provinces, avec leurs « je-ne-sais-quoi » de familier, exactement sur le ton où Chateaubriand, enrôlé dans l'armée des princes contre-révolutionnaires, vantait les mérites de sa soupe : « J'en recevais de grands compliments, surtout quand je mêlais à la ratatouille du lait et des choux à la mode de Bretagne. »

Mais la paix ne dissipe guère la confusion. Le récit des repas cesse d'être rassurant : le langage culinaire commun, préservé jusqu'aux Lumières, se perd. Chaque convive n'hésite pas à parler de manière contradictoire, selon qu'il privilégie profession, rang, état ou religion. Il se convainc que la table ne rassemble plus comme avant : gourmets modernes et friands de jadis s'excommunient ; végétariens, médecins, guérisseurs, religieux se querellent sur les principes de l'équilibre alimentaire ; tous ferraillent avec les autorités sur la juste répartition de la nourriture. Le « commerce de table » devient pénible au Français, alors qu'il dispose d'un stock de recettes et d'un flux de produits inconnus des générations précédentes. Seulement son envie de partager les plats a diminué en proportion inverse.

Ainsi, le mot « police » est-il de toutes les conversations, mais les inquiets entendent répartition autoritaire, prix garantis et bloqués, approvisionnements sûrs, là où les pourvus souhaitent une autodiscipline et un respect réciproque des choix alimentaires. Cette disposition d'esprit aide à comprendre certains comportements abusivement schématisés par la suite. En août 1789 par exemple, tandis que l'Assemblée débattait de la suppression du droit de chasse, la rumeur se répand d'une battue générale : les colombiers sont démolis, les réserves des princes de Conti et de Condé saccagées et jusqu'aux perdreaux de Versailles auraient été tirés par une armée de Nemrod populaires. Il est tentant d'imaginer un pique-nique gargantuesque où la poule-au-pot bourbonienne aurait cédé la préséance gastronomique nationale aux fricassées égalitaires de faisans. Cette vulgate unanimiste a même pris le vernis de l'évidence puisque, deux siècles plus tard, l'écrivain Jean-Paul Aron conclut : « Maintenant, sur les tables, le gibier appose le signe de l'égalité conquise[2]. »

Belle histoire, entièrement fausse. Les faisans de 89 vérifient au contraire la confusion de l'époque. Car les amateurs de gibiers sont aux abonnés absents et depuis longtemps. En ville, perdrix et sangliers sont aussi rares que bon marché puisque la clientèle ne les apprécie pas. D'ailleurs, les médecins en déconseillent la pratique : le faisan est censé provoquer de l'asthme, il est réputé dur sous la dent, moins goûteux qu'une volaille et surtout aussi redoutable pour les organes génitaux que le poireau, croyance partagée par les campagnards. Le gibier n'est plus un signe de consommation ostentatoire : les édiles du Sud-Ouest servent une garbure aux jambons et à l'oie pour honorer les représentants de la République en 1792, de l'Empire en 1807 et de la royauté en 1815, alors qu'un siècle plus tôt, gibiers de plume et à poils se succédaient.

Quant au paysan, il se moque bien de canarder les volatiles des princes. Il veut des grains, plus de volaille, de cochon et peut-être un bœuf. Il a transformé en proverbes les recommandations diététiques de la Renaissance, celles d'un Baldassare Pisanelli par exemple affirmant qu'un bouillon de poule fait meilleur ventre que festin de bartavelles (perdrix sauvages). En rage contre les fermiers qui le forcent à travailler de plus en plus souvent le dimanche, il peste contre les jours de fête supprimés, le prix du pain et du vin. Il ne rêve pas de giboyer, mais de disposer du temps libre qui le permet ; il souhaite s'échapper de cette sorte de religion laïque que devient le travail, quand on lui reproche d'être fainéant alors qu'il se crève à la tâche. Il est prêt à suivre le premier démagogue venu qui lui promet le maintien des anciens jours fériés, raison pour laquelle il épargne, à Vincennes, les terres du duc d'Orléans, ce nouveau roi de Paris d'un seul été.

Les régimes se succèdent, le scénario ne change pas. À chaque tentative pour retisser des liens de commensalité, le citoyen renâcle. En juillet 1794, Robespierre a prévu des « soupers fraternels » qui seraient confiés à tour de rôle à chaque quartier de Paris. En fait de fraternisation, chaque convive inspecte le panier du voisin et s'inquiète du rapport entre les victuailles fournies et l'appréciation de son idéal républicain par le pouvoir. Quant aux prétendues terrines égalitaires de lièvre ou de faisan, aucun participant ne s'en est pourvu. Le repas se déroulant après le 9 thermidor, chacun s'interroge sur les successeurs potentiels de Robespierre et les conséquences sur la police et le prix des grains. Aussi redoute-t-on l'arrivée de nouveaux accapareurs dont le portrait-robot ressemble au citoyen Barras.

Admettons que ces années offrent aux Français l'occasion rare de préférer le couvert au gîte. On serait bien incapable d'identifier l'usage qu'ils en font, tant ils donnent le sentiment de ne plus savoir quels mangeurs ils sont. Certes, la leçon des Lumières n'est pas oubliée ; en 1790 et 1796, des élus rappellent que la nourriture doit contribuer à l'ambition de l'heure, atteindre au bonheur individuel par une satisfaction partagée. La mémoire de Claude Buffier est honorée ainsi que son *Traité de la société civile et du moyen de se rendre heureux*... (1726). En pratique, comme le fil du problème semble embobiné, les habitudes se réinstallent.

Ainsi, les représentants du Béarn reprennent-ils l'usage du jambon, signature régionale et cadeau politique aux puissants. Et peu importe l'état alimentaire des habitants de la province.

En 1701, lorsque le duc d'Anjou avait accepté la couronne d'Espagne, il avait eu droit aux « jambons de la Hontan, les plus rares du pays ». Un siècle plus tard, le moindre détenteur d'une parcelle d'autorité est comblé de charcuterie, à la manière d'une police d'assurance sur un avenir flou. Les représentants en missions, les élus parisiens, puis les préfets, les généraux, voire les ingénieurs chargés du tracé routier ou de pousser un dossier dans la capitale sont gratifiés. À l'occasion de la fête de l'Être suprême, en juin 1793, les Béarnais livrent au maire de Paris trois cent soixante-deux jambons ! Mais Fleuriot, le bénéficiaire, est bien en peine d'intervenir pour ses mécènes. Le résultat est couru d'avance : les Parisiens ne voient pas la couleur des jambons et dénoncent à la fois les pratiques de leurs édiles et l'opulence de ces lointains concitoyens ; Fleuriot a beau offrir sa loge à l'Opéra aux délégués du Béarn, ceux-ci s'amusent de la prétention culturelle parisienne ; quant aux promeneurs du Palais-Royal, ils lanternent les Béarnais repus qui viennent s'encanailler[3].

Même les experts du fourneau se perdent en propos contradictoires. Grimod de La Reynière affirme d'abord que « la révolution a tout changé en France et jusqu'aux estomacs : ils ont acquis des facultés digestives inconnues autrefois ». Deux ans plus tard, en 1805, il soutient l'inverse : « Les grands mangeurs n'ont jamais été très rares, cependant ils étaient plus communs autrefois qu'aujourd'hui[4]. » Grimod s'égare, faute de saisir que la France culinaire, loin de basculer d'un coup dans l'ère moderne, n'arrive plus à accommoder des grandeurs trop contrastées. Géographiques, entre la rue et les départements à nourrir. Économiques, lorsqu'elle découvre la taille géante des machines avec l'installation, en 1810, des premiers moulins automatisés, dits à l'anglaise, et qu'elle salive à l'idée de tranches de pain débitées à volonté, tout en redoutant la corruption mécanique dans la fabrication du « meilleur pain du monde ». Culturelles enfin puisque les Français sont à la fois méfiants devant la nouveauté et gobeurs instinctifs dès lors qu'une trouvaille leur permet de se masquer la modestie de leur condition humaine.

Contrairement à leur ambition clarificatrice, ces générations ne savent même pas décider si le monde culinaire d'hier est parti sans laisser de testament, ni désigner d'héritiers, ou bien s'il convient d'inventorier, d'imiter, voire de restaurer les traces d'un âge d'or imaginaire. Pour cette raison, les Français ne peuvent se comprendre pas plus que les Européens partager leurs réactions. Quand la fin et l'origine d'un monde se chevauchent, qui accepterait d'attendre qu'on lui délivre son dû ? La course au prestige et à la satisfaction alimentaires n'épargne pas plus les humbles que les riches. C'est paresse d'esprit que de la limiter à une « bourgeoisie triomphante, mi-stupide, mi-impudente » qui refuserait « le droit de dîner aux producteurs réels ». C'est substituer un moralisme idéologique à un religieux que de faire porter le poids d'une faute et d'une culpabilité sur ces bourgeois prétendument déchaînés lorsqu'ils entrent dans leurs cuisines : « Alors qu'elle [la bourgeoisie] compte chaque sou, elle s'y ruine, elle y invite au gâchis, antichambre de la débauche[5]. »

L'heure des règlements de comptes généraux a sonné. Le citoyen des campagnes retourne contre les élites les conclusions de ses rapports éclairés d'avant 1780. Ceux-ci stigmatisaient « la débauche et les galas » des laboureurs ; eux se servent dans les greniers de Castres, dans les garde-manger de Chalosse. Quand on dénonce la voracité des paysans, ils répliquent que les médecins reprochaient à leurs parents d'être « faibles, mal faits, d'avoir une mauvaise odeur et le ventre mou ».

Les citadins, eux, se mélangent et se déchirent au rythme de leurs appétits : à Bayeux comme au Puy-en-Velay, ils s'offrent un « régal de bœuf » aux dépens des nantis, avant de s'entretuer deux mois plus tard pour une charrette de farine et de chanter les mérites d'un bourgeois partageur, sept semaines après. Jusqu'aux années 1780, les Français acceptaient de songer à une homogénéité alimentaire telle qu'on la diviserait par provinces puis par départements, solidarisant ainsi par la norme l'objet historique d'une lutte âpre. Cette division rationnelle serait le premier signe d'un corps national valide, enfin sain et même beau. Désormais, il s'agit de profiter d'une aubaine avant que les lignes de partage de l'argent, du savoir et du pouvoir se fixent à nouveau[6].

Le scandale français

Les spéculations théologico-géographiques sur l'emplacement du paradis se sont épuisées vers 1730-1740 ; le regard se porte à des horizons inconnus vers le ciel, la nuit ou dans les profondeurs terrestres à la recherche des roches et du feu, autant d'invitations à l'envol, à la légèreté. En même temps que se dessine une nouvelle géographie planétaire, vue en quelque sorte d'en haut, une autre géométrie des cultures, une architecture différente de la table et des plats s'organisent. Certains Français gastronomes y projettent leurs rêves de perfection et de bonheur. Suivre leur quête passionnée aide à comprendre la recherche des effets visuels dans la cuisine de ce temps, selon un principe directeur, la symétrie, et un idéal, l'harmonie.

Dans *Le Nouveau Cuisinier royal et bourgeois* (édition de 1732), Massialot proposait déjà des plans de table à quarante-trois plats par service, disposant en trois cercles alternant symétriquement récipients creux et rectangulaires. Au centre, des « dormants » étaient installés pour l'effet décoratif seul. La symétrie dans l'espace est donc tout sauf une nouveauté. Dans le plan du fourneau modèle que le docteur Jourdan Lecointe dessine en 1789, la référence à Massialot est revendiquée et appliquée selon un axe horizontal – deux séries de cinq plaques accueillent toutes les tailles de casseroles – et une répartition verticale en trois ensembles pour le bouilli, le mijoté et le braisé. Les trois réimpressions successives de l'ouvrage, en 1789/1790/1791, et les éloges de Grimod dans l'édition 1804 de son *Almanach* suggèrent que l'intérêt des amateurs dépasse la simple curiosité. Entre l'atelier culinaire et le théâtre social de la table, de mystérieuses correspondances semblent se nouer. Il y a là l'ébauche d'une solidarité, à tout le moins une circulation, entre l'espace privé et public.

Les cuisiniers revendiquent de surcroît un statut scientifique pour leur discipline, incorporée par leurs soins à la physiologie naissante. Enfin, ils entendent rivaliser avec les peintres ou les musiciens au motif qu'ils mettent l'usine du corps en accord harmonique avec la pulsation du monde contemporain. Avec assurance ou inconscience, ils détournent les principes de la « pyramide des couleurs » de Johan Friedrich Lambert (1772), ils s'inspirent du *Traité des couleurs* de Goethe (1810) dans l'agencement de leurs compositions, ils vont même jusqu'à installer une topographie chromatique après la publication de la *Chromographie* d'Amédée Rouget de Lisle (1839), comme par hasard un élève de Chevreul. Le rouge des buissons d'écrevisses, le blanc des filets de poisson et le point noir des truffes doivent provoquer des stimuli gustatifs, sur le principe de la fameuse pile électrique inventée par Volta en 1800.

Dès lors, Français et Européens ne parlent plus le même langage. Par un enjambement culturel qui rappelle celui, géographique, des XVIe et XVIIe siècles pour les produits, les premiers transforment leur domaine en quartier général d'une cuisine contemporaine nécessairement expansionniste. Ils en deviennent les missionnaires. Leurs recherches harmoniques conduisent à un travail de modélisation, d'abord en cuisine puis dans la perception requise chez le convive. Les pièces montées ressemblent ainsi à des « pendules riches » grâce à la subtilité de leur construction qui traduit l'équilibre comme le déséquilibre du temps. Une symétrie « globale », voilà le scandale français. Des chefs transformés en horlogers du plaisir, dont les préparations tomberaient « juste » et qui se situeraient au midi de la création culinaire, plus grands que ceux des générations précédentes ou à venir, véritables symétriques historiques des Michel-Ange, Vignola ou Brunelleschi, capables de monter d'autres édifices admirables – belvédères en nougatine, pavillons colorés en croquantes, fontaines à la mousse aquatique meringuée – « toujours servis à sec et sans sauce », à la différence des voisins européens. Pas question de ruiner des

Versailles de table avec un liquide[7]. Tout à leur esthétique savante, les cuisiniers français essaient de rédiger une grammaire et leurs clients un code, que l'on appellera « guide ».

Car la révolution culinaire part du livre et y revient, élevant certes les cuisiniers qui en font écrire mais les dépossédant aux deux bouts de la chaîne et les confinant ainsi au statut de créateurs d'éphémère à répétition, tandis que l'écrit doit assurer le passage à la postérité de ces cuisiniers-architectes. Les bréviaires des Laguipière, Lasne, Viard, Beauvilliers ou Carême sont en effet deux ouvrages d'architecture : *Le Génie de l'architecture ou l'analogie de cet art avec nos sensations* de Nicolas Le Camus de Mézières (1780) et *L'Architecture considérée sous le rapport des arts, des mœurs et de la législation* de Claude-Nicolas Ledoux (1804). Au besoin, l'homme des casseroles n'hésite pas à suivre la vague antiquisante qui balaie la création européenne depuis les années 1780 : Laguipière place ses pièces montées sous le patronage des allégories recensées par Johan Winckelmann, le « redécouvreur » de Pompéi et du Laocoon ; Carême précise dans le sous-titre du *Pâtissier pittoresque* (1815) que ses modèles s'inspirent des « ordres Cariatides, Paestum [toujours Winckelmann], Égyptien, Chinois et Gothique ». Leur grammaire a beau être d'emprunt, elle permet enfin d'échapper au dilemme restauration-réemploi-fondation : la référence culturelle garantit la continuité dans une cuisine nouvelle pensée par un seul homme. Offrant ainsi aux gourmands le maximum de lectures possibles dans le temps incroyablement court d'une dégustation, Carême et les siens se glissent parmi les artistes.

À condition que le mangeur approuve ces compositions. Il n'y a pas de génie ignoré en cuisine, mais une ratification tributaire d'un code changeant et d'effets de mode. Or les gastronomes français suivent, voire précipitent ce mouvement. Lorsqu'en 1802, le restaurant Véry ouvre une succursale en plein jardin des Tuileries pastichant les temples exhumés à Herculanum et Paestum, c'est Grimod qui assure le succès de l'endroit en associant originalité du décor et qualité de la cuisine. Quinze ans plus tard, Véry devient le rendez-vous de l'élite européenne grâce à Grimod, la profusion de la carte confirmant seulement le goût juste du gastronome : les neufs variantes de potages ou de pâtés, les vingt hors-d'œuvre, les sauces à l'envi ne nourrissent pas des Pantagruel comme on le croit à tort, mais offrent à des gourmets un choix digne des dieux.

Quant à la notoriété de Carême, c'est Brillat, sa passion du classement, de la référence historique, de la stylisation qui s'en charge. Lui s'imagine en Champollion de la table, capable de découvrir et de déchiffrer l'« écriture » de Carême, donc de remonter aux origines de l'inspiration culinaire et de rendre cette symbolique alimentaire compréhensible à ses contemporains comme à la postérité. Dans sa *Physiologie du goût* (1826), Brillat revendique le double patronage de la science moderne et du livre : « Plusieurs sciences nouvelles sont venues prendre place dans le système de nos connaissances, et entre autres, la stéréotomie, la géométrie descriptive et la chimie des gaz. Toutes ces sciences, cultivées pendant un nombre infini de générations, feront des progrès d'autant plus sûrs que l'imprimerie les affranchit du danger de reculer. » Peu lui importe que son pouvoir soit limité à quelques *happy few* ; comme les cuisiniers avec leurs échafaudages sucrés imprimés sur des planches, il le croit destiné à l'éternité.

L'engouement gastronomique n'échappe pas pourtant à la condamnation morale, en même temps qu'il multiplie les occasions de polémiquer. Le discrédit intellectuel à l'égard de ces postures est presque unanime chez quiconque s'intéresse à l'alimentation : « Les deux vices les plus formidables de toute la production de la cuisine moderne, écrit Jourdan Lecointe, c'est de nous offrir, ou des aliments trop visqueux ou des plats trop épicés. » Les premiers engorgent le corps et paralysent l'activité du cerveau, les seconds brûlent l'individu de l'intérieur en même temps que leur coût épuise les ressources. Seuls les snobs itinérants de l'Europe peuvent s'imaginer que leur vision du nouveau monde culinaire leur donnerait le privilège et la charge de guider leurs contemporains. Carême et Brillat-Savarin, nouveaux Charles Quint ; il n'y a que des Parisiens pour inventer cela[8].

Histoire d'une fable

Le camp des gastronomes avait cependant l'avantage considérable de compter les mémorialistes alimentaires du temps. Grimod en était la vedette, au point que ses observations ont pris, avec le recul, la force de la preuve : « On ne comptait pas cent restaurateurs avant 1789 ; ils sont peut-être cinq cents [Grimod écrit en 1803] et la révolution a mis tous les bons cuisiniers sur le pavé. » On comprendra plus loin pourquoi Grimod est un menteur et pourquoi sa remarque est pourtant capitale à la compréhension du cas français. Commençons par un effet d'aubaine admirablement exploité, l'apparition éphémère et remarquée du restaurant.

En 1765, un certain Boulanger ouvre boutique, rue des Poulies, et propose des « bouillons restaurants » probablement conformes à ceux décrits par la notice du dictionnaire de Trévoux, dans l'édition de la même année : « Les restaurateurs sont ceux qui ont l'art de faire de véritables consommés dits restaurants [...] et le droit de vendre toutes sortes de crèmes [...], chapon au gros sel, confitures et autres mets salubres et délicats. » Boulanger n'a donc rien d'un franc-tireur et, dans ce quartier entre Louvre et Palais-Royal, la concurrence entre marchands de restaurants est sévère. Or l'embellie des affaires constatée depuis 1758 les pénalise paradoxalement : la hausse continue du prix des céréales, entamée dès 1720, connaît un palier décennal, en raison de saisons clémentes. Les autorités se sont même risquées, en 1764, à libérer le commerce des grains, signe d'optimisme alimentaire. Lorsque le « beau pain » se fait moins rare – grossièrement un ouvrier parisien gagne en une journée l'équivalent de huit kilos de pain, contre cinq en 1720 ; le consommateur (le mot apparaît en 1735) se hasarde chez le traiteur ou le rôtisseur et accepte de laisser quelques sous pour une assiette de soupe et une viande braisée, dans des « quantités telles qu'on y taille pour deux ».

Ajoutons à ce décor la cuisine de rue, l'habitude de manger sur le pouce (surtout quand le pain est là), l'attrait des tavernes copiées en principe sur le modèle londonien où les amateurs de bordeaux se sentiraient humiliés de se contenter d'un vulgaire restaurant. Boulanger s'attaque logiquement à ses concurrents les plus dangereux – les traiteurs – en proposant des pieds de mouton à la sauce blanche. Le mouton ne dérange personne ; en revanche, le mode de cuisson fait scandale parce qu'il brouille des repères : le consistant appartient au traiteur, au pâtissier, au rôtisseur ; le liquide, le souple, le gluant aux autres, dont les marchands de restaurants. Boulanger est ainsi traîné en justice, moins parce qu'il brise le monopole des traiteurs sur la vente des ragoûts qu'en raison de son coup d'audace, se glisser parmi les cuisiniers.

Or Boulanger gagne son procès tout simplement parce que les hommes des taxes indirectes, en particulier les deux Douet, de Laboulaye et de Vichy, y voient une occasion d'accroître le revenu fiscal. Cette victoire de l'interventionnisme, curieusement transformée en succès libéral par des historiens culinaires, devient fait divers. Son cortège de rumeurs, propagé par les journaux et le bouche à oreille, explique l'intérêt immédiat porté au « restaurant ». Chacun enquête sur les acteurs de cette « conspiration ». On parle du cardinal de Bernis, depuis son exil albigeois, qui se vengerait de sa disgrâce l'année précédente. Pour quoi faire ? Mystère. La notoriété gourmande du cardinal semble un vecteur commode au thème rebattu du complot aristocratique et des fermiers généraux contre le roi. Le pseudonyme de Boulanger, Chantoiseau, est jugé louche comme ses fréquentations des physiocrates, ce qui permet d'affirmer que Terray et plus tard Maupeou – comme par hasard de la coterie du Barry – y ont dîné. Macaronis et pieds de mouton sont oubliés ; on vient contempler l'endroit comme le lieu d'un crime.

Avantage signalé, ici le « coupable » reçoit en chair et en os ; il a le réflexe commercial d'augmenter ses prix après le jugement – notoriété aidant – et d'abandonner l'usuelle table d'hôte au profit de tables espacées propices à la conversation de gens distingués. Enfin, il illumine sa salle aux flambeaux, comme dans les salons des Grands. Il ne lui reste plus qu'à passer une couche de vernis chic en badigeonnant une devise en latin de cuisine au-dessus de l'entrée et à laisser la musique légère des conversations déformer son pseudonyme en un poétique « champ d'oiseaux », qui annoncerait le printemps de la table française.

Il donne tout juste un ton et guère plus de cinq ans, jusqu'à ce que l'été pourri de 1770, les hivers glaciaux suivants puis la guerre des farines en 1775 imposent l'urgence et la rareté. Dans l'intervalle, le restaurant a provisoirement gagné une clientèle féminine – sortie des salons littéraires – et le restaurateur, un féminin en 1767 encore qu'on ne recense aucune restauratrice jusqu'à la Révolution. Le principe de Boulanger – étonner au premier coup d'œil, dans l'assiette et sur les murs – est repris en 1782. Beauvilliers se moque lui aussi de l'usage courant ; il lance un établissement où la clientèle doit se persuader qu'elle soupe au royaume du chic. La salle est digne d'un hôtel particulier ; à chaque table, le service est annoncé à la versaillaise – ou du moins à l'idée que pouvait s'en faire une clientèle plus accoutumée à faire antichambre qu'à partager le souper du roi. Mais Beauvilliers a travaillé chez le comte d'Artois, frère de Louis XVI, ce qui vaut bâton de maréchal. S'y ajoute une trouvaille publicitaire – la liste manuscrite des plats, une autre commerciale – des prix tarifés à l'avance, l'expression « en avoir pour son argent » entrant à l'occasion au vocabulaire culinaire, une troisième qui flatte snobisme et goût de la dépense ostentatoire – le service des grands vins en bouteille, comme à Londres. Bien sûr, l'enseigne marie anglomanie et racolage : Grande Taverne de Londres. Accessoirement, la cuisine y est excellente.

La recette est au point mais elle convainc encore peu. Beauvilliers fait fortune en six mois, puis oscille entre désaffection et regain avant de sombrer aux premiers jours de la Révolution. C'est moins une question de prix que d'envie régulière ; le Parisien retourne plus volontiers au même théâtre qu'au restaurant. Il faut donc profiter d'habitudes déjà établies puisqu'il est si difficile d'en créer. En 1784, le Véfour s'installe Café de Chartres, sous les arcades du Palais-Royal, l'endroit où la Montansier, directrice du théâtre de Versailles, venait d'ouvrir le théâtre du Beaujolais et d'y attirer les faiseurs de mode. Pour récupérer la clientèle accoutumée à lire, à converser et à déguster chocolats ou sorbets, le restaurant doit à la fois conserver intact le décor et proposer une cuisine « moderne » combinant chaud et froid, avec une sauce originale, ici la mayonnaise en signature. Cette fois, le résultat commercial est au rendez-vous ; l'effet restaurant précipite l'installation de maisons spécialisées et même de futures épiceries de luxe sous l'Empire. Les deux drainent la colonie anglaise de Paris, quelques visiteurs étrangers et, plus rarement, les provinciaux, effarés du prix et du bruit.

Il ne reste plus grand-chose à inventer, sauf pousser la logique symétrique à son extrême : la province passait, à Paris, pour une succursale de la Trappe ; la voilà exotique. En 1786, trois associés marseillais s'y risquent, aux « Frères Provençaux », en tablant sur la variation « familiale », d'ailleurs inventée puisqu'ils ne sont pas plus frères que cousins. Dans le même registre, leur Provence annexe les États du pape avant la Révolution, se moque de la frontière rhodanienne, sert une brandade fameuse sans préciser si elle vient de Nîmes, de Béziers ou, plus vraisemblablement, des fourneaux du prince de Conti où deux des associés ont pris l'habitude de la servir verte, tournée aux épinards. Le truchement de la mode rend la merluche digeste, acclimate la tomate (à l'époque, on ne la trouve que dans les coulis et encore rarement). Le tout est servi dans un décor kitsch avant l'heure, à cent vingt couverts par soir pour quinze mille francs de recette journalière en 1815.

Toutes les pièces nécessaires à la fabrication de la fable sont ainsi réunies quand se déclenche le mouvement révolutionnaire. Les versions canoniques divergent, sans importance majeure : l'installation d'une clientèle politique et provinciale à partir des états généraux, la fermeture des cuisines aristocratiques avec l'émigration et la suspension de la vie de cour qui libéraient les chefs, l'abolition des corporations, l'aisance des négociants en période de guerre continue, tout est mis au pot. Ainsi s'est forgée la légende d'un goût pour le restaurant lancé d'en haut puis se diffusant vers le tiers état et la moyenne bourgeoisie. Cette construction simpliste mais rassurante – l'aristocratie a l'intuition, la bourgeoisie met en musique et le peuple suit – a été validée après coup par le raboutage d'arguments savants. Des sociologues ont rapproché constat économique et critères de comportement : le restaurant est un endroit coûteux, pourtant l'élasticité de la demande par rapport au prix est faible – Boulanger montait ses prix avec le succès et Beauvilliers fit de même. Ce paradoxe s'expliquerait par la gratification sociale obtenue en échange : croiser Diderot, Sophie Volland ou le jeune Necker chez Boulanger pour les uns ; au matin, faire griller des rognons et des saucisses en compagnie de Brissot ou Barrère sur les braseros du café Hardy pour les autres, voilà qui justifierait des dépenses élevées. La tarification affichée des plats constituerait alors une trouvaille de génie puisqu'elle permettrait au mangeur d'étaler son statut social. Il pourrait même se nourrir à crédit, en réglant sa facture à la semaine et donc assurer un train de vie quitte à vivre au-dessus de ses moyens, ce qui garantirait au restaurateur une clientèle d'habitués et un chiffre d'affaires. L'imitation se produirait donc par répétition du spectacle et capillarité, déclenchant le passage d'une consommation de luxe à un marché élargi grâce notamment à la publicité faite par les domestiques et les convives eux-mêmes. Quant aux risques de régression dans la qualité servie, il serait réduit par la concurrence des endroits[9].

Le mécanisme d'émulation sociale a la séduction de la cohérence, aussi ordonne-t-il encore la plupart des variations sur le thème : réussite du restaurant et progrès démocratique. Il a pour regrettable inconvénient de présupposer des caractéristiques qui n'existent pas dans la France révolutionnaire. L'aura des hiérarchies anciennes est estompée et sa transmission rendue incertaine par le hiatus de l'exil ; bon nombre de gens de robe ou de finances préfèrent, habitude ou prudence politique, dîner à domicile, au besoin en recourant aux services d'un traiteur. Les réseaux d'information commerciale sont embryonnaires – les *Affiches de Paris* par exemple recommandent des fabricants de chocolat, des boutiques alimentaires mais aucun restaurant. Et puis, où les restaurateurs auraient-ils trouvé assez de clients pour déclencher « l'accroissement effrayant » évoqué par Grimod ? Certes, les deux évangélistes de la table multiplient les noms d'établissements fameux – Méot, Bancelin, Roze, Beauvilliers, Baleine, Henneveu et autres Véry – sans s'embarrasser d'ailleurs des faillites ou des décès. Leur armée d'amphitryons s'enfle chaque année – il faut bien justifier l'actualisation d'un guide ou d'un itinéraire gourmand – et ils en déduisent un phénomène de masse. Paris et bientôt l'Europe, donc le monde, convertis à la restauration française ! Pour faire large mesure, Grimod décrit les boutiques avec une palette si chatoyante qu'on adhère d'avance à sa conclusion : cet amoncellement de nourritures confirme l'explosion restauratrice et, indirectement, valide le présupposé du progrès culinaire sur lequel se fonde la démonstration.

Mais les papillons de nuit du Palais-Royal étaient à peine en nombre pour remplir les tables situées dans un quadrilatère de trois cents mètres de côté. Il y a bien les profiteurs de la Révolution, ces indispensables « millionnaires » dont Brillat assure qu'ils se pressent aux portes des temples culinaires. Manque de chance, les travaux des historiens économistes ont établi qu'ils peuplaient les rêves de nos gastrolâtres et pas leurs cantines[10]. Au surplus, les enrichis préfèrent épargner – pour accroître leurs terres, spéculer sur l'immobilier ou sur la Bourse de Londres ; jusqu'en 1817, ils s'inquiètent d'abord de l'augmentation du coût de la vie et des accidents de la conjoncture (1788-1789, 1795, 1811, 1816-1817). La hantise de la pénurie et de la guerre retient les rentiers de la terre, premiers bénéficiaires d'une hausse de 50 % du produit et des prix agricoles ; elle terrifie les seconds – fermiers, vignerons, commerçants – à l'idée de dépenser vingt ou vingt-cinq francs en un soir quand les prix des œufs, de la farine, du beurre et du sucre jouent au yo-yo avec des variations de un à vingt-quatre en quelques mois.

Ajoutons-y les réticences manifestées par certains clients provinciaux et étrangers. Notre impression pèche certes par approximation puisqu'elle se fonde sur des journaux et des correspondances. Comment ne pas être influencé cependant par la fréquence des critiques contre le « goût parisien ». Ici, des Bordelais déplorent « qu'on farine systématiquement les sauces », ce qui tue la saveur de l'échalote ; là, des Dunkerquois s'affligent d'une « indigestion de poulets à la broche » si inférieurs pour eux au délicieux waterzoi, introuvable à Paris. Ailleurs, des Béarnais se disent dégoûtés de l'espèce de garbure servie chez Véry, tandis que des Bourguignons s'offusquent du « mauvais goût » parisien où l'on se pâme devant une bouteille de la vallée de l'Iton (Normandie) à dix-neuf sous, alors que les puligny-montrachet à quinze sous ne trouvent pas preneurs. Et, en plus, il faut boire dans ces détestables « verres à patte » au lieu du traditionnel gobelet en faïence[11]. Cela fait trop de récriminations et de réserves ; l'émulation existe, mais sous la plume des écrivains de bouche.

Tout à leur anglophilie, Grimod, Brillat et les autres ont anticipé de vingt ans l'industrialisation française et ont plaqué le modèle britannique sur un pays résolument provincial et rural. Ici, les aristocrates dînent chez eux et ne mettront le nez dehors qu'à la Restauration ; les industriels et les intermédiaires ne négocient pas dans les tavernes, ni dans les cafés comme à Londres ; les ménages aisés se commandent des cuisines sur mesure. C'est seulement en 1818 que la première édition de *La Cuisinière de la ville et de la campagne* offre quarante pages de catalogue vantant les batteries de cuisine, au reste « seulement des objets connus ». Mais la fable a une telle spontanéité apparente qu'elle a convaincu la postérité.

Naissance d'une religion

L'impression d'un théâtre urbain aux multiples coulisses sociales où se croisent parfois pouilleux et élégants, on la retrouve à Naples – chez les marchands de pizzas installés depuis 1765-1770, eux aussi – à Londres ou à Amsterdam. Partout, la jacasserie des cafés, des traiteurs et des tavernes ne doit pas être bien différente. Mais c'est à Paris que s'invente la communauté imaginaire des restaurants et de leurs fidèles, là seulement que les anciennes cultures régionales, se combinant à une culture nationale redéfinie par les chefs et les circonstances révolutionnaires, se mélangeant à un discours qui emprunte à la tradition antique (grecque ou égyptienne) et au religieux, arrivent à créer une identité culinaire propre aux restaurants. Cet ensemble de symboles, de valeurs arrive à susciter l'intérêt des citoyens – que ceux-ci soient critiques ou y adhèrent, qu'ils participent du mouvement ou l'observent. La force de l'entraînement est telle qu'elle génère une histoire formatrice. Popularisée par un génial affabulateur, Grimod, celle-ci donne crédit à l'ambition parisienne d'être le temple de la gastronomie, avant de faciliter le succès des restaurants après 1815[12].

Reste à en établir les composantes. La première est fournie par les critiques antirestaurants, selon le processus classique de l'effet grossissant, l'exploitation de l'imaginaire accréditant sa réalité. Dès 1789 et surtout après le début de la guerre européenne, en 1791, les contre-révolutionnaires moquent le temps perdu à table et l'argent gaspillé par les promoteurs de la Révolution. Leur raisonnement reprend le mécanisme du « complot de famine » imputé au pouvoir royal sous l'Ancien Régime. Voilà des gens incapables de nourrir le peuple, prônant la frugalité des Romains et qui se goinfrent chez Méot, à dix livres le repas. De la dépravation alimentaire ou alcoolique à la politique, il n'y a qu'un pas, franchi en 1793 lorsque des députés viennent s'attabler chez Méot pour rédiger une mouture de la Constitution. Certes, Marat, Saint-Just ou Robespierre ne sont pas gastronomes, mais leur comportement confirme l'obscénité préétablie du restaurant : ils se nourrissent du sang versé par la Révolution et le spectacle de la Terreur suffit à les rassasier. Ils se restaurent de la chair du peuple. Le schéma est, par la suite, décliné en fonction des régimes, comme si le restaurant constituait la métaphore idéale, donc « légitime », de l'anarchie révolutionnaire. Cambacérès incarne cette gloutonnerie consubstantielle, puis la gabegie consulaire ; Talleyrand ou les maréchaux, la corruption impériale. Quant à Napoléon, il devient un clone de Robespierre puisqu'il combine le pacte de famine à cause du blocus et le fanatisme botté, lui, le cannibale de ses soldats.

De son côté, le peuple de Paris ne se prive pas d'instrumentaliser le restaurant. Épisodiquement jusqu'en 1793, sur un registre voisin des contre-révolutionnaires, mais avec une conclusion différente : le restaurant ne rassemble pas, il divise ; sa cuisine est faussement moderne alors qu'elle singe l'aristocratique ; la table individuelle sépare alors que la Révolution appelle aux réjouissances communautaires. Au printemps 1795, l'affaire devient sérieuse. Dans les queues nocturnes où les femmes se pressent dans l'attente d'un morceau de pain matinal, on associe disette et flambée des prix à une conspiration de ceux qui ont les moyens d'aller au restaurant ou de s'acheter des pâtisseries. Les halles ne regorgent-elles pas de marchandises que l'on imagine réservées aux restaurants ? L'explication fantasmatique coule de source : le régal des puissants se nourrit de la famine des familles. Toujours, le leitmotiv du pouvoir cannibale. Cette conviction populaire est confortée par le discours suivant les répressions des journées de germinal et prairial an III. Les émeutiers ne peuvent défendre le peuple alors que ce sont des bêtes « au visage bourgeonné d'ivresse [où] on ne découvre que la débauche gorgée de viande et de vin », donc condamnables au même titre que leurs « frères en débauche », amateurs de restaurants. Le vrai citoyen sait manger chez lui et avec ses pareils ; gastronomes et insurgés ne sont que des usurpateurs desservant les intérêts d'une révolution égalitaire.

Le discours des thermidoriens reprend à son compte l'autre composante, volontariste, du mythe restaurateur. Le restaurant est à la fois « consolateur des citoyens » parce qu'il calme leurs inquiétudes du moment et régénérateur en ce qu'il s'inscrit dans l'utopie pédagogique du régime. « Déchiffrer les cartes avec science », « entretenir les conversations morales et honnêtes » que la bonne nourriture inspire, « remplir les vides des fêtes décadaires », « attacher le peuple à la Révolution », telles sont les missions du restaurant. Sa multiplication servira de contre-feu à la rumeur des « affameurs du peuple », à celle de l'évaporation monétaire (d'où l'utilité propagandiste des prix affichés). Chaque jour, le nombre et la diversité des convives doivent attester de son caractère démocratique.

Esquissés dans le rapport du 30 septembre 1791 par Le Chapelier, ces principes avaient été synthétisés par Robespierre le 5 février 1794, dans son discours *Sur les principes de la morale politique*, à la conclusion sans ambiguïté : « Nous voulons substituer, dans notre pays [...] l'empire de la raison à la tyrannie de la mode, le charme du bonheur aux ennuis de la volupté. » La chute de Robespierre n'y change rien. Dans le discours de clôture de l'an II, Robert Lindet inclut la prospérité de la table comme un des signes du triomphe d'une « révolution terminée » dont le restaurant ferait partie des acquis.

On comprend alors le rôle capital joué par Grimod dans l'écriture d'une vulgate, débarrassée de ses connotations polémiques. En s'instaurant, avec son « Jury de gourmands dégustateurs », instance de légitimation, il valide le mythe : quelle que soit la variante retenue, la France atteint à l'exceptionnel. Grimod n'est pas le greffier d'une révolution, mais son annonciateur. Car le boom des restaurants ne coïncide ni avec l'ordre impérial, ni surtout (comme Grimod le suggère) avec la revanche culturelle d'un pays défait en 1814 puis en 1815 et miraculeusement transformé en aubergiste pour uhlans, cosaques ou guards, vaincus cette fois à table par l'admirable cuisine française. Tout commence vers la fin de 1817, de manière prosaïque, sous l'effet cumulé de la déflation, de bonnes années climatiques et de la reprise économique d'après-guerre.

En trente ans, le nombre des établissements parisiens passe de quatre cents environ à trois mille cinq cents[13], en y incorporant cafés et tavernes qui servent de la nourriture. Signe qui ne trompe pas, ces commerces brillent de nuit comme de jour, promesse d'un repas servi à toute heure. Dans les miroirs des endroits chics, couleurs et styles se mêlent, composant une sorte de conque à l'abri de l'extérieur. Un bricolage agencé d'objets culinaires – pot en étain, vaisselle de faïence, meuble ciré où se rangent les nappes – et de débris culturels – vases, colonnes, bronzes – organisent une composition décorative qui s'anime avec l'arrivée des clients. Ces lieux qui ressemblent souvent, comme le café Corraza, « à un somptueux salon où l'art du peintre, du décorateur, du tapissier se dispute à l'envi la perfection », deviennent des sanctuaires. Pas question d'y changer quoi que ce soit, surtout si l'on vient du Puy-en-Velay ; l'argent ne donne ici que le droit d'entretenir un rituel déjà installé[14]. Ce n'est pas par hasard si, dans l'ancien café de Foy, vole depuis deux siècles au plafond une sorte de perroquet peint, dit-on, par Horace Vernet.

Chacun choisit une chapelle. Au coin de la rue Taitbout, Tortoni propose le dernier cri gastronomique en adaptant une installation inventée par Carême, le buffet froid. Dans un camaïeu rouge et blanc, celui-ci offre rôtis, saumons, blancs de volaille, poissons et crustacés. On dîne ici jusqu'à minuit et les convives comme les serveurs affectent un langage relâché en commandant par exemple « une côte nature » ou « un médoc ». En face, le café de Paris se veut le temple du chic et l'intitulé de son menu évoque une page du Gotha : côtelettes à la Soubise, filets de perdreau à la Penthièvre, laitance de carpe à la Stuart. Chaque client prend soin de demander une « côte de mouton au naturel » ou « un vin de Saint-Julien », avant de quitter les lieux, au plus tard à dix heures.

En province, Paris inspire plus de méfiance que de fascination. De loin, la capitale ressemble à un souk : les plus grosses pièces y sont en vente comme si leur taille était ajustée à celle de la ville ; les boutiques et les cartes de restaurant sont décrites à la manière d'inventaires dans des bibliothèques érudites. Moyennant quoi, on sera avisé d'y mettre les pieds avec circonspection puisque le prix des denrées et des restaurants est toujours jugé excessif, voire « pas moral ». En un sens, la cuisine de Paris est plus loin que certaines recettes venues de Londres ou de Milan : le pudding au pruneau et le canapé « à l'anglaise » entrent au répertoire du Havre et de Bordeaux autour de 1820 ; le riz à la piémontaise, à la même époque, à Lyon ou à Metz.

Car l'essentiel est la concurrence de voisinage que permet le restaurant. Bourg-en-Bresse et Belley se disputent le titre de « ville où l'on mange le mieux », en ignorant superbement la préférence de Brillat, natif de Belley, pour Paris puisque, là-bas, « la quantité débitée nuit tant à la qualité ». Lyon est reléguée à un rôle de second et ses restaurateurs parfois accusés de plagiat. Au reste, ceux-ci s'occupent des guerres de clocher entre la place Bellecour et la rue Saint-Joseph, dont les « bouchons » prétendent proposer le véritable buffet froid (par comparaison avec Paris) à base évidemment de spécialités lyonnaises – saladiers de cervelas, cervelle de canut, gras-double. Au besoin, l'authenticité de la recette est soulignée par l'intitulé du plat, ainsi « le gras-double vieux Lyon », ce qui n'empêche pas le cuisinier de tourner sa vinaigrette en abandonnant la traditionnelle huile de noix au profit de l'olive, décrétée vulgaire à Paris. En revanche, la capitale a imposé l'impérialisme du brillant et des saveurs décoratives : tentures en satin dans les établissements chics, sols patinés et luisants des bouchons, velours aux plis abondants éclairés par des lustres à huile en cristal quand il s'agit de faire anglais. Comme à Paris, le blanc est travaillé, habillé de couleurs dans l'assiette ou sur les murs ; il éclaire juste ce qu'il convient pour suggérer l'élégance du lieu, à la manière d'une trace d'Ancien Régime.

Au royaume des chefs

Selon un processus similaire à celui des restaurants, la notoriété de Carême l'a intronisé général d'une armée culinaire. Son talent propagandiste, le réseau de sa clientèle, sa monumentale mauvaise foi et ses jugements assurés ont fait le reste : « Je remarque avec joie l'accroissement et l'amélioration des boutiques de pâtisseries. Rien de tout cela n'existait avant mes travaux et mes livres. Comme je l'ai prédit, les pâtissiers sont devenus très adroits et très soigneux. » Au passage, Carême oubliait ses hommages appuyés à son « indépassable » maître Laguipière, lequel ne s'était pas gêné non plus pour proclamer l'apogée de la pâtisserie à l'avènement du régent, avant d'affirmer qu'il avait rejoint et dépassé ce niveau par ses créations. À la fois survivant, initié et interprète d'un âge d'or réinventé en permanence, le cuisinier vedette installait son magistère sur le double registre du pessimisme et de la modernité. Une rengaine toujours d'actualité…

Elle présentait l'avantage de remplir les fauteuils, au moins dans quelques restaurants. Dans les grandes maisons privées, le public se déplaçait pour le décor, les convives, le service. Il faudrait attendre le milieu du XIXe siècle pour que la réputation du cuisinier incitât à la visite ; les maîtres queux particuliers étaient priés de rester à leur place devant les fourneaux ; d'ailleurs ils ignoraient en général le nom des invités et il aurait été du dernier mauvais goût de leur parler. Sous la Restauration, les dîneurs de chez Hardy, rue Laffite, venaient pour le cérémonial de la grillade, exécutée en public à la commande par le chef et pratiquée dans une immense cheminée en marbre blanc sortie, disait-on, d'un château, où trônait un gril en argent. Ce fut seulement après 1841, quand Casimir Moisson rebaptisa l'enseigne en Maison Dorée, que ses créations – la timbale Nantua par exemple – décidèrent les gastronomes à s'y rendre.

L'allure pouvait sentir le frelaté, le chic être pastiché, tout cela importait moins qu'un « standing » affiché : jusqu'en 1832, le café Riche, rue Lepelletier, fut bondé parce que son aménagement ressemblait à celui du café Anglais ; la cuisine était reconnue quelconque, mais quel plaisir d'être chic à moitié prix. Quant aux clients de chez Duval, rue Montesquieu trente ans plus tard, ils déploraient la qualité des bas morceaux accommodés au bouillon (« Duval est le seul boucher qui préfère les os à la viande »), mais se divertissaient au spectacle des serveuses en bonnet et tabliers blancs, prétendu gage de cuisine familiale exécutée en réalité à la chaîne.

En fait, le cuisinier embarrasse. Ses connaissances techniques le rapprochent des professions savantes, ses créations atteignent parfois à la performance artistique, ses rémunérations le placent souvent au-dessus du commerçant ou du fonctionnaire, mais il est considéré comme un mercenaire, un artisan sans statut officiel (il est exclu de la juridiction prud'homale créée en 1806), un routinier « qui se borne à exécuter ce qu'on lui a appris », et surtout quelqu'un sans prestige, à preuve son uniforme : « La veste blanche, elle n'a pas capitulé. Elle a raison du point de vue du pittoresque et de l'utilité pratique. Elle a tort du point de vue "mode"[15] ». Les vignettes ouvrant *Le Cuisinier perfectionné* (1844) illustrent cet embarras ; elles auraient pu être gravées par les Hollandais, deux siècles auparavant. La cuisinière déplume toujours sa volaille, le cuisinier surveille ses casseroles, le maître de maison hume l'air réjoui le repas qui s'annonce ; seule la cafetière sur la table signe l'époque. Il ne manque pas un trait aux stéréotypes. Une cuisinière bien en chair, allégorie nourricière qu'on imagine proche de la nature ; un chef muni de sa quincaillerie, sorte de robot mécanique sans corps ni habits. On est fort loin de l'artiste metteur en scène et architecte imaginé par Carême.

Il faut donc forcer le passage, incarner à la fois la grandeur d'une époque et la continuité des temps alimentaires. Le cuisinier s'intronise grand prêtre d'une célébration proprement nationale puisqu'il arrive à synthétiser, dans les sauces par exemple, des influences diverses dans le temps et dans l'espace. Il se fait pour l'occasion archéologue, historien et explorateur. Simultanément, ses tours de main permettent à l'alimentation d'échapper à l'ennui de la répétition. Architecte, il joue des travestissements, enrobages et autres « différences » ; historien à l'exemple de Carême puis Moisson, il ne propose pas moins de 196 recettes de potages *français*. Ses productions entretiennent l'impression d'un mouvement permanent et rationnel. Au lieu de tabler sur la débrouillardise, ce cuisinier se comporte en savant : par sa technique, il élimine la corruption alimentaire, en principe sans tomber dans la chimie empoisonneuse ; par sa méthode, il propose la meilleure manière de simplifier un processus créatif jusque-là mystérieux. Comme ses confrères, les chimistes Chevreul ou Guyot, il veut fournir une « boussole » à la société, sans distinction de classe. Voilà qui assure, de son point de vue, une place parmi la tribu des progressistes puisqu'il fait « grandir son art comme une industrie ».

Haro sur la cuisinière

Jusqu'au milieu du XVIIIe siècle, les cuisiniers s'accommodèrent de leur réplique féminine. Au reste, celle-ci ne risquait point de leur apporter ombrage, réduite à un stéréotype religieux et culturel que *La Cuisinière provençale* d'Antoine Raspal rend presque cruel. Tandis qu'une maîtresse de maison, peinte sagement de profil, tourne le chocolat d'une manière distraite, la cuisinière fixe le peintre, faute d'éducation. Installée en position inférieure, à côté du descendant mâle, épluchant les légumes en femme à tout faire, elle ressemble à une figure laïque de sainte Marthe, la sœur de Marie. Inutile de se demander si elle lit ; elle apprend en forme de récitation les bréviaires culinaires, comme *La Cuisinière bourgeoise* rédigée par un inconnu au royaume des chefs. En Europe méridionale et orientale, ce destin se prolongerait au moins jusqu'à l'élan industrialisateur, vers 1865-1880 : *La Très Nouvelle Cuisine économique* publiée à Rome en 1814 et *La Cuisine de la maison* écrite en 1839 par un Napolitain, le duc de Buonvicino, reprenaient le vade-mecum de Menon.

La sécularisation progressive des esprits français, le brassage révolutionnaire et la guerre interminable changèrent la donne. Dans des villes engorgées d'individus, l'urgence était d'épurer, filtrer, reconstituer le sang, suprême mesure de la santé, de l'énergie des travailleurs ou des soldats et donc de la paix sociale. *A priori*, les femmes auraient dû être les chefs d'orchestre de cette cuisine pour mâle. Car il en allait des dénominations culinaires comme en politique : le suffrage et les plats étaient déclarés universels, mais chacun admettait que les hommes fussent les premiers servis. À la cuisinière, on demandait seulement d'« enfanter » la mutation de la chair

1 - Cette fresque de Pompéi fournit le standard de la grande pêche méditerranéenne : rouget, sole, esturgeon, daurade, thon, seiche et coquillages (Naples, Musée national).

2 - Sur l'étendard d'Ur, datant du milieu du troisième millénaire av. J.-C., sont représentés les animaux consommés pendant le festin et un banquet royal à Sumer où l'on boit à la santé du vainqueur (Londres, British Museum).

3 - Pain, amphores de vin, jarres d'huile, poissons séchés, volailles, dattes et fruits accompagnent le défunt. Les deux récipients contiennent peut-être du sel (XVIIIe dynastie, XVe siècle av. J.-C.), (tombeau de Menena, Thèbes).

4 - Manger assis est réservé aux défunts. Assis sur des sortes de trônes, ils sont nourris par des vivants (Thrace, IVe siècle), (tombe de Kazanlak, Bulgarie).

5 - Sur la *Bible de Moutier-Grandval*, de l'abbaye de Saint-Martin-de-Tours (840), le double travail du couple – assurer la descendance et la nourriture – est placé sous le patronage céleste (Londres, British Library).

6 - Dans cette version de Ruth et Booz (*Bible Maciejowski*, ap. 1250), la récolte de l'orge (nous sommes dans le Nord) assure le repas copieux (New York, The Pierpont Morgan Library).

7 - Cette miniature du XVe illustrant le traité de Piero de Crescenzi de Bologne (*Livre des profits ruraux*, 1304-1309) confirme la mise au travail du cheval, labourant, tandis que l'on construit un enclos (Londres, British Library).

8 - Tirée du même ouvrage, la vue panoramique montre la marqueterie de cultures et les effets des défrichements.

9 - Illustration de la « division du travail » permise par le cheval. Sur le *Psautier de Geoffrey Luttrell* (1300-1340), l'animal aiguillonné herse un champ, sitôt ensemencé de la main droite (Londres, British Library).

10 - Sur ce livre d'heures, sans doute ombrien, la récolte des navets est l'ordinaire du mois d'octobre pour le paysan (Forli, Biblioteca Civica).

11 - En Italie, le porc est en général égorgé ou tué d'un coup droit au cœur, ce qui permet d'effectuer une saignée complète et de mieux conserver l'animal, ainsi sur ce livre d'heures (Forli, Biblioteca Civica).

12 - Sur ce fragment des *Effets du bon gouvernement à la campagne* d'Ambrogio Lorenzetti (1338-1339), dominent la densité des paysans et l'impression de mouvement (Sienne, Palazzo Pubblico).

13 - Détail du *Couronnement de la Vierge* par Enguerrand Quarton (1453-1454). Le gourmand est centré sous la représentation de la Vierge (Villeneuve-lès-Avignon, Musée municipal).

14 - Les *Chroniques d'Angleterre* de Jean de Wavrin (fin XIVe siècle) illustrent le luxe ostentatoire des repas aristocratiques : nappes brodées, longières pour s'essuyer les doigts, plats servis couverts (Londres, British Library).

15 - Dans cette enluminure tirée des *Voyages de Sir John Mandeville* (v. 1410), l'exotisme est vestimentaire, tandis que la volaille et la vaisselle sont tout à fait européennes (Londres, British Library).

16 - Le rituel du cochon, représenté par Taddeo Crivelli et Franco Rossi dans le *Bréviaire d'Este* (XVe siècle), obéit à des règles strictes : l'homme tue et éviscère la bête, la femme nettoie les tripes, l'enfant gonfle une vessie en attendant de grignoter des abats (Modène, Biblioteca Estense).

17 - Cette planche du *Codex Fiorentino* (XVIe siècle) montre un coupled'Aztèques stockant des graines d'amarante.

18 - Giovanni da Udine représente vers 1516 les premiers épis de maïs (sous les pieds de Mercure dans la guirlande florale, motif repris quatre fois) pour la villa Farnesina à Rome.

19 - Dans cette version du *Banquet d'Hérode* exécutée par Donatello pour le baptistère de Sienne en 1427, l'incision des plats, signe de raffinement et de distinction sociale, souligne la barbarie de l'acte.

20 - Agenouillé au centre de la fresque de Melozzo da Forli, Bartolomeo Platina est adoubé bibliothécaire par Sixte IV en 1475 (Rome, pinacothèque du Vatican).

21 - Thème multireprésenté de la distribution alimentaire charitable. Ici David Teniers le Jeune ; ailleurs Murillo, Nieto, Cornelius de Wael, Pietro Bolckman, tous dans la ligne de Helmbreker (Paris, musée du Louvre).

22 - En forçant l'interprétation du *Mangeur de haricots* peint par Annibale Carrache, le croisillon de la fenêtre souligne l'enfermement alimentaire du pauvre réduit aux sempiternels aliments (Rome, Galleria Colonna).

23 - Parmi les multiples versions des saisons, des éléments ou des âges de la vie, celle de Joachim Beuckelaer (1570) souligne l'homothétie entre cuisine profane et sacrée (au fond, Marthe et Marie). À droite, au premier plan, le fameux dindon (Londres, National Gallery).

24 - La quintessence du grand goût au XVIIe siècle, vue par Pieter Claesz : un pâté de dindon avec animal reconstitué et associé à l'autre passion du temps, les fleurs (Amsterdam, Rijksmuseum).

25 - Le nouveau monde brésilien vu par le Hollandais Albert Eckhout vers 1640. En haut, des concombres, un radis blanc et une courge coupée en deux (dr. à g.) ; au-dessus, des produits européens, choux pommés, romarin et marjolaine. Au milieu, des goyaves (dans le panier), des pastèques, des fruits de la passion, un ananas, une noix de cajou et une fleur de cocotier. En bas, une nature morte aux ananas avec des fruits de palmier, un mangoustan et une papaye (Copenhague, Nationalmuseet).

26 - 27 - 28 - Les étapes de la préparation du canard, selon un schéma à quatre étapes dans le même plan, d'après les contes *Matsuzaki Tenjin Engi Emaki* (XVIIe siècle) (Londres, British Museum) ; même souci de géométrisation, mais, cette fois-ci, dans l'espace et à double symétrie axiale, pour ce buffet de fête italien (Bologne, 1723), (Bologne, Archivio di Stato) ; profusion orientale (vers 1820) où le roi Ghazi-ud-din Haidar accueille des visiteurs anglais, ici la symétrie est sur les murs ou dans l'étiquette de table (Londres, British Library).

29 - La *Rue à Morlaix en 1830* peinte par Jules Noël en 1870 ou l'invention de la tradition nutritive en peinture (Quimper, musée des Beaux-Arts).

30 - L'architecture sucrée de ce « Pavillon rustique », exécutée par Jules Gouffé pour son livre de 1867. Celui-ci s'inspire de Carême et Garlin, mais reprend à son compte la « modernité », définie par Baudelaire en 1863.

31 - L'armée des produits industriels, des *crackers* et des fromages aseptisés submerge les produits frais (Erro, *Paysage alimentaire*, 1964, Stockholm, Moderna Museet).

32 - La violence est sur les écrans avec cet inventaire alimentaire envahissant (Erro, *Le Régime de Stravinsky*, 1984, coll. privée).

vivante en chair comestible. Or des Françaises – tout à leur désir d'accéder au moderne statut de productrices ou occupées à ce que les hommes tenaient pour des « futilités », l'alphabétisation, la lecture, la curiosité politique – raréfièrent leur présence aux fourneaux. Dès 1780-1785, le mécontentement masculin fut perceptible : lettres dénonçant l'abus de réemplois, la qualité jugée plus ordinaire des sauces et surtout, l'étiolement des pratiques de la commensalité. Le rappel à l'ordre fut constant et ne faiblit pas jusqu'à la Restauration : la femme devait être renvoyée à ses casseroles.

Les cuisiniers, en particulier, s'offusquaient de cette intrusion. Aussi instruisirent-ils un procès à multiples chefs d'accusation. En raison d'une inaptitude technique supposée – elle se bornerait à répéter les tours de main maternels –, la cuisinière fut déclarée incapable de créer : « On n'est pas chef quand on sait seulement tourner une sauce », martelait Laguipière. À sa suite, les restaurateurs affirmèrent qu'elle était étrangère à l'idée même de « grande cuisine ». La critique était habile car elle ne jouait pas, comme on le croit souvent, sur la référence à Vatel. Personne, en 1790, ne se serait tué pour une marée en retard au prétexte d'un honneur souillé. Chacun savait remplacer les filets de poisson par un salpicon de blanc de volaille (pour la texture), nappé de béchamel (pour l'apparence). Sauf les femmes, par construction incapables de percer les secrets du salpicon ou des tournures culinaires ésotériques. De là à disqualifier l'allégorie nourricière traditionnelle au double motif de la vulgarité des traits et du caractère, il n'y avait qu'un pas. La cuisinière opulente de jadis devint « grosse », donc « grossière », dépourvue de la moindre distinction du palais. Balzac se chargea de l'épitaphe dans *La Cousine Bette* : que pouvaient-elles faire devant un fourneau sinon, mues par l'ambition, s'ingénier à « surprendre les secrets du chef », quitte d'ailleurs à les gâcher et à ruiner la réputation d'une profession, impuissantes qu'elles étaient à « imiter le grand art de la cuisine » ?

Expulser la cuisinière semblait aisé. Au restaurant, une place l'attendait en salle ou, au mieux, derrière le comptoir. Une serveuse coûtait moins qu'un garçon, sa présence « ménagère » était familière et puis, à force de détailler le contenu des plats, elle devenait presque le porte-parole du cuisinier. Derrière sa caisse, la limonadière contrôlait pour le compte du chef, houspillait, calculait, flattait les habitués, bref vérifiait l'appétence réputée de son sexe pour l'argent. La caricature gravée par Bernard Gaillot résume à merveille ces stéréotypes qui fonctionnaient aussi à la maison : la cuisinière était, pour Balzac, une « plaie financière », de surcroît « presque autorisée par l'antique plaisanterie sur l'anse du panier » et par l'absence de « livret ouvrier, donc de tout frein ». Se débarrasser des femmes était ainsi un excellent moyen de limiter la hausse des prix alimentaires, de décourager le vol et sa pire conséquence : une cuisinière enrichie épousant à quarante ans un marmiton de vingt, puis ouvrant une gargote où on mangerait cher et mal.

En pratique, ce fut tout autre affaire. Même « voleuse », une cuisinière coûtait en moyenne 120 à 200 % moins cher qu'un homme, sans parler des extras ou des chefs réputés. Certes, elle ne travaillait pas quatorze ou quinze heures, ses incommodations mensuelles pénalisaient le service, surtout qu'on les soupçonnait de gâter les sauces ; mais, avantage considérable, elles buvaient beaucoup moins que les hommes et, de ce fait, supportaient beaucoup mieux les fournaises à soixante degrés. Il suffisait d'en embaucher deux pour faire tourner la cuisine. Enfin, elles étaient plus stables dans leurs places – le prétendu immobilisme féminin fonctionnant ici de manière positive – alors que les hommes, vieillis avant l'âge, « moins résistants aux maladies pulmonaires », étaient accusés de chercher sans cesse des emplois « moins fatigants et mieux rémunérés ». D'une présence par nécessité, les restaurateurs s'avisèrent de tirer un avantage commercial sur leur carte. Autour de 1835, des recettes se virent attribuer des origines féminines selon des critères aussi fantaisistes qu'efficaces : herbes à profusion – menthe, thym, laurier, persil –, trace de l'héritage « naturel », braisage généralisé sur le modèle des pots mis à cuire pendant la lessive, recours systématique à la sauce blanche ou à la vinaigrette, « spécialité » féminine. Les escargots à la provençale et les cagouilles oléronnaises concurrencèrent ainsi la classique préparation bourguignonne, les poissons d'eau douce en pauchouse – ou son homologue, la matelote – rivalisaient à moindre frais avec les brochets, carpes et anguilles tandis que le hochepot de queues de bœuf, aux sept racines, *à la bonne femme* se retrouvait sur la carte des Frères Provençaux. La signature féminine ne conférait aucun prestige – sauf rappel aristocratique, ainsi les cailles à la Pompadour ; elle ne garantissait pas une valeur relative, comme certaines appellations régionales du type moules de Dieppe, figues d'Argenteuil ou chapon de Gascogne ; elle était distractive.

La cantonner à un statut de ménagère, confinée à une cuisine intemporelle, parut encore plus facile. Réparatrices permanentes d'une force virile qui s'usait du travail jusqu'à la copulation, les femmes étaient priées de donner à leurs compagnons « la force d'affronter la vie avec courage ». Ramasseuse de champignons, de racines et de baies à la campagne, cliente des marchés à l'heure de la clôture quand on a bradé les denrées, veuve désargentée cherchant dans les miettes des festins de quoi nourrir une famille, la ménagère était censée braconner la nourriture. En supprimant le délit de fagots dans les forêts domaniales, le législateur de 1832 entendait autant la contraindre à sa cuisine que soulager sa misère. Les hommes voulaient bien admettre que la femme s'échappât provisoirement de son univers par nécessité financière, qu'elle consacrât une partie de ses gains à l'achat de café ou de fromage pourvu qu'elle restât en bas.

Pas question de manger froid ; l'ouvrier acceptait de déjeuner sur le pouce en cas de circonstances exceptionnelles – préparation d'un repas de mariage, lendemain de couches, maladies. Mais il refusait d'emporter au travail une gamelle préparée le matin. Soit elle lui arrivait fumante à l'usine, soit il retournait déjeuner chez lui et n'hésitait pas à monter sur les barricades, comme près de Rouen en 1827, si la réduction de la pause-déjeuner empêchait l'aller-retour. Dès 1815-1820, des éditeurs proposaient des compilations rédigées par des journalistes mais signées « Mademoiselle » Jeannette, Marianne, Françoise ou Catherine... Les livres se recopiaient les uns et les autres – y compris en Italie, où parût en 1817, un « Jeannette ou la cuisinière des Alpes » – mais tout le monde s'en moquait tant que ces publications, déclinées sur les registres des quatre saisons, des âges de la vie, des menus de la fête, accrochaient un peu plus la cuisinière/ménagère à ses casseroles.

Cette assignation ne convenait ni à certaines intéressées, ni aux avocats du progrès. De fait, on repérait celles-là désormais chez les cabaretiers restaurants à l'assiette, des « crémiers » vendeurs de viandes et de légumes bouillis à deux sous, voire dans les « gargotes » en compagnie des hommes (le mot date de 1835). Chez elles, les sauces au goût du jour concurrençaient les anciennes au prétexte qu'un répertoire calorique gagnait à être servi avec des assaisonnements relevés : le piquant d'une sauce rémoulade, l'ail de la sauce à la provençale, l'aigre du *horse-radish* ou le sucré de la sauce tomate. Les thuriféraires des cuisiniers durent convenir que le talent n'était pas interdit à la ménagère, rhabillée en cuisinière. Même ce cher Balzac s'y résignait dans *La Rabouilleuse* : « Personne ne doute qu'au fond des provinces, il existe des Carême en jupon. » Deux bémols limitaient sa conversion : c'était là don de la Providence – « Flore était née friturière et rôtisseuse » – et ses qualités s'exerçaient sur des « plats emblématiques de la plus basse condition », par exemple des haricots. En somme, la cuisinière était un demi-cuisinier.

Quant aux hygiénistes et aux moralistes, ils déploraient le poids des contraintes physiques, l'ancrage dans les profondeurs quasi souterraines de la cuisine, sorte d'équivalent de la mine. Soutenus par divers sectaristes alimentaires – végétariens, religieux, industriels – ils étaient animés par une ambition ascensionnelle pour les femmes. Leurs mobiles différaient mais ils identifiaient tous le royaume culinaire du bas avec le mal, la souillure, la pourriture. De leur côté, savants et médecins étaient soucieux d'éradiquer des pratiques jugées nuisibles. Ils proposaient une nourriture purgée, issue de territoires intacts – l'usine ou la colonie – transportée rapidement, peu chère mais négociée plutôt que ramassée, stockable et moins périssable.

Un pays inimitable

L'ostentation du futile, voilà pour l'incompréhensible ; le terrorisme des principes, voilà pour l'inadmissible. Vue par ses voisins, la France pratique une cuisine qui prétend s'élever sur les débris des autres ; ses acteurs promulguent des lois changeant les rapports alimentaires et s'imaginent qu'elles sont universelles ; ses amateurs pratiquent l'excommunication pour faute de goût et rédigent l'éloge des vertus ascensionnelles de la table en associant fumet des repas et fumée des mots. L'étonnement que son évolution provoque, le prestige dont elle jouit chez certains Européens, la force de ses armes peuvent donner l'impression que la confrontation a définitivement tourné à son avantage. En fait, on va le vérifier, la cuisine française jusqu'en 1850 conquiert peu d'esprits, s'implante souvent contre le gré des gens et suscite quelquefois une inquiétude si ancrée que se dessine une sorte de coalition contre elle.

De leur côté, selon le mécanisme de l'enjambement déjà évoqué, les Français affichent la certitude que leur empire alimentaire, universel et incontesté, dispense ses bienfaits par éducation comme par contagion. En témoigne le panégyrique brossé par Eugène Briffault, journaliste et écrivain qui se veut héritier de Grimod et Brillat réunis : « Quand Paris se met à table, la terre entière s'émeut […] tous accourent, se pressent et se hâtent, afin d'obtenir la faveur d'un regard, d'une caresse ou d'un coup de dents […]. Dans tous les coins du monde, Paris a des gens attentifs à ses goûts, à ses fantaisies, à ses désirs, à ses caprices […]. Ailleurs, on peut déployer plus de faste et plus de magnificence ; mais, nulle part, les délicatesses exquises du goût et de l'élégance ne peuvent être satisfaites aussi bien qu'à Paris ; le confort parisien n'a pas les raffinements de l'égoïsme ; mais il a l'intelligence d'une vie qui mêle aux contentements de la sensualité les délices de l'esprit […]. On le lui envie, on le copie ; mais on ne peut lui ravir[16]. »

En pratique, la France se targue d'un style et de créer la mode. Elle le revendique authentique, donc juste et offrant la meilleure façon d'accéder à une vérité du goût. Les querelles qui divisent les aficionados ne changent pas l'essentiel : prises ensemble, elles justifient la certitude française d'incarner le « genre » culinaire. Belle illusion, dissipée par exemple si l'on étudie le divorce saucier entre Français et Européens. En 1739, dans *Les Dons de Comus*, François Marin avait cru qu'un néologisme les réunirait : il fallait « singer » les sauces. On préparait des imitations de coulis à la façon « ancienne » en ajoutant de la farine au beurre fondu, avant de mouiller l'ensemble au bouillon puis de laisser réduire, surtout sans roussir. Le cuisinier gagnait du temps, de l'argent et ses plats, de la légèreté. Échec complet en France : quand le mot fait son entrée dans le dictionnaire, en 1770, seule est retenue une définition discréditante, « imitation maladroite, voire frauduleuse ». Singer, c'est parodier la cuisine.

Pour leur part, les cuisines raffinées d'Europe de l'Ouest continuent de s'aligner sur les innovations de Versailles avec dix ans de décalage : ainsi les Britanniques sont les premiers à se convertir au blanc au lieu du brun en se ralliant aux conseils de Massialot, puis à adopter les coulis de veau avec Menon. Le succès du livre de Hannah Glasse, *The Art of Cookery Made Plain and Easy* (1747) montre que le plagiat des recettes françaises constituait le meilleur moyen de trouver un public. Les Piémontais, l'aristocratie lisboète et la bourgeoisie des Flandres les imitent autour de 1760. Grâce à la farine et au beurre manié, combinés selon les pays à l'amertume du vinaigre ou des câpres, à l'acidité du citron, du fenouil et des groseilles, la sauce devient agréable à l'œil. Elle s'éclaire par son brillant, ses nuances et s'allège sous la langue puisque ici la farine n'est plus roussie.

Avec la cuisine fin-de-siècle s'annonce une autre cohorte de sauces : Carême en propose soixante-dix-huit, doublées en version maigre, contre une vingtaine chez Massialot et trente chez La Chapelle. La sauce continue alors, selon Grimod, « le dernier coup de pinceau du peintre », elle séduit l'œil, « stimule l'odorat et provoque l'appétit ». Elle n'assure plus la variante de mets souvent identiques, elle est une composante de la recette. Argument irrecevable en Europe parce qu'il fait passer le goût avant le besoin. La manière française est condamnée pour son luxe dispendieux, parce qu'elle est dévoreuse de temps dans sa préparation pour une activité jugée futile. Quand une cuisine incite à gâcher de l'argent pour des plaisirs éphémères, elle est forcément malhonnête dans l'assiette. Ainsi s'organise une réaction monochrome : Espagnols et peuples du Danube demeurent fidèles à des sauces jugées archaïques en France – safran au Sud, poivron à l'Est ; l'Europe rhénane réhabilite les sauces noires au poivre et au pain brûlé, liées à la farine roussie.

On touche avec cet exemple au cœur du scandale. La démarche française choque parce qu'elle révèle le tempérament, les intuitions, une vision de l'histoire dominateurs. L'esthétique culinaire – explicite dès *Le Manuel des officiers de bouche* (1759) qui s'adresse aux « artistes » – exprime, vue du dehors, la véritable éthique d'une France colonisatrice et non libératrice. Celle-ci paraît négliger le legs de la tradition avec un véritable entassement de goûts et de protocoles ; elle prétend incarner un autre âge historique ; pire, elle postule à une légitimité paradisiaque laïque puisqu'elle décide du montré et du caché avec ses feuilletages, croustades, tourtes et autres enrobages. Non contente de travestir ses aliments, elle s'octroie le prestige du monumental et, au total, instaure la transcendance visible du créateur à la place de la transcendance divine invisible. Et tout cela en public ! Les soirs de festin aux Tuileries – et peu importe le nom des locataires, Bourbon, Barras ou Bonaparte – des gens viennent au spectacle des domestiques et du voyage des pièces montées, circulant à bout de bras juste à la hauteur des fenêtres surélevées.

À cela s'ajoutent un reproche diététique et une critique culturelle. Britanniques, Hollandais et Prussiens dénoncent l'excès de plats gluants, réputés incompatibles avec les humeurs corporelles et provoquant de multiples engorgements de l'estomac par leur difficulté digestive. En quelque sorte, la cuisine tricolore collerait au corps ; aussi convient-il de préférer les sauces épicées qui consument à l'avance les mets, étant donné par hypothèse que la constitution des hommes du Nord les place à l'abri de ces inflammations stomacales, si fréquentes chez les Français. Au besoin, des ouvrages en français confirmant ce diagnostic sont réimprimés à Londres et à Amsterdam, comme *La Cuisine de santé*... de Jourdan Lecointe, en 1790. Quarante ans plus tard, son exécution en règle dans *L'Art de la cuisine française au* XIXe *siècle* – « aussi mauvais médecin que mauvais cuisinier » – convaincra plutôt les lecteurs européens de Carême de l'indécrottable complexe de supériorité français.

Car il est un fait absolument étranger à leur palais, cette conviction française d'avoir le coup d'œil et le jugement sûrs. Les amateurs disent repérer le plat exceptionnel à la manière d'un Winckelmann (encore lui) sélectionnant les chefs-d'œuvre parmi les ruines. Les grands chefs en font un critère tout autant que les cuisiniers de province, notamment en Languedoc, Normandie, Lyonnais et Provence, dès 1820-1825. Les autres se fient à leurs souvenirs d'enfance – le savant Marmontel se prétendait ainsi expert en galettes de sarrasin, croquées jadis au collège. Et tout ce joli monde se comporte au besoin en parfait vandale, au point qu'un Anglais anonyme rapproche leur état d'esprit de celui d'un Jacques-Louis David et de ses projets radicaux, par exemple *Le Peuple au front gravé*, où seul le visible mériterait d'être gardé et le reste vandalisé pour insignifiance.

Pour nos voisins, la cuisine française, obsédée du jugement de l'office à la cave, se satisfait de briller. À preuve, les cuisiniers eux-mêmes astiquent les généalogies, en y annexant un maître d'hôtel (Vatel), des étrangers (Apicius) ; ils débarrassent les archives du goût européen et installent leurs statues en majesté, n'hésitant pas à proclamer, comme Carême, que la cuisine commence et finit avec eux. Les Européens raillent la propension tricolore à imaginer sans cesse des barbares à leurs basques et les envolées de Grimod jouant les abbé Grégoire d'un patrimoine qu'il invente : « Si le temps des Vandales eût duré plus longtemps, on aurait perdu jusqu'à la recette des fricassées de poulets. » Combien leur paraît préférable le chic. Cela ne se voit pas, se devine par une sorte de complicité tacite entre gens du même monde et suppose la maîtrise de l'*understatement*. Comment imaginer un sous-entendu dans un monde culinaire français gouverné par les proclamations ?

La francisation des intitulés cède à une habileté commerciale permettant de vendre des recettes dites françaises dont on trouve pourtant la copie conforme dans les manuscrits toscans et napolitains des XVIe-XVIIe siècles. Ainsi « les paupiettes de tripe à la provençale » sortent tout droit de Naples, le détour incorporant l'effet de mode et le coulis à la tomate, audace culinaire suspecte au début du XIXe siècle. Ailleurs, les « dindes en daube », les « bœufs à la mode ou à la royale », les « loups de mer à la sauce blanche » signent une présence française dont la réputation est fondée sur les ragoûts et les sauces. Mais, même chez les aristocrates les plus francophiles à Naples, Milan ou Venise, les menus servis entre 1790 et 1830 incluent au plus deux plats sur onze ou treize dans une filiation outre-alpine[17]. Pour le reste, on mange italien et provincial : caponata ultraclassique aux câpres, olives et vinaigre balsamique ; choux à la crème, plutôt frits au Sud sous l'influence espagnole beaucoup plus prégnante que la française ; galette de polenta, riz, pigeon et jambon. Les saisons n'y changent rien, la fricassée de ris et amourettes de veau aux truffes est noire en France et blanche en Italie.

Même l'influence littéraire est discrète en Allemagne du Nord, aux Pays-Bas ou en Russie[18]. Le premier livre de cuisine russe, publié en 1779, se réfère explicitement à l'exemple prussien et signale une recette française, le « poulet au cognac » ! À Saint-Pétersbourg, les chefs italiens ou allemands sont les plus recherchés parce qu'ils ne prétendent pas modifier la composition des indispensables *pirogi* (viande, fromage, choux, baies), alors que les Français se disent incommodés par l'odeur âcre et chamboulent les contenus traditionnels. Seul le Canada français revendique et cultive sa filiation : des soupes de poisson « à la française » sont servies sur les côtes et arrivent à Boston vers 1830, elles s'installent autour des Grands Lacs avec les pêches de rivière et descendent de Chicago (1820-1825) le long du Mississippi. Mais l'imprégnation est superficielle : dès 1820 les fromages normands ont laissé la place à l'Oka, comparé au cheddar, association pour le moins fantaisiste. Les coques ou les clams « à la Normande » – crème et oignons à la place de l'échalote – poussent vers New York mais s'européanisent après la rencontre avec les « vongole » aillées et tomatées des immigrants Italiens.

Seul le « pain de campagne » – composé à un tiers d'orge, de seigle voire désormais de maïs et cuit dans un four individuel en brique – ébauche une standardisation à la française. Car, au Canada comme en Bolivie, qui en fait l'emblème de sa lutte contre le colonisateur espagnol, ou encore sur les tables de La Haye et d'Amsterdam, le pain « français » est la seule conquête indiscutable. On glissera sur les recettes, les composants et le tour de main ; tout cela est plus qu'approximatif et l'est resté. Mais il s'est produit une sorte de transfert entre le pain et l'universalisme politique dont rêvent les Français. En schématisant, leur est reconnue l'élégance des manières de table, l'ingéniosité des plans de table – le principe de la triple symétrie, horizontale, axiale, diagonale dicte les dispositions européennes jusque autour de 1830/1840 (fig. 27) – et un pain à la saveur inimitable.

Aveuglés par cette distinction couronnée et la carte de visite d'une douzaine de chefs, les Français se sont, pendant ce temps, persuadés qu'ils colonisaient l'Europe. Clouet et La Chapelle, Carême puis Ude, Francatelli et Soyer ; trois générations de maîtres queux installés en Grande-Bretagne, des ducs de pâmoison et des gentlemen qui demandent à visiter les cuisines en Soyer au *Reform Club*. En Prusse, depuis que Noël a officié au service de Frédéric II, Paris imagine le roi-soldat converti aux blancs de volaille à la béchamel parfumée au jus d'orange « alamode de Paris ». Annexons l'italien Francesco Leonardi qui fait connaître une cuisine française très italianisée au général Souvaroff et à Catherine de Russie. Comptons aussi large pour les convives, avec des Bourbons et des Orléans au

Portugal, à Parme, à Naples, confits en dévotion culinaire française – éducation, nostalgie d'Ancien Régime ou exil obligent ; des princes noirs de l'Église, une poignée de cavaliers impériaux de fraîche aristocratie européenne et quelques bourgeois voyageurs. Cinq mille personnes au plus ; pas un empire mais, jusqu'au milieu du XIXᵉ siècle, une principauté.

Au moins en Europe, la cuisine française nourrit des conversations. Outre-Atlantique, à l'exception de quelques anecdotes boliviennes et brésiliennes sur l'enrôlement des spécialités tricolores dans les guerres d'indépendance qui évoquent l'enthousiasme de maître Ragueneau pour Cyrano, ou des sempiternels restaurants français de Boston et New York après 1820 – une dizaine au plus –, silence et indifférence réciproques semblent la règle. Côté français, le Nouveau Monde n'est même pas une terre de mission. Ainsi, à l'automne 1801, le Premier Consul enfin assuré de la paix en Europe déplaça la concurrence avec la Grande-Bretagne dans le registre du commerce colonial et des ambitions en Amérique. Bonaparte imagina un triangle français entre la Guyane, Saint-Domingue et la Louisiane qu'il venait de troquer avec la Toscane – perte gastronomique impardonnable commise à cause de la folie sucrière. Il dépêcha vers cet « empire français d'Amérique » deux escadres et trente-cinq hommes, approximativement le contingent de l'expédition d'Égypte. On chercherait en vain les savants, les découvreurs, les médecins observateurs et les cuisiniers ; dans la relation de la mission Leclerc, la faune, la flore, les habitudes alimentaires sont absentes et la seule trace du passage français se résuma encore à la formation de quelques boulangers secondés par des mitrons créoles.

Une estimation des variétés alimentaires importées depuis le XVIᵉ siècle aux Amériques confirme l'indifférence française : le contingent espagnol avoisine les quatre-vingts, le britannique les trente et le français la quinzaine, autant que son voisin allemand. Admettons que le chauvinisme hispanique ait tordu la réalité ; il n'empêche que la transmission des recettes affiche un déséquilibre comparable, notamment en raison de la facilité apparente d'exécution et de métissage des préparations hispaniques. En Californie, en Floride, et même en Louisiane, la galette de maïs se combine avec le poulet bouilli à l'anis et les travers de porc frits, selon le principe mexicain ou péruvien postcolombien[19].

L'histoire de cette indifférence reste à écrire, d'autant plus que son modeste constat a été occulté par un légendaire – américain cette fois – dont les fins idéologiques sont instructives pour comprendre le rapport de force actuel[20]. Jusqu'aux années 1940, la cuisine française occupe une place distractive dans le récit, un peu à la manière du coiffeur ou de la modiste. Dans cette Canaan moderne qu'est l'Amérique, dispensatrice d'une nourriture inépuisable, avec des animaux plus grands, des plantes plus riches à portée de main et sur une terre « vierge de cuisine » puisque les Indiens mangent le plus souvent cru, séché et boucané, donc en individus non civilisés, la place est aux Anglais, aux Allemands, aux Hollandais parce que leur corps et leur alimentation semblent taillés à la mesure du continent. Peu importe que le *Dutch oven* des grandes plaines et des Appalaches soit la copie du four normand en brique, c'est la trace qu'il convient de retenir.

À l'abord du dernier tiers du XXe siècle, la cuisine française mitonne dans un pot-pourri d'influences, chargées de réassurer par leur nombre l'homogénéité nationale et de dégager les contenus d'une culture américaine commune. Mais elle reste toujours seconde, cette fois après l'Espagne. La touche française apporte un vernis anecdotique. On s'interroge sur l'impact comparé de l'oignon et de l'échalote dans la cuisine épicée du Sud, depuis Bordeaux et Nantes *via* le commerce triangulaire, occasion de rappeler les « racines » de la table sudiste. On vante les mérites du pèlerinage gastronomique dans la France de la nouvelle cuisine, en hommage à un magistère ancien rétrospectivement jugé inadapté aux besoins comme aux goûts, entretenu désormais dans le reliquaire hexagonal grâce au mécénat moderne américain, presque une passation de leadership culturel (on y reviendra). Quelques décisions médiatiques récentes – suppression des menus en français à la Maison Blanche, remplacement du chef tricolore, campagnes de boycott – confirment la captation d'une cuisine « à la manière française » sans que le discours américain s'embarrasse de prévenances ou de précautions, en un mot qu'il soit terriblement français : le « meilleur chef du monde », Alain Ducasse, a ouvert le « meilleur restaurant du monde » à New York où il sert des produits exclusivement américains, façonnant une cuisine à son tour « inimitable ». Propos inaudibles de ce côté de l'Atlantique, bien qu'ils s'inspirent à la lettre des archives culinaires françaises...

À l'autre bout du monde, le retrait colonial après la guerre de Sept Ans et le maigre flux d'émigrants tricolores sont avancés en raison principale de l'absence culinaire française. De fait, dans les territoires français du Pacifique, le régime alimentaire s'inspire dès 1820-1825 du standard britannique et s'ouvre à partir de 1840 aux apports indiens ou chinois des premiers immigrants asiatiques. À la raison économique – la densité des implantations et les colons venus d'outre-Manche –, s'ajoute un présupposé culturel : dans les territoires où la gloutonnerie est un signe de distinction les préparations françaises sont frustrantes par leur complexité de goûts et leurs proportions jugées insuffisantes. Selon un processus observé aussi chez les Maoris en Nouvelle-Zélande, les tribus polynésiennes adoptent des produits, des tours de main à la fois rassasiant et au goût puissant. D'où la fortune du porc au détriment du mouton, ce dernier en général réservé aux dîners festifs, rares moments où la trace culinaire française est lisible avec un « mouton sauce poulette », voire des « côtes d'agneau à la Conti » pour célébrer la première Entente cordiale entre Victoria et Louis-Philippe. Mais seuls le maïs, la pomme de terre et des porcs entiers peuvent calmer des appétits, à qui six à sept kilos de féculents et deux à trois kilos de viande quotidiens, poussés par huit à dix litres de bière dès 1830, paraissent convenir à un adulte actif. Aussi, la lutte d'influence oppose amateurs de porridge, de polenta et de maïs cuit au-dessus de la braise aux tenants du mélange taro, patate douce avec les épices et les cuissons à la vapeur orientales. Quant à la France, elle se résume à Paris, au champagne servi dans les grandes occasions et à cinq ou six recettes, par exemple la soupe à la tortue, avec ses variantes locales, les baies à la place des herbes.

L'inexistence française dans l'hémisphère Sud ne trouble pas la tranquille supériorité nationale, depuis qu'au XVIIIe siècle, les relations de voyage exotique ont conclu à la « parfaite saleté de goût » des cuisines extra-européennes et aux manières d'« authentiques rustres lorsque ces gens boivent et mangent ». L'expérimentalisme œcuménique semble adapté pour des peuples encore dans une ambivalence culturelle, Americains, Russes ou Ottomans (fig. 28). Quant aux Japonais, aux Chinois ou aux Africains, leur cuisine ne représente rien ; au mieux, quelques produits ne demandent qu'à être pillés ou achetés afin d'enrichir le capital alimentaire français, par exemple l'arachide du Sénégal dès 1825-1830. Ce renvoi au néant culinaire ne doit ni surprendre ni scandaliser : jusqu'au milieu du XIXe siècle, la cuisine française ne pense comme différentes, donc intéressantes, que les cuisines européennes. Là, on peut mener des guerres, envoyer des missionnaires, s'imaginer en pays conquis, redouter l'invasion de « l'immangeable charcuterie prussienne » ; ailleurs, on commerce. Entre controverses intérieures et guerres extérieures, le monde culinaire français a trouvé un singulière stabilité jusqu'à ce que, dans la seconde moitié du siècle, industrialisation, échanges et colonisation viennent menacer cet empire convaincu de sa perpétuation.

CHAPITRE 7

LE TEMPS DES VISIONNAIRES

Les générations aux affaires après 1760 prétendaient, on l'a dit, voir clair dans la manière de nourrir les individus. Elles disposaient d'un stock fiable de recensements cadastraux, de mesures vraisemblables de la superficie cultivée et des récoltes, de rôles fiscaux. Elles savaient dénombrer les bouches à nourrir et bénéficiaient d'un système empirique d'assurance : le roi ici, les religieux là, les élites urbaines ou claniques ailleurs qui tenaient le rôle de fournisseurs alimentaires en dernier recours, par charité et intérêt, modernes évergètes. Tant que les puissants festoyaient, nul doute que les greniers s'ouvriraient en cas de catastrophe alimentaire ou guerrière, étant entendu que les famines relevaient d'un ordre cosmique, donc magico-religieux, échappant à l'entendement humain. Le don était la contrepartie de la frustration sociale.

Or le mécanisme se grippa sous le poids du nombre. Entre 1750 et la fin du siècle, la population européenne augmenta d'un tiers pour atteindre 195 millions d'habitants ; quant à la population chinoise, elle progressa d'un quart et comptait 300 millions de têtes. Ces pourcentages étaient jadis le privilège de siècles « copieux » en leur entier et ils succédaient à un premier élan, entre 1720 et 1740, ce qui accentuait l'impression d'un déferlement, favorisé par la fin du « petit âge glaciaire », ses étés humides, ses hivers terribles et les pandémies qui les accompagnaient.

Devant cet encombrement humain, l'extension des défrichements ou la transformation des terres en zones céréalières offraient des réponses coutumières, mais toujours en retard sur l'exigence de quantité. En Europe, les espaces cultivés gagnèrent 20 % ; en Chine, 15 %. Mais les céréales avaient beau fournir vite des calories, le compte quotidien pour un adulte mâle y était rarement. Il fallait se débrouiller au bonheur la chance entre l'ingéniosité, la charité et le banditisme. On parlait bien de révolution agraire, mais aucun pays n'émergeait qui pût servir de modèle et de moteur à la croissance. La globalisation ne concernait qu'un objectif archiconnu : donner la chance et les moyens de survivre au plus grand nombre. L'horizon était borné au pain, au riz et à la soupe.

Certes, les autorités n'étaient pas en reste de bonnes intentions. Elles stockaient des rations céréalières, en Europe du Nord comme en Asie ; elles obligeaient les paysans à prévoir des réserves de substitution – plantes comestibles, racines, fruits, voire fleurs en Corée – signes d'une ponctualité exemplaire puisque le désastre alimentaire était en principe conjuré. Chaque jour, dans Paris, Londres ou Naples, des cohortes bovines entraient dans les faubourgs et la population pouvait admirer des animaux plus gras et de meilleure qualité nutritive. Sauf qu'elle constatait aussi la baisse du nombre de bœufs abattus et qu'elle en concluait que cet élevage commercial était réservé aux « accapareurs ». Même le vocabulaire administratif semblait se préoccuper de la nourriture : en Corée, les instructions étaient rédigées en langue vernaculaire et non avec les habituels idéogrammes chinois.

Pourtant, les causes des pénuries, leur matérialité, leurs effets restaient portés au vent de la rumeur. Les gens commençaient par se plaindre des dérèglements naturels, puis ils imputaient aux puissants de thésauriser les aliments, d'en faire monter les prix, de commercer clandestinement et de se comporter en contrevenants aux règles vertueuses qu'ils recommandaient : travail, ordre, ponctualité, modération. On confondait disette et famine dès que l'estomac s'était longtemps serré, préalable immuable aux colères populaires qui s'ensuivaient : dans la seule décennie 1770, six pays européens furent secoués par ces émeutes de la faim et deux – l'Italie et la Suède – au bord de la « levée en masse ». Cet enchaînement n'avait rien d'original, pas plus que la multiplication des fausses informations : les chroniques des disettes coréenne et chinoise de 1775 reproduisaient les déplorations notées dans un rapport à l'empereur Tchao Ts'o au milieu du IIe siècle av. J.-C.

À États critiqués, hommes providentiels nombreux. À l'automne 1816, lorsque se dessina en France une pénurie frumentaire, la rumeur s'enfla au point qu'une partie de l'opinion disait tabler sur un retour de Napoléon, seul capable de « châtier les nobles et les prêtres prévaricateurs », de casser la spéculation en imposant un prix plafond du pain qui fût respecté et de déclencher le retour de l'abondance alimentaire. Tandis que Louis XVIII était accusé de se détourner du sort des malnourris, on entendait l'éloge de son frère guillotiné. Tout à coup, la propagande bonapartiste vantait la bénévolence du défunt roi illustré par Louis Hersent avec son *Louis XVI distribuant des secours aux pauvres pendant l'hiver de 1789*. Pas un royaliste n'osa rappeler, et pour cause, la contre-publicité qu'avait provoquée l'œuvre trente ans plus tôt, l'embonpoint du souverain ayant été jugé obscène dans plusieurs cahiers de doléances, ainsi que la morgue des talons rouges en pleine santé au second plan. Au printemps 1817, des paysans lisaient même dans les feuilles de blé les initiales magiques de l'empereur déchu. Trente ans plus tard, leurs enfants déchiffreraient d'identiques messages au plus fort de la crise de 1846-1848, cette fois pour le neveu de l'aigle.

On avait toujours demandé aux princes et aux religieux de conjurer la faim puisqu'ils étaient l'incarnation de la confiance ; ceux-ci feignaient de croire que l'effervescence des affamés était chose naturelle inscrite dans le registre des passions. « L'émotion populaire » dont parlait Saint-Simon avait l'avantage de déréaliser la pénurie dans sa durée et ses responsables.

Or, à partir des années 1770 en Europe occidentale puis des années 1820 au Sud et à l'Est, cette construction parut bancale parce qu'elle reposait sur une culture autoritaire récusée pour inefficacité et en raison des désagréments apportés par le progrès, administratif ou technique.

Fallait-il croire à cette régénération de l'individu par l'industrie, la science et le commerce ? « S'américaniser » ou « s'indianiser », n'était-ce pas s'enténébrer en s'entichant d'un exotisme de circonstance, pioché dans le répertoire littéraire et pictural ? Ou bien était-ce emprunter le chemin qui épargnerait à l'Occident l'engluement routinier où lui semblent plongées l'Afrique, la Chine et l'Inde ? La fermeture japonaise, l'indifférence chinoise ne constituaient-elles pas d'excellents moyens de sauvegarder esprit et indépendance de jugement ? Après tout, les peuples du Dahomey expliquaient aux voyageurs, en 1790 comme en 1871, qu'il était absurde de chercher à récolter deux fois le sorgho ou à remplacer celui-ci par du maïs puisqu'il aurait fallu changer de calendrier, de vocabulaire, de rituel, tout en mécontentant dieux et ancêtres, en ruinant une fiscalité annuelle déguisée sous forme de don du culte – donc acceptée – et en pressurant au-delà du raisonnable des individus portés dès lors à refuser le tour d'écrou[1].

Les réponses à ces interrogations occupent encore nos esprits. Nous ne savons pas décider si l'industrie alimentaire et l'homogénéisation qu'elle a entraînée constituent le meilleur moyen de sauvegarder la communauté humaine par la diffusion des travaux et des produits. Nous hésitons tout autant à reconnaître que le progrès technique – par exemple la conserve, l'industrie du froid, la lyophilisation ou la pasteurisation – ait pu conduire l'humanité vers un déclin alimentaire et dans les impasses d'une crise à répétition – perte du goût par effacement et oubli sans raison – au point que des individus se sentent exclus de la nature. Nous n'osons pas enfin envisager qu'à l'échelle de l'histoire humaine, ces deux siècles soient une nouvelle mouture de cette fameuse anacyclose, évoquée au chapitre 5. À notre connaissance, seul Edmund Husserl a considéré cette éventualité dans sa fameuse conférence de Vienne sur *La*

Crise de l'humanité européenne et la philosophie (1935). Notre approche est par construction différente, mais c'est bien aux lancinantes questions du même, de la reproduction et du meilleur qu'il faut nous colleter encore.

Adopter l'Amérique

L'Europe aborde le XIXe siècle bardée d'une certitude héritée de la vieille distinction thomiste entre les pauvres, qui manquent du superflu, et les miséreux, privés du minimum. Selon la « politique du ventre », le statut des premiers tient à leur travail, à l'ordre garanti par la police et la justice et à leurs vertus. En termes économiques contemporains, cela s'appelle un marché d'offre déséquilibré. Les seconds doivent compter sur la satisfaction d'une demande, tout autant déséquilibrée, par des institutions charitables, des dons individuels et une action de la puissance publique en « réassureur ». Or, à partir de la décennie 1770, l'écart entre pauvres et miséreux atteint des proportions insoutenables, connues jadis pendant les guerres ou les catastrophes alimentaires : on passe du simple au triple à la fin du XVIIIe siècle et la décrépitude des miséreux se creuse d'un tiers dans les cités sans activité soutenue – grossièrement situées au sud de la Loire et à l'est du Rhin – et de moitié dans les métropoles prospères, après 1811-1815.

Car les pauvres aperçoivent enfin par éclipse la couleur du superflu. La hausse de la productivité n'y est pas pour grand-chose et l'allongement de la durée quotidienne et annuelle du travail pour l'essentiel. Que les prix agricoles soient à la hausse jusqu'en 1810-1815, puis baissent plus vite que le revenu jusqu'aux années 1840, ils ne jouent qu'un rôle de multiplicateur ou d'amortisseur. Le constat est trivial : on se nourrit mieux en se tuant à la tâche. Dans les pays protestants, les gens sont au labeur 270 jours par an aux Pays-Bas dès 1790-1800 ; chez les catholiques – et même en Espagne ou en Pologne – on travaille au moins 260 jours et on s'approche des

280/285 après 1815 en Belgique, en France ou en Autriche. Le mouvement semble comparable chez les orthodoxes, sauf que la journée de travail est déjà interminable, même pour ceux qui échappent au servage. La barrière des treize heures quotidiennes constitue le seuil du mieux-être, à la campagne comme en ville. Ici, l'artisanat à domicile, l'entretien de la basse-cour fournissent l'appoint ; là, on loue ses bras et ceux des enfants quand les chantiers se font rares.

Dans cette compétition contre la montre, les villes anglaises, Stockholm, Vienne et Venise tirent leur épingle du jeu : hors période de siège militaire, il y a assez de travail pour fournir au moins six kilos et jusqu'à neuf d'équivalent de pain entre 1740 et 1850. À Paris (hormis en 1789, 1795 et 1816), Anvers, Gand, Cracovie ou Barcelone, le seuil des treize heures est approché, parfois dépassé. Il reste hors d'atteinte à Naples, Milan, Brême, Leipzig, Edimbourg, Dublin ou Madrid.

Le sort des campagnes est plus difficile à déterminer, tant les cas particuliers sont légion. Nous avons pris le parti de procéder à des coups de sonde dans des régions réputées déshéritées, la Bretagne, le Quercy, la Sicile, le Piémont et les *lake districts* à la frontière anglo-écossaise. Deux observations reviennent si souvent qu'on les tiendra pour plausibles : dès 1745-1750 et jusqu'en 1825-1835, les familles pauvres qui travaillent consomment plus de viande et boivent beaucoup plus. Dans le pays de Léon comme dans les Côtes-du-Nord ou le Morbihan, on passe quatre fois par jour à table. Certes, l'ordinaire reste la soupe ou la bouillie, mais s'y ajoute du lard un jour sur deux et une tartine beurrée ou une galette de sarrasin à chaque fois. Entre les *Langhe* piémontaises et la région de Ravenne, le distinguo ancien entre les premiers, mangeurs de saucisses, et les seconds, abonnés à la bouillie, s'estompe au profit d'une frontière culinaire subtile selon qu'on farcit (à Ravenne) ou non les pâtes de *ricotta*. En Sicile, les enquêteurs officiels s'étonnent de la qualité du pain consommé ; dans le Quercy, ils sont surpris par la force des manœuvres et journaliers qu'ils attribuent, dans le doute, à la consommation exagérée d'huile de noix, de fromage et de vin blanc. L'Europe pauvre boit énormément et c'est sa chance : du lait parfois, du vin (350 à 400 litres par adulte mâle chaque année), du cidre et/ou de la bière toujours (au moins 600 litres au pays de Galles et jusqu'à 1 000 litres par an de la Belgique à la Poméranie). L'alcool est, en fait, un bon thermomètre de l'activité : le pauvre boit pour se sustenter, pour tenir le coup, pas pour pleurer sur son sort ou s'en évader[2].

En période de hautes eaux démographiques, cela ne suffit pas. Et il n'est pas besoin de révolution pour appréhender l'impuissance des autorités, bien qu'il soit tentant de les brocarder sur le registre inépuisable du « complot de famine » et de déclarer les « Grands », nébuleuse aux contours flous, « ennemis de l'humanité ». Babeuf ne proposera qu'une version laïcisée des sermons du père de Neuville, vingt ans plus tôt, à l'usage exclusif de ceux qui imaginent nécessaire de dépoudrer les perruques pour nourrir les pauvres. Les autres ont compris, dès 1765-1770, que des pouvoirs plus préoccupés de violence criminelle que de brigandage ou de tromperie sur la qualité de la nourriture leur proposeraient peu d'idées. Et sûrement pas de solution juste, à juger par le décalage entre la publicité des procès contre les prévaricateurs et les sanctions : loin de rassurer, les débats judiciaires entretiennent la rumeur et, de Londres à Paris ou Naples, les mesures administratives sont jugées vaines puisqu'elles ne suppriment ni marché noir, ni cours officieux des denrées, ni pénurie spéculative. Selon l'expression bien connue des économistes, sur ce terrain aussi, la mauvaise monnaie chasse la bonne. La rumeur rassure, autant qu'elle exaspère un sentiment d'injustice perpétrée par la nature et par les chefs.

Ceux-ci sont coupables pour deux puisque celle-là n'obéit à personne et est par définition innocente du manque. Le choix paraît donc tranché d'avance entre la résignation frustrée et l'action. Au reste, il ne manque pas d'esprits savants pour y inciter après Malthus et la publication de l'*Essai sur le principe de population* (1798), de Villeneuve-Bargemont et son *Économie politique chrétienne* (1834) à *La Misère des classes laborieuses en Angleterre et en France*... (1840) d'Eugène Buret.

Filant, à leur manière, un thème rebattu depuis l'évangile de Jean, ils concluent que le travail du pauvre, si utile soit-il à l'enrichissement de la société et à la prévention du désordre, ne saurait conduire au bonheur général ou particulier car « de nouveaux besoins créent de nouvelles privations ». Or cette hantise si présente aujourd'hui est à l'époque absente des cerveaux européens, pénétrés d'un argument de bon sens : si le travail est utile, alors il est indécent et injuste que la nature ne devienne pas utile. Les moyens techniques, d'autres se chargeront de les trouver ; en attendant, il est urgent de puiser dans le réservoir naturel, à commencer par ces produits jusque-là encore suspects et apportés depuis l'autre bord du monde.

La consommation massive et la systématisation des usages de la pomme de terre en sont les principales conséquences. Cela suppose, en Europe méridionale d'abord et deux générations après les gens du Nord, le truchement des femmes, le retournement des médecins, la conversion des savants, le soutien des autorités et la récupération par les cuisiniers. En France, le mouvement a été lancé en 1776 par un article du supplément à l'*Encyclopédie* ; en Italie, par le prêtre Occhiolini, auteur en 1784 d'un *Mémoire sur le merveilleux fruit américain appelé vulgairement patate*. Le légume est présenté comme aussi indispensable aux pauvres et à leur nombreuse descendance que le maïs, autre bienfait américain. Deux ans plus tard, un traité florentin donne la recette des pommes de terre frites et de la préparation sous la braise. En 1790, la Convention en encourage la culture et le grand-duc de Toscane l'imite l'année suivante. Cette même année, les vicissitudes d'approvisionnement en grains popularisent le séchage de la pomme de terre, selon l'usage andin, puis son utilisation en pain et en pâtes ou en beignets. *La Cuisinière républicaine* publiée en l'an III donne des conseils sur le choix des espèces et leur cuisson suivant les façons européennes, signe d'un engouement général : bouillie à l'anglaise, au pot et sans eau à la flamande, coupée en rondelles et remise au pot à l'allemande. On lui ajoute un bouquet garni, des câpres, une sauce blanche « à la polonaise », un bouillon, sans oublier le beurre frais. Il reste au professeur bénédictin Niccola Onorati à formuler les règles du *gnocchi*, en 1803, et à Grimod de reconnaître « qu'elle peut accroître singulièrement les jouissances de notre palais », y compris par des desserts sucrés et un gâteau « économique ». Lorsque Carême lance la mode des frites, en 1813, réconciliant l'Europe des gourmets et des pauvres, on se persuade que la fatalité alimentaire n'est pas le lot obligé des démunis.

Car la pomme de terre a la propriété de contenter le mangeur en quête de distinction ou de calories, de « moderniser » la charité chrétienne grâce au succès des religieux italiens, imités par leurs frères espagnols après 1820, et d'exalter les particularismes régionaux. Rien n'empêche en effet un artisan du Puy-en-Velay de se cuisiner des patates au bouillon comme le bourgeois, ni les amateurs de Lille ou de Clermont-Ferrand de se gausser de l'engouement pour les frites de Carême, eux qui en consomment depuis vingt-cinq ans. Au besoin, ils ajoutent que la manière parisienne « pique le goût ».

La vulgarisation du légume enrôle même les habituels spectateurs dans les controverses les plus subtiles de la table, l'authenticité contre l'artifice et l'utile contre le futile. La qualité et le mode de cuisson sont scrupuleusement décodés. Jeter les pommes de terre dans l'eau bouillante puis les sortir sans tenir compte du temps écoulé, c'est bon pour les « montagnards des Vosges », indécrottables lourdauds pour leurs voisins des plaines, allemands ou français, tandis que les Vosgiens s'amusent de ceux qui « rêvent en regardant crever les bulles à la surface de l'eau ». Quand les pommes de terre sont égouttées trop fermes ou tombent en charpie, c'est bien sûr œuvre de femme occupée à des pensées frivoles, en Puisaye, en Auvergne ou en Toscane. Toujours à vouloir manger au-dessus de leurs moyens, s'entendent répondre les hommes du Puy-en-Velay ou de Prato qui réclameraient des légumes « déguisés de crème » comme à Lyon ou à Florence.

Selon un mécanisme que nous connaissons bien, la variante de composition multiplie ses déclinaisons. Ainsi Frédéric Mistral, chantre du régionaliste provençal, se convainc de l'absurdité d'un « légume importé » après avoir ingurgité « un épais ragoût de pommes de terre au plat, rissolées dans de l'huile infecte ». En Saône-et-Loire, dans la Nièvre, le Morvan ou le Berry, des communautés agricoles prennent l'habitude d'incorporer des pommes de terre à la pâte à crêpes. Après avoir versé l'appareil dans un plat graissé à l'huile de noix, on le passe au four ; le résultat est aussi roboratif que le festin élastique comme un pneu. Le registre des moqueries traditionnelles est aussitôt ouvert, sauf que les critiques ne sont plus économiques mais culturelles : voilà des gens qui « perdent leurs dents à cause de ce qu'ils mangent », se prennent pour des ermites et « mangent à la manière des serfs de jadis ». Les jeunes lanternent des « filles qui sentent le beurre rance », mais les médecins, militant pour la suppression des « lieux infects » où l'on prend des repas à même la table dans une auge creusée avant de vidanger les restes à l'eau, sont les premiers à reconnaître que ce ragoût enrichi de chou ou de châtaigne – aliments typiques de pauvreté – donne force et résistance aux consommateurs. Après 1830, la recette devient synonyme de « paysan attardé » mais plus de pauvre.

Certes, la victoire n'est pas complète avant 1840-1845 où la superficie cultivée en France atteint le million d'hectares. Dans un département aussi précocement converti que le Nord, quelques villages résistent parce qu'ils refusent de s'alimenter « comme des étrangers » ; des notables ajoutent que leurs cuisinières ne sauraient les préparer et que, de toute façon, « ils ne les consommeraient pas à la manière des vagabonds qui les achètent au revendeur ». C'est le miséreux qu'on stigmatise désormais par souci de distinction. Même dans les régions où la pomme de terre était rare ou refusée – on la donnait aux cochons – les habitants se découvrent d'appréciables réserves de viande. Dans les *Langhe* piémontaises, en Angoumois, en Maine-et-Loire, autour de Toulouse la consommation de charcuterie augmente de moitié en deux générations. Voilà qui permet de redécouvrir le saindoux, la matière grasse la moins toxique quand elle est chauffée, et de vendre le beurre au lieu de le consommer. Dans l'Espagne « humide », les pommes de terre se glissent entre les rangs des vignes ; après 1850, les voyageurs européens s'étonnent même de leur omniprésence à table, « ils en mangent autant que le pain ». La nationalisation du tubercule offre le luxe aux éternels déclassés de se mêler à la querelle du chic. En 1834, une réclame dénonce le « préjugé populaire » qui valorise les jambons de la plaine du Pô alors qu'un cochon gavé de patate donne « un gras aussi soyeux que du velours ». Les avocats du chic conseillent des tubercules adaptés au plat, à la circonstance, voire au sexe (à Toulouse). La revanche des pauvres sur la nature est complète lorsque des gourmets parisiens empruntent à des « paysans pauvres de l'Oise » (ou d'Arpajon, il y a deux versions) une appellation évocatrice d'une pérennité bucolique : les pommes de terre « en robe des champs ».

Imaginer une irrésistible vague parmentière recouvrant le continent d'Ouest en Est au rythme des conseils diététiques, d'initiatives politiques ou des balbutiements industriels est aussi tentant qu'erroné. À l'Est, la pomme de terre intéresse moins que le maïs. Lorsque, après la famine de 1765, Catherine de Russie avait enjoint à ses boyards d'acclimater le légume, seuls les propriétaires allemands installés dans les pays baltes avaient obtempéré. Sa culture était réputée prendre trop de temps dans une vie qui en manquait sans cesse ; ni les savants, ni les médecins, ni le clergé n'arrivaient à convaincre qu'elle présenterait un avantage calorique, *a fortiori* que son goût serait agréable ; quant à faciliter un progrès matériel, n'en parlons pas. En Roumanie et en Bulgarie, la pomme de terre était négligée au profit du maïs, bien que les deux légumes fussent connus depuis la fin du XVIIe siècle. Les marchands n'en voulaient même pas pour nourrir les armées en campagne.

L'urgence démographique, donc alimentaire, après 1820 contraint à se nourrir de tout, sans même songer à modifier le régime traditionnel. Nourriture des mauvais jours, le tubercule bénéficie cependant d'un emprunt au voisin saxon qui va modifier sa réputation : l'alcool de pomme de terre, additionné d'orge, s'installe en aliment quotidien. Quatre fois moins cher que l'alcool de grains, il paraît si reconstituant que les enfants en consomment et que les rapports médicaux ou les prohibitions (1826-1828) restent lettre morte. Contre la logique marchande, le légume prospère sur les terres des affamés – en montagne – ou sur des sols médiocres, hors du potager, car le souvenir est vivace du temps où les audacieux donnaient ce tubercule bizarre aux animaux. C'est seulement après 1850 que la pomme de terre concurrence le navet au Sud-Est et le chou au Nord-Est, à la faveur d'un rapprochement audacieux : elle est au corps ce que l'anthracite est à l'usine[3].

L'intrusion des tubercules avait été jalonnée de péripéties, la reconnaissance de la tomate – en conserve, puis en sauce – fut une conquête au long cours. Jusqu'au milieu du XVIIIe siècle, celle-ci avait le handicap d'être un produit inclassable – à cuisiner « comme des aubergines » et à goûter « comme un melon » – qui, de toute façon, donnait « une petite quantité de mauvaise nourriture ». Proposé de surcroît par des conquérants – Espagnols à Naples, Ottomans dans les Balkans – et en provenance des « sauvages » mexicains, le légume avait peu d'avenir. Ses mentions se limitaient aux herbiers, chez Gregorio de Rios à Aranjuez, Pietro Andrea Mattioli à Venise, ou aux compilations médicales d'un Francisco Hernandez à Rome. Au milieu du XVIIe siècle, les disettes poussèrent Castillans et Andalous à la consommer en palliatif, comme leurs voisins du Nord recouraient à la pomme de terre, sans songer à s'y habituer. En 1692, le Napolitain Antonio Latini prédisait le plus sombre avenir à cette transposition dégoûtante du « style aztèque ». À la rigueur, la tomate servait d'ajout exotique, par exemple dans *La Cuisine des anges* où Murillo accumulait les produits d'un Nouveau Monde christianisé.

Encore une fois, la pression démographique va imposer un légume de nécessité : après 1765-1770, les paysans espagnols combinent la tomate au piment en friture salée et poivrée ; vers 1790, les cuisiniers italiens des maisons bourgeoises s'intéressent au jus qu'ils cherchent à conserver et aux coulis ; dix ans plus tard, des plants apparaissent dans les jardins familiaux, tandis qu'on commence à divulguer et à comparer les méthodes pour obtenir une bonne conserve. Cuisiniers parmesans à la cour de Marie-Louise et gastronomes napolitains publient, entre 1814 et 1817, des plaidoyers régionaux, disputent de la recette parfaite du jus et oublient la sauce. C'est la véritable chance de la tomate puisque le jus, dès 1840, peut être industrialisé, avant d'être « nationalisé » pendant la guerre d'indépendance, et une seconde fois promue quand – vers 1880-1890 – la sauce tomate industrielle gagne un statut culinaire en délaissant le vil accompagnement des viandes bouillies et des pâtes. Le même processus de mise à distance-récupération-assimilation s'observe en Bulgarie dans les vallées de la Marica, du Vardar et de la Struma. Lorsque la tomate est enfin associée au poivron, c'est en conserve artisanale, prête à l'exportation vers la Hongrie ou la Russie. Soudain, ses qualités hydratantes et digestives sont repérées par les cuisinières, gestionnaires du corps et médecins de la famille par l'assiette. Mieux, il suffit de la faire tiédir et elle masque avec brio une absence féminine plus fréquente devant les fourneaux[4].

Transformation certaine, révolution improbable. Au milieu du XIXe siècle, le constat de l'apport américain en Europe est aisé à dresser. Le modèle agrario-familial historique semble trop installé pour que ses consommateurs s'intéressent à une cuisine dont ils ignorent l'existence et doutent de l'hypothétique intérêt. Les fruits américains ont gagné une place décorative, une réputation de complément alimentaire et, pour les céréales et les tubercules, de substitut économique, moins nocif à la santé qu'on l'imaginait deux siècles auparavant. Quant à vendre ou à manger des bananes, personne n'y songe autrement que par snobisme exotique : qui accepterait de partager l'ordinaire des esclaves du Panama ?

Cette américanisation tempérée ne diffère guère des observations relevées sur d'autres continents. La curiosité botanique l'emporte longtemps sur l'intérêt alimentaire. Les souverains moghols et leur cour aiment à contempler leur plantation d'ananas, les élites de l'île Bourbon (la Réunion) leurs pamplemousses et celles du Gabon, leurs tomates. On incline à penser qu'ils les envisagent à la manière d'un Murillo, en indice supplémentaire de leur pouvoir. Les signes d'une exploitation commerciale demeurent rares jusqu'à la fin du XIXe siècle, alors que la connaissance des produits remonte, on l'a dit, au XVIe siècle. Ainsi, le piment se répand en Inde du Nord en tant que substitut économique au poivre quand se produit le débordement démographique des années 1780-1810. On lui trouve aussitôt des emplois multiples – en poudre, il sert même de conservateur alimentaire, comme au pays basque. Quelques préparations syncrétiques, tel l'*atiéké*, un couscous de manioc, préparé au royaume d'Abomey (à peu près la Côte-d'Ivoire) confirment la curiosité, mais cette façon printanière d'appréhender l'Amérique, à la manière des découvreurs, ne suffit plus à dessiner un avenir[5]. D'abord en Europe.

Faire patienter les affamés

Dans des sociétés où le corps opulent est signe de santé, de prospérité et de beauté, la sempiternelle question du partage – forcément inégal, personne ne le discute si chacun s'en plaint – se pose dans des termes que les contemporains hésitent à qualifier d'aigus ou de nouveaux. Car le divorce entre un corps plein, fertile et une réalité maigre, les Européens en ont une longue expérience ; ils ont assez sculpté et peint des cornes d'abondance pour que la rhétorique de l'accumulation leur soit familière. Certes, tout cela n'est que vanité et finit de toute façon mal mais, en attendant, l'imaginaire de la volupté alimentaire constitue un ciment efficace, d'ailleurs appuyé après le milieu du XVIIIe siècle. Louis-Sébastien Mercier, Joseph-Étienne de Jouy ou Carlo Goldoni, chroniqueurs des fêtes versaillaises ou vénitiennes placés au bon endroit, à la sortie de service, avaient décrit la descente pyramidale des festins et de leurs restes. Elle vérifiait autant l'ossification sociale de l'époque que l'efficace redistribution des assiettes par le truchement des « regrats ». Dans ces gares de triage, marchands de seconde main, traiteurs et poulaillers (actuels volaillers) maquillent avec force pâtes et sauces les plats entamés, les premières traces de pourriture, avant de vendre le résultat à coups de réclame sur la qualité sociale des premiers dégustateurs.

En une génération, la cuisine des restes se transforma en pot-au-feu social pour les familles, autant sous le poids du nombre que des envies suscitées par l'antienne du progrès. Au menu, hachis Parmentier, bœuf miroton, épaule de mouton en hochepot, blanquette, gâteau de riz ou pain perdu concrétisaient l'efficacité du recyclage. Ces plats épais et consistants, signes de force correspondant à la recherche de la « ligne de sustentation » chez les scientifiques, s'adressaient à tous. De la sorte, le vulgaire se confrontait et rivalisait avec le distingué ; après tout, il y a bien des « bas morceaux » chez tout animal et les mangeurs s'en délectent.

Aussi la première gastronomie du froid, élaborée à Paris par Carême et Riquier pour le mariage du prince Jérôme Bonaparte avec la princesse de Wurtemberg en 1807, mit un mois à inspirer les traiteurs, trois pour se retrouver de l'autre côté du Rhin, douze pour atteindre Naples. Seules l'Angleterre et la péninsule Ibérique l'ignorèrent. Les adaptateurs laissèrent le filet de bœuf et ses truffes à la gelée, la galantine d'anguille au beurre de Montpellier, le salmis de perdreaux rouges en chaud-froid aux fines fourchettes. On retrouverait ces plats une autre génération plus tard, sur les boulevards parisiens chez Tortoni ou au Café anglais, puis dans l'Europe chic après 1860. En revanche, la darne de saumon en gelée à la sauce ravigote fut émiettée, malaxée avec d'autres produits pour se transformer en bouchées, boulettes, coquilles, croquettes, servies sur les tables ordinaires. Dès 1820-1825, Milan se prétendait capitale de la boulette, Naples de la croquette, Lisbonne de la coquille ; Bologne, Bruxelles et Munich contestaient la « suprématie » milanaise, autant que Lyon celle de Lisbonne. Providence des édentés – enfants ou vieux –, les restes étaient mélangés avec de la pomme de terre ici, de la morue un jour, de la choucroute ailleurs. Mille recettes pour un objectif enfin à portée de fourchette : un plat quotidien, identique et nouveau.

Cette fois, la variation tenait sa revanche. Par un prodigieux effort d'organisation, la cuisine du lendemain s'emboîtait dans celle de la veille. Et le samedi résumait la semaine, à l'exemple de ces salades de riz proposées aux pensionnaires des collèges ou des hôpitaux, quand la jardinière du mercredi côtoyait le poisson du vendredi. On comprend mieux ainsi la pratique généralisée du braisage de longue durée incertaine à la place du minutage des maîtres queux : on attendait que le bœuf mode eût pris le goût des carottes (Marcel Proust s'en souviendra en empruntant à Balzac les talents de Françoise qui éblouissaient même l'ambassadeur Norpois). La robustesse de ces plats satisfaisait bourgeois, artisans, ouvriers ou paysans, tous enclins à considérer que le gaspillage de la nourriture se paierait, d'argent ou d'efforts supplémentaires.

Puisque les concierges aussi, selon Balzac, savaient faire « mijoter dans leur loge pendant des heures entières, [un bœuf miroton] dont le parfum embaume tout l'escalier et monte en ondes appétissantes jusqu'au huitième étage », pourquoi ne pas croire à l'élaboration d'un standard culturel alimentaire ? L'abondance des propositions – de Londres à Naples – et la bizarrerie de certaines annonçaient une métamorphose. À la « compensation fatale » théorisée par de Jouy pour rendre compte des écarts de la nourriture, dans ses *Observations sur les mœurs et les usages parisiens au commencement du XIXe siècle* (1815-1816, 5 volumes), font écho la *Loi du contraste simultané* du savant Chevreul (1839), puis les chroniques picturales européennes de Carlo Bossoli, par exemple dans sa *Vue de Princes Street* (1850) où un affamé écrasé par l'envol vertigineux des façades bancaires néoclassiques reçoit son obole alimentaire des mains d'une enfant aux joues roses et replètes. L'ambition du siècle pourrait se résumer au passage de Malthus à Étienne Guyot. En 1798, le premier postulait que « si l'égalité était établie, le manque de nourriture ne cesserait point de se faire sentir parmi les hommes ». En 1894, le second fournissait les principes et les moyens de s'en accommoder dans *La Boussole de l'harmonie universelle*.

Grâce à la cuisine des restes, on faisait bon usage de la rareté alimentaire. Ce postulat ne manquait pas d'avocats : en 1849, le socialiste Pierre Leroux dans « Malthus et les économistes ou y aura-t-il toujours des pauvres ? » et le pape Pie IX dans l'encyclique *Nostis et vobiscum*, deux ans plus tard le conservateur Louis Moreau-Christophe dans *Du problème de la misère* et avec eux, Michelet, Lammenais ou Proudhon appliquaient le baume miracle des vertus sacrificielles. Selon la logique compensatoire, la gourmandise devenait un vice propre aux oisifs, les riches, les intellectuels (en particulier ceux qui dissertaient de nourriture) et les fils de famille, prêts à se goberger au restaurant ou à tourner ivrognes. Le « vigoureux » ouvrier ou paysan, actif car musclé et nourri justement, se dégageait du modèle canonique et de son corps plein ou rempli.

Chimistes et médecins se chargèrent de l'étape suivante. En 1841, le *Traité de chimie organique* de Justus von Liebig devint la bible de ceux qui cherchaient à établir un nouveau tableau nutritif, adapté à l'industrialisation, au gigantisme urbain et à la modernisation réclamée des campagnes. Le répertoire diététique par âges, sexes, saisons, humeurs se voyait déterminé par le rapport entre protéines et les aliments nécessaires au fonctionnement de la chaudière corporelle. Liebig installait la suprématie du régime carné, reléguant les légumes verts au rôle de complément minéral, les fruits à une friandise dangereuse pour l'estomac et réduisant l'emploi des épices parmi les condiments. Ce classement permettait de proposer une réponse argumentée à ceux qui s'interrogeaient sur la ration alimentaire adéquate et une référence à la puissance publique.

Celle-ci en fit un usage habile, d'abord à l'hôpital puis dans les prisons et enfin dans l'armée. Ainsi, dès 1820, le pensionnaire de l'Assistance publique mangeait-il deux fois plus de volaille et de légumes verts (en raison de son manque de sels minéraux) que le Parisien, 60 % de viande, mais un quart de pain en moins. Les pensionnaires toulousains observaient un régime voisin, aux variations régionales près comme la sous-consommation de pommes de terre et de pain[6]. La discrimination diététique gagna du terrain jusqu'au régime « officiel » de 1866 : viande à chaque repas, désormais bouillie, grillée ou rôtie ; entrée au menu du poisson, des légumes verts et même du foie, aux propriétés reconstituantes indiscutées. Les répartitions correspondaient aux principes définis par les chimistes, en particulier après la publication des tables de Payen en 1849, précisant la valeur nutritionnelle exacte de chaque denrée, en carbone, en graisse, en azote, etc. Cette balance nutritive définie – l'adulte perd 25 grammes de matière azotée et 310 de carbone par jour – n'était pas automatiquement équilibrée : les Britanniques, malgré et à cause de leurs kilos annuels de viande, ingurgitaient deux fois trop d'azote et moitié moins du carbone nécessaire. Jusqu'aux années 1860, les rations de ces « reclus » tournaient autour de 2 000-2 200 calories, exactement le standard défini pour un individu de 70 kilos par l'Institut national d'hygiène en 1957. À condition que la personne fût « modérément active ».

Ce bémol change tout puisqu'il revient à exclure en cohorte les travailleurs du XIXe siècle, au profit de la tribu des gêneurs, chômeurs, malades et prisonniers. Les actifs devaient, eux, faire l'appoint en calories et la seule quantité abordable était fournie par l'alcool : 200 à 250 centilitres par repas pour les ouvriers des fabriques textiles et mécaniques, 300 pour les ouvriers du bâtiment, 350 à 400 pour les moissonneurs, et 35 aux malades (moyennes européennes 1820-1860). Cela suffisait à tenir le coup, mais l'industrialisation exigeait plus d'efforts, plus souvent, plus longtemps. Et des ouvriers imbibés exaspéraient les entrepreneurs, en particulier du Nord-Ouest européen. La « nourriture anarchique » fut alors la cible de campagnes d'opinion, dès les années 1810 et systématiquement après 1825 : on lui imputait l'absentéisme des travailleurs, la bombance du lundi, les accidents du travail et les effets sur le métabolisme qui faisaient baisser le rendement, donc les profits.

Voilà qui rencontrait les besoins des représentants de l'ordre et les préoccupations des Églises comme des modernisateurs. Les premiers avaient besoin de bras à l'armée puis aux colonies, finançaient avec difficulté les établissements de secours et tablaient sur des ventres mieux remplis pour garantir la pacification sociale. Tous suivaient à peu près la recommandation du Premier ministre britannique, William Addington, en 1802 : « L'un des plus grands mensonges du temps consiste à prétendre que les gens ont tous droit à la même alimentation », moyennant quoi ce serait folie de ne pas tenir compte de ce souhait. Les seconds étaient convaincus que le palais des travailleurs comme des reclus ou des exclus devait être éduqué. Une aubaine pour les diététiciens et leur objectif ambitieux : substituer la logique nutritionnelle au plaisir erratique du goût.

Les Allemands Munk et Ewald, les Français Bergeret, Daremberg, Lefebvre, Arrault s'employèrent, après 1860, à imposer une alimentation susceptible de canaliser les désordres des indigents, travailleurs ou pas. Ceux-ci exploitèrent les résultats des actions entreprises par les autorités depuis un demi-siècle dans un champ idéal car lointain et circonscrit, les colonies. Aux Antilles, aux Caraïbes, aux Indes, une succession de désastres avait précipité une mutation alimentaire, y compris chez les esclaves. Il y eut les ouragans de 1780 et 1786, les moussons de 1810-1813, les conséquences des embargos et des guerres, entre l'Amérique et la Grande-Bretagne d'abord, entre Européens ensuite. La famine endémique contraignit à importer des aliments de substitution, venus de Tahiti, d'Afrique occidentale ou de la corne de l'Afrique. La mangue, l'arbre à pain, l'akee, complétèrent une nourriture trop salée, pauvre en vitamines comme en calcium, néfaste à la production. Partout, comme en Europe, la méfiance instinctive devant des produits inconnus cantonna par exemple le fruit de l'arbre à pain aux élevages. Mais le colonisateur était en mesure d'imposer culture et consommation ; les premiers résultats – baisse de la mortalité des vieux et des esclaves après 1830 – furent appuyés par l'arrivée imprévue d'immigrants chinois, chassés par la faim et la première guerre de l'opium (1839-1842), main-d'œuvre aussi concurrentielle que peu onéreuse à nourrir. Il fallait faire ventre et se convertir aux porcs, désormais à la sauce chinoise.

Dans le même temps, les puissances coloniales – britannique d'abord, espagnole et puis française et portugaise – adaptèrent les codes de l'esclavage à leurs visées. La fourniture alimentaire relevait du maître ; elle était rationnée, déséquilibrée quand ce n'était pas réduite d'autorité ou avariée. Vue d'Europe, cette situation était considérée comme la cause première des révoltes, du faible rendement au travail et des émeutes entre communautés, déclenchées par des rumeurs de nourriture empoisonnée. La solution passait par une éducation agraire, commerciale et diététique, ce qui supposait d'accorder temps libre aux esclaves et valeur à leur production, autrement dit une révolution. Des succès médicaux confirmèrent les autorités dans leur stratégie : les maux de ventre, la pellagre, le béribéri, la dysenterie régressèrent ; à Cuba et à La Barbade, les dispensaires de plantations, moins surpeuplés, servaient de la viande salée une fois par semaine.

Il ne manquait que la touche propagandiste, à destination de l'Europe. L'Espagne, asphyxiée par les millions de pauvres d'Estrémadure, de Nouvelle-Castille ou d'Andalousie, incapable de faire appliquer les lois à répétition contre la mendicité et le braconnage des *braceros*, y eut recours la première. En 1839, l'épouse d'un ministre en visite à La Havane estimait que la cuisine locale, certes trop épicée, était aussi savoureuse que la castillane et convenait à la santé des habitants ; elle relevait la présence d'huile d'olive jusque dans les réfectoires des hôpitaux et des prisons. Quant aux sorbets, glaces et meringues – orgueil des pâtisseries madrilènes – ils étaient ici bons et si peu chers que même les déshérités les dégustaient dans la rue. Ces notations devinrent rengaines et les voyageurs français en Haïti dûment chapitrés pour populariser la qualité d'une cuisine dite cousine de la provençale et signaler la reconversion d'esclaves en mitrons, livrant à domicile la fournée de gros pain[7].

Une rassurante myopie

Les diététiciens ont beau préconiser des menus et stigmatiser « l'usage excessif du vin banc et du rouge », l'habitude est une conseillère écoutée. Question de goût d'abord. Chaque province défend ainsi son fromage contre les délicats de la ville, les « empommadés du bec ». Dans les Vosges ou les Flandres, belge et française, les fromages « à goût de dessert » sont moqués jusque par les femmes, au bénéfice des amateurs de « larrons », réputés aussi virils que l'odeur est corsée. Le puant de Béthune, la tuile des Flandres, le pteu des Vosges sont d'autant appréciés que leur couleur a viré du rose au violet.

Affaire d'argent et de stratégie économique ensuite. Les remue-ménage de l'époque offrent des marchés inespérés aux produits de récupération. Les producteurs de munster élaborent le schigre avec du petit-lait et s'en sustentent, ce qui leur permet d'économiser sur la viande, le vin et d'arrondir leur pécule pour la seule chose importante, l'achat de terres. Les Auvergnats hésitent à manger leur gaperon et les marchands de roquefort, la rebarbe, depuis qu'on leur achète sans peine en ville. Car le travailleur urbain privilégie un produit encore moins cher qu'un bouillon, économe de temps dans sa consommation et réputé riche d'une bonne graisse (les futurs lipides), comme une viande. Et puis, il peut singer ceux qui ont réussi et se régalent de fromage gras : le clerc du *Colonel Chabert* grignote un brie maigre en songeant à son modèle, Talleyrand, amateur de brie de Meaux, et à la fortune qu'il se promet de réaliser.

Préoccupation sanitaire enfin puisque les vieux principes diététiques sont toujours observés : les fromages maigres sont recommandés aux déracinés afin de ne pas perturber davantage leur transit intestinal – superbe non-dit, la caséine lactée comme antidote à la vidange de l'arrachement à la terre. Les cuisinières, déjà accoutumées à en lancer un morceau dans le bouillon pour le faire gras, sont priées de préparer des plats à l'odeur et à la saveur prononcées, réputés plus restaurants. *L'Art de faire le beurre et les meilleurs fromages*, réédité jusqu'en 1850, vante la sagesse des montagnards, experts en fromages et en nourriture « adaptée à leurs besoins ».

Le progrès proposé par les hommes de science apparaît, dans ces conditions, comme une menace : si l'industrie s'en mêle, les fromages seront moins nourrissants et le goût changera. L'aspect gélatineux des fromages de sérum ou d'albumine incite à la méfiance : l'odeur et le goût sont certes puissants, mais la consistance flageolante est si inquiétante que les Italiens baptisent les paresseux, « hommes à l'allure de ricotta ». Pour se rassurer, on ajoute ce qui tombe sous la main, herbes ou crème ; on parfume à l'ail, au vin blanc, à la bière ; dans les villes textiles, on consomme même des fromages « teintés ». Comme le fromage de foin, le saint-lubin emballé dans une feuille de châtaignier, la tête de mort passée à la lie-de-vin trouvent des clients, y compris chez les aubergistes et les bourgeois. Les laiteries industrielles n'hésitent pas à plagier les appellations artisanales et à proposer, avantage commercial, des « neufchâtel longue durée », censés se conserver indéfiniment[8].

Remplaçons le fromage par le goût du sarrasin, en Écosse, Bretagne, Lituanie ou Pologne, ou celui de la châtaigne – au sud de l'Europe –, les conclusions seront identiques : fromage, sarrasin, châtaigne constituent une épargne alimentaire. En 1815-1818, quand les citadins tombent morts de faim dans les rues, que les fleurs des champs ont succédé aux glands dans une improbable bouillie, on garde les restes des restes de la galette. Il n'est même pas sûr que le réflexe ait disparu avant la fin des années 1970, tant le mangeur européen ressemble à Polichinelle : « Oria in vorria trovà chill' animale, che scrisse : fama vola. Addò vola, si non se parte mai da cuorpo a me ? » (*La Donna volente*, 1828[9].)

Dans un monde où l'activité humaine se partage entre précaution et prévision, il y a peu de place pour une offre intemporelle. Cela supposerait de renoncer à une lecture prédictive incertaine de l'avenir et à la logique du retour inéluctable. D'accepter le déjà-vu au détriment de la répétition. Le principe d'une société fractionnée, irréconciliable, se trouverait validé puisque le savoir-faire transmis par imitation et tradition orale – celui des vieillards et des femmes – ne serait plus indispensable. Il deviendrait inutile de distinguer les multiples nuances de l'avenir et du passé, chaque jour étant affublé d'un diminutif comme si l'individu devait sans cesse ajuster la lorgnette du souvenir et de l'attente. L'Européen du XIXe siècle est habitué, à l'instar de ses devanciers, à évaluer le temps en fonction du remplissage et du nettoyage de ses viscères. Qu'on lui propose un étalon technique, économique ou même hygiénique, le trouble.

En même temps, il est séduit parce qu'il assimile certains effets de la transformation aux « jours gras » d'autrefois. Pas davantage, car il constate *de visu* l'accroissement des familles et des regroupements urbains. Mais cette situation inédite – plus de récoltes, d'autres produits, dans un continent surpeuplé – l'incite à considérer l'abstinence, religieuse ou contrainte, comme une plaie au lieu d'une exigence ou d'une fatalité. Il est facile de constater que le maïs en Italie, la pomme de terre en Finlande et en Allemagne, le blé en France évincent leurs concurrents : dès 1830, on mange plus de froment que des autres céréales réunies. Des fabriques alimentaires s'élèvent, moulins automatiques ou usines extrayant le sucre de betterave. Celles-ci ont « l'aspect rassurant des laboratoires de chimie » ; en 1828, on ne compte pas moins de 585 établissements installés dans 44 départements. Ce sont eux les agents de la popularisation du sucre et pas le commerce : vers 1790, la France était le premier producteur mondial grâce aux colonies, et ses habitants en consommaient entre 500 et 800 grammes par an ; quarante ans plus tard, grâce à la betterave, ils en mangent deux kilos, et cinq une génération plus tard[10].

La manne industrielle apparaît meilleur présage que l'arrivée des veaux ou des agneaux sur les marchés et que l'ouverture de boucheries dans quelques villages. Des érudits ne se privent pas de remarquer en ces temps de *revival* médiéval, que les XIVe et XVe siècles avaient connu de telles embellies avant des décennies calamiteuses. Ils étaient crus sur parole, tant le mouvement saisonnier des achats anticipait les retournements à la hausse des prix et surpondérait le rythme de l'activité économique. Le mangeur européen était en quelque sorte atteint de déflation comportementale : il repérait à peine les années fastes de la monarchie de Juillet et, dans l'Angleterre triomphante de Victoria, il se souvenait que la consommation de viande, y compris dans les régions productrices, avait baissé de 1831 à 1836-1837. En revanche, il remarquait toujours celui qui s'empiffrait. Sous-préfets, présidents de sociétés agricoles, curés ou juges de paix s'étonnaient, en 1856-1858, que, dans les campagnes, « tout le monde » (*sic*) mange moitié plus de charcuterie qu'en 1830 ; dix ans plus tard, même rengaine appliquée cette fois aux ouvriers : « Les familles qui, il y a vingt ans, ne mangeaient de la viande de boucherie qu'une fois par semaine, le dimanche, en mangent aujourd'hui trois à quatre fois. » Si l'usine nourrit, pourquoi ne pas essayer ses produits ?

Dans cette première moitié du XIXe siècle, la réponse européenne demeure négative car l'embellie alimentaire équilibre, dans l'assiette, des hantises incessantes. La consommation individuelle a augmenté de 120 % en France et en Allemagne, de 30 % en Angleterre (de loin première consommatrice par tête), en Autriche et à Milan et même de 10-15 % en Roumanie et en Grèce entre 1790 et 1865. Pourtant, les familles doutent de ce constat, le craignent provisoire et hésitent avant de modifier leur régime. Dans les Highlands, le mouton garde leur préférence sur le porc jusqu'aux années 1860 et en Cotentin, l'association lard-sarrasin résiste à la conquête bovine et ovine de la Basse-Normandie. Au besoin, cette prudence est justifiée par un affichage instinctif : les Highlanders ne mangent que le foie de porc parmi les entrailles et préfèrent les saucisses de mouton à celles de porc et à la poitrine farcie, tout cela au prétexte de la force virile qui fait la réputation des gens d'« en haut », du Nord, du lointain. Donc des presque sauvages pour les Lowlanders qui plaisantent du goût fruste des Highlanders, comme les Toscans et les Ombriens se moquent des montagnards appenins et de leurs recettes d'« hommes des bois ». Enfin, les moindres décrochages de la conjoncture sont amplifiés par le discours – en 1815-1817, 1845-1848, 1854-1855, 1881-1883 – tandis que les progressions régulières sur cinq ou sept ans sont minorées[11].

La mémoire alimentaire des Européens, focalisée sur les redents, les incite à tabler sur la débrouillardise ; les savants, eux, proposent un modèle rationnel et sans distinction de classe, certes à forte dose de morale mais tout autant un mode d'emploi pour agir dans et sur l'alimentation. Les deux conviennent que des principes de cuisine simples, sains et économiques peuvent s'identifier avec un bonheur social. La marmite et l'industrie vont leur servir de champ d'expérimentation et d'affrontement.

Bouillon pour tout le monde

L'épisode offre une version originale de la querelle entre Anciens et Modernes autour d'une question brutale : la société bénéficie-t-elle d'une occasion de remettre sur pieds ses membres ou profite-t-elle de la situation pour entretenir leur dépendance ? Dans le premier cas, l'époque serait assez forte pour que les carcans de l'arbitraire et les cloisons hiérarchiques s'ouvrent ; en un sens, la nourriture désembastillerait. Dans le second cas, le schéma vertical resterait d'actualité : les élites montreraient, depuis les sommets de leur savoir et de leur pouvoir, le chemin à suivre pour des personnes engluées dans les vicissitudes quotidiennes. L'originalité du débat tient à sa focalisation sur le registre le plus trivial, la soupe et notamment le bouillon.

Le constat de départ est unanime : le bouillon, c'est le lait des adultes. Les Modernes l'intègrent d'autorité dans leur architecture culinaire : « Le potage est à un dîner, écrit Grimod, ce qu'est le portique ou le péristyle à un édifice. » Carême plagie les recommandations de l'Américain Thomas Jefferson en affirmant que « les potages sont les agents provocateurs d'un bon dîner ». Personne ne s'aviserait pourtant de contester les préceptes de la cuisine diététique hérités des Anciens : en 1826, Brillat-Savarin confectionne pour un ami « excédé par la fatigue » un bouillon inspiré du potage de santé conseillé en 1654 par Nicolas de Bonnefons. La logique réparatrice se décline sur tous les registres : bouillon « léger », « épuratif », « régénérant », « sain et nourrissant », « calmant », « rafraîchissant », « pectoral pour ceux qui ont des maux d'estomac ». À chacun sa pharmacopée par la bouche.

Dès qu'il s'agit de production, de distribution et de représentation, tout change. À la pension Vauquer, les étudiants et les peintres désargentés ont le droit de plaisanter sur la soupe aux choux, comme si la soupière contenait un éventail des sucs gastronomiques, parce que la faim excuse la légèreté d'esprit ; mais que le père Goriot continue à se nourrir de soupe, de bouillon et de légumes est inadmissible pour un pensionnaire riche de plusieurs milliers de livres de rente. Peu importe que sa parcimonie alimentaire soit un vestige d'une ascension sociale conduite seule ; la veuve Vauquer entend qu'on dîne selon son compte en banque. Chez Balzac, on partage la soupe selon son rang, on adapte la recette à ses moyens et on ne cherche pas à profiter d'un plat bon marché par hypocrisie. Sous couvert d'authenticité Balzac se fait le défenseur d'une société immuable ; vingt ans plus tard, Hugo reprendra l'antienne en accordant la rusticité de la soupe au piment avec le caractère du « provincial ». L'éventail des distributeurs charitables se renouvelle peu : les religieuses que François Bonvin représente en pleine distribution de soupe, ont pris la place des moines peints au XVIIe par Van Laer ou Helmbreker (fig. 21), mais la disposition scénique et le message chrétien, tiré de l'évangile selon *Matthieu* (XXV, 35-36), demeurent identiques. Les aristocrates d'Empire ont remplacé les vieilles familles, mais elles portent aussi « le secours du potage » aux soldats du siège de Paris en 1815 et aux pauvres, précédés d'une soupière fumante comme une chaudière et avec cette éternelle inclinaison du corps vers les nécessiteux, manière de souligner la « bonne action ». Peu importe que cette charité soit gratuite ou tarifée à la tête du client, chez Mme Vauquer ; elle ne menace en rien une société opaque puisqu'elle s'applique à en consoler les victimes.

Par commodité, ce comportement a été généralisé : « Le bouillon noue le soulagement du pauvre à sa déréliction... Boire la viande, c'est se sustenter sans se réjouir tout à fait. Le corps social se donne bonne conscience en maintenant les écarts, il compose avec la déchéance mais ne se laisse pas déborder, il lui fournit des baumes, s'arrêtant, à propos, au seuil de la douceur[12]. » L'ancien clivage barbare-civilisé muterait en une lutte bourgeois-barbare social. Chacun saliverait devant le bouillon des autres : les soldats à ceux de poulet qu'ils imaginent, à tort, servis à profusion sur les grandes tables ; les citadins à ceux des paysans, « chose délicieuse qui sort du potager » ; les démunis aux « précieux électuaires » absorbés par les riches pour se maintenir en forme. Cet effet de loupe est accusé par les rumeurs de voisinage dans des villes encore stratifiées verticalement par immeubles : la soupière religieusement déposée par le maître d'hôtel envoie des odeurs exaspérantes sous les combles.

En pointant la culpabilité opportune d'une catégorie sociale, on manque l'essentiel, autrement violent. La société européenne se perçoit trop nombreuse, on l'a dit, au moment où elle entreprend, par la révolution, le soulèvement national, l'ébauche de la démocratie, de se libérer de servitudes qui contribuaient à la perpétuation de sa soumission. Engagée dans la course à la nécessaire liberté, elle craint de manquer de forces et, selon l'analyse popularisée par les économistes – l'Anglais Bentham, le premier – et par les médecins – Villermé notamment –, en conclut que les privations excessives feraient échouer la modernisation à l'œuvre parce que l'homme perdrait la raison avant de toucher au but et précipiterait l'installation de tyrannies nouvelles. Dans ces conditions, il est exclu que le choix du bouillon relève du goût, de comportements individuels et de bon sens où les inégalités ne seraient dues qu'à l'habileté mises à les cultiver. Il faut à la fois éduquer le mangeur, exploiter les découvertes techniques et en même temps fonder l'ordre alimentaire sur un progrès qualitatif, seuls moyens d'éviter que « l'obsession alimentaire ne rende criminels les ignorants ».

Chaque pays apporte une réponse particulière, première étape à la définition d'un « appétit national » concrétisé dans la décennie 1880 par la labellisation patriotique des plats, pot-au-feu français, *haggis* écossais, choucroute allemande ou « couscous des Arabes » (voir chapitre suivant). De manière schématique, deux stratégies s'organisent, la française et l'anglo-allemande. En France, on se passionne pour l'osmazôme. Cette essence volatile, identifiée par Thénard en 1816, est le produit de la réaction chimique entre les sucs de viande et l'eau froide, avant que la chaleur le lie aux différents ingrédients. Scientifiquement, le raisonnement n'a pas deux onces de jugeotte : il n'empêche, l'osmazôme est l'élixir bénit des gourmets, Brillat-Savarin et Grimod en tête, des savants qui, à la suite des travaux de Réaumur et de Beaumont, ont établi des tables de digestibilité, des médecins qui recommandent une absorption liquide de la viande et des légumes. Ces attentions multiples se traduisent en tableaux d'une complication extrême où l'on apprend, par exemple, que les frites et les pieds de cochon seraient plus digestes que le homard et les huîtres. Il en sort des principes jugés extravagants par les étrangers au titre des « supercheries françaises » : le mouton sera préféré à l'agneau, le gibier à la volaille parce qu'ils regorgent d'osmazôme. En Europe, tout cela rappelle les « loufoqueries » de la nouvelle cuisine au milieu du XVIIIe siècle et ne répond pas aux contraintes financières ni démographiques de l'heure.

En panne de succès pédagogique, les élites françaises s'essaient à la prévention. Le bouillon permettrait ainsi de se débarrasser des penchants boulimiques fatals aux générations d'Ancien Régime : « Que de gens, écrit le chef Borel dans *Le Cuisinier moderne…* (1836), se sont trouvés guéris en jetant la drogue par la fenêtre et en la remplaçant par une aile de volaille cuite à point ou par un bon consommé. » Peine perdue, la liberté de l'abondance et même du gâchis reste trop précieuse. On s'y livre quatre ou cinq fois par an quand on habite les faubourgs ; bien sûr, les menus diffèrent mais ils ont en commun la quantité si exagérée que le bouillon tourne à la potée et le pot-au-feu à la gelée de viande. Mais le raisonnement est imparable : puisqu'un bouillon rend heureux, plus riche est la soupe, plus grand est le bonheur.

Cette préoccupation n'intéresse pas une minorité agissante d'Anglais, d'Allemands, d'Américains et plus tard de Scandinaves. En raccourci, celle-ci entend soigner la tête par la régulation alimentaire et ses corollaires, la tempérance, l'hygiène et des repas modérés. Autant d'éléments qui militent en faveur de la soupe et contre la consommation importante de viande, mais pèsent peu face aux envies. En revanche, l'action des Églises, voire des sectes comme la *Bible Christian Church* (1807), des médecins et de divers propagandistes déclenche un phénomène de curiosité. Les livres du docteur Lambe attestent l'idée que le végétarisme aide à soigner des maladies aussi graves que la tuberculose ou le cancer ; les pasteurs William Cowherd, William Metcalfe et Sylvester Graham, ces deux-là américains, se transforment en apôtres du bouillon de légumes ; en 1813, *A Vindication of Natural Diet* du poète Percy Shelley reprend à son compte le thème du penchant carnivore des Français – et de Napoléon, le pire d'entre eux – pour dresser un éloge du végétarisme. En 1838, l'américain William Alcott en livre les tables avec son manifeste, *Vegetable Diet*.

À première vue, cet activisme est sans avenir puisque, on l'a dit, l'Anglais est, dès 1800, le plus gros mangeur de viande du continent. C'est compter sans l'efficacité de la prédication, relayée par des emprunts aux découvertes médicales – judicieusement adaptées au plaidoyer – et le soutien des autorités économiques ou publiques. Les lois d'une alimentation saine sont censées être d'origine divine, tout ce qui dégrade le corps souille l'âme, en particulier une stimulation excessive des fonctions digestives par l'absorption de viandes qui échauffent le corps, les sens et la tête. En détournant les travaux de François Broussais, les végétariens concluent que pathologies médicales, sociales et morales sont liées dès que la chaudière stomacale

« se dérègle, comme une montre qui irait trop vite et tombe en panne ». Maîtrise du temps – au premier chef, celui du travail – et du corps iraient donc de pair dans des sociétés désormais industrielles.

Il est évidemment délicat de mesurer l'impact de ce discours. Contentons-nous de quelques observations et d'une hypothèse. Les années 1830-1840 voient la réédition des travaux de l'Anglais George Cheyne, écrits un siècle plus tôt : sa diète à base de bouillon triquotidien est réputée guérir les maux de tête et prévenir la mélancolie, grande préoccupation du moment car elle ampute la main-d'œuvre disponible et inciterait au désespoir et à la révolte sociale. En même temps, les sociétés savantes se multiplient après la fondation de la *Vegetarian Society* (1847) et de ses homologues américaine (1850) ou allemande (1860) ; des journaux et des mensuels font leur apparition, *Vegetarian Advocate* ou *Vegetarian Messenger* ; quelques ouvrages connaissent plusieurs rééditions, tel *Pflanzenkost, die Grundlage einer neuen Weltanschauung* (soit une nouvelle conception du monde, rien de moins, grâce au végétarisme), de Gustav von Struve (1861). Enfin, les premiers restaurants dans ce style ouvrent à Boston, Berlin et Londres, qui en compte cinq à la fin des années 1870. Rien de comparable à une lame de fond, mais les cénacles végétariens ont désormais pignon sur rue.

Cela n'explique toujours pas comment des pays carnivores – nouveaux (Grande-Bretagne, Amérique) ou de tradition (aux XIVe-XVe siècles, des rations annuelles de cent kilos n'étaient pas rares dans des grandes villes allemandes) – ont été les terreaux du végétarisme. Or, le constat économique embrouille l'analyse. Si l'on rapproche l'évolution des salaires nominaux chez les catégories médianes d'actifs urbains, avec la consommation de viande, rien ne se déroule comme prévu. En période de baisse des prix plus rapide que les salaires (1818-53), les Anglais privilégient le thé et le sucre, les Allemands la pomme de terre et les légumes – plus la bière pour tous les deux – au détriment de la viande dont les achats stagnent. Lorsque les prix se tendent, ils s'intéressent aux biens semidurables avant la viande. En 1855, la ration allemande n'atteint pas les vingt kilos annuels – le niveau romain, alors que l'écart entre les richesses de la Prusse, de la Bavière et du Latium varie de un à huit. Autrement dit, la loi de Engel – quand les revenus augmentent, on consomme d'abord des produits alimentaires, puis des biens durables – se vérifie, sauf pour le régime carné.

Maigre récolte, à l'exception d'un indice capital pour notre hypothèse : l'Allemand ingurgite moins de viande que le Français jusqu'en 1914, alors qu'il symbolise pour ce dernier, dès 1845 le carnivore, détrônant l'Anglais qui tenait ce rôle avant d'être rejoint par l'Américain à partir des années 1880. De l'autre côté du Rhin, c'est le Français qui passe pour un affamé de chair et de sang depuis les guerres révolutionnaires et impériales. Pire, c'est un mangeur sale, presque obscène, qui croit déceler dans les quartiers de bœuf rougissants une image de la force musculaire et de la puissance vitale ou dans les abats et les viscères exposés sur les étals, la matière chaude et sanguinolente propre à restaurer la machinerie humaine. Outre-Rhin, la commercialisation, les choix et les techniques de cuisson signent la barbarie française ; dans l'Hexagone, la puissance industrielle ou militaire s'évalue en kilos de viande. Peu importe qu'ils soient ou non ingurgités, Britanniques, Allemands ou Américains sont réputés s'en bâfrer. La conclusion est sans surprise : pour les Français, ceux-là, guidés par leur insatiable appétit de puissance et contraints par le nombre, doivent sacrifier à une nourriture industrielle trompeuse car cachée et médiocre par définition ; pour les Anglo-Allemands, l'hygiénisation souhaitable des comportements passe aussi par la table, ce que des Français, réduits à un appétit animal, ne comprendraient pas.

Réapparaît de la sorte un clivage alimentaire très ancien entre « logique zoophage et logique sarcophage », transformé à l'époque en débat sur la nécrophilie. Viandard impénitent, le Français apprécie la vue et le goût du sang, l'odeur des abats – en particulier du foie –, le lapin et le lièvre dont la présentation par morceaux et les os à sucer rappellent l'animal ; il goûte même, avec les Belges francophones, la viande de cheval, bizarrerie presque monstrueuse pour un Britannique (la stigmatisation sera d'ailleurs utilisée dans la Seconde Guerre mondiale contre les Japonais, autres amateurs). À l'inverse, Anglo-Saxons et Allemands préfèrent la viande rouge cuite plutôt que saignante, se régalent d'une charcuterie transformée – le jambon et pas le saucisson – et tiennent le bacon pour très supérieur au lard ; la pâtisserie (art de confectionner les pâtés), les croustades et les feuilletés leur semblent des manières présentables d'accommoder la viande.

Ce soin mis à l'emballage caractérise aussi la vulgate culinaire américaine, entre 1796 – *The American Cookery* – et 1837 – *Miss Leslies's Directions for Cookery*[13]. Les références et les emprunts au répertoire français sont recouverts par une influence britannique et allemande. Pas question de s'intéresser aux vertus de l'osmazôme puisque le pot-au-feu est lancé à l'eau bouillante et que les conseils sur la cuisson des viandes ignorent réaction chimique, réduction, *a fortiori* roux pour les sauces. Une cuillère de compote liquide de fruits rouges est recommandée pour les travers grillés au brasero. Gain de temps et d'argent sont les slogans : la vanité gastronomique et ses « lubies dispendieuses » doivent être négligées au profit d'une répétition économe de « petits plats bien exécutés et présentés [...] beaucoup plus agréables pour l'œil et plus gratifiante pour l'appétit qu'un amoncellement d'aliments » (*The Virginian Housewife*, 1824). Les festins de l'ogre français n'ont pas leur place ; la chair est cachée sous la farine, dissimulée dans des *pies* (tourtes) aux recettes infinies – *pies* et *cakes* occupent environ un tiers des livres de cuisine, trois à cinq fois plus que les viandes –, enfouie parmi un tuilage de légumes, épices, condiments, ébauche du tout-en-un que sera le hamburger.

Cuisiner à l'américaine, c'est accumuler les saveurs dans la bouche en se moquant de l'équilibre au profit du choc déclencheur d'un kaléidoscope sensitif. Ainsi la chair devient une « couleur » du plat et la mythologie carnivore implicite est recouverte par des goûts comme l'alimentation est « couverte » de listes d'interdictions et de prescriptions. En un sens, le seul ancrage géographique au Nouveau Monde suffit à présupposer une filiation directe avec la nature. Puisque celle-ci n'est plus à vérifier, rien ne s'oppose à l'enfermement de la viande et des légumes dans une boîte. À leur manière, immigrants anglais ou allemands et Américains nés sur place adhèrent intuitivement au processus de refoulement de ce qui en l'homme peut relever d'une « nature animale ».

Leur méconnaissance de la mythologie et des pratiques françaises est alors logique. Les villes y respirent toujours les « odeurs pestilentielles » des abattoirs ; il faut attendre 1808 pour que les bouchers du Châtelet aient levé le camp en application d'une ordonnance de 1567. Le décret de 1818 supprimant les abattages particuliers reste lettre morte : en 1975 encore, on en comptera 607 contre 745 abattoirs publics. La parole du boucher protège, pas l'emballage. Chacun admet d'ailleurs le nécessaire pourrissement à l'air des viandes, rassises deux à trois semaines pour être appréciables. La ritualisation par les recettes et la transmission orale n'occulte pas la référence naturelle, y compris sa matérialisation à table comme au marché et à la devanture des boutiques où une tête de veau naturalisée par des brins de persil accueille le client[14].

Les ferments d'un conflit appelé à se généraliser après 1875-1880 sont semés (voir chapitres suivants). L'incompréhension radicale sur le pourri aidera à en prendre la mesure. En France comme en Asie, cette passion pour la poire blette, le fromage au-delà du fait, le poisson avancé découle d'une posture esthétique et/ou religieuse ; la mortification de la chair et de l'esprit aiderait l'individu à s'élever vers le statut ou le plaisir. À la fin du XIXe siècle, Joris-Karl Huysmans en rédige l'apologie, s'inspirant du japonisme alors redécouvert. On a caricaturé sa pensée en la réduisant à un éloge de la décadence, moyen habile d'en faire une sorte de krach des idées et des goûts avant que, comme à la Bourse des valeurs, l'humanité franchisse une nouvelle étape sur le chemin du progrès. En fait, Huysmans pousse à l'extrême la réflexion critique sur le « bon » goût et sa liaison automatique avec une linéarité ascensionnelle, comme les Chinois et les Japonais insistent sur la valeur intrinsèque du « mauvais » goût dès qu'on envisage la circularité du monde.

Admettre la corruption à table est impensable au nord de l'Europe et outre-Atlantique puisqu'on tolérerait la bêtise, la superstition païenne, la pauvreté et la maladie. Bêtise de l'animal, la pie, incapable de distinguer entre le comestible et les débris, d'où dérive le nom « pica ». Superstition héritée de Gallien et des pratiques au temple d'Artémis à Lemnos où l'ingestion de terre pilée était censée protéger contre l'empoisonnement alimentaire et favoriser les accouchements. Cet appétit anormal s'expliquerait par les dérèglements hormonaux associés à la grossesse. Des « envies » de la future mère, on glisse ainsi à l'animalité, toujours présente dès qu'un discours moral s'intéresse à l'individu : boulimie (en 1867, un journal de Chicago met ses lecteurs en garde contre la consommation excessive de glaces chez les femmes enceintes) et anorexie révèlent une faille morale et mentale chez la victime, mais aussi une insuffisance de la société. Le pica symbolise toutes les imperfections d'une société industrielle encore à se débuts : ouvrières et enfants de mineurs qui avalent du charbon, orphelines devenues cuisinières et réduites à manger les cendres de la braise où leur unique œuf a cuit, jeunes femmes se refusant à l'avenir radieux de la maternité et absorbant du pourri pour garder une silhouette androgyne, honteuse promesse de stérilité. Contrepoint au corps viril, nourri, sain que la vitalité urbaine et industrielle du siècle enfante, le pica est réduit à une géophagie, pratiquée par « les plus pauvres habitants de la planète ou ceux dont les mœurs sont encore les plus influencés par le tribalisme ». Forçons le trait en empruntant au célèbre « triangle culinaire » de Claude Lévi-Strauss l'évaluation de la transformation culturelle du produit en fonction du degré et du mode de cuisson : les Anglo-Germano-Américains s'installent du côté de la culture en renvoyant les Latino-Asiatiques du côté de la nature, à cause de ce goût « primitif » pour le pourri[15].

L'industrie salvatrice

Le succès de la conserve depuis Brunswick et Lübeck, chez le voisin alémanique à Cham puis Vevey, jusqu'à Boston, Chicago, New York *via* Londres, s'inscrit dans cette logique. Des machines garantes d'hygiène et de sécurité nutritive, une main-d'œuvre – notamment féminine – désireuse de sortir de l'univers trivial des produits naturels, des marchandises bon marché et en quantité, il n'en faut pas plus pour que les sociétés savantes et végétariennes encouragent la livraison d'une nourriture purgée et bonne à manger. Une fois encore, les Anglo-Allemands ont mis en pratique des travaux parisiens. En 1827, le naturaliste Milne Edwards proposait sa « loi de la division physiologique du travail » : si la spécialisation des activités offre un accès au progrès, alors il convient de l'appliquer aux tâches nutritives et de laisser une place à la machine. Voilà qui validait les travaux du confiseur Nicolas Appert. En 1804, son procédé, consistant à enfermer des aliments blanchis dans des récipients hermétiquement fermés puis passés à l'eau bouillante, était au point. Les premières conserves sortaient de l'usine de Massy et ses bocaux ou boîtes en fer-blanc intéressaient dès 1806 la marine. Appert fut honoré par le grand Parmentier, célébré par Grimod, impérialement récompensé de douze mille francs-or, plébiscité par six mille lecteurs pour son *Livre de tous les ménages ou l'Art de conserver toutes les substances animales et végétales* (1810). Il fut copié en Angleterre et en Italie dès 1817, y compris par le chef de l'ancienne impératrice Marie-Louise à Parme. Les industriels Joseph Colin à Nantes et l'Italien Francesco Cirio appliquèrent sa technique.

Pourtant, en 1848, au moment où les Britanniques passent au récipient au fer-blanc soudé afin d'atteindre une production de masse et où Brunswick et Lübeck prennent les marchés scandinave, russe puis américain, seules une dizaine de conserveries fonctionnent en France. Entre-temps, querelles savantes, désintérêt de l'État et culture alimentaire ont produit leurs effets. Gay-Lussac conteste la méthode Appert et est suivi par les sociétés scientifiques, au motif qu'un universitaire reconnu en sait forcément plus qu'un pâtissier. Les pouvoirs publics s'intéressent plus aux expériences de Masson sur la lyophilisation parce que la compression des aliments cuits à la vapeur permet de résoudre le problème du stockage à l'armée ou dans les hôpitaux – un mètre cube donne vingt-cinq mille rations. Ils ignorent pendant ce temps les débuts de Saupiquet et de Cassegrain, autant que l'invention de l'autoclave par le neveu d'Appert (1851). De leur côté, exploitant les travaux parallèles de Winslow, les Américains produisent déjà trois millions de boîtes puis le triple à la faveur de la guerre de Sécession et de la première grande vague migratoire. Il faudra patienter jusqu'aux travaux de Pasteur pour que l'appertisation soit banalisée en France[16].

Sur le fond, cet échec est compréhensible : les Français envisagent l'usage des conserves pour des catégories contraintes par leur état – marins, soldats, explorateurs, malades, prisonniers. La pourriture est une hantise moins grande que la perte du goût alimentaire et l'altération des substances. Les manigances de deux « mains invisibles » sont suspectées, celle de l'industriel et celle du savant qui rougirait ou reverdirait des produits blanchis dans la boîte. Malgré une stratégie commerciale sans précédent pour l'époque, les résultats se font attendre : *Le Nouveau Manuel complet des conserves alimentaires* (1865) vante les nids d'hirondelles à l'attention des friands d'exotisme ; Jules Gouffé – ancien chef du Jockey Club – est chargé d'attirer les gens chics avec son *Livre des conserves* (1869). Cette matrice des actuelles publicités télévisées où une célébrité toquée garantit l'authenticité de la terrine « à l'ancienne », séduit d'autant moins que Gouffé lui-même proclame la supériorité des roux domestiques sur le travail des machines. L'intention est pourtant louable : grâce à la routine productive, progrès et habitude se réconcilieraient. Les industriels vendraient leurs machines et les biens que celles-ci livrent, les autorités résoudraient la question de l'approvisionnement et les individus pourraient accommoder à volonté une nourriture multipliée et bon marché. L'industrie accomplirait les promesses égalitaires du temps.

Ce mécanisme ne s'est enclenché ni en France, ni en Belgique et à peine en Italie : la nourriture universelle ne saurait y être que fraîche. Pourtant, dès 1794, le conventionnel Cadet de Vaux et l'industriel Darcet proposaient un bouillon à la gélatine. Premier avocat de la départementalisation, Cadet cherchait à rassembler autour de la marmite une communauté certes divisée mais nourrie ; après tout, on ne divise qu'un ensemble homogène. En 1812, la dégradation du bilan alimentaire et la caution du docteur Berthollet sur la substitution gélatine-viande incitèrent Darcet à industrialiser le procédé : trois ans plus tard, en pleine crise d'approvisionnement, trois cent mille bouillons de ce type furent servis dans les hôpitaux, cinq ans plus tard, la gélatine entrait dans les cantines militaires[17].

Mais la tentative fit long feu. En 1830, les soldats cantonnés à Paris s'étant plaints de l'abus de gélatine dans les menus, quelques feuilles légitimistes expliquèrent le succès des journées de juillet par les soupes « débilitantes » données aux gardiens de l'ordre. *A fortiori* invisible dans une boîte ou même confinée dans un bocal, la nourriture emballée ravivait la hantise millénaire d'empoisonnement par la bouche. À sa manière, cette Europe-là restait proche des peuples sans industrie, fidèle à des principes hygiéniques et économiques approuvés depuis des siècles, structurés autour de la femme et modulés suivant les cycles saisonniers. Eux ne distinguaient ni bas, ni mal tant qu'étaient respectées les pratiques patrimoniales, ancestrales, religieuses. Dans ces mondes gouvernés par une logique conjuratoire, l'idée de nourriture universelle constituait un excitant collectif au travail dans l'espoir d'un festin offert autant aux vivants qu'aux morts, ceux qui attendaient un hypothétique retour, qu'on veillait à nourrir par l'ampleur des semences, des récoltes et des excès de table.

Cette satisfaction ne pouvait être obtenue par de « fausses » marchandises qui leurraient le désir légitime de l'individu et les défunts. Dès lors que l'industrie décevait en ne libérant pas de la faim à bon goût, elle fut supposée mentir sur sa prétention révolutionnaire. À quoi bon s'escrimer à ce travail, lui consacrer de l'argent, si le vulgaire était dans l'assiette. Ainsi s'éclaircit le paradoxe du dégoût industriel chez des peuples qui auraient dû en être les propagandistes, notamment en raison de leur tradition culinaire. Au lieu de quoi, ils retournaient contre l'usine la rage d'être mal rassasiés et, dans le pamphlet à succès *Plus de fraudes ! Les falsificateurs dévoilés* (1858), ils y associaient l'État, coupable de « complicité d'empoisonnement », en raison de sa mansuétude et de sa jobardise à l'égard des industriels, ces « empoisonneurs publics ». Les entrepreneurs en déduisirent que le snobisme était un meilleur argument commercial que la satisfaction à coût réduit du consommateur. Les bateaux qui convoyaient sardines, harengs, choucroute, saucisses allemandes vers Saint-Pétersbourg et Moscou, recelaient à fond de cale quelques conserves françaises de foie gras. Leurs étiquettes étaient dignes des grands crus de bordeaux ; pendant ce temps-là, les sardiniers du Portugal acceptaient le remballage germanisée de leurs boîtes afin d'évincer ceux de Douarnenez.

Les réussites de la chocolaterie Menier, du confiseur devenu poissonnier, Colin, dès 1824, des biscuitiers Lefèvre-Utile à Nantes (1854) et Olibet à Bordeaux (1862) se fondent sur ce principe de distinction gustative : de l'allure – admirables décors des boîtes en fer copiés sur les papiers peints exotiques qui tapissent les salons à la mode –, une qualité de fabrication exemplaire – les « petits beurrés » passent pour supérieurs aux originaux anglais de la maison *Huntley and Palmers*, pionnière en 1826 –, une diffusion rapide dans la bourgeoisie urbaine, tout cela pour une curiosité sans engouement. Colin fait faillite en 1843. En France comme en Italie, les éventuels consommateurs s'inquiètent des dosages mécaniques à la place des tours de main familiaux et des transformations gustatives que cela entraînera. Le cuisinier du roi de Sardaigne, Giovanni Valardi, a beau mettre sa notoriété au service d'un compromis industrialo-naturel, publier un livre de recettes mixtes en 1854, rien n'y fait. La défense affichée du juste goût est le paravent opportun à la peur du départ des femmes. Leur apprentissage à l'usine de tâches égales pour chacune – donc démocratiques –, et la découverte d'un autre monde éveilleraient leurs bas instincts. Mieux vaut leur laisser la liberté surveillée de rembourser leur dette à l'égard des hommes devant les fourneaux.

À l'inverse de cette construction subjective, les Anglo-Germaniques choisissent un principe objectif où les fonctions ni sexuellement ni socialement établies à l'avance se déterminent en vue du meilleur, un quotidien rassasié. La femme perd sa polyvalence au profit d'une solidarité d'espèce, ses aptitudes comptant moins que le résultat. La domination masculine ne disparaît pas par enchantement, mais l'imitation et la répétition offrent un possible dépassement. Ce projet est formalisé par Catherine Beecher dans son *Traité d'économie domestique* (1843), matrice normative de son futur best-seller, *The American Woman's Home, or Principles of Domestic Science* (1872) : « Moins il y a de mélanges en cuisine, plus saine est vraisemblablement l'alimentation. » Or, quoi de plus simple et sain que d'ouvrir une boîte ? En un sens, le produit industriel se substitue à la charité salvatrice ou légale des Européens ; son coût permet d'évacuer les discussions byzantines sur la mesure et la réception du don, considéré comme essentiel à la concorde humaine dans les vieilles nations mais impossible à établir en pratique ; son prix modique assure le sauvetage matériel du plus grand nombre.

Regarder autrement

Européens et Américains ouvraient des fenêtres. Sans doute, les extérieurs aperçus étaient-ils différents et les ouvertures de tailles contrastées. Avant 1800, les Britanniques ne se satisfaisaient plus de puiser aux richesses de l'Orient par les portes étroites des comptoirs, tandis que les Portugais ou les Espagnols commençaient de refermer leurs fenêtres et que les Français rêvaient sans partir. Mais chacun s'accommodait de ce dehors, en même temps qu'à l'invasion progressive de la lumière.

Une majorité démographique d'individus postulait, elle, que l'obscurité – naturelle, physique, intellectuelle ou sensitive – était l'état le plus répandu. L'avenir se trouvait par définition dans le noir, le passé s'y engloutissait plus ou moins vite et le présent restait souvent indéchiffrable. Dans cette perspective, la lumière était plus gênante que rassurante car elle imposait une mise à plat, un ordre, une rigueur, au besoin une « symétrie » (voir chapitre précédent). Elle accusait les angles, donc la violence des rapports sociaux, au détriment – vu de l'autre bord du monde – de la jouissance et de la sagesse. Mieux valait détourner le regard, comme le suggérait un apologue décliné à travers toute l'Asie : « Le thé n'est pas seulement l'antidote de la somnolence, mais un des moyens d'aider l'homme à retourner à sa source. » En avançant les yeux grands ouverts vers son passé, l'individu atteindrait les sommets de la connaissance et de la sérénité. À la réalité vue « à la lumière », se substituait le plaisir surgi à la reconstruction, l'invention, l'évocation, la sauvegarde d'un jadis. Tout l'attirail de la reproduction – des règles aux mythes – en étaient les instruments.

Ce leitmotiv de l'histoire alimentaire, nous l'avons déjà entendu au tournant de notre ère puis à l'époque dite des « grandes invasions » ou au XVIIe, lors des controverses sur la lumière, la chaleur et le neuf. Entre 1750 et 1860-1870, ses mesures sonnent presque assourdissantes. Les mondes extra-européens sont en effet hantés par la menace de la submersion et de sa conséquence redoutée, le démantèlement. Y contribue d'abord une déferlante démographique d'origine intérieure, aux effets déstabilisateurs accentués par la nature nouvelle des migrations. Les 300 millions de Chinois deviennent 340 ; l'Inde touche un premier pic en 1800 avec 185 millions d'habitants, puis un deuxième en 1860 à 230 millions. Localisation et taille ne modifient ce constat qu'à la marge : entre 1800 et 1860, le Paraguay, les Canaries ou Madagascar gagnent environ un quart d'habitants. La première vague européenne, forte de 3,3 à 3,5 millions d'individus entre 1800 et 1863-1865, ressemble à un clapotis, une fois défalqués les migrants américains ou canadiens, 75 % de l'ensemble. Les Argentins, les Brésiliens, les Australiens en reçoivent 15 % ; restent 350 000 personnes pour 30 à 40 millions de kilomètres carrés !

Pourtant, l'infinitésimal venu de loin et l'innombrable en branle à l'intérieur produisent un précipité détonnant. Les arrivants étrangers se dirigent, fait nouveau, vers des zones lointaines, vastes et aussi peu peuplées que surveillées ; ceux-là n'ont rien à offrir et sont suspectés de vouloir prendre beaucoup, en particulier des terres. Peu importe qu'ils creusent le sous-sol, irriguent les vallées ou posent des rails, leur intrusion devient synonyme d'amputation dans des pays où les gens sont entassés. Lorsqu'en 1853, la première ligne de chemin de fer est inaugurée en Inde, les autochtones recensent d'abord la superficie arable enfouie sous les poutrelles. Les migrants nationaux doivent, eux, s'adapter au régime alimentaire de leurs provinces d'accueil, avec ce que cela suppose de transgression culturelle, de refus ou de compromis : mangeurs de viande convertis en pêcheurs le long des côtes du Sénégal ou de la Côte-d'Ivoire ; amateurs siamois, laotiens et malais d'abeilles cuites à la vapeur avec des oignons et du citron découvrant les charmes du curry et des termites roulées dans la farine au dessert au lieu de plat salé. Partout la loi du nombre impose sa rigueur dans des proportions inconnues des Européens. En 1800, Naples, Paris et Londres se disputent le titre de cité la plus peuplée ; elles ignorent qu'Edo (l'actuelle Tokyo) les dépasse, sans l'ombre d'une fabrique. L'urgence commande de se prémunir contre la menace démographique intérieure ; seulement l'irruption des « barbares » occidentaux risque de porter le coup fatal au bloc des habitudes alimentaires et d'entraîner une « nuit » culturelle. Mieux vaut les renvoyer à une sorte de néant sociologique et se contenter d'un échange guerrier ou, dans les ports, filtré de manière stricte.

Quand la politique des ventres est si délicate à conduire, il n'y a plus qu'un seul autrui, l'animal qui nourrit.

Les Chinois s'appliquent ainsi à obtenir le maximum des deux récoltes annuelles de riz plutôt que de se lancer dans une rotation des cultures ou une sélection des trente-trois variétés qu'ils maîtrisent depuis le XIVe siècle. Dans quelques édens climatiques, on s'y risque les bonnes années quand les épidémies, les guerres et les famines ont passé leurs faux et fait baisser une pression démographique telle qu'il faut nourrir au moins trois habitants par hectare cultivé, ici comme en Inde, en Corée ou au Japon. Or, paradoxe monstrueux de ce premier XIXe siècle, la famine emporte « seulement » un million de Chinois en 1790 et 1860, autant que la première guerre de l'opium (1839-1842). À titre indicatif, on compte dix-huit prélèvements supérieurs à un million entre 1875 et 1900. Certes, le rendement des céréales baisse de 15 à 20 % pendant la période, mais cela laisse quand même deux cent cinquante kilos par habitant chaque année. Chiffre honorable, mais performance calamiteuse en regard de la situation. Le diagnostic chinois, établi par Hong Liang Ki cinq ans *avant* Malthus, vaut pour l'ensemble du monde asiatique : la croissance démographique exclut un individu rassasié[18].

Expansion territoriale et cadenassage aux nouvelles frontières sont les réponses choisies pour échapper à la mise échec et mat de la politique des ventres. Sous le règne de Ch'ienglung le Tibet et le Népal sont conquis par Pékin, Taiwan est quasiment annexée. Quant aux échanges chinois avec l'étranger, ils s'opèrent au compte-gouttes (*via* la seule ville de Canton) par de multiples filtres bureaucratiques et dans des proportions ridicules. Les autochtones vont jusqu'à ignorer les conséquences de la domination européenne : un demi-siècle après la victoire de Plassey (1757) qui consacre le contrôle britannique sur les Indes, l'ensemble du commerce alimentaire avec la métropole n'atteint pas cinq cent mille livres sterling. En trois siècles, les quantités d'épices acheminées ont sextuplé et approchent les quinze mille tonnes par an ; elles représentent pourtant au mieux 0,1 % du produit national indien. La réalité économique coloniale n'a aucune raison de modifier l'indifférence locale, au moins jusqu'aux années 1860. La part du commerce alimentaire dans les PNB reste embryonnaire : 0,25 à 0,5 % en Asie, 0,15 à 0,25 % en Afrique noire, 1,3 à 2,5 % le long de la Méditerranée méridionale et orientale. Si l'on choisit les six pays les plus impliqués dans l'échange avec l'Occident – l'Inde, le Brésil, le Chili, l'Égypte, le Mexique et l'Empire ottoman –, force est de constater que les rentrées assurent au mieux le maintien du déficit nutritif initial[19].

Un signe ne trompe pas sur la précarité de l'époque : la seule marmite bouillonnante est celle des révoltes de la faim, entretenues comme de juste par les rumeurs du complot de famine et propagées par diverses sociétés secrètes. Au-delà de leurs motifs nationaux, régionaux ou tribaux, celles-ci partagent au moins la conviction que la crise alimentaire est la manifestation d'une discordance. La responsabilité en incombe aux politiques, coupables de trahison et d'abandon culturels, en pratique la précision des recettes, la rigueur des protocoles et la répétition des rituels. À fréquenter l'étranger, c'est le sens culinaire qu'on perd. Autour de 1830-1850, le constat est partagé par la Société du ciel et de la terre (la Triade) en Chine du Sud, les confréries Yoroubas de l'actuel Nigeria, les Éotilés de Côte-d'Ivoire, des tribus kabyles ou d'autres installées dans la province du Cap. La confusion culinaire en est le signe indubitable : un couscoussier en deux parties ne doit pas avoir le même usage que celui fabriqué en un bloc solidaire, ni que l'ustensile végétal, le plus ancien et associé à une vie semi-nomade, servant à préparer boulettes de viande ou de riz gluant sur un lit de feuilles à fleur d'eau.

De la confusion surgit l'oubli lorsque les cuisiniers négligent le seul souffle de vapeur – principe masculin – dans la conception des plats destinés à être offerts. Le mélange des techniques – vapeur, bouilli, braisé – pollue la nourriture et brise à la fois la continuité historique et la géographie mythique du groupe. Celui-ci ne peut ni donner, ni garder ; donc, il abdique puissance virile (la reproduction du plat), économique (en donnant, il montrerait sa capacité d'affronter la faim, la demande familiale, la durée) et politique (il perd son indépendance, donc sa supériorité sur l'étranger puisqu'il ne peut plus marquer sa différence). Faute de traces, le groupe sans mémoire est condamné à mourir un jour de faim parce qu'il a négligé le lien l'unissant aux plantes et aux animaux.

Les recommandations économiques formulées par les savants occidentaux restent logiquement lettre morte. À la suite de Condorcet, le Britannique David Ricardo postule une sécurité alimentaire *via* des échanges accrus car « les effets d'une disette seront à l'échelle internationale totalement dilués et supportés plus légèrement par une population plus importante ». Mais les hypothétiques avantages comparatifs des pays neufs n'ont pas leur place chez des peuples où l'étranger passe pour un vampire et un missionnaire. Le premier terme constitue une déclinaison du cannibalisme : l'étranger est supposé prendre, quelle que soit la couleur de sa peau, au besoin par les moyens les plus diaboliques, ce qui achève de le discréditer. Ainsi, les aborigènes du désert Tanami reprochent-ils aux premiers colons d'avoir introduit le lapin, précipitant selon eux la disparition des opossums et des souris. Le second vocable ne concerne pas la religion mais la violence qu'infligerait la colonisation aux habitudes nutritives avec pour conséquence la perte du plaisir alimentaire par l'abandon de la platitude – au sens d'espace repéré et maîtrisé à vue humaine – et le règne d'un obscurantisme mondialisé, par définition hors de vue.

De même est-il fallacieux de présenter l'évolution des pratiques culinaires sud-africaines comme une variante du *melting-pot* américain, aux fins de graver rétrospectivement une vulgate consensuelle dans la « nation arc-en-ciel » de ce millénaire. Dans le *potjiekos* sud-africain – adaptation du hochepot flamand où les légumes, la viande et les épices cuisent à l'étouffée – Hollandais, Xhosa, Indiens et Chinois auraient ajouté leur ingrédient « ethnique ». Même les religions sont enrôlées au service d'une réconciliation inventée, jusqu'aux juifs venus d'Afrique du Nord et aux musulmans débarqués de Malaisie ou d'Indonésie à cause de leur goût commun pour les *atjars* de citron, confits à l'huile de poisson et au sel. En fait, l'afrikaanisation alimentaire se déroule à marche forcée dans une gigantesque et constante confrontation, dès l'installation des premiers colons autour du Cap au XVIIIe siècle. Ceux-ci ne veulent plus manger comme les métropolitains hollandais, ils répugnent à goûter la nourriture des Africains, des esclaves ou des métis. Descendants de Huguenots, colons portugais et hollandais ne sont même pas d'accord entre eux et tous sont considérés comme des impies et des incultes par les tribus Khoikhoi ou Xhosa parce qu'ils enfreignent interdits et tabous alimentaires.

Lorsque se déclenche, entre 1835 et 1840, le Grand Trek, cette migration des fermiers du Cap vers les espaces « vides » de l'intérieur, les gens voyagent avec leurs habitudes : c'est seulement au début du XXe siècle qu'ils se convertissent à l'autruche et à l'antilope, mais ils continuent d'épicer à outrance la viande. Ils s'évertuent, malgré la contrainte climatique, à conserver une basse-cour plutôt que de chasser la pintade parce qu'ils rêvent des dindons et des pigeons du Cap. Ils préfèrent le bœuf saumuré – souvenir enjolivé de la nourriture pendant le voyage fondateur – et se satisfont du séché, alors que leurs voisins africains éleveurs réservent ces lanières de viande à des usages ornementaux lors des cérémonies. Surtout, chacun consomme des parties différentes de la bête : la chair chez les colons, tout y compris les abats chez les Africains. Les récits de voyage ont beau vanter les découvertes culinaires, celles-ci semblent exceptionnelles jusqu'au lendemain de la guerre des Boers.

La méfiance est longue à se dissiper et ce n'est pas en comparant le feuillet farci de viande au haggis écossais qu'on change les habitudes. Au contraire, les premiers échanges alimentaires entretiennent plutôt la peur du décentrement chez les autochtones. Lorsque, vers 1860-1875, les débuts prometteurs de la margarine en Europe du Nord incitent Hollandais et Britanniques à encourager la production et l'exportation de l'huile de palme, les Yoroubas et les Éotilés s'inquiètent des quantités restant pour accommoder les plats réservés au culte des ancêtres. Ils craignent de manquer de graisse pour leurs sauces et de déchaîner la malédiction des défunts. Là où les Européens diagnostiquent une incompréhension, eux ont la conviction de trop bien deviner les intentions des étrangers – une transformation telle de leurs habitudes qu'elle mettrait leur monde cul par-dessus tête. Obnubilés par leur logique concentrique, ils décèlent un risque fatal[20].

Pourtant, cela n'exclut pas la fascination, du genre de celle qu'un individu éprouverait en présence d'esprits incarnés. Les rois Radama Ier (1817-1827) à Madagascar, Théodoros II (1818-1868) en Éthiopie, Rama IV en Thaïlande, les sultans Muhammad-Ali et Abbas Ier (1805-1848-1854) en Égypte tentent le pari d'une combinaison entre structures sociales existantes et transformation agraire. Il n'est pas question d'échanger – comment l'imaginer dans des sociétés ethnocentrées ? – mais d'emprunter, d'acheter, formes contraintes du pillage en face d'ennemis qui impressionnent par leur vitalité. Éthiopiens et Égyptiens adoptent ainsi une fiscalité et un système de fixation des prix qui leur permet de financer une politique alimentaire autosuffisante et de régler provisoirement la question du nombre, grâce notamment à des rendements céréaliers records pour l'époque de quinze quintaux à l'hectare dans le bassin du Nil contre neuf en moyenne en Europe. Les Thaïlandais appliquent le même schéma pour la culture du riz, atteignant des rendements supérieurs de moitié à ceux de l'Inde et de la Chine, avant que le traité de commerce signé en 1855 avec les Britanniques vienne ruiner cette construction et vérifier les préventions contre l'irruption de ceux qui ne sont pas de la famille.

Croire que ces réussites constituent la première étape d'un développement économique et d'un rapprochement avec le processus occidental serait pécher par optimisme. L'échange représente une inversion momentanée de l'ordre des choses, exactement comme la guerre[21]. C'est une sorte de mal nécessaire compte tenu des contraintes démographique et politique. Il n'y a ni don ni contrepartie et pourtant la transaction profite au plus grand nombre ; voilà qui ne peut être que provisoire, sinon comment jusitifier des pratiques cultuelles et culturelles fondées sur une solidarité du partage en cas de besoin. Si la situation persiste, le soupçon de trahison politique grandit, manière d'afficher une incompréhension devant des pratiques qui déséquilibrent le groupe plus qu'une sécheresse. Cela précipite, en général, l'élimination des chefs (Théodoros II, Abbas Ier, Radama Ier). Jusqu'à la fin du XIXe siècle, on reste au simulacre sans même songer à une « modernisation ». À preuve, les péripéties de la culture du maïs en Éthiopie, céréale de soudure par excellence, consommée sans autre préparation que le gril et irrémédiablement méprisée parce qu'elle relève du domaine exclusif de la femme. D'ailleurs, celle-ci cultive le maïs dans le potager domestique, à côté du chou, à l'usage de complément alimentaire identique. Peu importe que le maïs offre des rendements trois fois supérieurs à ceux de l'éleusine, personne n'aurait l'idée de le broyer en farine, de le transformer en bière[22]. Le langage est sans équivoque et déroute les voyageurs : être à jeun signifie ne pas avoir mangé de céréales, à l'exception du maïs considéré comme un apéritif. Au moment où la colonisation va se muer en raz-de-marée, la seule place disponible pour les Européens est sur un strapontin.

CHAPITRE 8

L'ESPRIT DE CROISADE

Au tamis des souvenirs gastronomiques français restent accrochées les pépites d'une cuisine qui, d'Urbain Dubois à Fernand Point, soit d'Adolphe Thiers à René Coty, aurait été décorative, utile, festive et consensuelle. Les planches illustrées de ces chefs-d'œuvre éphémères (fig. 30) ornent aujourd'hui les couloirs d'hôtels chic et les catalogues donnent des estimations records pour les *Lettres gourmandes* de Charles Monselet (1877) ou *La France gastronomique* de Curnonsky et Marcel Rouff (à partir de 1921), présentées comme les bréviaires de ce long âge d'or. Remplaçons ces noms par ceux de Pellegrino Artusi ou d'Ada Boni et la remarque vaut pour l'Italie.

Or les sociétés de cette époque n'étaient en rien gouvernées par le bon ton et le goût juste. Elles étaient rétives à l'homogénéisation, souvent synonyme pour elles d'abâtardissement ; elles n'y voyaient pas clair dans ces couleurs, ces saveurs, ces produits déversés en vrac, pas plus que dans les errances des travailleurs et des marchands ; elles s'inquiétaient d'une science et d'un discours qui façonneraient leur inconscient culinaire au moment où elles étaient sommées de s'engager sur les chemins – ascensionnels par définition – du progrès industriel, de la nation, voire de l'empire. En même temps, les impatiences industrielles avaient raison des déplacements saisonniers entre les champs et les villes ; l'ouest devenait plus qu'une destination lorsqu'on embarquait sur les vaisseaux du neuf. Ses prophètes et ses courtiers prétendaient conduire l'individu vers une grève où le corps, fortifié par une nourriture sortie d'une chambre froide ou d'une boîte, résisterait mieux aux assauts de la mort.

Jusqu'alors, quelques gestes tôt harassants avaient suffi ; l'envie de savoir ce qui viendrait ensuite, demain, d'ailleurs dans l'assiette précipita le passage à un régime de fronts culinaires. Cette militarisation se matérialisa avec des cartes, des graphes et des tableaux, élaborés par les statisticiens qui furent aux cuisiniers du second XIXe siècle, ce que les architectes avaient été sous Louis XV et Bonaparte. À coups de diagrammes, de rectangles, de cercles proportionnels, les états-majors traçaient le schéma de leurs besoins nutritifs : les comptes alimentaires et démographiques de la campagne de Russie servirent à préparer l'expédition du Mexique et la guerre de 1870 ; les mesures prises après Iéna inspiraient encore les généraux allemands lorsqu'ils planifiaient l'intendance des campagnes de 1914 et 1940, selon une combinaison optimale entre régulation des approvisionnements au sommet et liberté d'ajustement sur le terrain. Entrepreneurs, marchands et édiles leur emboîtèrent le pas. Au vu des empilements colorés sur des bordereaux, ils lisaient le tonnage des cargos bananiers et des wagons céréaliers en circulation, ils prévoyaient les carcasses, les légumes et les boîtes nécessaires à leurs machines, leurs ouvriers, leur profit comme aux bouches à nourrir par quartier.

Pour tous ces gens, engagés dans la bataille du nombre, de la survie, il est urgent de « suppléer à l'insuffisance des sens ». Aux tenants de la tradition, ces quelques mots valent déclaration de guerre. Ils ont certes l'impression désagréable d'arriver trop tard, et de se voir considérés en presque intrus. Mais ils veulent croire qu'en continuant, voire en inventant une histoire, ils l'emmèneront vers un autre terme. Aussi le front alimentaire est-il agité d'escarmouches. Il y a des combats d'avant-garde entre commémoration et table rase ; des engagements d'arrière-garde sur la place des chefs, des employés, des cuisinières ; des guerres de siège contre le provincialisme ; des révoltes contre la tyrannie des capitales ; des expéditions punitives contre ceux qui, en salle, présentent des homards Thermidor et, en cuisine, colorent la bisque à la cochenille.

Chacun convient pourtant que se profile un succès inespéré, de mémoire alimentaire : assurer le couvert à une majorité d'individus en temps de paix. Quant à en imposer les conditions, c'est une autre affaire : monétarisation et normalisation sonnent telles des vulgarités de table. De la mobilisation infinie des ressources et des perceptions, les mangeurs déduisent que l'empire du maximum est advenu. Ils acceptent cette gloutonnerie généralisée si elle est promesse individuelle ; ils la craignent collectivement comme une menace de submersion. Confrontés à un panorama alimentaire changeant à vitesse accélérée et éprouvant chacun la sensation du glissement, leur trouble est constant.

Mouvements de troupes

Ce fut une affaire de chiffres, mais ils défiaient l'entendement. Le ressac des hommes s'amplifia au rythme où se construisaient bateaux, wagons, usines et immeubles : dès 1875, 600 000 Européens changeaient chaque année de continent. La houle se creusa après 1885, charriant les laissés-pour-compte de la Grande Dépression, portant les défricheurs outre-mer : en 1912, un million d'Européens quittaient le continent et 550 000 en franchissaient une frontière au moins. Vint alors le raz-de-marée des années 1914-1928, poussé par la Grande Guerre et ses répliques régionales, submergeant les digues que devaient former quotas migratoires, passeports, déplacements forcés et regroupements ethniques : 12 à 15 millions d'Européens furent brinquebalés dans cette lessiveuse. Après 1936, aucun mot n'était adapté à des phénomènes sidérants : 50 à 55 millions de personnes jetées sur les routes jusqu'en 1942,

22 à 25 millions supplémentaires de 1943 à 1949, au moins 300 millions réduites à 2 200 calories, les bons jours, chiffres démographiques sans doute à doubler pour la planète et caloriques à baisser d'un bon quart.

Le plus curieux restait l'énigme du départ. Dans une série de rapports publiés en 1892, plusieurs experts européens – dont le jeune Max Weber – distinguaient les « hirondelles » et ce que nous appellerons les « canards décapités ». Les premières parcouraient depuis cinq siècles les mêmes itinéraires, à dates saisonnières, s'installaient parfois pour trois à cinq ans quand la conjoncture était trop mauvaise dans le lieu de départ et, rarement, s'établissaient ailleurs. Les seconds déjouaient les pronostics des économistes et des politiques par leurs zigzags, indifférents à l'arbitrage rationnel entre facteurs attirants et répulsifs. Or, à partir de 1880-1885, des « hirondelles » se mirent à imiter les « canards », tandis que des errants compulsifs choisissaient de se sédentariser dans quelques pays qui n'étaient pas de cocagne.

Vingt-deux mille « Hollandais », venus en fait de tout l'arrière-pays, habitués des hortillonnages et des champs irrigués le long de la mer du Nord depuis le Moyen Âge, se déplacèrent en Saxe puis dans les plaines orientales, pour découvrir le travail derrière les moissonneuses ou dans les usines sucrières. Ils gagnaient 15 à 20 % de mieux, mais perdaient le même pourcentage de jours travaillés ainsi que 3 à 500 calories quotidiennes dans leur gamelle. Parmi les 90 000 « hirondelles » italiennes et les 35 000 espagnoles qui voguaient chaque année vers l'Amérique du Sud, la moitié revenait avant 1890. Or, ce rapport bascula au profit du déracinement au moment précis où le pouvoir d'achat, avec une progression annuelle supérieure à 2 %, et le marché de l'emploi en Europe entamaient vingt années fastes. En bonne logique, rien ne justifiait l'installation aux États-Unis, en Australie ou en Argentine. Une étude consacrée aux mineurs immigrés en Pennsylvanie concluait, en 1904, à la duplication des menus consommés à Cardiff ou à Lodz : pain, bière, pomme de terre ; œuf et fromage le dimanche ; viande les jours de fête[1].

C'était négliger les effets conjoints de deux mythes : les origines et la manne. En Pennsylvanie comme à Adélaïde, le pain paraissait plus blanc, la viande plus grasse, plus saine, plus nourrissante comme si la mise en valeur récente et l'absence de promiscuité démographique garantissaient une nourriture rajeunissante. L'éventualité d'une « maison » alimentaire où s'échangeraient individus, produits et valeurs selon un principe transactionnel avantageux pour chacun semblait une chance offerte à d'anciens « sauvages » que leur jeunesse intronisait modernes, à ces enfants de l'abondance décrits par le sociologue Werner Sombart dans son essai, *Pourquoi le socialisme n'existe pas aux États-Unis* (1906) : « Aucune utopie socialiste ne résiste à un rôti de bœuf et à une tarte aux pommes[2]. »

Le jugement lapidaire gagnait en cohérence dès qu'on y ajoutait, par exemple, la « pêche miraculeuse » au large de Terre-Neuve. Si les Canadiens, les habitants du Massachusetts étaient considérés, vers 1900, les individus les plus robustes de la planète avec 3 200 calories quotidiennes, c'était grâce à la martingale fournie par la morue. Le ministre canadien de l'Agriculture ne s'y trompait pas : « Pour ces poissons commerciaux, j'irai jusqu'à prétendre que leur protection est inutile. Il est impossible, non seulement de les épuiser, mais même de réduire leur nombre. » Les Européens n'avaient qu'à emprunter aux Nord-Américains leurs bateaux à vapeur munis de chaluts qui sextuplaient les prises ou bien à imiter la *General Sea Food* qui, en 1925, décidait de congeler les poissons pour doubler encore les livraisons, à la satisfaction des consommateurs, « assurés, selon le président américain Herbert Hoover, que ces bâtonnets de poissons constituaient la plus belle découverte pour l'alimentation mondiale ». Seul un hurluberlu comme le consul d'Angleterre à Gênes s'inquiétait d'« une exploitation forcenée, à la manière d'une revanche des individus sur des siècles de pénurie[3] ».

Dans les « vieux pays », le chambardement démographique suscita des impressions contrastées. Les consommateurs notaient les quantités de pain, de porc, de beurre en diminution, pas l'augmentation des calories ingérées quotidiennement grâce au lait ou aux fruits. Hier, 20 % de hausse en Belgique et en Islande, 15 % en France et aux Pays-Bas, 10 % en Hongrie et en Pologne auraient été trompetés par les médecins et les gouvernements. Le maintien de la ration alimentaire dans l'empire des Indes, autour de 1 600 calories, aurait été salué comme le résultat tangible d'une colonisation efficace, en dépit des seize famines ou disettes recensées entre 1880 et 1910. Au lieu de quoi, les administrateurs britanniques restaient obnubilés, comme leurs homologues européens, par la comparaison défavorable avec les États-Unis. Seuls ces derniers leur paraissaient capables de mettre en pratique le « savoir se nourrir » moderne, mettant de la sorte en question le leur, avant de le délégitimer, peut-être.

C'est pourquoi la déshumanisation se remarquait davantage que les taupinières du progrès, silos, usines et hangars. En Europe, les castreurs et les marchands de bétail se raréfièrent, avant de s'installer bouchers ou charcutiers ; des colporteurs s'improvisaient épiciers, vendeurs de chocolat ou marchands de denrées frites. Les chaudronniers de l'Orne, les couteliers de Sheffield, Thiers ou Lingen élargissaient leur gamme avec des ustensiles fabriqués en série ; les potiers du Brabant abandonnèrent leurs récipients en bois et les plats en argile pour s'aventurer chez les grossistes puis écouler des faïences sur les marchés, en concurrence avec les sédentaires. Quand les affaires languissaient, ils espaçaient leurs tournées et prenaient le risque de s'installer en ville.

À mesure que ces marcheurs devenaient fantomatiques, s'oubliaient des étapes le long d'itinéraires séculaires, transmis en famille ou par corporation, ici un lieu de pique-nique, là un gîte villageois, ailleurs un lieu d'échange. Les pains étaient moins variés, les poissons plutôt séchés que fumés, les légumes moins divers. Dans les Abruzzes et en Corrèze, le pain de châtaigne se faisait certes plus rare que le froment, les « hommes de la forêt » vietnamienne acceptaient d'accompagner le riz avec des viandes séchées vendues par les marchands montés de la plaine plutôt que du gibier ou du buffle boucané, ils essayèrent même les conserves de poisson après 1930. Mais les uns comme les autres n'arrivaient pas à se persuader que l'indifférence partielle aux saisons et une quantité renouvelable annonçaient autre chose qu'une embellie ou « des estomacs affamés sur place à cause de savoir-faire oubliés ». En un sens, il y avait trop de monde à table.

Voilà qui favorisait la nostalgie et, en même temps, l'agressivité à l'égard des migrants, les nouveaux venus comme les fils prodigues. En 1865, les gens du Schleswig-Holstein critiquaient la germanisation des goûts imposée par un impérialisme prussien conquérant jusque dans la marmite ; trente ans plus tard, ils s'inquiétaient des choux arrivés de Pologne ou des « médiocres » couteaux fabriqués à l'Est ; après 1918, ils imaginaient des cohortes de Ruthènes ou de « Roumains » venus vendre de la « camelote », rien qui se comparât aux « produits et aux légumes » de leurs envahisseurs, soixante ans auparavant. D'une manière générale, les migrants étaient accusés de gâter habitudes et recettes, rengaine connue. Les plus détestés étaient les anciens autochtones qui prétendaient avoir emporté dans leur sac les secrets d'une cuisine « populaire » et qui, de surcroît, la revendiquaient meilleure dans ces pays où l'approvisionnement était abondant, bon marché et les produits plus gros.

La monarchie parlementaire puis le fascisme italien s'engagèrent ainsi dans une guerre de tranchée contre la vulgarité des cuisines transalpines américaines. Là-bas, ils confondaient pâte à pizza et tortillas ; ils mangeaient toute l'année des lasagnes ou des raviolis, oublieux des stricts principes calendaires qui les réservaient à un jour ou à une saison ; ils abusaient des pâtes sèches au détriment des pâtes en bouillon et, comble, ils ne savaient plus les cuire juste. Déserteurs de la table nationale, que pouvaient-ils comprendre à la pizza Margarita, ainsi dénommée en l'honneur d'une reine, vestale de l'unité italienne, et pour cette raison accommodée aux trois couleurs. Vert comme l'herbe des chemins (la future roquette), forcément introuvable ailleurs ; blanc comme ce fromage de buffle impossible à exporter, à l'onctuosité inverse de ces pâtes de substitution étrangères à la « texture diabolique » – curieuse réminiscence des qualificatifs utilisés au Moyen Âge contre les « fromages de chèvre » musulmans ; rouge comme la tomate, italianisée de fraîche date et donc investie de tous les stéréotypes possibles – marque d'une cuisine méditerranéenne, métaphore de la fécondité de la « race », preuve d'un goût civilisé à jamais interdit aux « succédanées en bocaux » (le ketchup), « écœurant, gras et vulgaire ». Même si le monde moderne devait conduire à la disparition de cette cuisine « naturelle et nationale » mythique, son crépuscule brillait, à cette époque, d'un tel éclat qu'on pouvait au moins le tenir pour l'épilogue grandiose d'une culture gastronomique.

Ce refus de l'oubli atteignait une intensité maximale dans les territoires colonisés. Dans le Sud-Ouest africain, les Herero et les Nama tenaient les douze mille Allemands éparpillés sur un territoire grand comme la Prusse à l'égal de magiciens : nourriciers et sorciers. Après la peste bovine de 1897, ceux-ci avaient imposé, comme les Belges au Congo, une surveillance des troupeaux, l'adoption d'une race bovine capable de fournir cent vingt-cinq kilos de viande par tête, une proportion voisine des performances européennes. La fourniture de viande et de graisse animale augmenta de 35 % jusqu'en 1914. Mais le progrès ne distrayait pas la crainte des tribus : échanger un rassasiement contre une monétarisation agraire (notamment fiscale, donc jugée policière) et un changement de mode de vie, la sédentarisation forcée des hommes et des bêtes par l'enfermement derrière une clôture, autrement dit la fin de leur monde et le choix entre deux formes de disparition, l'éviction culturelle ou bien la révolte et son échec annoncé[4].

Lorsqu'au milieu de XIXe siècle, les missionnaires catholiques et protestants s'étaient installés au Tonga, ils avaient marqué leurs répugnances devant les réserves alimentaires, tubercules fermentés, broyés puis empaquetés dans des feuilles de bananiers et enfouis dans des fosses en prévision des disettes. Ce « pourri »-là puait ; il était donc mauvais pour la digestion, dangereux car son stockage favorisait les épidémies, débilitant pour l'esprit et le travail puisqu'il incitait à partager de maigres fruits au lieu d'en produire beaucoup. De fait, les habitants mangeaient peu, pas tous les jours, mais vivaient bizarrement aussi vieux que leurs voisins sans maladies particulières. La campagne pour l'adoption de la première Constitution, en 1875, fournit un prétexte aux religieux : la démocratisation politique et sociale (le partage des terres) devait s'accompagner d'une révolution nutritive. Il s'agissait d'éduquer aussi dans l'assiette des individus non colonisés et de les aider à devenir des citoyens complets, vus d'Europe. On leur proposait la même solution qu'aux habitants de Romagne où les municipalités conseillaient aux paysans des collines – pour « faire l'Italie » – d'abandonner leur maïs et leur seigle débilitants au profit du pain et des pâtes à blé. Français et Britanniques recommandèrent aux Tongiens de reléguer le « ma », un pain de pénurie, parmi leur folklore festif, ce qui permettrait à des citoyens plus robustes d'assurer la survie d'une population que les augures européens estimaient condamnée à terme. Les Tongiens se contentèrent de déplacer les fosses de réserve loin des côtes et, sitôt que l'écho des guerres se répercuta dans le Pacifique, ils retrouvèrent leurs réflexes traditionnels de précaution, au motif qu'une nourriture authentique, conforme aux préceptes ancestraux, protégerait mieux contre les catastrophes[5].

Gastrostratégies

L'Europe du premier XIXe siècle avait encore eu l'énergie et le talent de fabriquer un beau mensonge utile : l'épicerie ou la nouvelle caverne d'abondance. Dans ce temple de la monétarisation arrivaient les produits des provinces, bientôt des nations et du monde, acheminés par un bateau et ainsi livrables en grandes quantités. L'aménagement des épiceries avait si peu de rapport avec les capharnaüms du Rialto ou de Lübeck que Balzac les classait parmi « les plus belles expressions de la société moderne ». Riz, haricots, macaronis rangés dans des tiroirs ; poivre, muscade, gingembre sur des étagères, paquets précieux aux grains pesés sur une balance à cet usage exclusif. Confiture, thé, café et cacao logeaient derrière la caisse, près d'un plan de travail où comparer couleurs et odeurs. Sirops et laitages étaient glissés près de la glacière chaque matin rechargée en pains. Les jambons suspendus ressemblaient à des lustres, avant d'être tranchés par de curieuses scies actionnées à la manivelle. Enfin luisaient d'étranges collections de bocaux, empilés en fortification à double rang et rejoints vers 1870 par des boîtes métalliques décorées de vignettes tentatrices, les conserves.

Le contemporain semblait parvenu à organiser la prévention alimentaire, à lui désigner un lieu, à y rassembler tout ce dont les familles avaient besoin pour survivre et pour se raconter des histoires sur la provenance des graines de paradis ou la culture des haricots. Mais il y avait un intrus : la méthode de conservation. Si une nourriture était jugée rassasiante sans risques grâce à une fermeture hermétique, alors le contenant devenait plus important que le contenu ; si le froid produit par une machine la stabilisait plus efficacement que les pratiques anciennes – miel, vinaigre, saumure – alors le temps alimentaire se brouillait, le mort-depuis-longtemps concurrençait le juste-tué, le faux vraisemblable gagnait sur le vrai. L'abondance proposée devenait suspecte aux riches, amateurs de frais, comme aux désargentés, familiers des restes ; aux ménagères, dépossédées des gestes culinaires et de leur savoir, comme aux cuisiniers, promoteurs de l'authentique qui se risquaient à la terrine de saumon appertisée uniquement dans les établissements à prix serré ou pour les curistes en quête de pseudo-grande cuisine.

Personne n'accordait crédit aux proclamations des conserveurs : proposer une nourriture démocratique et universelle. Pourtant, celle-ci était économe de temps au marché, au travail, en argent, et même dans les rapports sociaux puisque l'inégalité de pouvoir dans le choix d'un morceau disparaissait. Elle constituait un démenti ostentatoire aux hiérarchies, une preuve de solidarité alimentaire. Dans des sociétés brassées où migrants, convives et électeurs s'assemblaient un bref moment, des produits contrôlés, stérilisés, etc., étaient adaptés partout. Puisque tout ou presque était conservable, on pouvait enfin envisager un horizon égalitaire et séculier où le gigot gardé quatre mois au frais assurerait la perpétuation de l'espèce, contribuerait à combler le retard calorique des peuples « à civiliser », bref offrirait la solution préventive à la faim.

En un sens, la conserve relevait d'une exigence mathématique ou militaire, elle ne supportait pas la contradiction en soi. Ce fut donc à la faveur des conflits que se concrétisa ce que nous appelons la gastrostratégie des pays industriels, faite de manœuvres à grande échelle, de reculs tactiques, d'erreurs parfois, comme en Crimée[6]. Français et Britanniques débarquèrent en mer Noire à la manière de leurs ancêtres venus assiéger Constantinople six cent cinquante ans auparavant. Au reste, n'y avaient-ils pas été encouragés par l'archevêque de Paris, appelant à une « nouvelle croisade » contre ces « représentants de la barbarie » jusque dans leurs habitudes alimentaires ? L'expédition se voulait exemplaire de la supériorité logistique des Européens, elle tourna au caravansérail : douze millions de litres de vin, vingt-deux mille tonnes de farine, treize mille de biscuits furent acheminés par les Français.

Le nombre fit illusion deux mois, jusqu'à ce que les cales vides des quarante-deux bateaux prévus pour le convoyage quotidien eurent démontré la vanité d'une politique étrangère au canon où les biscuits manquaient plus vite que les obus. Quatre mois plus tard, la dysenterie et les épidémies avaient tué cinq mille Français ; les survivants occupaient leur oisiveté forcée à l'apprentissage de la cuisine en plein vent, sur les marchés clandestins de « Flibustopol » (Balaklava) célèbres pour leurs choux hors de prix ou à échanger du vin contre du lard anglais. Il fallut attendre la neige et la vermine pour qu'enfin l'état-major comprît la nécessité de combiner, en matière alimentaire aussi, l'espace avec le temps. Le siège de Sébastopol démontrait par l'absurde – comme la célèbre charge de la brigade légère à Balaklava – que la guerre avait changé de degré à cause de l'artillerie et des conserves.

Les armées des pays industrialisés n'avaient de modernes que leurs institutions et leurs canons. Les contraintes de la guerre de Sécession en précipitèrent l'adaptation. L'étirement des lignes de communication, l'importance acquise par la voie ferrée, les stratégies de courses à la mer et l'acharnement des deux camps à prolonger la lutte rendaient les cantinages traditionnels dérisoires : fin août 1864 après cinq semaines de siège, Atlanta tombait faute d'improbables arrivages de grains, de bœufs et pas sous le coup des *patriots* pilonnant la ville. L'intendance fut centralisée et ses réserves distribuées selon la mobilité des troupes, au besoin en dissociant les fronts par secteurs. C'étaient la nation et ses chefs qui agençaient l'effort, selon des directives autant politiques que militaires : du pain et de la viande pour les hommes, du lait pour les femmes. Celles-ci firent la providence de la maison Borden à New York dont la réputation franchissait à peine l'Hudson River. Son lait en poudre ne convainquit ni par son goût, ni par ses qualités prophylactiques, mais grâce à un procédé adéquat pour approvisionner en ersatz une armée en campagne et rassurer les mères.

La ligne Borden devint une frontière culturelle entre la guerre alimentaire d'hier, fondée sur les ressources naturelles d'un camp, et celle des temps modernes, utilisant le transformé comme vraie nourriture. Le clivage fut accentué avec la distribution généralisée du bœuf en conserve, produit à Cincinnati, Boston et Chicago, cette « nourriture de cannibales » pour l'ennemi. La victoire du Nord justifia cette stratégie de précaution, elle légitima investissements, usines, rationalisation et division des tâches au service d'une production de masse. L'« entreprise yankee » montrait sa capacité à surmonter le problème du périssable et à éduquer ses citoyens pour qu'ils en supportent la disparition temporaire, en principe. Car la firme Campbell ne s'y trompa point : dès la fin du conflit, ses réclames jouaient sur les mots d'ordre propagandistes pour transformer une exception en habitude. Qui résisterait à des aliments aux couleurs plus chatoyantes que nature, au besoin grâce à une dose de sulfate de cuivre ?

Les Européens retinrent de cet épisode la nécessité de diversifier l'alimentation des civils. Réaction logique puisqu'ils voyaient leur main-d'œuvre quitter le continent, qu'ils s'inquiétaient d'une natalité fléchissante et que la guerre sociale accaparait l'esprit des dirigeants. Dès 1867, le chimiste allemand Henry Nestlé commercialisait une farine lactée pour bébés qui contribuerait à réduire une mortalité périnatale supérieure à 200 ‰ en Prusse. À cette stratégie inspirée du modèle Borden, Français et Belges répliquèrent en privilégiant les recommandations diététiques et les conseils domestiques à l'usage des mères de famille. D'un côté, l'artifice ; de l'autre, l'invocation d'un naturel, et toujours un Nord contre un Sud. En fait, ces entreprises rivales poursuivaient le même objectif : combler le déficit calorique des femmes sur les hommes, voisin de 30 %, afin que leurs enfants gagnent les centimètres et les kilos qui en feraient de robustes travailleurs et, pourquoi pas, des combattants plus solides[7].

La guerre franco-prussienne aurait dû accélérer la conversion industrielle, tant la victoire éclair de Berlin confirmait la supériorité d'une stratégie alimentaire fonctionnelle. La chronique gastronomique du siège de Paris et les péripéties de la Commune ont d'ailleurs saturé les mémoires et réduit ces mois aux combats désespérés des affamés contre les repus – Prussiens à l'extérieur, bourgeois à l'intérieur – jusqu'à laisser pour trace emblématique la caricature du *Squelette* de ce voleur se décomposant au milieu des choux, pourriture d'un régime et d'une société réunis dans la défaite devant la force et l'efficacité.

Contrairement à cette légende, les municipalités parisiennes réussirent à nourrir longtemps leurs défenseurs et à calmer l'appétit de la population. Elles ont appliqué une stratégie de survie, avec tableaux et plans de charge, modernisant la vieille politique des ventres : le degré de combativité ou le risque subversif ne se déduisent pas seulement des quantités fournies, mais d'une privation partagée, présentée et perçue comme telle y compris le rationnement, signe d'intrusion policière par la norme administrative, surtout quand il s'accompagnait d'un progrès aussitôt détesté, la « carte de rationnement ». Ainsi s'agrégerait le corps social et politique, autour des autorités centrales et dans le respect du discours alimentaire officiel. La Grande Révolution « finirait » à table, elle donnerait le spectacle de cette réconciliation au moment des plus graves périls, elle réussirait ce que la Terreur et le Second Empire avaient raté : l'assistance, la résistance et la fusion sociale, sans patronage religieux, ni parrainage des corps intermédiaires.

Le soldat fut le premier et le mieux nourri ; pas question qu'il manquât de carburant, sinon le corps national flagellerait. En décembre, malgré la première insurrection du 11, les hommes du front reçurent double ration et les engagés de dernière minute, moitié plus que l'ordinaire. Pas question non plus d'expérimenter avec eux cette viande de cheval recommandée pourtant par l'Académie des sciences. Le poisson pouvait remplacer la viande, de toute façon nul ne distinguait plus le contenu de ces daubes recuites et mouillées de vin. Mieux valait augmenter les rasades de gros rouge, un demi-litre par repas, ignorer le fil-en-quatre et le tord-boyaux à profusion. Les conserves n'obtinrent droit de cité qu'en novembre. L'énergie au combat n'était pas dans la boîte, mais dans la tête. À preuve, le 19 janvier, lorsque la ration de pain des soldats tomba à trois cents grammes, la conviction de la défaite s'imposa et, avec elle, l'éventualité d'une insurrection. Puisqu'il n'y avait plus assez de nourriture pour se battre, il ne restait, le 22, qu'à ouvrir les pourparlers avec Bismarck ou à mourir.

En même temps qu'ils nourrissaient les troupes, les édiles imposèrent aux Parisiens l'appétit comme signe d'excellence patriotique et de supériorité culturelle. Le 8 octobre, le rationnement de la viande fut accompagné d'un message limpide : les blessés de guerre et les soldats passaient les premiers, esprit de sacrifice oblige. Moyennant quoi la mesure s'appliquait au seul VIe arrondissement, le quartier des couvents. Les six semaines suivantes, fut martelé un deuxième message : jusqu'à 20 centimes le gros pain de 435 grammes, à quoi bon lancer une insurrection quand la miche valait 5 % du salaire journalier masculin ? Comme sous l'Ancien Régime et la Révolution, la paix sociale était censée s'acheter avec du pain. On put rationner le riz à 125 grammes, puis le fromage à 50 et les pommes de terre à 300 entre le 26 et le 29 novembre, Paris murmura seulement lorsque les autorités touchèrent à la ration de viande pour les combattants, et nous savons pourquoi. Aussi l'émeute du 11 décembre contre les « accapareurs » de tout poil tient plus de la réaction de dépit et de peur que d'une revanche sociale, lorsque se propage la rumeur de la chute de Paris : c'était bien la peine de se serrer la ceinture si des commandants incapables lâchaient devant l'ennemi[8].

Ce rappel à l'ordre patriotique ne s'accompagna d'aucune exaction contre les stocks de grains réquisitionnés, aux emplacements connus de chacun ; personne n'imagina dévaliser le célèbre restaurant Marguery, rempli matin et soir de convives attablés devant des oies et des poulets achetés aux Halles. Le 26 décembre, au centième jour du siège, Tortoni affichait toujours sa célèbre tortue à l'huile, des cèpes à la bordelaise et une tête de veau sauce verte. Les affaires continuaient. Et cette mise en scène culinaire validait le discours officiel. Les frères Goncourt et leurs suiveurs zélés n'y ont rien compris quand ils brocardaient le menu de Noël du restaurant Voisin[9]. Le « chat flanqué de rats » ne constituait pas une participation symbolique à la misère générale, il sublimait celle-ci par la cuisine ; le « civet de kangourou » ne cédait pas à un exotisme peu ragoûtant, il supposait une solidarité de gueule planétaire ; le « gâteau de riz aux confitures » était la réponse à la rumeur, venue de Versailles, que des Chinois empoisonnaient les réserves de la capitale. Le restaurant se donnait le luxe de pasticher le fameux dîner des Empereurs qui, le 7 juin 1867, avait réuni au Café anglais, chez l'immense Dugléré, Guillaume II, Alexandre II, leurs héritiers et… Bismarck : quinze plats, ici pour fêter Offenbach et « la grande-duchesse de Gerolstein », là pour un Noël laïc et républicain.

Enfin, pendant six mois, Paris a nourri 430 000 pauvres et nécessiteux, huit fois plus qu'à leur recensement, un an plus tôt. Chaque mairie, là encore contrairement à la légende, a installé des cantines, des soupes populaires, délivré des bons alimentaires, dépensé des dizaines de milliers de francs-or.

Chaque équipe avait des motivations différentes : peur de la révolution et de ses désordres dans le Ier arrondissement, quartier d'artisans et de commerçants, inquiets du doublement des pauvres (6 500) ; philanthropie libérale dans le XIVe arrondissement, devoir moral dans le XIIe et socialisme municipal dans un XIXe submergé par le décuplement des affamés (66 000). Elles partageaient en revanche une conviction : l'assistance, fournie contre 5 centimes la ration – jamais gratuite, comme faisaient les Versaillais et les chaisières – signait l'appartenance démocratique des miséreux. Ce commerce minuscule était le complément probablement indispensable à l'échange, guerrier celui-là, qui se déroulait aux portes de Paris. Chacun contribuait au maintien d'un ordre, l'un social contre la guerre intestine et l'autre culturel contre les « nouveaux Huns », les deux combinés favorisant ce que les gens de l'Hôtel-de-Ville appelaient une « éducation nutritive ». Comme les Américains…

Questions de détail

La suite semble écrite d'avance. Dans le mouvement pendulaire entre tradition et innovation, l'amplitude de la seconde déséquilibre l'ensemble. Les chiffres, toujours eux, sont là. Les machines en service et les marchandises échangées n'ont jamais été aussi nombreuses, indifférentes aux diverses mesures protectionnistes ou quotas, capables tout juste de faire tomber une pression commerciale inimaginable avec la multiplication par trente-trois des achats de viande industrielle en Allemagne, par vingt-cinq en France, en Italie ou en Belgique. Bloquer cinq mille tonnes de pâtes et de fruits à la frontière italienne favorise les succès d'estrade, surtout si la décision coïncide avec une crise diplomatique entre gouvernements (1895-1896) ; moyennant quoi, les achats en provenance du continent américain augmentent de 15 % en volume et de 30 % en valeur. Partout, la proportion de graisse animale dans les rations caloriques progresse : 10 % en Europe du Nord, 15 % en France et en Belgique, 20 à 30 % en Europe balkanique et en Méditerranée, l'Italie atteignant en 1912 le seuil fixé par la Commission internationale du ravitaillement, dépassé depuis dix ans plus au nord. Quant aux croissances argentine, ottomane, néo-zélandaise et australienne, elles paraissent si disproportionnées que certains journaux, à propos du mouton argentin, rappellent combien sa fortune doit au génie commercial britannique, à la force et à la fécondité des races nationales. La nouveauté alimentaire, organisée selon le triptyque production-précaution-diffusion, annonce un monde rajeuni, en meilleure santé, énergique, rassemblé et aux passions qu'on veut espérer pacifiées.

Vue de loin, la photographie est nette : « La tendance certaine, écrit Max Weber en 1900, à s'éloigner des types de consommation locaux conduit à une consommation uniformisée, et dont l'espèce n'est plus déterminée que par la classe et le revenu[10]. » De près, des détails, inaperçus au premier coup d'œil et qui ensuite font tache, captivent le regard et suggèrent un découpage moins posé. Ainsi, le revenu n'explique pas grand-chose, sauf pour les indigents et les rentiers. Même combiné avec la taille des familles, la religion, aucune corrélation ne se dégage : c'est à Francfort que la dépense alimentaire est la plus élevée alors que les salaires moyens se tiennent au premier tiers du standard national. Deuxième anomalie, le mangeur de viande est bien rare et choisit volontiers une ration de charcuterie ou de dessert avec un mark en plus : le plombier et le charcutier allemands consacrent un sixième de leur budget à la viande, leurs voisins de 23 à 31 %. Troisième anomalie, les réticences ou la saturation (?) qu'éprouvent les Francfortois pour les pommes de terre. Dans un pays où la consommation moyenne tourne autour de trois cents kilos par habitant, ils dépassent à peine le standard européen de 165 kilos par an. Enfin, contrairement à l'affirmation de Weber, la pagaille alimentaire entre groupes sociaux est complète : impossible de deviner pourquoi Stuttgart est le repaire des employés amateurs de lait et d'œufs plutôt que de viande et de pain ; le jardinier de Magdebourg consacre 30 % de son budget alimentaire à la viande, son compatriote charpentier à Berlin 23 % seulement et ces deux professions en consomment au moins 20 % de plus que les contremaîtres et les commerçants de Hanovre ou de Hambourg[11].

Certes, la carte des Allemagne alimentaires ne s'est pas effacée en une génération ; on veut bien aussi que le travail au grand air creuse l'appétit. Mais la tache du détail persiste : en 1910, les écarts régionaux ou professionnels se sont creusés par rapport à 1890. À notre sens, ils correspondent à la diffusion relative des nouveautés, conserves, viande congelée, volailles industrielles, et celle-ci ne s'explique pas seulement par leurs prix modestes. C'est un indicateur de confiance car la conserve n'est qu'un emballage, corruptible à la rouille, qu'on est en droit de tenir pour un paravent. À cette nourriture présentée différemment, il est aisé de trouver un drôle de goût, toujours trop étranger, parfois frelaté. Ouvrir une boîte, manger un steak d'Argentine à Berlin, manifeste inconsciemment à cette date l'acceptation d'une similitude alimentaire chez des individus qu'en revanche, seule une poignée de gens considère comme des égaux.

Ce motif permet de comprendre un autre choix paradoxal, la vogue du hamburger américain au détriment du bouilli, importé par les Européens. La qualité uniformément quelconque des vieilles vaches passées au grill ou à la marmite n'y est pour rien, ni le gain éventuel de temps – la gamelle est consommée sur le lieu de travail ou de voyage – voire d'argent, jusque vers 1910-1914. La viande hachée est supposée moins « restaurante » que le bouilli ; coincée entre deux tranches de pain, elle est jugée peu diététique dès 1880-1885 et l'oignon, un condiment résiduel, comme si les immigrants en avaient perdu le goût sur place. Mais le hamburger séduit pour une raison incongrue : le maquillage du goût de la viande par un ketchup à la tomate. L'association viande-sauce fermentée était ancienne aux États-Unis, celle-ci étant préparée avec des noix, des champignons, des huîtres, du poisson. Le ketchup tient donc sa nouveauté de la tomate, vers 1820-1830, et de son contenant, en verre puis en métal, réputé garder la sauce jusqu'à quatre ou cinq ans.

Le boom du ketchup se déclenche au milieu du siècle avec la grande industrialisation, la conquête de l'Ouest et la guerre civile ; il est onctueux en bouche, et sa couleur rassure. Joue ici un réflexe splendidement traditionnel : l'artifice culinaire excite l'appétit. Que ce soit une escroquerie gustative obtenue par additifs divers, peu importe. L'essentiel, c'est l'instauration d'une norme – appellation contrôlée, vérification des procédés, lutte contre la fraude – établie officiellement par la loi de 1906. Mais c'est tout autant le refus de dévoiler les secrets de fabrication, le mystère du travestissement d'une viande médiocre en plat national grâce à un ketchup similaire de Boston à San Francisco. Cette similitude apporte la preuve qu'une communauté de destins alimentaires unit les citoyens, égaux dans les textes plutôt que dans les têtes[12].

Notre regard de près conduit à réévaluer l'influence de la demande culturelle sur l'offre industrielle dans le succès des aliments modernes. Cette demande traduit, de manière confuse jusqu'en 1900 aux États-Unis et jusqu'en 1918 en Europe, plusieurs mutations de fond. Avec la modification des horaires de repas, le rythme industriel concurrence victorieusement celui des champs et de la famille. La scansion des temps libres s'en trouve bouleversée : moins saisonniers lorsqu'ils sont forcés – le chômage des villes n'est pas l'inaction des campagnes ; moins hebdomadaires à mesure que la sécularisation progresse et que le repos ne se borne plus aux dimanches ; moins réglés quand des loisirs individuels font leur apparition. Au lieu du plaisir gustatif, marque de distinction, la nourriture industrielle rassure des mangeurs sans qualités par la reproduction des goûts, laissant à ceux-ci le soin de la variation saucière.

Voilà pourquoi la technique des entreprises rappelle celle d'une industrie naissante, le cinéma. La trame de l'histoire est fournie par la lutte pour la satiété ; les stratégies commerciales se chargent des effets de gros plans. La *Liebig Extract of Meat Company*, installée depuis 1866 en Uruguay, invente une superbe fiction pour expliquer comment elle nourrit à la fois les autochtones, par les salaires versés, et les travailleurs occidentaux, grâce à une viande nécessairement supérieure puisqu'elle est issue d'un pays où la nature est par définition intacte. Personne n'était censé savoir que les moutons d'Amérique latine étaient si chétifs que les bouchers les surnommaient « souris » ; il suffisait d'importer d'Angleterre des races Lincoln et on obtenait le « meilleur mouton du monde », toujours disponible et sain même quand une épidémie de fièvre aphteuse, en 1900-1902, bloquait les approvisionnements. L'histoire a son héros, John Angus, un ingénieur dont la compétence proclamée garantit l'excellence des installations frigorifiques de River Plate au point de devenir un label commercial. Au passage, les profits tournent autour de 40 % l'an, mais nul ne songe à critiquer des entreprises qui rassasient ouvriers et malades, mènent la guerre contre la vie chère et la malnutrition de façon comparable à des soldats, mues par un objectif jumeau : « une paix juste », celle des ventres.

Publicistes et publicitaires se consacrent à la mise en images et en mots. Les menus de l'expédition Charcot au pôle Sud, en 1903, mélangent sardines à l'huile et petits pois congelés. Les glacières du Savoy, les commentaires élogieux sur une garniture Wellington réfrigérée servie sur les paquebots transatlantiques, la carte détaillée des sites européens du froid, les menus types par profession remplissent l'album d'un paradis technologique. Les reporters utilisent le registre sportif pour raconter comment Paris remonte son retard frigorifique avant l'Expo 1900, la chronique culinaire quand ils signalent l'efficacité des glacières de la maison Duval, la chaîne de restaurants parisiens, ou la parution des premiers livres de recettes en Angleterre ou aux États-Unis, et la plume diplomatique en détaillant le repas offert par un officiel néo-zélandais, en tournée promotionnelle : le ris de veau à l'espagnole doit rassurer les traditionalistes, les fruits de Tasmanie et le canard Otajo séduire les amateurs d'exotisme soucieux de leur porte-monnaie. Dans la querelle du vrai et du faux alimentaire, seul le naturel était jugé digne du vrai ; désormais, il n'y a plus que quelques vedettes des fourneaux pour en être convaincues.

Dans leur entreprise, les industriels reçoivent le soutien, inattendu au premier abord, de végétariens. Pas les anarchistes qui vomissent la nourriture capitaliste – carnivore ou pas – ni ceux obnubilés par une quête de l'alimentation « authentique » à l'exemple des cénacles russes. Mais des intellectuels, rentiers, femmes du monde ou moines. Ceux-là se pensent représentants d'une avant-garde éclairée jusque dans ses repas. Ils apprécient la valeur nutritive et le degré de concentration contenus dans le beurre de noisette Kellogg's, un mélange d'amandes, de citron, de sucre, de beurre industriel et de céravène, une farine d'avoine torréfiée. Celle-ci est servie en soufflé lors du dîner réunissant le Congrès international végétarien, pendant l'Exposition de 1900. Le délégué américain invite d'ailleurs ses collègues à acheter outre-Atlantique du nuttolène – à base d'arachide – riche en protides, économique et apaisante.

Car ces gens qui s'improvisent médecins d'eux-mêmes, sont les comptables méticuleux des rations, de la combinaison calorique, des dépenses quotidiennes et de la thermie stomacale. Modernes par postulat, ils se veulent antibourgeois quitte à en singer les manies. À bas les achats somptuaires, mais le repas au restaurant de la rue Notre-Dame-des-Champs coûte un tiers plus cher qu'au bouillon du coin. Quant au voyage et au dîner chez Carlotto Schultz, le pape de la restauration végétarienne, à La Haye, il vaut le prix d'une bombance au café de l'Opéra. Vive le sport, la bicyclette, le naturisme – tout ce qui amincit et redresse le corps replet et repu des bourgeois – avec pour casse-croûte une pâte de nuttose salée, citronnée et garnie d'un jaune d'œuf dur.

En France et en Italie, les végétariens sont considérés comme des hurluberlus avant que les hôteliers de la Riviera, de Florence et du thermalisme découvrent le pouvoir d'achat de ces touristes à la gastronomie si curieuse. Dans les pays mieux disposés à l'égard de la nourriture artificielle, s'est en revanche organisée une confrérie qui tourne au groupe de pression : « *La Réforme alimentaire* [...] remplit la fonction d'annuaire, d'argus, de guide touristique et surtout de bréviaire[13]. » Des antennes s'ouvrent en Bulgarie et en Roumanie. Il ne manque qu'un exploit pour faire réfléchir les contempteurs. C'est chose faite en 1905 lorsque la victoire japonaise sur la Russie est recensée, de Bruxelles à New York, comme la preuve qu'une nourriture à base de riz, de poissons, de choux et de fève produit des soldats endurants, supérieurs à des adversaires plus grands de deux têtes mais exténués par une nourriture carnée, pourrie et par l'abus d'alcool.

Les avatars du sanctuaire culinaire

Cuisiner, c'est délimiter un territoire autour du feu, dans la marmite, par les gestes. Manger, c'est réaliser une transaction dans un espace particulier où ceux qui s'assemblent n'acceptent pas n'importe quoi de n'importe qui, ne partagent pas n'importe quoi avec n'importe qui. Ces circulations diverses sont réglées depuis longtemps sur le mode du pur et de l'impur, le feu de cuisine servant de truchement entre les deux états. Or les nourritures industrielles prétendent à la pureté en s'affranchissant des règles : pas besoin de lieux particuliers pour ouvrir et préparer une boîte, inutile d'être plusieurs ni de conserver les restes puisque d'autres contenants similaires attendent en réserve, pas question de perdre du temps puisque l'aliment artificiel est conçu pour en économiser. Voilà qui pose un problème d'architecture et d'hygiène.

Car la cuisine est restée une sorte d'échoppe à tout faire, envahie par la crasse et la fumée que troue juste le halo des cuivres et du feu. Ce n'est pas un coup de balai qui enlèverait le sang des viandes dépecées, des plumes des volailles, des détritus divers. De deux choses l'une : ou les nourritures nouvelles n'y ont pas leur place, ou il faut tout repenser. Médecins et enquêteurs sociaux militent pour la seconde alternative, tant on compte, précise un rapport de 1889, « de cuisines à Paris où il n'y a pas un atome d'air qui se renouvelle. Avec cela, un fourneau devant l'ouvrier et derrière lui une broche [...] soit une chaleur totale de 60 à 70 degrés. Est-il possible de résister longtemps à de pareils travaux ? Non ! Ainsi la majorité des cuisiniers n'atteint pas la quarantaine. » Le feu de l'enfer et les miasmes mortifères, propices à la tuberculose ; la cuisine s'apparente à un bagne.

Chacun y va de sa recette. Les architectes plaident pour des murs redressés, comme par hasard, parce que « les ressauts sont des magasins à ordures » ; les trous et les fissures doivent être bouchés, les fenêtres vérifiées. Les hygiénistes proposent de polir ces surfaces devenues planes afin d'éviter la formation « d'un mastic organique, noir, humide et malsain ». Les Britanniques inventent un « laveur de vaisselle » chargé d'éliminer plus efficacement la graisse que la main, avant de s'aviser, vers 1910, que l'appareil permet aussi aux femmes de sortir plus vite de la pièce. Les enquêteurs sociaux conseillent d'employer un ciment bétonné et lissé qui présenterait l'avantage de supprimer les interstices du sol ; les premières réalisations sont mises en chantier vers 1890 dans des habitations à bon marché, en Allemagne. Traiteurs et commerçants vantent leur nourriture « apprivoisée », conserves et produits congelés bien sûr, mais également viande découpée, volailles plumées et vidées, légumes lavés. La domestication du feu grâce au gaz, après 1875-1880, complète la panoplie aseptique. Celui-ci règle en partie la question des odeurs pendant le grillage et celle des fumées. Il présente l'avantage supplémentaire d'un chauffage rapide et offre un dosage plus précis de la flamme sous l'ustensile : « Mams'elle Marie est heureuse, dit la réclame, car sa maîtresse lui a fait monter sa cuisine au gaz[14] ! »

Heureuse, voire. La place des femmes semble incertaine sur ce territoire culinaire devenu mouvant. À la lecture de Zola et de Huysmans, on conclurait à l'obsession de l'enfermement : consigner les domestiques, assigner à résidence les ménagères comme les bourgeoises constituerait la plus sûre prévention contre les supposés penchants rebelles de la femme, agent secret de la décomposition du couple et élément subversif par une parole jamais maîtrisée, voire par des emportements qui la poussent au dévergondage, privé ou social. En fait, qu'elle soit cuisinière, maîtresse de maison ou ménagère, il s'agit d'acheter son maintien au foyer, au double sens du terme.

La transaction éducative vient logiquement à l'esprit, en cette époque de scolarisation volontariste, d'autant plus qu'en matière culinaire, la certitude de la supériorité masculine n'est pas, on l'a vu, contestée. À preuve, les justifications qui accompagnent l'ouverture, en 1887, à Rouen, du premier cours de cuisine gratuit pour les femmes : « C'est donc un service immense à rendre aux femmes que de les initier et les rendre capables de faire une cuisine simple et bonne et nous ne le disons pas les premières : c'est souvent par la porte de la cuisine qu'entrent dans le ménage des ouvriers, le bonheur et la prospérité. » La cuisinière était mémoire, elle sera aussi savoir. Et le plus vite possible, en un an, sans apprentissage inutile ; à quoi lui servirait-il de s'escrimer huit ou à dix ans, cette durée mystérieuse au cours de laquelle la concrétion du talent culinaire s'opérerait, chez un homme.

La justification hygiénique présente deux avantages, économique et politique. Le réaménagement de l'espace devrait empêcher les femmes de le quitter pour embaucher sur le marché du travail et créer des goulets d'étranglement, préjudiciables à l'emploi et au salaire des hommes. Le socialiste allemand August Bebel suggère ainsi « d'envoyer les épouses se retrousser les manches aux cuisines » et de les y maintenir grâce à l'attrait exercé par l'exemple américain, diffusé après 1893 et l'Exposition universelle de Chicago. Inspiré par l'ouvrage de Catherine Beecher, *La Maison de la femme américaine*, le plan des logements modernes installe la cuisine en son centre, tour de contrôle d'où la femme gère la vie mondaine, celle de la famille et l'organisation alimentaire. Loin de représenter une volonté sécessionniste, critique des traditionalistes américains, ou une lubie féministe, sentiment partagé en Europe, le recentrage culinaire se veut doublement démocratique puisqu'il vise à une « cuisine sans domestiques » et à une « coopération familiale », amorce d'un rééquilibrage dans le couple.

Jusqu'en 1914, seuls 10 % des logements américains et 2 % des anglais ou des allemands sont ainsi disposés, l'école draine de maigres troupes, les hygiénistes et les philanthropes avec leurs plaidoyers pour l'égalité en cuisine passent pour de doux utopistes. Mais il y a les bataillons de migrantes, d'ouvrières, d'employées installées dans un ailleurs permanent, en ville, à la maison, à l'étranger. Le seul point fixe reste le monde de l'organisation laborieuse, sa rationalisation et son obsession de l'efficacité. D'abord dans ses articles du *Ladies' Home Journal* puis par diverses publications, l'Américaine Christine Frederick revendique la taylorisation des cuisines contre « l'esclavage féminin ». L'argument est imparable car il retourne la hantise de l'exode des ménagères : si vous voulez les garder au fourneau, faites-leur gagner du temps par un meilleur outillage et une disposition judicieuse des plans, permettant une spécialisation des tâches et un découpage de leur exécution. Cette économie de temps, de fatigue physique contribuera à la tâche assignée aux ménagères des pays industriels : régénérer les familles grâce à des pratiques aussi nouvelles que le sont les aliments artificiels, donc contribuer à l'amélioration sanitaire et à la pacification des rapports sociaux.

Les ennemis sont identifiés : l'alcoolisme et la tuberculose ; leurs alliés repérés : la crasse, la paresse des goûts, la méconnaissance des techniques. Les affronter suppose que soit accessible aux femmes une « science des aliments » fondée sur le « calcul élémentaire » des propriétés nutritives de chacun, de leur coût et de leur efficacité prophylactique. Des cuisiniers consacrés, Urbain Dubois dans sa *Nouvelle Cuisine bourgeoise*, les tenants de l'« économie domestique », telle la chimiste Ellen H. Richards dans *Domestic Economy as a Factor in Public Education*, des savants et des enquêteurs sociaux, par exemple les Français Grandeau, Alquier, Joly ou Marmotte, justifient l'intérêt de ces connaissances rudimentaires. Un « plat simple », préparé à la façon dont une expérience de laboratoire est conduite, éradique des habitudes détestables : l'attention portée aux bas morceaux de viande, riches en protéines, et l'abandon de préjugés stupides comme celui du sucre « gâcheur d'appétit » ou aliment peu nourrissant, sont censés faire regagner les centimètres de taille perdus depuis le milieu du XIXe siècle[15].

Aliment protée, le sucre devient une sorte de double alimentaire des responsabilités féminines. Donné aux enfants, il favorise leur croissance ; associé au lait il est le nerf de la guerre populationniste, au chocolat, un protecteur contre la maladie ; revigorant, il n'excite pas comme l'alcool, le thé ou le café ; économique, il nourrit à peu de frais « autant que la meilleure omelette » ; mélangé aux eaux gazéifiées, il serait souverain contre les maladies intestinales, les calculs, voire la toux comme les colas, dernière trouvaille fin-de-siècle. Ces calembredaines et le boom de la consommation sucrière entre 1880 et 1914 ont incité quelques analystes à conclure que l'affaire était une simple question d'offre et de prix. Ersatz des jours difficiles, gâterie des périodes fastes, le sucre démontrerait l'embourgeoisement des sociétés occidentales et l'homogénéisation des comportements, la masse des consommateurs s'appropriant une denrée jadis signe ostentatoire.

C'est mésestimer le rôle essentiel tenu par les femmes, parfaitement instrumentalisées par les médecins, les industriels et les gouvernants. Pas toutes les femmes, mais celles qu'on peut enrôler dans la croisade du mieux-être, les manutentionnaires ou les employées, pas les épouses d'ouvriers spécialisées qui reprochent au sucre de gâter les dents ; les enseignantes, pas les paysannes qui l'utilisent en médication, l'offrent en cadeau aux femmes enceintes et en mangent vingt grammes par semaine en 1910. Grâce à une attaque frontale, conduite *via* des publications savantes ou des publicités, doublée par un mouvement tournant – l'enrobage du riz ou du maïs, l'adjonction de sucre au pain, aux sauces, au café ou au thé –, les entreprises transforment les femmes en sergents recruteurs d'une alimentation saine et source de plaisir. Celles-ci se libéreraient en retour d'un corset passéiste et se distingueraient des hommes, prompts à dénigrer les millions engloutis dans des achats bons pour les enfants et pour les malades.

Ainsi apparaît, en 1895, aux États-Unis, une publicité pour les bonbons chocolatés *Lowney's* où une accorte jeune femme enfourne un carré dans un geste pour le moins sensuel. Cinq ans plus tard, en Europe, les chocolatiers actualisent le thème du sein maternel : c'est le lait nourricier des vaches exclusivement suisses qui donne aux enfants sur les affiches du chocolat *Peter* ou *Suchard* une allure de jeunes hercules ; quant aux chérubins du chocolat *Menier*, on les croirait échappés du dernier roman de Zola, *Fécondité* (1899). Mais créer des habitudes suppose que se déclenche une identification entre statut, fonction et produit. On en discerne les prémices autour de 1906 lorsque est votée, aux États-Unis, la loi sur l'hygiène alimentaire. Le *Fondant* impose son goût de velours, sa combustion à la température du corps, son « beurré sucré comme une caresse » selon la publicité *Suchard*. La « femme nouvelle » promue par le *Woman's Home Companion*, est « mieux éduquée », « encline à se débarrasser des préjugés anciens » – la bourgeoise victorienne, son thé et ses gâteaux écœurants – et surtout « indifférente aux aveuglements masculins ». Leurs réticences sont tournées en dérision : exploitants de cinéma estimant « au-dessous de leur condition » de vendre du popcorn ; hommes de science affirmant « qu'on ne construit pas le canal de Panama, ni les gratte-ciel en se gavant de sucreries », au prétexte peut-être d'une virilité qui se ramollirait dans le sucre ; pères de famille lourdauds, prêts à consommer en cachette les douceurs de leur enfance, dans les réclames Cadbury[16].

La curiosité peut favoriser les dividendes, elle ne suffit pas à convertir. En 1876, lorsque le café sucré avait été incorporé à l'ordinaire du soldat français, l'engouement avait été bref et les rieurs rappelaient les conclusions du *Dictionnaire des aliments* qui avançait un lien entre une consommation quotidienne de sucre et une débilité physique précoce. Les tentatives pour populariser les confitures, les gâteaux à la margarine et à la farine sucrée tournèrent au fiasco après quelques mois. Le basculement commence au tournant du XXe siècle – et pas seulement pour le sucre – quand la tension internationale incite les autorités à présenter nourritures artificielles et supports énergétiques comme une précaution contre la violence de guerre.

La révolte des Boxers chinois est ainsi en partie interprétée, en Occident, selon le schéma d'une émeute de subsistance ayant dégénéré en conflit colonialo-nationaliste, faute de stock en réserve à coup sûr et tout autant en raison de la défaillance étalée par les missionnaires du progrès en boîte. Ce n'est pas par hasard que des entrepôts sont affectés aux conserves, à Hanoi et à Shanghai. Les ratés de l'intendance britannique en Afrique du Sud pendant la guerre des Boers alertent Américains et Allemands qui concluent à l'urgence de multiplier les ersatz – ainsi la saccharine – et d'accélérer les recherches sur l'amélioration chimique d'une nourriture à laquelle il est demandé certes de soutenir le soldat, mais également les populations de l'arrière, bref d'être « consensuelle ».

La défaite russe devant le Japon, déjà évoquée, sidère les chancelleries. Elle fournit une mesure précise des coûts entraînés par le retard industriel que l'équipée lamentable de la flotte venue de Baltique venait d'illustrer. Elle oblige surtout à considérer que la stratégie alimentaire n'est plus l'apanage des Blancs, puisque les vainqueurs nourris au riz et au poisson cru, disposant de rations caloriques inférieures d'un quart aux européennes, ont surclassé un corps expéditionnaire d'élite et à la réputation établie depuis la guerre de Crimée. L'image d'un Japon pour papiers peints et paravents achetés par les mesdames Verdurin d'Europe se trouve ainsi concurrencée par la présentation d'un Japon, ogre industriel et militaire redoutable. Le menu japonais perd de son aura exotique lorsque les dépêches diplomatiques envoyées de Port Arthur certifient que les combattants se voient servir jusqu'à des poissons vivants dont les organes internes continuent à palpiter. Français et Britanniques redoutent qu'un clone de l'« ogre teuton », comme par hasard cannibale autant postulé qu'industrieux, guerrier et conquérant, s'attaque à leurs colonies. Même ceux qui présentaient les douceurs japonaises telles les *rakugan*, littéralement « les oies sauvages qui tombent du ciel », réalisées à base de riz, de blé, de sirop et de sucre par une maison spécialisée, *Moroeya*, comme du pop-corn pour esthètes, sont stupéfaits d'en retrouver dans le paquetage des soldats. Qu'une nourriture archaïque, un produit superflu entretienne l'ardeur combattante, confirme pour les Européens les bienfaits du sucre, le retard de la consommation et l'appétit des jeunes nations.

La crainte de ces invités indésirables au festin calorique occidental se précise à mesure que les conflits nationalistes se multiplient, notamment dans les Balkans. Entre 1908 et 1912, trois figures familières des cauchemars alimentaires ressurgissent : l'ogre turc, les hordes slaves et le maraudeur tsigane. Ceux-ci sont, de principe, considérés trop voraces, trop féconds, trop irrespectueux des codes culinaires. Leur déferlement sans cesse annoncé précipite l'adoption de mesures défensives, comme si la guerre contre ces éternelles cinquièmes colonnes subversives préfigurait le grand affrontement. En Allemagne, le chimiste et pharmacien Max Winckel recense, dans *Guerre et alimentation pour tous*, les millions d'ersatz à préparer afin de fortifier les populations de l'arrière[17].

L'effort sembla disproportionné jusqu'au moment où les affaires méditerranéennes ravivèrent la matérialité d'un conflit. Les Européens réalisent alors que cela ne se prépare pas à la manière des Jeux olympiques. L'Entente cordiale est réputée favoriser les seules exportations de foie gras et de champagne outre-Manche. Les Autrichiens et les Russes s'inquiètent de devoir acheminer la nourriture des soldats par des norias de chariots, comme au temps des guerres contre Napoléon. Tous les états-majors dénoncent le retard d'une organisation nutritive incapable, *a priori*, de s'adapter à la guerre de mouvement attendue, aux bombardements urbains et au déferlement de pillards et d'exilés. En 1912, un officier français pronostique les pires difficultés à son pays, en retard d'une modernisation aussi alimentaire : avec cinq sites frigorifiques contre des « centaines » supposés chez l'adversaire, c'est la survie de la nation en guerre qui se trouve en jeu. En face, ce sont les « montagnes de beurre » qui impressionnent.

La cuisine, un art de la mémoire

À vue planétaire, le monde de 1914 est en route vers l'unification. Le rapport original entre l'économie, la règle et la table avait accéléré la migration des cuisines, l'internationalisation des recettes, la mise aux normes des produits. La forme minimaliste de la boîte de conserve illustrait une restructuration à la fois horizontale, au rythme où la conversion à la logique technicienne et économique occidentale progressait, et verticale, en fonction du ralliement des groupes sociaux, bon gré, mal gré. Car il était impossible de cartographier la première et de dessiner la courbe de la seconde. Trop de décalages, trop de trous noirs qu'on baptisait retards, subsistaient en Amérique latine, en Afrique, en Inde… L'avis général était cependant qu'à l'horizon d'un siècle, il y aurait une planète alimentaire. Au besoin, les journaux et les rapports officiels transformaient les bourgeons en fleurs. À Rabaul, siège de la plus importante communauté chinoise installée en Nouvelle-Guinée, l'ouverture de deux restaurants spécialisés dans les noces et banquets fut présentée comme le prodrome d'une internationalisation parce que les missionnaires européens, les autochtones et les immigrés partageaient *chop-suey* et cognac. L'empire de la variété était annoncé[18].

Passées au broyeur de l'intérêt général – politique ou industriel – les traditions de villages se désagrégeraient en deux ou trois générations et avec elles disparaîtraient ces secrets, sources immatérielles et injustes d'inégalités alimentaires. Pour la première fois, la collectivité des mangeurs allait comprendre la manière de se nourrir. Il suffirait de tracer des itinéraires, de repérer des lieux d'élaboration et de célébration, d'éduquer les individus qui en mémoriseraient les formes. Ainsi, le magazine *The American Hebrew* acceptait-il, *melting-pot* oblige, la « soupe de poulet aux macaronis », version italianisée, mais à l'américaine et par des juifs de la côte est, du *Lokshen yokh* que ceux-ci mitonnaient les veilles de shabbat dans leur Europe centrale natale. Les maccheroni étaient devenus des macaronis en traversant l'Atlantique, ils étaient trop cuits et le poulet était casher par accident ; moyennant quoi, on fabriquait d'excellents Américains. Pas comme ces coreligionnaires qui se risquaient au *chop-suey* plutôt que de savourer la carpe farcie. La substitution communautaire semblait aussi condamnable que la transformation était admise[19].

Vu de Calabre ou de Lodz, le sacrilège se doublait d'un coup de force. Car le balisage culturel proposé par les Modernes empruntait à ce que les Anciens, Cicéron et Quintilien en tête, avaient appelé un art de la mémoire. Le sacrilège visait l'ordre des familles, des sociétés traditionnelles ; il coupait net, croyait-on, les maillages de solidarité et de compromis ; il installait la perspective d'une transmission qui se passerait de la mémoire orale, des tours de main, des livres d'anciennes recettes. Le plus bête des ouvriers deviendrait, sur sa chaîne, le marmiton anonyme des temps modernes, dégagé de l'angoisse de l'imitation jamais parfaite et absorbé à un perfectionnement incessant.

Le coup de force modifiait le rôle et la place des individus dans les opérations alimentaires. Il entendait déplacer les lieux symboliques du pouvoir nutritif, de la cuisine vers le laboratoire, de la maison vers la cantine, du champ vers l'usine, du grenier de l'autorité politique vers le hangar de l'entrepreneur. C'était une déclaration de guerre, et non un avatar de la Querelle, parce que les Modernes ne se contentaient plus de revendiquer une rupture mais prétendaient disqualifier la mémoire ancienne, le temps que sa concurrente moderne cristallise. Ils s'appuyaient sur une armée instruite, médecins et professeurs au premier rang ; ils disposaient d'une logistique conduite par des experts, des ingénieurs et des bureaucrates efficaces ; ils comptaient même des agents d'influence jusque dans les meilleures brigades. Dans son *Traité sur l'art de travailler les fleurs en cire*, publié en 1885, Auguste Escoffier, alors chef du Grand Hôtel à Monte-Carlo, comptait la perfection du faux naturel à l'égal des tours de main les plus raffinés. Entre les cerises montées écarlates et les conserves recolorées, il n'y avait que le ciseau et le pinceau qui changeaient.

En temps de crise, les horizons brumeux des projets ou de la mémoire se précisent. Lorsque Curnonsky, élu prince des gastronomes par un jury d'esthètes de gueule, affirme : « La cuisine, c'est quand les choses ont le goût de ce qu'elles sont », il serait aisé de le tenir pour un fieffé menteur. C'est le même qui porte aux nues les « œufs pochés Belle Hélène » d'Escoffier dont le secret réside dans le nappage par une « sauce Mornay épaisse », à la manière d'un masque. Pourtant, il n'y a pas la moindre incohérence. En se réclamant de l'évidence tranquille de la nature des choses, comme d'un Escoffier empereur de la grande cuisine parce que français, Curnonsky trahit son rêve d'une communauté culinaire rassurante, à l'abri des conflits dont l'industrie et l'individualisme seraient porteurs. Il repère, dans l'aliment sorti du potager ou sous l'ornementation de circonstance, les racines d'une cuisine identitaire grâce au filtre magique de la mémoire. Contre Curnonsky, les Modernes instruisirent un procès pour kitsch et académisme. De fait, lui et ses amis se prosternaient devant les simulacres d'une cuisine figée dans ses formes et ses protocoles. Mais cela plaisait à un public convaincu que le discours, volontiers évocateur de pulsions alimentaires comme le vif, le banal, le vrai, offrait un excellent contrepoids au désordre engendré par la nourriture industrielle.

Sous les auspices contradictoires de la transparence et de la reconstruction les hostilités s'engagèrent. On aurait tort de les confiner à l'Europe, *a fortiori* à la France. Au bout du Pacifique, les Wallisiens servaient toujours leurs plus beaux porcs aux invités occidentaux : en 1909, l'un d'entre eux en compta cinq cents cuits au même moment sur l'ensemble de l'archipel, selon un schéma en apparence impeccablement transparent : une technique ancestrale de cuisson au four à pierre (voir chapitre 1), un plat traditionnel de cérémonie et, des préparatifs jusqu'à l'ingestion, une répartition codée des tâches, entre sexes et selon les âges ou la dignité. Seulement, depuis plusieurs décennies, l'usage du manioc, introduit par les Occidentaux, donnait des bêtes plus grasses, mais moins « pures ». D'un point de vue rationnel, l'utilité marginale du porc nourri au manioc permettait de s'acquitter plus aisément des diverses exigences monétaires dues à la communauté : redevance au village, amende, rétribution de tâches spécialisées, voire compensation à une famille lésée. Il eût pourtant été absurde, selon les Wallisiens, de généraliser le manioc puisque cette unification aurait anéanti la diversité agraire et, avec elle, un ordre social fondé sur la dualité. Les îliens inventèrent une parade élégante à leur dilemme, en empruntant à la langue du moderne étranger le terme *kutumi*. Mais ils gardèrent le mot à l'écart (il ne figure même pas dans les dictionnaires contemporains), comme si celui-ci désignait un « faux » échange[20].

L'histoire de ces architectures mentales reste à écrire. Dressons-en l'écorché en puisant dans un corpus disparate. Le Moderne trace son chemin en privilégiant la vitesse – de préparation, d'absorption, de déplacement, le rapport entre le coût et la rétribution, l'hygiène visuelle. De l'hôtel Impérial de Tokyo au Waldorf Astoria à New York et à l'Intercontinental à Paris, dans les mêmes salles à manger, on se restaure dans un décor d'autant plus évocateur de la nature qu'elle est loin de la ville, y compris à table : pruniers en fleur au Japon, forêt « à la gauloise » peinte par Mazerolle rue de Rivoli. L'essentiel, c'est la modernité en perspective : salles lambrissées à l'allemande du Grand Hôtel de Cabourg ou des Bains, à Venise, posées comme des glacières géantes au milieu des villas ou des cabanes de pêcheurs ; interminables comptoirs des grands magasins Woolworth, à Los Angeles, prototype des self-services expérimentés à Philadelphie, dans Chestnut Street, où la publicité assurait : « Ici, vous voyez ce dont vous avez envie et vous l'obtenez sur l'instant, avec une petite pièce. » Plus d'odeur de graillon ni de fumet, le morceau de tarte s'offre de l'autre côté d'une vitre, prêt à la consommation, désirable et suggestif à l'œil ; il n'y a qu'un geste à faire et il ne coûte pas cher pour les jeunes cols blancs comme les dames collet monté. Dans ces endroits, la signature est partout, depuis les entrecôtes congelées labellisées

Peter, jusqu'à celle du chef *from Paris,* barrant sa photo en grand apparat, sur la couverture des menus.

L'Ancien cherche son repaire, guidé par les odeurs apéritives sorties de cuisines moins montrées que l'imposante stature du chef, toque en avant, marmitons en cortège et peu importe si ceux du Blossom Health Inn de Larchmont, spécialisés dans la cuisine « authentique » d'Europe centrale, sont noirs ou si la moitié du personnel employé dans les restaurants étrangers de l'Expo 1900 descend de Belleville et de Ménilmontant. Le lieu idoine se signale par des repères architecturaux, un ameublement, des linges de table, les tenues des employés (masques de leur condition) à l'image des *honjin*, les « auberges pour chef », où les Japonais se sustentent à une sorte de table d'hôte. C'est le bouche à oreille qui informe les pèlerins japonais de la qualité du riz ou du thé servis au monastère d'Ise où se succèdent jusqu'à cinq millions d'hôtes par an, ou bien qui vante les mérites des potages aux légumes proposés par le Pythagoras où les New-Yorkais trouveraient une cuisine digne de l'ancienne, autosuggestion parfaite puisque l'établissement est végétarien et ignore les spécialités d'Europe, orientale ou pas. Quelle importance, au demeurant ? Les clients de Norfolk Street cherchent une porte d'entrée dans des sociétés contemporaines difficiles à déchiffrer. L'alphabet symbolique des nourritures anciennes est réconfortant, comme les rituels épulaires du Club des Cent ou la convivialité d'apparat des académies culinaires. Personne ne les comprend tout à fait, la majorité y croit vaguement, mais ces ordres-là protègent contre le vertige du neuf[21].

De tels mangeurs n'ont pas besoin de guide, mais d'un psautier où ils se récitent les grandes heures du passé à la faveur de congrès tenus à Bourges ou à Beaune, transformées en Delphes contemporaines où des oracles célèbrent un culte à une nourriture authentique. Les guides *Joanne* puis *Bleu* sont bons pour les représentants-placiers qui s'intéressent au « commerce actif de volailles de Bresse » à Bourg, aux journalistes bien sûr stipendiés par la grande industrie qui, dans le *Voyage en France* (1899), évoquent le pâté de Pithiviers comme une production agricole. Quant au guide *Michelin*, dont la première édition coïncide avec le lancement de leur magazine, *La Correspondance régionaliste* (1901), il ne peut être lu que par les barbares motorisés puisque n'y figure aucune indication gastronomique.

En un sens, les Anciens se comportent à l'instar des moines après les grandes invasions : il leur faut inventer une tradition et prétendre, de manière convaincante, qu'ils exhument des souvenirs là où ils les élaborent (fig. 29). La Taverne Gruber qui reçoit les Provençaux de Paris est aussi peu couleur locale que les Frères Provençaux de la Révolution française. Les Basques, les Limougeauds ou les Gars Normands peuvent s'exhiber en costumes régionaux et pousser la chansonnette en patois, les restaurants qui les accueillent prévoient un menu spécial pour l'occasion, avant de rétablir la carte ordinaire le lendemain. Jusqu'en 1914, les lieux de pèlerinage n'ont pas été recensés, aussi le retour au pays commence-t-il dans les têtes et pas sur le terrain.

Cela explique le prodigieux développement du « folklore alimentaire ». Cette trouvaille consiste à retourner contre les Modernes de la ville et de l'État les lois et les codes que ceux-ci tentent d'installer. Contre les hygiénistes, les folkloristes annoncent la supériorité d'une nourriture saine parce que ses principes sont guidés par l'expérience ; contre l'arrogance des savants et des puissants, ils revendiquent la légitime excellence d'une alimentation venue du « peuple », adaptée au climat, au relief, à l'histoire des régions entendues comme une marqueterie de goûts ; contre la « vérité » de la cuisine moderne, ils assument les préjugés, voire les erreurs d'une tradition. Les migrations, l'installation en ville, le schéma industriel impliquent le déracinement ; le folklore alimentaire est une culture de rempotage dans le contenant disproportionné des lieux modernes.

Les « hirondelles » entretiennent ainsi outre-mer un légendaire de la cuisine natale dont les rapports avec la tradition sont parfois surprenants. Des Siciliens installés en Floride avaient ainsi institutionnalisé la cérémonie du café, les jours de fête ou de repos. Afin de montrer l'aisance acquise et de régaler les tablées, il était servi dans de grands pots, comme un chocolat, ce qui n'empêchait personne d'attester l'authenticité sicilienne de la préparation. En fait, le café sicilien est un luxe, sa consommation épisodique, en petites quantités et pas préparée de la sorte. Après 1900, les retours au pays auraient dû dissiper la supercherie. Au contraire, le café des *Americani* a stratifié le mythique breuvage d'autrefois ; à celui-là la curiosité de la mode, à celui-ci l'odeur de la mémoire.

Dans les comptoirs et les colonies, la séquence déracinement-reconstruction s'opère en accéléré. Parfois, elle consiste à tisser un lien avec une métropole fantasmée : à Oran, la famille Lopez, qui posséda la première conserverie industrielle d'olives en Algérie, a ainsi élaboré un passionnant récit d'exode familial à rebours vers l'Espagne, puis Perpignan et enfin Nîmes, chaque génération étant réputée avoir convoyé de précieux plants gardois, ensuite enfouis dans cette « terre promise » car les différents récits empruntent au répertoire biblique. Ailleurs, les carnets des missionnaires transcrivent leur étonnement devant le syncrétisme auquel leurs cuisiniers parviennent : les préparations sont d'abord juxtaposées, telle la sauce grand veneur pour accompagner des côtelettes de singe ; vingt ans plus tard, le ragoût de rat à la formosane est cuisiné et dressé à la manière d'une fricassée Saint-Hubert, les légumes réduits en purée, mixés au foie de la bête, le tout nappé d'une sauce épicée. Certes, les navets et les carottes manquent, mais grâce au bouilli, l'immangeable initial n'est pas sans évoquer un plat du dimanche dans le Worcestershire.

L'exemple le plus achevé est offert par les Kayasthes, une caste de basse extraction, vouée au service par leur compétence de plume. La colonisation leur offre une chance historique d'ascension sociale, les scribes se transformant en fonctionnaires, puis certains en haut fonctionnaires donc dépassant les maîtres de jadis – brahmanes ou mollahs. Elle incite alors les Kayasthes à chercher une ascension symbolique grâce à un reclassement dans le système des castes, obtenu par un ingénieux syllogisme : le service des Moghols les a familiarisés avec le *kebab*, la brochette de mouton, et la *kofta* à base de foie, de rognon et de farce ; or, il existe une caste de guerriers autorisés à manger de la viande dans les *Lois de Manu*, les Kshatriyas, deuxième des trois castes supérieures ; donc, les Kayasthes sont dignes de ce rang. Prétention utile puisqu'elle permet aux Britanniques de les utiliser contre les brahmanes et les cipayes rebelles (on y reviendra) et de faire miroiter aux Indiens le mythe de l'incorporation *via* la tradition transfusée. Ils commencent d'ailleurs par donner l'exemple en encourageant l'adoption des rituels, des plans de table, de l'argenterie britannique, tout ce qui brille et vaut assez cher pour effacer la souillure de la caste, y compris dans les « confiseries, rehaussées par une très fine couche de papier d'argent[22] ».

Questions d'identités

Réponse à un présent oublieux, la curiosité folklorique joue sur le registre de la mémoire, pas de la survie. Elle naît d'un constat : la circulation culinaire est victime d'une thrombose et cette pathologie rend presque insupportable le lustre dont bénéficient les préparations contemporaines. Jusqu'au milieu du XIXe siècle, s'échangeait un fonds commun de références, entretenues par la reproduction et la variation : les Roumains mangeaient grec (la soupe aigre), ottoman (le *ghiveci*, sorte de ratatouille), allemand (le *sarmale*, choux farci) et transposaient phonétiquement les termes germaniques ou français (*blamanjea*, blanc-manger ; *sos*, sauce à la française, sans aigre-doux). Les Hongrois étaient persuadés que la choucroute appartenait à leur patrimoine. Les élites étaient à la fois enracinées dans leurs provinces par leurs terres et leur personnel tandis que le style de cour faisait office de jurisprudence entre les leçons de l'expérience et les charmes du neuf. Mais, à mesure que la concurrence démocratique et industrielle gagne les esprits, la convivialité englobante de jadis – jusque dans le dialogue alimentaire des vivants avec les morts et les dieux – se trouve contestée, au nom d'une singularité audacieuse :

la liberté individuelle encourage l'indifférence, soit l'exact contraire de la tolérance.

Tout l'art de la cuisine identitaire consiste à refouler cette brutalisation. La célébration mémorielle des plats de terroirs ou nationaux produit un phénomène d'isolation, au sens psychanalytique du terme. Le plum-pudding a beau être expulsé de sa position centrale à côté du rôti par la concurrence du Yorkshire-pudding, critiqué par les végétariens et les nutritionnistes pour son excès en graisse de rognons et en sucre, il reste indissociablement associé aux débuts du règne de Victoria, en butte témoin d'un âge d'or industriel quand l'Angleterre donnait le ton à la mode et pas seulement les machines pour fabriquer, quand ses habitants étaient conquérants plutôt que rentiers, en un mot que Victoria séduisait Louis-Philippe le premier, avant de vieillir en grand-mère austère de l'Europe couronnée. Voilà pourquoi le pudding idéal s'appelle « prince Albert » (l'époux, tôt décédé, de la reine Victoria).

Les Hongrois nationalisent la goulasch, spécialité régionale jusque-là ignorée et marque de vulgarité alimentaire, après le compromis politique de 1867 négocié avec Vienne et la défaite de la Double Monarchie contre la Prusse en 1866. Comment partageraient-ils plus longtemps le même marqueur national que leurs vainqueurs allemands ? *Exit* la choucroute hongroise, consacrée depuis le début du XVIIe siècle, au profit d'un plat qui sert de cautère mythologique. La goulasch est revendiquée en paternité magyare parce qu'elle permet de substituer le souvenir esthétisé de la victoire sur l'envahisseur turc (présent dans les condiments passés à la casserole, donc dominés) au spectacle dérangeant de la violence teutonne contemporaine.

Rien n'incite à sortir d'un vase clos dont le confort est rembourré par une légitimation historique de convenance. Les Flamands pastichent ainsi un ouvrage hollandais en changeant le nom d'une localité ou la provenance de certains ingrédients : en 1910, année de l'Exposition universelle à Bruxelles, le *Livre de cuisine nationale pour la femme flamande* mobilise Jordaens et Rubens au service d'un régionalisme culinaire flamingand qui, depuis 1900, a rejeté le biculturalisme belge. Il n'est plus question de partager un héritage avec une nation en train de se faire, mais de savourer par le texte une cuisine éternellement harmonieuse où les dissonances sociales seraient toujours surmontées : « La cuisine picarde, écrit Curnonsky, est exactement représentative du sol picard, de ses habitants et de leur dialecte. Les Picards sont de goûts simples et s'en tiennent à leurs simples produits préparés simplement mais copieusement. » La répétition vaut certificat d'authenticité, contre les tromperies du monde moderne – l'éloquence enjôleuse des politiques, la séduction opportuniste des marchandises industrielles, les parfums enivrants d'une cuisine internationaliste.

Les avocats de la gastronomie identitaire proposent une version actualisée de l'anacyclose classique. En prétendant retrouver le goût des choux ou des cochonnailles, ils invitent le mangeur à sortir de l'histoire et à s'inventer des origines mythiques. Résolument anachronique, cette démarche fait entrer en collision un Autrefois « pur » par définition avec un Maintenant jamais « intégré ». En sort une norme morale qui permet à la fois de dénoncer les infractions commises par les Modernes et d'échapper au reproche d'intemporalité. Car le partisan des terroirs n'est pas dupe, il sait que la cuisine « primitive » a disparu sans espoir de retour. Son exigence de retour est une construction de l'esprit qui dissipe un moment son pessimisme existentiel. Quand il évoque l'ancienneté, la localisation géographique ou l'imprégnation religieuse pour justifier un exceptionnalisme culinaire, c'est son refus du « dépassement » des mythes par la raison économique et politique qu'il fait entendre.

Ainsi, la *sobressade* majorquine tient en apparence beaucoup à une position économique excentrée, à une dépendance historique à l'égard de la Catalogne et à une situation îlienne qui fait de Majorque le réceptacle d'influences religieuses diverses. Il n'empêche que la légende de ce produit répond d'abord à une question politique : comment être à la fois européen, espagnol et majorquin, sans élite ni cuisine illustre ? En confiant à un produit local le soin de protéger l'âme de

Majorque contre les intrusions étrangères bien réelles des touristes européens ou des Catalans par une affiliation élective hors du champ d'attraction de la modernité. La recette de la *sobressade* est attribuée au roi Martin Ier d'Aragon qui l'aurait obtenue auprès du cuisinier du roi de Sicile : l'ancrage médiéval plus une étymologie qui dériverait de l'italien *sopressata* (une saucisse « comprimée »), le tout confirmé par des contes populaires à l'origine forcément ancienne légitimeraient la prétention majorquine à se hisser au rang de ses voisines catalanes ou castillanes. Majorque voit tomber du paradis mythologique une filiation culinaire qui la rend égale et différente puisque le produit est réputé « impossible à copier », aussi naturel au cuisinier majorquin que son dialecte maternel.

Dans un registre voisin, la vague des publications européennes est portée par des provinces qui entendent se tailler une place au moment où les conditions des compromis politiques changent. Les Slovaques éditent leurs « premiers livres de cuisine » parce qu'ils veulent obtenir une reconnaissance entre les Tchèques et les Hongrois, grands bénéficiaires de la décentralisation opérée par Vienne. Lorsque la Roumanie devient nation, après la guerre de 1877-1878, l'auteur du « premier livre » en langue roumaine ignore le répertoire traditionnel car il s'agit d'imaginer une cuisine politiquement digne de soutenir la comparaison avec l'allié allemand ou l'ennemi russo-ottoman. Et la Belgique proclame son indépendance culinaire quand l'Expo de 1910 légitime sa place face à la France. Le coucou venait déjà de Malines et les huîtres d'Ostende, mais l'inscription sur le menu leur donne une valeur identitaire, sans autre preuve que la référence coutumière enregistrée par le jury des nations rassemblées à Bruxelles[23].

L'entreprise touche au magique lorsque des groupes doutent de leur identité au point de craindre une extinction culinaire. Vue du côté britannique, l'insurrection des soldats cipayes en 1857 s'explique par leur refus de décapsuler à la bouche les cartouches passées à la graisse de porc ou de vache. L'aliénation religieuse des colonisés les aurait incités à extirper de sa retraite l'empereur moghol déchu, Bahadur Shah, placé à la tête d'une coalition obscurantiste. Incapable de s'unir selon des règles politiques en raison de la hiérarchie des castes, celle-ci utiliserait un stratagème culinaire, cause d'une anarchie généralisée, ce qui autoriserait la remise en ordre coloniale.

Côté indien, la révolte des cipayes permet de placer en perspective l'histoire contemporaine de la nation. Événement fondateur de la marche à l'indépendance, elle marquerait la limite ultime de toute colonisation : même l'ordre militaire du conquérant ne réussit pas à déplacer la frontière du pur et de l'impur alimentaire. Défendue par l'union sacrée de croyants pourtant rivaux, elle délimiterait la géographie des provinces authentiquement indiennes, assurant de la sorte au Nord une supériorité fondée sur la tradition. Inutile de s'encombrer d'un projet politique, la sincérité des combattants fait foi. Dans cette logique, le fiasco démocratique de la partition en 1947 s'expliquera par les manigances britanniques et la trahison musulmane. Mitonnés socialement par les colonisateurs qui leur feront oublier la tradition en échange d'une promotion jugée indue, les musulmans redeviendront des « mangeurs de vaches ».

Les fables britanniques et indiennes racontent une impossible altérité. La cuisine n'est ici rien d'autre que la guerre par d'autres moyens ; elle met l'individu face à personne, sinon la mort, souhaitée des ennemis et redoutée du groupe. Une fois sa médiation disparue, seule demeure l'incompatibilité des répertoires. Le colonisateur utilise le sien pour rappeler la défaite des autochtones, contraints d'abandonner leurs usages ou de mourir et condamnés à une dévirilisation symbolique ou définitive. Il s'accommode par la force d'une moitié irréductible qu'il ne sert à rien d'éduquer, à l'exception habile, on l'a dit, de laissés-pour-compte, et sur laquelle il prélève quelques exotismes propres à entretenir la légende des lanciers du Bengale. Le colonisé brandit sa révolte comme un exploit toujours à renouveler, au péril de sa vie, et à raconter, au risque du refoulement. Seuls comptent les coups contre le « barbare » britannique puis musulman ; cuire du politique ne l'intéresse pas[24].

Dès lors que chacun fait assaut de « sincérité », produits et recettes deviennent sans surprise les prétextes des querelles identitaires, en même temps que les poupées gigognes de leurs motifs. Les Danois de la génération de 1870, mangeurs de moutons, s'inventent une tradition porcine afin de se dispenser des cochonnailles de leur envahisseur allemand au Jutland et lui attribuent une supériorité nationale quand leur bacon conquiert les estomacs anglais, en réalité parce qu'il est bon marché et parfaitement insipide de goût. Leurs petits-enfants s'estiment donc en droit de reprocher aux côtelettes venues des États-Unis cette absence de saveur. Celles-ci ont désormais pour eux le goût frelaté de la modernité surgelée et perdu celui des origines dans le voyage aller-retour. En 1934, ils les jugent indignes en comparaison du « porc élevé sur la vraie terre danoise ». Peu importe que les exportateurs, souvent des Danois immigrés, expliquent que la neutralité de leurs produits permet au bon cuisinier d'exprimer son talent par les sauces, ce que revendiquent comme par hasard les grands prêtres de la tradition, en particulier française. Les pseudo-Danois n'ont pas leur place à table. Ainsi se dévoilent les deux supercheries du discours identitaire : l'une, esthétique, qui conduit le mangeur à se comporter en fétichiste du goût ; l'autre, normative, qui invite à préférer le jugement moral plutôt que la confrontation.

Ruptures morales

L'hypothèse d'une réconciliation s'évanouit en 1914 devant la violence du conflit mondial. Le front et l'arrière, les producteurs des champs ou des pays lointains et des consommateurs accablés par la hausse des prix alimentaires – 40 % les six premiers mois, 250 % au bout de la troisième année –, les régions sous le feu où les preuves identitaires partaient en fumée et les zones intactes, nouveaux pays de Cocagne, les ventres pleins des soldats qui avalaient 3 500 calories et les creux, satisfaits quand ils avaient la moitié : tout excitait le sentiment d'obscénité qui empoissait les esprits. Il entretenait ce que les proclamations martiales visaient à conjurer, le soupçon défaitiste. Même le retour à la paix n'y changerait rien : Français victorieux et Allemands vaincus n'avaient pas plus à consommer par tête en 1947 qu'en 1913, soit le plus long plateau enregistré dans l'évolution du revenu net, depuis la guerre de Trente Ans.

En même temps, la rencontre entre la violence et le pathétique des situations a précipité, selon un mode que nous connaissons bien, une double projection révolutionnaire, vers une cuisine mythique et secrète dont la redécouverte consolerait de la désagrégation généralisée, vers un monde alimentaire meilleur qui verrait surgir des individus *nouveaux*. La première entreprise instrumentalisait le thème de l'âge d'or, traquant les moindres signes de réconfort, autant pour échapper au quotidien que dans l'espoir acharné de jeter un pont vers la cuisine d'hier. La seconde réunissait les apôtres du progrès, rêvant d'une communauté savante et technicienne, libératrice.

Le tour pris par les hostilités valida en effet le recours aux stratégies de substitution. Au front, hormis les deux cents puis deux cent cinquante grammes de viande en boîte, les « roulantes » apportaient un magma indéfinissable où quelques morceaux consistants nageaient au milieu des pommes de terre et des choux, mixture propice aux dysenteries. À l'arrière, la viande surgelée et les produits coloniaux fournissaient un appoint insuffisant mais indispensable quand les maires étaient réduits à expliquer, photos à l'appui, la technique du pot-au-feu sans feu. La conclusion fut tirée par Max Winckel, à l'époque directeur du laboratoire de la Société pour l'alimentation en guerre : médecins, savants et pouvoirs politiques devaient apprendre aux populations l'art de survivre qui passait, d'abord, par la vulgarisation des « techniques et des produits modernes ».

En fait de modernité, les hantises et les réflexes de la décennie 1860 occupèrent des esprits obnubilés par une éventuelle guerre civile aux premiers signes tôt repérés. Dès le 2 août en France, l'émotion populaire conduisait à vandaliser les brasseries à consonance germanique et à dévaliser des épiciers vite suspects d'accaparer la nourriture avant la valse des étiquettes. Du 3 au 7, une sorte de génération d'ennemis infiltrés fut signalée sur tout le continent, y compris chez les neutres Suisses et Suédois ; on les traquait en banlieue, aux confins baltes ou pyrénéens ; des excités saccageaient les laboratoires Maggi à Paris, comme si leurs cornues germaniques concoctaient des poisons que la foule imaginait déjà corrompre les grains et attaquer des bêtes, quand ce n'était pas des bandits. Bien sûr, l'état de siège avait été instauré, les autorités répertoriaient les populations, leurs besoins alimentaires par sexe, âge et fonction. Mais l'ordre, la norme et les statistiques semblaient des garde-fous en paille.

Surtout en première ligne. Un vétéran des campagnes contre les Zoulous et les Boers, le général Horace Smith-Dorrien, notait que les soldats, après quelques semaines de face-à-face, puisaient l'eau des mêmes puits, s'enhardissaient à partager le vin et le pain puis à troquer conserves contre tonneaux de bière, pudding contre saucisses sans regarder la couleur de l'uniforme, et à se lancer, d'une tranchée à l'autre, des souvenirs de ripailles entre les Anglais, les Saxons ou les Wallons, employés des grands hôtels londoniens avant 1914. Ces fraternisations avant l'heure, même sanctionnées, censurées, niées, laissaient les autorités présager que le moteur à deux temps de la révolution et de la défaite s'emballerait. Voilà que les sans-grade redonnaient sens au compagnonnage avec un échange alimentaire paradoxal, tenu en cachette des supérieurs et de l'opinion, voire contre les « planqués ». Répression et bourrage de crâne ne suffirent pas à chasser les fantômes de Crimée, de Paris et de Vladivostok, mais les politiques et les généraux avaient appris depuis qu'un blocage partiel des prix et des conseils diététiques sur les meilleures façons de se serrer la ceinture n'éteignaient pas une insurrection partie du ventre. La guerre alimentaire devait se moderniser.

Quinze mois plus tard, la stratégie était au point et, à vue rétrospective, ce fut la seule offensive en masse à rencontrer le succès. En 1918, le constat était unanime : conserves, produits réfrigérés et substituts avaient sauvé l'Europe d'un désastre alimentaire. Mieux, ce régime avait démontré son efficacité assurantielle : des quartiers de bœuf américains et argentins avaient aidé les citadins à tenir le coup, les Parisiens en dévorant jusqu'à cinq mille cinq cents tonnes par an. Il avait fait ses preuves au combat grâce à l'armée américaine, à ses recettes sucrées du genre *army sauce*, mélange de bouillon déshydraté, de farine et de sucre brûlé, à sa crème en boîte et à ses *corn flakes* garantis sans bactéries.

Le rationnement généralisé avait sauvé l'Europe. Restait à écrire la fable de sa nécessité. Les experts du ravitaillement furent sollicités dès 1916. Ainsi Max Winckel fit-il imprimer à destination des citadins, réduits à 1 600 calories quotidiennes, un catalogue de recettes exploitant les qualités nutritives des conserves, agrémenté de conseils sur les usages adéquats des ersatz, leur apport calorique et en minéraux, sans oublier leur valeur patriotique. Sitôt la paix retrouvée, on passa aux choses sérieuses, politiques et morales : les anciens régimes aristocratiques renversés, la démocratie et la justice légitimaient qu'on s'attaquât à la tyrannie des producteurs, paysans et industriels, à celle d'un corps féminin gavé parce qu'il devait être fertile, à celle d'un corps masculin débordant de chairs grasses, signe de plaisirs viscéraux donc immoraux, qu'on fût bourgeois ou prolétaire.

La métaphore usée de la forge intestine servit ainsi une ambition littéralement renaissante : façonner un corps endurant et efficace, adapté au combat, pour l'heure celui de la reconstruction, bientôt celui des paradis progressistes, un jour de la conquête ou de la revanche. Aux « ventres mous » d'avant 1914, aux oisifs des menus à quinze plats, aux esclavagistes de la femme et du *boy* aux fourneaux succéderait une humanité dressée et redressée. Les lipides, ce diesel du corps, convenaient à l'individu moderne plutôt que les hydrates de carbone ancestraux ou l'albumine ; l'amidon et le sucre raffinés fouetteraient un organisme sommé de s'adapter au rythme du taylorisme industriel ; les protéines et les glucides animaux – volailles et lapin plutôt que bœuf – augmenteraient la force productrice et virile ; enfin la « vitaminomanie », élixir de jouvence, prétexte à des cuissons raccourcies, triompherait de l'avachissement naturel et du pessimisme alimentaire[25].

À la différence des États-Unis, il semblait cependant invraisemblable, pour atteindre à cette esthétique nouvelle, de faire confiance aux consommateurs. Que ceux-ci se découvrent des besoins proposés par les industriels et arbitrent en leur faveur au détriment d'achats coutumiers selon leurs choix individuels ruinerait l'unité quasi miraculeuse des sociétés en guerre par cette course à la variété. La religion de l'épargne avait trouvé une justification imprévue ; y déroger c'était exposer les peuples à la subversion révolutionnaire. Lorsque le directeur de l'approvisionnement américain, Herbert Hoover, s'improvisa commis-voyageur de la *new nutrition*, ses considérations sur l'abondance et la nourriture médicalo-industrielle apparurent comme autant de menaces pour la cohésion nationale. La « prodigalité », l'« indiscipline alimentaire », la « fantaisie nutritive » prêtées aux Américains ne pouvaient s'expliquer pour les Européens, que par une corruption de l'âme, encouragée par les profits exorbitants retirés de la guerre. Seuls les avantages médicaux furent examinés favorablement. Après tout, le lait en conserve bombardé de vitamine D, la vitamine B dans les gâteaux étaient censés purifier l'organisme, guérir l'indigestion et la constipation, soigner l'anémie sanguine, bref « moraliser » l'organisme.

Le jour et la nuit

L'entreprise était dirigée, on l'a dit, contre les injustices, les débordements et les excès du siècle précédent. La cuisine domestique fut son terrain d'application parce que les gains sur la fatigue et la maladie seraient plus spectaculaires et répondraient à l'attente des rescapés du conflit. Ordre et propreté en furent les leitmotive : il fallait « éclairer » les cuisines, en osant la peinture blanche, en installant des lampes à arc, en achetant des casseroles en nickel et en aluminium ; il était temps de rationaliser l'espace en s'inspirant des aménagements exécutés avant-guerre pour les wagons-restaurants et de la gestuelle imposée sur la chaîne industrielle.

En 1923, la cuisine de Dessau, présentée par Walter Gropius, le chef de file du Bauhaus, adopta une forme en L afin de « faciliter la coordination des zones d'entreposage, de préparation, de nettoyage et de cuisson, favorisée par des plans de travail et des appareils situés à la même hauteur ». L'année suivante, la cuisine de Francfort, réalisée par Margarete Schutte-Lihotzki, héritière du modernisme viennois, logeait dans 4,5 m^2 de quoi préparer tous les repas, pris ailleurs pour des raisons hygiéniques. En 1926, un inventeur français exposait même une cuisine escamotable dans un meuble, pastiche d'un modèle américain. L'élan était donné. Et ce taylorisme culinaire se trouva encouragé par le double rationnement imposé par la crise économique des années 1930 et par les replis autarciques. Les Belges proposèrent leur « Cubex », les Suédois, les Britanniques et les Hollandais du mobilier standardisé, ainsi la gamme Bruynzeel conçue par l'architecte Peter Zwart en 1933 ou l'ensemble Ideal Home, à Londres, en 1936.

On construisit pourtant à peine quelques milliers de ces logements exemplaires, comme si les Européens n'arrivaient pas à prendre position. D'un côté, ces cuisines semblaient trop révolutionnaires ; elles ne manqueraient pas d'inciter des « cuisinières savantes » à déserter leur domicile et à confier à des « meubles aérodynamiques » le soin de préparer les repas. Au demeurant, ces transformations ne garantissaient nullement la qualité culinaire. En sacrifiant à l'utopie industrialisatrice d'un monde régi par des tuyaux apportant l'eau, l'électricité, le gaz, peut-être un jour les aliments conditionnés, et évacuant les odeurs et les déchets, on obtenait au mieux des réussites économiques, d'ailleurs moins démocratiques qu'il n'y paraissait car ces installations avaient un prix et requéraient la compréhension de modes d'emploi subtils.

D'un autre côté, refuser de faire confiance à des gens qui « trouvaient beau un réfrigérateur » et qui servaient du haricot de mouton en conserve même à la campagne, paraissait tout autant inenvisageable après la démonstration américaine en 1917-1918. Impossible en effet de s'en tenir à un préjugé culturel d'ordre colonial avec un pays nourricier au pire moment. Certes, la cuisine américaine était sans corpus écrit, sans chronologie repérable, sans mythe fondateur, sans signature de chef, mais ses conserves alignées et ses frigidaires garnis avaient gagné la bataille de la faim.

Échappatoire commode, exprimer l'irréductible distance qui séparait leurs productions des créations européennes constituait un tour de passe-passe : sous prétexte qu'il n'y aurait pas de traces, la cuisine-laboratoire à l'américaine serait incapable de travailler au rassemblement des communautés. C'était une façon malicieuse de retourner à l'envoyeur l'affirmation de Werner Sombart quant à l'impossible coexistence du socialisme et de l'abondance alimentaire : aucun convive resté en Europe ne rêverait de partager un rôti ou une tarte aux pommes de la si médiocre qualité américaine. À l'inverse, l'obsession partageuse des Européens traduirait leur supériorité culinaire et démocratique : on n'achète pas plus qu'on n'imite la recette d'un bon rôti, on l'apprend et on la transmet. Cette défense de la culture culinaire à l'européenne était, au fond, la revanche des « vaincus » de la Grande Guerre. Qu'une cuisine équipée des produits standardisés suffise à valider l'idée d'une communauté réconciliée à domicile, sans que la famille ou le groupe se réunissent ensemble autour de la table, semblait extravagant ou supect[26].

Dans cette après-guerre où rien ne se distinguait clairement, les années 1930 installèrent une sorte de nuit. Il importait peu d'attribuer la crise mondiale à la surproduction ou à la sous-consommation, de prétendre la curer par des mesures autarciques ou planificatrices, de définir un « niveau de vie national » adéquat quand des cohortes affamées parcouraient la planète. Le rationnement comme l'opulence productiviste, ces moutures modernes de la politique des ventres, avaient épuisé leurs effets. Les Chinois et les Coréens chassés par la guerre, les Kazakhs épuisés et refoulés dans toutes les républiques d'URSS, les Indonésiens partis à l'aventure vers les terres faussement promises d'Australie ou de Nouvelle-Zélande et réduits comme les fermiers d'Oklahoma ou les cultivateurs du Nordeste brésilien, à grignoter des racines et des baies, à pêcher au hasard d'un interminable exode vers l'ouest, étaient les nouveaux lépreux de ces sociétés où le progrès aurait dû chasser la pauvreté.

On pouvait bien décréter la consommation, mais les slogans nourrissent rarement. Sommées de célébrer la « prévoyance » du chef, qu'il s'appelât Mussolini, Salazar, Hitler ou Staline, les ménagères daubaient sur des programmes alimentaires qui rationnaient davantage la viande, interdisaient les conserves importées, annonçaient « autant de beurre que de canons », sauf que le premier manquait toujours. Contraintes à s'aligner sur des menus dont leurs mères rêvaient de se libérer – poivrons, aubergines et boulettes de restes en Italie –, celles-ci n'avaient pour consolation que le sort pire encore des pestiférés, ces « éléments socialement (ou racialement) dangereux ».

Dans cette catégorie à la dénomination inquiétante furent en effet inclus ceux que leur existence même rendait coupables et responsables des privations. Bandits, déportés, travailleurs forcés, paysans-braconniers, koulaks réduits à la rapine par la collectivisation de leurs terres et la persécution, minorités religieuses, populations soumises par la conquête livraient un combat dont la mort était l'horizon prévisible. Car, effroyable ironie de l'histoire, le rationnement et le progrès furent les efficaces instruments de leur élimination. La bureaucratie de l'horreur alimentaire fut scrupuleuse. On établit des règlements, des quantités officielles de nourriture à fournir – cent dix kilos de farine par koulak adulte pour l'année –, des comptages de bouches inutiles – un million de Grecs pour Berlin, huit cents « bandes » à éliminer en Sibérie –, des livraisons de choux, de lard, de pommes de terre et de confiture « adaptées aux besoins » des Polonais et divisées par deux pour les habitants du ghetto de Varsovie. Au moment où la Wehrmacht entreprenait d'éradiquer le « judéo-bolchevisme », des botanistes allemands recensaient les « plantes intruses », en particulier

« mongoles », qui menaçaient l'« un des fondements de notre culture » ; des experts analysaient la façon dont les déportés confectionnaient leurs pains en mélangeant farine et sciure de bouleau. Au besoin, des boulangers juifs étaient installés de force dans le village d'Auschwitz afin que les détenus du camp reçoivent le compte prévu. Pour le reste, que ces gens-là crèvent de faim plutôt que de maladie ou de mauvais traitements, la belle affaire ! Heinrich Himmler et Hans Frank, le gouverneur de la Pologne, ne tenaient-ils pas la famine pour un moyen efficace et économique de débarrasser la table encombrée du Grand Reich nourricier d'une « engeance[27] » ?

Les nourritures consolatrices

Secours publics, charité privée et dissimulation générale permirent aux démocraties de défendre une posture. Mais le chagrin de la guerre et la tristesse des affamés ne se consolent pas avec un monologue savant, même technique et thérapeutique, ni par la pitié des bénévolents. La mélancolie alimentaire cristallisa les souffrances morales d'une génération jusqu'aux années 1950 ; elle fut tenue pour responsable, au moins partiel, de ses troubles physiologiques ou sociaux et les gastronomes lui prêtèrent même une dimension tragique, à la hauteur de l'événement qui l'avait déclenchée, en août 1914. Dans *La Vie et la passion de Dodin-Bouffant, gourmet*, publiée en 1924, l'historien polygraphe Marcel Rouff prête à son héros le talent si français du « parti pris ». Version actualisée de la théorie des humeurs, celui-ci postule que l'équilibre culinaire doit moins à la technique, à la raison, à l'argent qu'à un style. À son tour, ce dernier influence l'époque parce qu'il incite ou non à échanger, qu'il emprunte plus ou moins aux voisins, contribuant ainsi à pacifier ou à aiguiser les rapports, et qu'il organise le dosage entre la reproduction, la variante et la variété. Rouff situe son action en 1830 car il se voudrait le Vigny ou le Musset de la table française après la catastrophe.

Au lieu des régimes prônés par les médecins du progrès, il propose une diététique mentale dont le principe ressemble étonnamment à celui de la mémoire associative proustienne : les parfums de la « bonne cuisine d'autrefois » dégagent l'esprit des mauvaises humeurs accumulées pendant quatre années terribles ; le « culte de la chère » offre les rares moments de joie dans une existence marquée désormais par la « souffrance ».

Les Modernes sont sortis de l'expérience collective de 1914 avec le goût décidé de la santé par la science ; les Anciens croient pouvoir rendre la santé à l'âme, puis au corps, social plutôt que physique. Ils se sont donc autodésignés comme champions de la vraie foi culinaire dans un monde gangrené par l'hérésie. Leur mélancolie orgueilleuse est parée de profondeur ; face aux Autres, elle s'est forgé une prodigieuse certitude d'elle-même, fondée sur un déterminisme naturel, le terroir, et sur une élection providentielle. Celle-ci tient parfois du sang – « la gastronomie est innée dans la race » selon Rouff –, parfois de la géographie – les Français puisent l'authenticité de la cuisine du Sud-Ouest dans un territoire qui déborde la frontière espagnole côté basque et catalan –, d'autres fois de l'histoire – les Allemands annexent la Lotharingie médiévale du moment qu'elle confirme le caractère familier de produits « pleins » au lieu des « choses vides » sorties des usines ou importées d'Amérique.

Pour déraciner les opinions fausses à l'origine du « krach de la table », il faut redoubler d'arguments contre les séductions trompeuses du modernisme. Comment cuisiner un « repas normal » dans un espace aussi exigu que les intérieurs de Francfort ou de Dresde ? On manque forcément d'ustensiles et le menu se résume à l'alternance déprimante entre poisson bouilli, grillade et légumes à l'eau. Devenir cordon-bleu avec une cuisinière électrique, comme l'affirme une publicité de 1936, c'est mentir aux femmes puisque la « cuisine à l'ancienne » suppose une cuisson lente, un minutage surveillé par une personne sans cesse à l'affût et pas éparpillée à des tâches aussi excentriques que la rédaction d'une « physiologie de l'habitation » ou le lancement d'une Ligue d'organisation ménagère, à l'instar de la Française Paulette Bernège.

Plutôt qu'à des coquettes, les cordons-bleus doivent ressembler à la veuve Coutance, cuisinière de la famille Curnonsky : « Une grande paysanne française [qui] n'avait point appris la cuisine dans des écoles ni des livres. Elle la savait de naissance et par atavisme [...]. Elle y apportait les qualités de sa province et de sa race : la mesure, le goût, la probité, la patience et la simplicité. » Rien ne manque, y compris les lieux communs de l'antiféminisme. Les *vraies* cuisinières épousent leur métier, à l'exemple de ces « mères » dont les enfants sont dans la salle à manger : Mélanie à Riec-sur-Belon, Poulard au Mont-Saint-Michel, Vitet, Léa, Filloux et Brazier à Lyon. Citées en exemple par des critiques pour leurs vertus qui manquent aux hommes « si détraqués par l'époque qu'ils servent souvent des ragoûts innommables », couronnées par le guide *Michelin* appliqué depuis 1923 à promouvoir la gastronomie comme prétexte au voyage – la mère Brazier est le premier chef à recevoir trois « macarons » pour ses deux restaurants, à Lyon et au col de la Luère –, les femmes se voient investies d'une mission régénératrice : contrer la « décadence » de la cuisine et retisser de la sorte le lien social après que la guerre en a détruit ou fragilisé les symboles.

Il reste à réinventer cette fameuse cuisine régionale dans le décor de ruines matérielles et mentales qu'est l'Europe après 1918, mais également dans des pays neufs au paysage familier bouleversé par la ville et l'usine. Se construit alors « à l'identique », c'est-à-dire en faux vrai, une gastronomie d'hier. La sole normande et le poulet Vallée d'Auge n'ont de régionale que l'appellation, quand ils ont été conçus à Paris et transportés dans la province au gré des pérégrinations touristiques. La recette des macarons retrouvée en 1930 dans un grenier, à Saint-Émilion, semble sortie des aventures d'Arsène Lupin alors qu'elle est un artifice commercial pour concurrencer ceux de Nancy. La démarche fait des émules outre-Atlantique, dans les régions qui redoutent d'être des laissées-pour-compte du progrès. Le *Cincinnati chili* constitue un superbe montage commercialo-régional pour vendre des *hot-dogs* confectionnés avec de la véritable viande, plutôt que les chutes, restes et tendrons habituels, des spaghetti laissés par les premiers migrants et une sauce épicée en hommage aux origines balkaniques du fabricant, venu en droite ligne de New York. Rien de traditionnel là-dedans, mais un discours publicitaire qui finit par se substituer à la réalité au prétexte d'un ancrage folklorique. Le régionalisme est l'aspirine du mangeur inquiet devant l'avancée de la chimie et des préparations déguisées. Avant 1914, il se contentait de cultiver sa dilection provinciale assuré qu'il se sentait de la permanence culinaire ; désormais il se regroupe en académies, en clubs, en confréries. La tradition est devenue le « ketman » d'un monde gastronomique focalisé sur sa croisade pour oublier la tyrannie du progrès[28].

La redécouverte de l'Amérique

La Seconde Guerre mondiale a exacerbé les « passions de l'estomac » parce qu'elle a modifié les conditions de la réponse à la question sempiternelle : qu'est-ce qu'il y a à manger et qui décide de quoi ? Dans les pays sous domination allemande ou japonaise, le lien politique entre repas et sacrifice s'est dénoué avec l'arrêt des hostilités. Une fois cette norme égalitaire supprimée, il suffisait d'instiller des données biologiques, voire eugénistes, pour légitimer un ordre naturel, indiscutable et l'enraciner dans un sol par définition fécond ou dans une histoire brochant sur l'héritage grandiose des terroirs. Ultime victoire du rationnement, la cuisine maigre de ce temps exhalerait le fumet d'un talent naturel porté à son sommet : « Avec des moyens réduits, affirme Gaston Derys dans *La Cuisine d'aujourd'hui* publiée en 1940, notre pays continuera à bien manger, car il a le sens inné de la bonne cuisine, faite de loyauté, de sincérité, de simplicité et qui se trouve être le contraire de ce qu'était notre politique d'avant-guerre. » Autrement dit, le rutabaga et le topinambour sont chargés d'éliminer la mauvaise graisse démocratique.

Derrière la simplicité affichée, on repère à l'œuvre les agents du communautarisme identitaire. Se réconcilier autour d'un jambon à l'ancienne ou d'une bouillabaisse, parfumée à l'oignon et à la tomate plutôt qu'aux épices étrangères, c'est se ménager l'accès à un paradis alimentaire dispensateur d'oubli, éteindre la tentation du mouvement et de la migration, se contenter d'un voyage placidement imaginaire et offrir à la faim et à la peur une éphémère consolation. La simplicité correspond à l'ambition des occupants et de leurs obligés : mettre les gens en cellule, à tous les sens du mot.

Chez les combattants, à mesure que le conflit se prolonge, le sacrifice des héros ne garantit plus la réunion des peuples à la même table patriotique. Tout se passe comme si la transcendance de la violence guerrière se trouvait empêchée en deçà d'un seuil de restrictions. Celui-ci procède d'une sensation, pas d'une mesure. En Australie et en Nouvelle-Zélande, le rationnement du sucre, du thé et de la farine frappe les esprits plus que les livraisons massives de jus de fruits, de soupe déshydratée et de saucisses en conserve aux troupes américaines stationnées sur les deux îles : comment combattre efficacement si le Coca-Cola vient remplacer la bière et le *chili con carne* en boîte les travers de porc mythiques des pères fondateurs ? Partout perce la crainte d'un effondrement moral précipité par l'anémie et qui rendrait le sacrifice inutile. Les chronologies sont décalées, en 1941 en Italie, début 1942 en URSS, fin 1942 en Allemagne et en Grande-Bretagne, hiver 1944 au Japon, mais les constats concordent : à quoi servirait une victoire payée par une survie stérile ?

Ennemi ou ami, l'Américain offre, en revanche, l'image de l'efficacité politique et économique. Seul, il peut se payer le temps de réfléchir à ce que serait une alimentation juste et aux formes concrètes que prendrait une seconde reconstruction. Dès le printemps 1940, les États-Unis se sont intéressés à la « vitamine du moral », B6, censée favoriser la cohésion des groupes en guerre et l'optimisme individuel face à une situation de crise. Sitôt la France balayée, le gouvernement Roosevelt impose son ajout dans la farine ; un an plus tard, il inclut la sécurité alimentaire au nombre des « quatre libertés essentielles ». L'entrée en guerre accélère le passage à une politique des ventres sous l'impulsion de l'anthropologue Margaret Mead. Un comité des habitudes alimentaires patronne des campagnes propagandistes à la gloire du lait, des fruits et des légumes qui « donnent du tonus », des œufs et de la volaille – à consommer trois fois par semaine car « chaque mangeur doit accomplir son devoir ». Dès 1942, un tiers des ouvriers consomme des aliments enrichis, ce qui est aussitôt avancé pour expliquer les gains de productivité et la diminution des absences ou des accidents professionnels.

Ce patriotisme de table à la rentabilité surprenante incite, en 1944, la Maison Blanche à inclure la sécurité alimentaire parmi les « droits économiques de l'individu », prélude à son inscription, en 1948, comme 25e article de la Déclaration universelle des droits de l'homme. Au même moment, diverses missions recensent les éléments d'une nourriture appropriée pour des populations européennes ou asiatiques épuisées par les effets cumulés du retard économique, d'une guerre mondiale supplémentaire et, quelquefois, d'une guerre civile.

Or, notamment en Chine, en Italie, en Grèce et en Crète, elles aboutissent à un constat de divergence absolue sur les besoins et sur la nature du juste en matière alimentaire. La mission Rockefeller puis les conclusions du professeur Ancel Keys relèvent ainsi « le niveau étonnamment bon » de l'approvisionnement et la pertinence du régime crétois pour la force de travail ou la santé des habitants, car l'analyse scientifique démontrait son efficacité préventive contre les maladies cardio-vasculaires. Les autochtones, eux, recensent leurs milliers de morts de faim et guettent les arrivages de bœuf en conserve, de cacahuètes et de barres chocolatées *made in USA*. Ils attendent des décisions politiques, un catalogue d'actions prioritaires, surtout pour un pays situé sur la ligne de front de la guerre froide ; pas qu'on s'occupe du nombre d'infarctus.

Les uns regardent le monde avec les lunettes du médecin et du comptable, les autres rêvent de se gaver de calories, au besoin en pure perte, pour le plaisir, avant de retrousser leurs manches. Exactement comme leurs lointains prédécesseurs français du Comité de mendicité défiant, en 1792, les pontes du Comité de salut public. Pour résoudre l'antinomie entre les conseils savants et le désir populaire, les seconds espéraient encore une fois l'intervention providentielle d'une sorte de monarque moderne qui pratiquerait l'atténuation temporaire des peines. Les Américains prêchaient un retournement presque philosophique : on mangerait parce qu'on le voulait. Les péripéties de cette alternative nous occupent depuis soixante ans.

CHAPITRE 9

LE PRINCIPE D'ANARCHIE

Ce fut une curieuse après-guerre. Des années plus tard, son air vicié jamais purgé semblait encore traverser les corps malingres des survivants, enrober ceux qui évoquaient les restrictions en se rassasiant compulsivement, flotter au-dessus des enfants, sommés de « prendre des forces ». Ces gens en avaient trop vu et cette quantité-là, étalonnée à coups de statistiques, n'avait aucun rapport avec les ventrées imaginées par leurs ancêtres à l'aube d'un siècle de progrès. Pourtant, l'attente prolongée d'un monde nouveau leur avait donné un appétit cyclopéen. Tous rêvaient d'en avoir assez dans leur assiette et ils eurent le cran de se consacrer au bonheur de cette poursuite. Singulière glissade pour les héritiers des générations qui avaient cherché le bonheur à table. Mais les rescapés de vingt-cinq années terribles avaient soupé des promesses lancées par les marchands de sublime.

L'avenir proposait des sentiers descendants, eux imaginaient des individus rassasiés, forts, qui cohabiteraient, attentifs à leurs satisfactions personnelles, capables d'infliger et de supporter la violence d'être admis ou refusé à table mais aussi de recoudre les déchirures dans des tissus sociaux usés et de fonder une commensalité planétaire. Ces convictions tenaient du religieux, car cette époque crut aux miracles. Ainsi se recolleraient les morceaux d'une humanité que sa propre promotion technique, sa prétention dominatrice et sa course à l'abondance avaient fendue en deux. Commerçants, industriels, publicitaires, tous ceux dont le métier consiste à mettre l'ordre en mouvement, concourraient à en cimenter un autre, sous patronage public d'abord en Occident, probablement à l'Est et peut-être au Sud. La tentation vorace serait jugulée ou bien satisfaite pour une multitude enfin admise au pays de Cocagne.

La déception finale était programmée car la leçon de la marquise de Merteuil vaut pour toutes les époques : « On acquiert rarement les qualités dont on peut se passer. » Même une foi de charbonnier ne garantit pas que confort et plaisir, bonheur privé de la consommation et nourriture juste pour la collectivité soient associés. Lancée dans l'aventure, cette génération a entretenu la foire aux vanités à proportion de la manne sortie des usines et en a justifié la nécessité au prétexte de l'égalitarisme. En même temps, elle s'est protégée contre les effets déprimants de cette nourriture formatée et éphémère en entretenant le fétichisme de la cérémonie culinaire. Elle lui a trouvé des dénominations variées – nouvelle cuisine, cuisine du monde, *fooding*, *easy food* – en espérant ainsi conjurer le spectre de la répétition. Par la monétarisation, cet agent universel, elle a entrepris de rogner les différences qui caractérisaient le monde des appétits et d'installer le simulacre d'une mise en commun. Elle a brouillé les frontières, les hiérarchies et les mémoires autant que plusieurs guerres, entretenant à feu vif la querelle entre culture de la nourriture et nourriture culturelle. C'est pourquoi les passions alimentaires sont demeurées incandescentes, si les espoirs se sont rouillés.

Déjeuner en paix

Les mangeurs d'après 1945 se rêvaient en clones du *Sorcier* de Magritte (1951) avec ses quatre mains pour s'empiffrer de steaks, de pain et apaiser une soif trop longtemps retenue de vin. Le continent de la faim recouvrait un territoire immense et cela ne devait rien aux fléaux climatiques, ni microbiens. Dès les années 1930, Espagnols et Chinois avaient dû se contenter de 700 calories quotidiennes ; la décennie 1940 fut pire et le retour à la paix n'y changeait rien. Les Italiens de 1946 mangeaient moins qu'en 1938, les Hollandais de 1945 étaient passés à la famine après la disette de 1943, les Allemands de 1947 étaient eux aussi réduits à 700 calories contre 2 000 en 1942. Même les grandes puissances étaient au régime maigre : les 2 600 calories de 1942 étaient hors d'atteinte des Anglais rationnés de 1947, les autorités soviétiques affichaient un retentissant 3 000 calories début 1946, à diviser au moins par deux, et les New-Yorkais de 1948 étaient scandalisés par leurs 3 100 calories. Tous s'inquiétaient des pénuries de guerre prolongées, d'une répartition favorable aux privilégiés, des stocks manquants, des conserves avariées.

L'unité proclamée des sociétés était démentie par le ventre des profiteurs – paysans, épiciers, industriels, ouvriers des industries prioritaires –, et la confiance en un État nourricier s'effilochait au fil de repas monotones en Europe, tandis que les conseils diététiques des épigones de Taylor et de Ford étaient jugés indécents. En janvier 1948, des Français lassés de leurs éternelles 1 400 calories, comme en 1942, manifestaient aux cris de : « Donnez-nous du pain ou rendez-nous les Boches. » S'y ajoutait une incompréhension : où avaient disparu ces produits américains entrevus le temps d'une campagne victorieuse en Europe occidentale et acheminés par caisses innombrables aux officiers de Staline et de Tchang-Kaï-Chek ? Où étaient passés ces wagons de céréales promis aux Polonais et aux Ukrainiens, réduits à cultiver des choux et des navets sur le terreau des fosses communes ? À quoi bon proclamer l'arrêt imminent du rationnement quand les pensionnaires des camps – réfugiés, prisonniers, transitaires, déplacés, expulsés – voyaient se raréfier chaque mois la bouillie, le sel et l'huile ?

Le monde de ce temps fut victime d'une crise d'hypertension. Émus, heureux par l'arrivée des Américains et des Soviétiques, les peuples espéraient candidement un âge d'or alimentaire. Algériens et Italiens n'avaient pas assez de mots pour vanter ces produits « d'une douceur que nous avions toujours considérée comme un luxe et qui était pour eux [les Américains] ce qu'il y a de plus commun », leur beurre d'arachide, leurs sodas et leurs biscuits secs, ces « confiseries au goût d'éternité ». Ils imaginaient que l'opulence nourricière résoudrait la crise d'identité nationale entretenue depuis tant d'années. Éperdus de protection et de confiance, ils crevaient du désir d'être citoyens d'une nouvelle manière et se moquaient des hiérarchies fabriquées par la guerre.

En même temps, ils avaient l'impression que ceux-ci les cuisinaient à petit feu, qu'on ne passerait jamais à table faute de passions maîtrisées. Ils étaient prêts à se rendre malades à force de manger de tout, quoiqu'il en coûtât, conserves et *corn-flakes* inclus, à taire leurs rancœurs et voilà que la guerre froide, les troubles coloniaux et les conflits idéologiques contrariaient leurs désirs. Ils avaient attendu la nouveauté, de Washington et de Moscou ; ils remâchaient leur ennui. À quoi bon satisfaire à l'obsession procréatrice de l'heure si c'était pour voir mourir les bébés deux fois plus qu'en 1938 ? Après l'échec de la conférence interalliée de Washington sur les dettes et l'aide alimentaire, en 1947, le doute ne semblait plus permis : les provisions d'aujourd'hui deviendraient les réserves stratégiques de demain. Ainsi les Belges échangèrent dans leurs armoires les pommes, les patates et les pâtes de 1939 contre des boîtes. Ils s'habituaient à une idée inouïe, à vue historique : des biens alimentaires servant de biens durables.

Il était difficile de rejouer la comédie symbolique des après-guerres où la génération montante dévore jusqu'à la trace des années difficiles. En un sens, le constat tiré par Georges Bernanos en plein conflit ne souffrait pas de contestation : « Le monde moderne a deux ennemis, l'enfance et la pauvreté. Dans une civilisation technique dont la seule règle est l'efficacité [...] l'enfance ne sert pas à grand-chose et la pauvreté ne sert à rien. » À cause de leurs 370 000 morts atomisés, les Japonais avaient, *stricto sensu*, perdu l'appétit. Ceux des pays neufs ne se contentaient plus de considérations verbales, ni d'une solidarité autant intéressée qu'épisodique, à l'exemple des Mexicains, enrôlés dans la machine industrielle de guerre américaine, serinés de bulletins propagandistes et de publicités radiodiffusées et qui réclamaient des primes pour s'acheter du Coca-Cola, des chips au piment et des cacahuètes, maintenant qu'ils en avaient l'habitude.

Quant aux Européens, ils avaient le goût du sang. Selon un réflexe que nous connaissons bien, la viande reconstituante était censée soigner l'anémie du moment, envisagée à l'égal d'une pandémie. Les steaks devaient « revigorer l'ouvrier », remettre sur pied ces déportés hagards qui mouraient par milliers de malnutrition dès les premiers mois de leur retour, soulager le remords à la vue de ces enfants napolitains ou lensois, amaigris de dix à douze kilos par rapport à leurs aînés d'avant-guerre et plus petits de cinq à huit centimètres. Syndicats, médecins et industriels œuvraient à ressusciter des gens malades de langueur, ensuqués par la routine nutritive. On inventait des robots-hachoirs, des attendrisseurs pour carne, des machines à reconstituant, version moderne du bouillon, qu'on débiterait à la manière d'un train de laminoir.

Ramener les individus à table semblait une étape nécessaire pour leur (ré)apprendre la démocratie ; les régaler avec ce qui leur manquait le plus, c'était concrétiser par le rôti du dimanche une unité culturelle retrouvée et s'accommoder de la diversité sociale. En Europe occidentale, cette version inédite du banquet fut organisée, sans surprise, *via* la norme et la monétarisation, sous l'influence d'un protecteur américain qui resta pour de longues années le dispensateur de la paix et du premier morceau de chocolat croqué par les enfants, même si ses conceptions alimentaires vérifiaient chaque jour la radicale altérité des usages, des goûts et des attitudes culturelles.

La réussite de la conversion monétaire ouest-allemande, en juin 1948, symbolisa ainsi le premier « miracle » paradoxal de l'après-guerre alimentaire en Europe. Des monceaux de comestibles, stockés par les paysans, les commerçants et des trafiquants réapparurent, ce qui contribua à effacer d'un coup le spectacle de la misère, de la défaite et de l'occupation. Le remplaça tout aussitôt un gigantesque sentiment de frustration car deux citoyens sur trois devaient se borner à lécher les vitrines, sentiment aiguillonné par le comportement « moderne » des Américains qui, hier, photographiaient les ruines et, aujourd'hui, les devantures, fixant ainsi sur pellicule la nourriture inatteignable après avoir filmé les commerces bombardés et les usines vides. En un sens, la nouvelle monnaie permettait de se nourrir comme aux siècles préindustriels : la bouillie constituait l'ordinaire – au moins était-elle de vraie farine, pas d'ersatz –, les œufs et les choux étaient dignes du dimanche, le rôti de Noël ou de Pâques. Les familles se bourraient de pain, au moins quatre et jusqu'à six kilos par semaine.

Toute la question était de savoir si cela suffisait démocratiquement. Le pari des Allemands fut de considérer le verre toujours à moitié plein. Dans les magazines culinaires, tel *Die kluge Hausfrau*, on tenait la chronique des marchandises disponibles, café et bacon dès 1949, confiture et chocolat huit mois plus tard ; on livrait des recettes « pour les jours meilleurs », simples dans leur exécution, de coût modeste et de réalisation rapide, moins par souci de modernisme que pour « soulager la ménagère confrontée à un travail domestique harassant ». Lorsqu'en 1953, les Allemands purent oublier le rationnement, acheter leurs gâteaux autant chez le pâtissier que les confectionner à domicile et manger trois fois par mois du porc, les voisins européens estimèrent que le verre était même trop plein. La faute aux Américains, trop bénévolents avec les coupables de la plus grande pénurie du XXe siècle[1].

Selon une imparable synecdoque, consistant à leur attribuer toute la responsabilité de la situation alimentaire, ceux-ci furent considérés autant comme des citoyens généreux convoyant leurs cargos vers une Europe démunie qu'en artisans redoutables d'une machine de guerre qui allait imposer un mode d'emploi différent pour atteindre à l'abondance. D'où les jugements contrastés portés sur le plan Marshall et les batailles picrocholines autour du Coca-Cola, du lait en poudre et des *corn-flakes*. Accepter le schéma américain impliquait de confier à des consommateurs souverains le soin d'arbitrer entre les moyens les plus rapides et économiques de satisfaire l'« aspiration légitime » à l'opulence alimentaire. Il n'était plus alors nécessaire que l'État tînt son rôle de réassureur en dernier recours et considérer cette fonction comme un droit exigible par les citoyens relevait d'une prétention injustifiée chez ceux qui avaient perdu la guerre alimentaire.

De la sorte, les thuriféraires de la planification pouvaient remballer leur encens, y compris Joseph Staline qui, le 9 février 1946, attribuait la victoire soviétique autant à l'Armée rouge qu'à la supériorité d'un « système social » capable de livrer plus de biens alimentaires courants et bientôt plus de réfrigérateurs ou de conserves que nul autre. Or, dix ans après la cessation des hostilités, statistiques et sondages donnaient un verdict sans appel : les Européens de l'Ouest pensaient qu'on vivait mieux, qu'on se nourrissait plus et de manière plus sûre outre-Atlantique ; ils plébiscitaient encore leur patrie et ses valeurs alimentaires héritées, mais l'écart avec le paradis américain s'était réduit de moitié et était inférieur à dix points (sauf en France), tandis que les édens soviétique et chinois intéressaient un Européen sur six. Cette tentation correspondait à la perception contrastée des performances : eux consommaient 5 à 8 % de marchandises alimentaires supplémentaires par rapport à leurs devanciers de 1938, l'Américain – surnommé parfois le « mangeur monstrueux » dans certains articles – en avalait la moitié en plus, du moins s'il était blanc. Mais la ségrégation alimentaire, du revenu aux lieux en passant par les menus, restait inaperçue, occultée par le souvenir des colosses noirs libérateurs de 1945.

La performance épatait, le mode de production fascinait les « missionnaires » venus d'Europe à l'initiative des entreprises américaines et des autorités européennes de tutelle pour le plan

Marshall. Trimbalés de ferme modèle avec tracteurs rutilants en supermarchés et devant les chaînes de conditionnement, ces spectateurs conquis d'avance étaient ensevelis sous des statistiques, scénarisées comme des films publicitaires. Un ouvrier jovial et costaud expliquait qu'il travaillait six minutes pour s'acheter son pain, une ménagère pimpante que les ingrédients nécessaires à sa tarte aux pommes lui coûtaient une demi-heure, tandis qu'en voix off, le commentaire égrenait les quatre heures requises en Europe et les quatre cents minutes en URSS. La conclusion politique et sociale de ces propos coulait de source : les Américains incarnaient le charpentier magique de la légende arthurienne, celui qui promettait au roi de lui fabriquer une table ronde où tous pourraient s'asseoir, sans exclusive, et qui empêcherait tout combat puisque « le haut placé sera sur le même pied que le bas placé[2]. » De surcroît, cette table suivait le roi dans ses pérégrinations, donc ce modèle de commensalité était applicable partout.

À commencer par l'Europe, mais aussi dans tous les pays qui entendaient surmonter leurs inégalités sociales. Voire raciales comme le montrait la stratégie suivie par les Sud-Africains dès 1944 et jusqu'à la publication du premier ouvrage consacré à la cuisine malay en 1957, une décennie après l'instauration d'un apartheid qui représentait pourtant la négation du banquet démocratique. Le procédé s'inspirait de la tradition gastronomique inventée à l'européenne, façon XIXe siècle, et instrumentalisait la version propagandiste de la commensalité à l'américaine. Le livre *Traditional Cookery of the Cape Malays* recensait les condiments particuliers à cette cuisine, confits de fruits au sel et à l'huile, confiture de dattes ou d'oignons, piments ; il cataloguait des currys de mouton « authentiques », des plats à base de riz et conférait aux *sosaties* (brochettes d'agneau épicées) un certificat de nationalité. En célébrant une cuisine identitaire aux références exclusivement indonésiennes et musulmanes et en oubliant soigneusement celles explicables par l'esclavage chez une communauté installée depuis des décennies, le pouvoir politique fabriquait, avec le soutien des Malays, un mensonge efficace : un découpage inégalitaire fondé sur des hiérarchies raciales pouvait créer un cercle de convivialité où la nourriture serait abondante[3].

Du Moyen-Orient à l'Europe occidentale, les Américains entreprirent de démontrer qu'un autre régime alimentaire était nécessaire à la pacification sociale puisque la guerre mondiale suivie par la guerre froide démontraient, selon eux, l'impossibilité de réunir tous les gens autour de la même table. Premier principe, « l'entreprise serait de longue haleine », précision utile pour désamorcer les impatiences, reprise à la lettre par Jean Monnet dans l'article 2 du traité de Rome (toujours cette attention à la norme) et sur un mode optimiste lorsqu'il promettait aux membres de la communauté « un niveau de vie comparable aux Américains dans quinze ans ». La ceinture et l'imitation d'abord, pour le festin on verrait. Deuxième principe, les agapes supposaient un effort de productivité. Regarder les oliviers pousser, surveiller d'un œil distrait des troupeaux de chèvres et se contenter des légumes ramassés pour la soupe quotidienne, c'était se condamner à une misère nutritive que la solidarité internationale ne soulagerait plus. Après la signature du pacte de Bagdad, en 1955, les populations de Méditerranée orientale furent fermement invitées à abandonner une diète affirmée débilitante. Ainsi, le film *L'Histoire de Koula* exploitait le thème de l'arriération nutritive chez les paysans thraces pour justifier le passage à la culture intensive des céréales ou l'arrachage des oliviers au profit d'orangers ou de citronniers destinés à l'exportation. À quoi bon les échanges entre les olives de l'un, les tomates de l'autre, voire le lait d'une coopérative si la communauté n'a pas son compte de calories ? Les Américains proposaient de la sorte une version démocratique de la dilatation stomacale par le travail et la standardisation.

La mécanique du conformisme

À lire les cartes des restaurants européens dès 1958-1960, ils avaient convaincu leurs partenaires et pas seulement dans les escales internationales ou les capitales. La morue « à la milanaise » (panée), version de moins en moins naturelle de l'escalope et vite surgelée puis transformée en bâtonnet de poisson à domicile, sévissait en Allemagne et en Suède ; la soupe, tantôt hollandaise, tantôt normande, bretonne ou galicienne, perdait sa saveur à mesure qu'elle gagnait des emballages rutilants ; le riz à la cantonaise se trouvait un passeport une fois rebaptisé « serbe » ou « viennois » en Allemagne, voire « à l'ancienne » ou « à la piémontaise » en France et en Suisse. Il suffisait de changer l'étiquette sur la boîte. Les Européens croyaient voyager comme leurs grands-parents grâce à l'appellation, y compris avec les « salades de bananes à l'africaine », confetti alimentaire d'empires en décomposition, mais ils fermaient leurs papilles sur le contenu.

À cette date, l'internationalisation tenait d'un fourre-tout, gratifiant parce que la profusion concrétisait l'enterrement des privations et l'ajout d'ingrédients signés suffisait au dépaysement. Les *paellas* « mixtes » – poulet, crustacés, poisson, légumes – se répandaient d'Istanbul à Oslo, parfois affublées d'un qualificatif redondant, du genre typique ou authentique, à Amsterdam comme à Beyrouth. En revanche, personne ne se serait risqué à inscrire *paella valenciana*, trace d'une origine trop pauvre, inconnue des vacanciers, suggérant un plat étrange, bon pour ces cohortes migrantes venues chercher du travail au Nord. Pour plus de sûreté, les restaurateurs français régionalisaient l'exotisme, la paella devenant « basquaise » ou « comme à Saint-Jean-de-Luz », formule invérifiable mais qui indiquait l'éloignement supportable par le mangeur du Nord.

Au reste, le succès de ces plats était strictement estival, à la manière d'une préparation aux congés payés familiaux ou d'une carte postale souvenir : dès l'automne, la paella disparaissait devant l'universelle potée allemande ; les « cœurs d'artichauts à la piémontaise » perdaient leur Parme au profit d'un jambon de Westphalie, de plus en plus souvent sous cellophane ; les « escalopes à la mode des Canaries » (en Allemagne ou à Oslo) ou « à l'indonésienne » (en Hollande) étaient réservées aux soirs de fête, « à cause des bananes et du citron qui donnent une allure gaie au plat ».

Cette esthétisation culinaire superficielle constitua le premier engrenage du conformisme à l'européenne. Associée à un fantasme d'opulence et de réussite – manger à sa faim, voyager, garder la marque nostalgique d'empires défunts –, elle traduisait l'adhésion au processus économique de la reconstruction, en même temps qu'elle installait une ségrégation originale avec les Autres – communistes de l'Est, pauvres du Sud, démunis des campagnes. Elle offrait même une revanche minuscule sur les Américains, supposés indécrottables béotiens. Comment des gens ingurgitant un milliard de pizzas à la pâte préparée à l'avance puis réfrigérée auraient-ils l'audace de comparer leurs « nourritures plastiques » à l'européenne ? Ce coup de pied de l'âne ne trompait que les naïfs : dès 1958, les Britanniques et les Allemands adoptaient les techniques de conservation et de commercialisation américaines pour les pizzas ou les paellas, cinq ans seulement après les Philippins, convertis aux chaînes de restauration rapide depuis l'ouverture des établissements Alba. Mais ils tenaient à marquer leur supériorité culturelle en dédaignant la théâtralisation américaine, au bénéfice d'appellations ridicules, du genre « gâteaux Radetzky », souvenirs d'excursions dominicales ou de lectures en Autriche et en Allemagne, et sauces « Verdi » pour ennoblir les vulgaires pâtes industrielles. Un demi-siècle auparavant, les Européens avaient installé le style Bidermaier dans leurs salons, ils récidivaient à table.

Le succès de l'opération supposait une étiquette allégée, signe de différenciation moderniste avec l'ancienne génération et deuxième cran dans l'engrenage conformiste. Les cadres puis les contremaîtres et les ouvriers qualifiés donnaient le ton. Ils convièrent la télévision au repas du soir, décalèrent d'un quart ou d'une demi-heure le passage à table pour qu'il coïncidât avec les informations. Les convives changèrent de place, notamment les enfants, se rapprochèrent si bien que le face-à-face bourgeois entre les parents ou la ménagère cantonnée au service du repas s'oublièrent un peu. Certes, celle-ci préparait toujours le dîner huit fois sur dix (en Europe du Nord contre neuf fois dans le Sud), mais elle ne desservait plus « que » deux fois sur trois, suppléée par les enfants, voire les maris à proportion du taux d'équipement en machines à laver la vaisselle.

Cette étiquette allégée se répandit vers 1965-1970 dans les cantines, enfin acceptées depuis qu'elles avaient contribué à l'effort alimentaire de guerre – un enfant britannique sur trois s'est nourri à l'école contre un sur cinquante en 1938 – et à celui de la reconstruction industrielle et sociale, les Britanniques ingurgitant deux cents millions de repas dans les cantines ouvrières en 1955 et vingt-deux mille par jour dans les hôpitaux. Le plateau-repas, longtemps taxé de japonisme incongru, fut estimé enfin commode, tandis que le *self-service* profitait du prestige pragmatique accordé aux usages américains par les cadres et de l'approbation des ménagères, plus souvent hors du foyer, et qui en profitèrent pour simplifier le contenu de la gamelle familiale, le bœuf puis le poulet remplaçant le gibier.

Les frontières épulaires furent les plus lentes à s'entr'ouvrir. La table des contremaîtres n'était pas celle des ouvriers, les professions à statut défendaient leur espace culinaire – pas de professeurs certifiés chez les agrégés, ni d'« épiciers » (commerciaux) chez les ingénieurs. Femmes et hommes partageaient leur table au Danemark et en Hollande, ce qui était tenu en Angleterre pour une bizarrerie. Il n'empêche : une élite nouvelle, indifférente aux mœurs des anciennes, commençait à cristalliser. La fréquentation des supermarchés, à partir des années 1957-1959, popularisa quelques réflexes communs : à force d'acheter des produits « suivis », à l'hygiène en principe garantie, de faire confiance aux marques plutôt qu'au nez et au toucher, la répétition s'imposa et avec elle, s'effaça l'idée d'une distinction alimentaire, autre qu'en forme de manifeste anti-conformiste. Il en fallait pourtant plus pour enterrer sans un soupir la triade canonique bouilli-rôti-frit, son rituel calendaire et son halo vaguement sacré. Même les industriels tayloriens n'avaient pu la désagréger en contraignant les ouvriers à s'asseoir et à observer une pause supérieure à une heure, par souci de productivisme et de contrôle social. Jusqu'aux années 1960, celle-ci était détournée de son objet, pour des motifs festifs, syndicaux, religieux, – le déjeuner sur le poste aidant à rattraper son retard.

Ce fut encore la norme, administrative puis sociale, qui bouleversa les usages. Aux armées, à l'école, dans les hôpitaux, la pratique du « précuit » fut estimée rationnelle et économique, même si elle réduisait l'alimentation à un élémentaire moment de survie. Simultanément, s'installait une restauration assistée, conventionnée, mutualisée – le ticket-restaurant sur le principe du ticket modérateur en étant l'aboutissement logique – différente de la « cuisine philanthropique » des sidérurgistes du XIXe siècle. Le bilan fut tiré en 1982 par une revue italienne : « L'école nous a appris que manger d'une manière complète ne nécessitait pas plus d'un plat ; la mode et la médecine nous ont convaincu de limiter les calories ingérées ; l'État employeur et percepteur nous montre qu'il faut économiser travail et fatigue. » Il ne manquait que l'injonction publicitaire pour effacer la triade culinaire des mémoires. S'en chargèrent des slogans dans le registre « La grillade est la nourriture du cadre dynamique » et des campagnes pour des préparations aisées à mastiquer, culinairement improbables, et peu onéreuses, tel le « roulé de dinde ».

Le ressort du mécanisme paraissait technique – les fameuses gratifications du progrès ; il était mental et déclinait la simplification sur tous les registres. Le monnayage serait l'avenir d'une humanité rassasiée. Le mot était seriné dans les recommandations de la FAO et de l'OCDE, repris par les expatriés occidentaux et encore plus par les élites des pays neufs. Dans l'ancienne Afrique-Occidentale française, le pain, les frites, les petits pois et les condiments de marque quittèrent les côtes pour la brousse ; le maïs, les pâtes et le riz, jadis secondaires, évincèrent le sorgho ou le mil parce que ces céréales arrivaient par cargos, se cuisinaient vite et convenaient à des rythmes urbains où le remplissage de l'estomac à bas prix comptait plus que le respect des usages traditionnels. À Niamey puis dans les villes du Niger, pendant vingt ans jusqu'à la sécheresse de 1984-1985, les « silencieux », sandwichs aux beignets de niébé (sorte de haricot) pimentés, ont calé les ventres au matin comme au déjeuner ; les pâtes et les gâteaux, achetés dans des boulangeries, ont réchauffé à peu de frais, qualité reconnue aux sodas et aux condiments importés. La monétarisation des échanges a ainsi précipité le passage d'une alimentation autoproduite à une consommation commercialisée, avec pour effet de creuser davantage le déficit alimentaire du pays.

En Europe, l'attachement culturel manifesté au marché hebdomadaire ou aux boutiques confirme paradoxalement notre remarque : la facilité avec laquelle on saisit la marchandise dans un supermarché, son coût inférieur si l'on ne regarde pas la qualité, l'incitation auditive et visuelle à consommer en quantités stockables donc à simplifier la recherche nutritive, ont transformé les marchés, entre 1965 et 1985-1990, en scènes de spectacles vivants. Ils n'enseignent plus l'art de la transaction ni la façon de repérer à l'œil et aux branchies des poissons la fraîcheur de la marchandise, ils distraient. Y perdre son temps, c'est personnaliser à peu de frais sa table et s'octroyer quelques tentations. En somme le marché devient l'« enfer » de la consommation alimentaire moderne, le lieu du désir – là où le supermarché garantit la norme –, celui de la singularité occasionnelle plutôt que de la multiplication des biens, l'endroit du pas grand-chose contre la profusion à proportion du pouvoir d'achat, le théâtre de la vie et de la mort quand le « prêt-à-servir » incorpore quatre cents additifs chimiques en police d'assurance-santé, dès 1958 aux États-Unis et dix ans plus tard en Europe.

Poissons congelés préparés, soupes et purées instantanées constituaient la dernière étape d'un transfert culinaire vers l'usine. Toute la quincaillerie électrique, des réfrigérateurs aux fours, batteurs et mixers, en attendant le micro-ondes, le justifiait, aboutissement logique de la « révolution blanche » entamée au lendemain de la Première Guerre mondiale et promue avec succès par un cartel de savants, l'ingénieur, l'hygiéniste, le diététicien et le médecin. Le réfrigérateur autorisait quinze jours de conservation, le four supprimait les odeurs, les dosages en vitamines, en lipides, en glucides, en conservateurs calculés par ordinateur devaient façonner un corps plus sain.

Cette transformation s'est opérée dans l'allégresse. Les pays qui avaient connu la guerre étaient enfin rassérénés, eux qui s'étaient crus condamnés à un purgatoire végétarien à base de rutabagas et à une nourriture de « pauvres » pour au moins une génération. Ils savouraient la convoitise des vrais pauvres, Irlandais, Espagnols, l'envie de ceux installés de l'autre côté du rideau de fer, le désir d'imitation des peuples de Méditerranée et, revanche sociale sur les années 1940, l'alignement des campagnes. Ils oubliaient hors-d'œuvre, bouillons, soupes et bouillies ; tout à leurs cuissons plus courtes, ils ne prenaient plus le temps d'un petit-déjeuner roboratif, ni les enfants d'un goûter traditionnel puisque l'armée des barres de céréales assurait une « nourriture équilibrée ». Les femmes éteignirent les fourneaux familiaux, heureuses de quitter leur repaire pour un travail ailleurs libérateur, les hommes s'improvisaient cuisiniers pour un repas dominical à l'exubérance nutritive en forme de revanche, – triomphe du barbecue et des merguez grillées, les uns et les autres gardiens revendiqués d'une mémoire culinaire à éclipses et indifférents aux ruptures anthropologiques que représentaient un foyer éteint à volonté, une cuisine paysanne urbanisée et un rythme alimentaire désacralisé[4].

La loi du double joug

Dans son numéro d'octobre 1957, le magazine *Marie-Claire* affirmait à la une que « la cuisine idéale ressemblait à une usine domestique ». En conséquence, le travail pouvait s'y révéler, comme à l'usine, « difficile ou aisé, ennuyeux ou agréable, en fonction de l'organisation » régnant dans le lieu – la taylorisation culinaire était entrée dans les mœurs – et d'appareils chargés – outre la conservation, la cuisson et le nettoyage, tenus pour élémentaires – d'aider à une « transformation en profondeur » des usages nutritifs. En un mot, le confort acquérait une supériorité morale. Cet intérêt pour le rare, l'inaccessible pendant des années, constituait la variante technicienne à l'éternelle recherche des paradis culinaires. Faire de la nécessité industrielle une valeur quand elle était l'alibi d'une sérialisation, les Européens y avaient déjà songé un siècle auparavant.

Croire qu'une époque va échapper aux vices des anciennes est un réflexe constant chez les Modernes. Mais dans les pays anglo-saxons et en Europe communautaire, les jeunes s'étaient éloignés de leurs parents, les adultes quittaient leurs provinces pour des banlieues et le flux migratoire ne tarissait pas. Avec la bénédiction des deux cent trente publications consacrées en Europe à la cuisine, ces gens œuvraient à la corruption de leurs identités alimentaires, et de leur triade famille-mémoire-tradition.

Cette génération vandalisa dans l'euphorie : sur les cent-soixante-quinze hectares de Sarcelles, le plus grand chantier d'Europe, où la télévision venait filmer les cuisines modernes, il y avait, en 1962, trois boulangeries et à peine cinquante commerces de bouche pour, déjà, vingt mille résidents. Et pas une boucherie casher à l'horizon quand les rapatriés d'Algérie et du Maroc de religion juive s'y installaient en nombre. Ce que nous appelons la loi du double joug était prévisible : leurs repères perdus – ici religieux, régionaux et diététiques –, les gens suivirent les recommandations diffusées par les magazines et la radio, acceptant avec reconnaissance le magistère de la publicité ; en même temps, ils décidèrent de transgresser des interdits, d'abandonner des usages, en ayant conscience de déserter une culture. Ils se rassuraient en justifiant leurs pratiques par un ralliement aux habitudes alimentaires de la majorité et en conservant leurs anciennes les jours de fête. Passagers clandestins en route vers une modernité subie autant qu'assumée, ils entretenaient un joug mémoriel perceptible jusque dans les préparations archicuites des viandes festives, tandis qu'ils dévoraient la semaine les steaks-frites saignants, symboles de leur intégration.

C'est pourquoi, contrairement au discours martelé à longueur d'ondes, cette modernisation fut tout sauf libérale, faute de détachement vis-à-vis du temps présent. Se déroula un combat de quinze à vingt ans, dont les péripéties présentent une singularité par rapport à celles décrites au chapitre précédent : le rôle décisif de l'image. Lorsqu'aux Arts ménagers de 1957, General Motors avait exposé sa cuisine à 300 000 francs, le prix d'une berline, les critiques avaient emporté le morceau en expliquant que l'écran pivotant sur lequel défilaient au choix de la ménagère des recettes préenregistrées par un ordinateur IBM, n'améliorait pas l'immangeable ordinaire américain, nouvelle occasion de marteler l'infériorité d'une cuisine qui a perdu son goût, sa sensualité, la faute à l'alimentation de masse. Un an plus tard, à Milan, changement de registre. La « cuisine du futur » proposée par Whirlpool obtient un tel succès qu'elle tourne dans une trentaine de foires internationales, de New Delhi à Rio. Le message est limpide : le pessimisme alimentaire est condamné, pourvu que les consommateurs adoptent le modèle américain.

En juin 1959, à Moscou, le vice-président Richard Nixon ne choisit pas par hasard l'arrière-plan d'une cuisine pour discréditer les performances du rival soviétique et plus encore son idéal. Opposant le « niveau scientifique » retenu par Moscou pour jauger d'une civilisation au « niveau de vie » américain, Nixon admettait la supériorité russe dans l'espace puis soulignait la libération offerte aux femmes par des installations modernes. Le premier secrétaire, Nikita Khrouchtchev, eut beau rétorquer que les Américains « voulaient garder leurs femmes à la cuisine » et qu'eux leur « proposaient mieux », des professions plus gratifiantes, des marchandises plus durables, l'affaire était dans le sac : les Soviétiques préparaient la guerre, les Américains œuvraient au bien-être. D'ailleurs, où étaient les marchandises et les cuisinières russes ? À quelques centaines de mètres, trois cent mille Moscovites défilaient à la foire de Luzhniki devant ce qu'ils ne parvenaient ni à s'offrir, ni à trouver, des fours électriques aux œufs.

Industriels et distributeurs amplifièrent le mouvement. En février 1961, le magazine des « cadres dynamiques », *L'Entreprise*, synthétisait les changements attendus dans les cinq ans en deux photos : à gauche, le « consommateur d'hier », un ouvrier rubicond attablé devant trois rangées de verres remplis à ras bord de rouge, s'apprêtait à enfourner des hors-d'œuvre, un plat mijoté en sauce, une volaille, des fromages et un gâteau à la crème ; à droite, le « consommateur de demain », symbolisé par

Jean-Claude Killy, serait « plus aisé, plus préoccupé de son confort, plus exigeant ». Il devait se nourrir de l'air des cimes puisque rien n'était dit de son régime. La métaphore sportive traçait la piste d'une gastronomie débarrassée de ses valeurs passées. Voilà qui correspondait à la stratégie agressive des distributeurs, toujours guidée par le même impératif d'image.

Ainsi, en Italie, réussirent-ils à imposer, d'abord à leurs concitoyens du Nord, mangeurs de riz, puis aux Européens, le goût des pâtes *al dente* grâce à un renversement de marqueur social qui devait tout au marketing et à l'industrie des pâtes sèches. Aliments de pauvreté, apanage des Sudistes attardés, déconsidérées au regard des pâtes fondantes faites à la maison, celles-ci se trouvèrent réhabilitées pour leurs qualités énergétiques, diététiques et leur « authenticité artisanale », en un mot nourriture éponyme d'une Italie portée par la croissance industrielle. Ce discours libérateur fut entendu sur tous les continents. Au Nigeria, les cultivateurs Hausa ont ainsi gagné, entre 1969 et 1973, trois mille huit cents jardiniers, experts en produits fruitiers vus dans les jardins anglais, en légumes rapportés d'Occident – du haricot aux carottes et à la salade –, inconnus à l'indépendance. Du coup, la « force vitale » n'appartenait plus aux aliments chauds, viande ou piment, mais autant aux crus avec leurs « bitamins », adjuvants postulés de la prospérité occidentale. Les élites traditionnelles pouvaient seriner que les ravages des sécheresses, du chômage ou de la pauvreté étaient accrus par l'abandon des anciennes pratiques, on les écoutait distraitement. La nouveauté remplissait son office : évacuer l'angoisse du lendemain.

En 1963, à Florence, la ville aux dix mille commerces alimentaires, l'ouverture d'un des rares supermarchés du pays fut programmée pour la fête patronale de San Giovanni, début habituel de la transhumance bourgeoise estivale et fermeture des devantures. Le succès fut tel que le supermarché de la *Viale dei Mille* alimenta les controverses électorales. Et si Carrefour pouvait proposer des « produits libres », c'était que la bataille du grand commerce était gagnée (fig. 31) : en 1971, la France comptait mille huit cents supermarchés et cent cinquante hypermarchés, l'Allemagne de l'Ouest trois fois plus d'hypers. Les « produits libres » cachaient la marque du fabricant pour mieux promouvoir l'enseigne ; ils incitaient à franchir par une impulsion, très radioguidée, la frontière de ces coffres-forts alimentaires, répliques gigantesques de leurs réfrigérateurs, et à oublier les itinéraires qui menaient au charcutier du coin et au marché de la place.

Par cette extraversion des pratiques, les places-fortes familiales, religieuses et régionales ont été investies. Le rôti de dindonneau a quitté les cantines pour se substituer à une viande de bœuf, trop chère achetée chez le boucher, donc réduite à des bas morceaux disqualifiants socialement, et sans goût ou rétrécissant à la cuisson lorsqu'elle vient du grand commerce. De même, la paella et la pizza, longtemps réservées aux repas « dehors », se sont installées à domicile sous l'efficace sape des enfants, de la publicité et des dessins animés à leur destination, ainsi les « tortues Ninja » des années 1980. S'y est ajoutée l'évacuation de ce qui rappelait le « retard », assimilé à un stigmate de pauvreté : le *manchego* espagnol et le *peperoncino* italien disparaissent des colis envoyés aux immigrés et même des recettes, telles les pâtes *carbonara*, pour cause de goût trop prononcé ; les Basques du Nord emportent des miettes de thon en boîte achetées au supermarché lorsqu'ils « descendent » au pays ; enfin, les Italiens du Rhin rapportent des herbes ensachées.

La folklorisation s'est généralisée. Vers 1974-1980, chacun a son idée sur la présence du cumin avec le munster : équivalent exotique et original du poivre pour ceux qui jouent au « petit chimiste » avec les épices ; legs de la tradition juive pour les rapatriés d'Algérie retournés dans leur Nord-Est un siècle après le départ forcé de leurs ancêtres ; preuve de la vulgarité alimentaire sudiste pour les ashkénazes, défenseurs du paprika avec le fromage, ce qui n'empêchait pas les uns et les autres de s'étonner devant la revendication musulmane, pour qui le munster était une métaphore de l'intégration – fromage de vache français, épice de « là-bas ». Tout le monde avait oublié, sous l'effet d'une mémoire de la justification, que le cumin était ajouté pour ses vertus sédatives, soit le contraire de celles attribuées au poivre, et qu'aucun motif religieux n'y était associé. À vue commerciale, ces péripéties étaient anecdotiques ; aux deux tiers du XXe siècle, elles précipitèrent une énième mouture de la querelle, entre des Modernes acharnés à dessiner un arrière-pays culturel à la nourriture industrielle et des Anciens pleurant l'abandon de la connaissance, de la prévention et du goût[5].

Le temps des réactionnaires

En raccourci, l'atmosphère culinaire est passée, en vingt ans, de Joseph Beuys à Dorothée Selz, *via* Daniel Spoerri et Arman. Traduisons. Au tournant des années 1970, la nourriture reste toujours une conquête à récupérer et à protéger contre la raréfaction et la concurrence – d'où l'omniprésence de la couverture, vestige de 1940, chez Beuys –, revigorante – grâce au sucre et au chocolat –, délicate même à faire glisser, d'où la graisse, tant l'individu doit surmonter d'obstacles. Le soldat Beuys s'installait en rescapé d'un monde anéanti, ceux qui inventent le concept de nourriture « ethnique » aussi. Celui-ci détourne à un usage communautariste l'étymologie d'un tiers-monde qui supposait une planète fractionnée, à l'encontre de la vulgate mondialisatrice. Ses applications sont attestées dans les chaînes de restauration rapide – Taco Bell pour la nourriture mexicaine, Tandoori Express pour l'indienne – puis s'installent dans les rayons des supermarchés vers 1973-1978. En même temps, les Noirs américains promeuvent une alimentation *soul*, héritière mythifiée de cette nourriture de la nuit chantée dans le *Blues* qui échappait à l'œil des colons et des Américains blancs. Par reconstruction identitaire, le patrimoine africain et colonial est partout instrumentalisé, ainsi la *Maloya* réunionnaise, à la fois cérémonie, repas – à base de poulet sauté à l'huile et aux oignons accompagné de riz pimenté –, danse et surtout manière d'être : *maloya* signifiait « honte » en bambara, une langue africaine de l'Ouest, son sens s'inverse en fierté notamment alimentaire à protéger et à célébrer.

Les fourchettes totémiques d'Arman empilées devant les Troisgros à Roanne célèbrent plus la « nouvelle cuisine » promue par Henri Gault et Christian Millau à partir de 1973 qu'elles en constitueraient la critique. Ces *Gourmandes* justifient l'optimisme d'une époque et d'une société européenne qui peut enfin se payer le luxe de choisir ses « produits », d'affecter la simplicité et la spontanéité, d'honorer ses cuisiniers comme les artistes du temps présent, eux qui se vantent d'être les « artistes de l'instant ». Les accumulations de Spoerri confirment ce tropisme : anguilles en demi-glace, compression pralinée à la liqueur et jusqu'aux reliefs laissés par cette opulence moderniste – assiettes sales, mégots et débris – en provocation faussement subversive contre l'ordre impeccable et l'ornementation de la bourgeoisie, la réplétion capitaliste.

L'opinion prit pour révolutionnaire ce qui était un zoom sur l'environnement obèse, au sens propre et figuré, de la société de consommation. L'entreprise devait son efficacité tactique à l'aventure littéraire des « Hussards » que Christian Millau avait escortée. Il tenait la plume, Henri Gault la cuillère. Par leur entremise, Guérard, Senderens et Chapel – sortes de « Nimier culinaires » – popularisèrent les sauces et les cuissons empruntées à André Guyot, célébré à l'égal d'un Chardonne pour auberges à poutres apparentes ; Louis Outhier et Jacques Manière accommodèrent saumon et foie gras pour des Norpois sveltes qui n'auraient retenu de Morand que les titres de ses escales au long cours ; Paul Bocuse, enfin, fut porté sur le pavois de cette génération en raison de son impériale capacité à recycler les tours de main d'hier, promptement régionalisés, et de son opportunisme, digne d'un Carême et consacré jusqu'au sommet de l'État. Leur audience a fait lever les barrières douanières, sociales et mentales, obstacle à une circulation alimentaire continentale. En ce sens, elle a réussi là où les Français de 1815 avaient échoué. Grâce à une stratégie internationale.

Quant aux kaléidoscopes de Dorothée Selz ou de Miralda, ils expriment, quinze ans plus tard, un désir d'accommodation individualisée qui autoriserait le mangeur à modifier les codes des recettes, l'usage ou la couleur des ingrédients, bref à proposer sa version de la mondialisation alimentaire vertueuse. Ces travaux correspondent au lancement, à Paris, le 9 décembre 1989, du mouvement *Slow Food* sous l'égide de Carlo Petrini et d'une révolution des palais. Son principe de fonctionnement est le moteur à deux temps : contre la *Fast food* mais avec les Américains, contre les produits emballés et aseptisés des supermarchés mais avec l'industrie agroalimentaire, contre la nourriture en batterie et enrichie à coups de produits chimiques mais pour des paysans commerçant *via* Internet pour vendre d'authentiques légumes. Le manifeste tenait lieu du pâté d'alouettes, mais à la faveur d'une coïncidence historique, la chute du mur de Berlin un mois auparavant, il fut perçu comme une proclamation libératrice.

En réalité, ses intentions l'apparentaient plutôt à une motion de congrès radical-socialiste où, selon la célèbre formule, le radis est « rouge à l'extérieur et blanc à l'intérieur ». Dans sa composition, entraient les manifestes végétariens publiés à la suite du fameux *Stalking the Wild Asparagus*, signé par Euell Gibbon en 1962 et réimprimé une fois par an pendant vingt ans, ainsi que leurs dérivés « naturopathes » diffusés par des magazines comme *Organic Gardening*, tiré à un gros million d'exemplaires. L'idée directrice consistait à distinguer la « bonne » nourriture en la confrontant aux critères établis par le cartel des savants : selon la méthode chère à Aldebrandin de Sienne, le sucre raffiné, le sel de table, les graisses animales constituent les menaces visibles, tandis que le carotène de la margarine, les nitrites saturant les viandes sont les agents subversifs de l'infarctus. Contre leurs offensives sont mobilisés les aliments rédempteurs – pousses de soja, noix, riz brun, pain complet – selon un dosage subtil entre protéines, fibres et style de vie.

Le dernier item lève une partie du secret partagé par ces divers sectaires : la recherche d'une ascèse, par le biais d'un détour et d'un retour, comme les ermites du IVe siècle évoqués au chapite 2. Au moment où l'alimentation des campagnes et des ouvriers pauvres disparaissait – faute de transmission, d'apprentissage, de légitimation –, la redécouverte de la cuisine « régionale », « populaire » et de leur sincérité préétablie permet d'afficher une posture. « Manger vert », c'était accepter de mettre du naturel dans son alimentation et d'endosser le costume du mangeur de tofu ; « manger bio », c'était défendre le détour par le marché, la redécouverte des « légumes oubliés » – cresson, poireaux dans les années 1970, choux et navets dix ans plus tard, betteraves et courges d'aujourd'hui.

La seule nouveauté dans ces pseudo-découvertes reste le passage du livre d'histoire à celui de géographie, conséquence logique du dépaysement télévisuel. En 1970, la poularde Sainte-Alliance évoquait sans hésitation le congrès de Vienne, Talleyrand et Carême, le turbot ou le ris de veau Régence renvoyaient au maréchal de Richelieu et à la « nouvelle cuisine » originelle. Vingt ans plus tard, les légumes sont « de pleine terre du val d'Anjou », le lard « de Colonata », les huîtres « de Marenne-d'Oléron ». Ce fétichisme du terroir est la peau de chagrin d'un monde culinaire désacralisé : le produit est le centre de toutes les attentions, puisque son origine symbolise les rapports que l'individu veut entretenir avec le monde. Dans ces conditions, le fétiche a une valeur commerciale et propagandiste, il satisfait à une mise en scène.

Entre la surchauffe de ces passions alimentaires et la congélation d'un monde marchand, la peur fait office de pont. Peur du vide dans les assiettes, faute de nourriture ici, de surveillance ailleurs, de sens partout. Selon une mauvaise habitude consubstantielle aux humains, elle a pris un tour excessif à partir de 1986 à cause d'une triple coïncidence historique : l'accident nucléaire de Tchernobyl, la révélation d'une pandémie nouvelle, le sida, et l'annonce d'une maladie inconnue, l'encéphalopathie spongiforme bovine, surnommée maladie de la « vache folle ». Au moment où la démocratisation des mœurs semblait s'imposer à la violence, celle-ci se réintroduisait dans les univers quotidiens, répugnante parce qu'elle menaçait la filiation et la nourriture, rusée parce que lointaine et épisodique, donc plus menaçante.

Jusque-là, les Occidentaux avaient accepté de manger des pâtes à la dioxine après l'accident de Seveso, de s'imbiber de plomb, de mercure, de scories chimiques ou radioactives, parce qu'ils tablaient à terme sur l'efficacité des procédures commerciales d'assainissement – ainsi les dates de péremption –, qu'ils croyaient à la vraisemblance publicitaire des produits « naturels » élevés pourtant dans une nature polluée et qu'ils se gavaient de tisanes, laxatifs, dépuratifs et autres vitamines. Brutalement, cette mithridatisation coutumière s'est effacée devant un risque, l'empoisonnement, et un danger, la revanche d'une nature qui se vengerait de l'industrie et de la technique humaines. Les uns y ont vu la flèche du Parthe tirée par un monde paysan en train d'agoniser, contre la tyrannie des citadins avec leur vision édénique d'une nature pure. D'autres ont saisi l'occasion pour dénoncer la malignité des producteurs, avec des accents qui rappelaient les condamnations lancées par les végétariens à la fin du XVIIIe siècle : « La viande fait trébucher l'homme, elle ne vous conduit pas à Dieu. N'en mangez pas. » D'autres encore ont cessé de croire au miracle de la profusion alimentaire commercialisée et se sont consacrés à dénoncer l'ombre angoissante que la corruption du goût laissait planer sur l'espèce.

Selon le réflexe que nous connaissons, il apparut urgent de purger cette nourriture qui restait sur l'estomac. Mais les diagnostics divergeaient et les remèdes plus encore. Invoquer le principe de précaution – par exemple dans le boycott d'une viande importée ou dans l'expérimentation de plantes génétiquement modifiées – revenait à institutionnaliser le risque, à le considérer comme certain en dépit des incertitudes scientifiques et à estimer la prévention comme insuffisante en regard des dégâts causés par le progrès. Promouvoir le principe de responsabilité, c'était renoncer à agir dès lors que la qualité humaine de la vie pouvait se trouver en danger. La visée commune à ces deux attitudes était, au sens propre, réactionnaire car il s'agissait de « retrouver » une nourriture et d'en établir la qualité de bien culturel. De leur côté, scientifiques, entrepreneurs et politiques s'employaient à minimiser risques et dangers, au motif d'une probabilité infinitésimale, des milliards de dollars générés par les activités agroalimentaires, des chances offertes par l'agriculture « raisonnée » et par l'obsession taraudante d'éviter les paniques populaires, surtout après que fut avérée l'augmentation des pathologies cellulaires.

Le résultat fut d'une inefficacité signalée quand il ne touchait pas au vœu pieux. Envisagé dans notre perspective stratégique, il confirme l'impuissance du *soft power* (pouvoir d'influence) face aux discours industriels dominants. Alerter l'opinion mondiale sur les trois cents millions d'obèses recensés en 1990 fournit le prétexte d'une couverture de magazine ; la consommation des friandises n'en baisse pas d'un gramme et la prise de conscience des risques ne progresse pas d'un pouce. De la sorte, se généralise le soupçon : contre la réactivité paresseuse des autorités – six ans au mieux pour la « vache folle » –, contre la lenteur des progrès scientifiques et des décisions économiques ou de santé publique, contre l'anesthésie diffusée par les messages publicitaires, contre le formatage des corps. L'opinion supplée alors l'absence de réponses par le complot alimentaire : si la vache est devenue un monstre, l'homme *doit* en être responsable ; pour échapper à cette culpabilisation dévorante, il reste le secours de la fable, celle que racontent depuis quinze ans les marchands.

Le triomphe du conformisme

Jusqu'alors, les entreprises de ceux qui s'ingéniaient à encorder les individus avaient semblé nécessaires, chaîne industrielle dont les produits servaient de cordon sanitaire contre la marginalisation, même si les licols étranglaient et invitaient à s'affranchir des règles de la commensalité, à charge pour les familles, les Églises ou les confréries de ramener aux tropismes de la lucidité. La mondialisation contemporaine a non seulement dénoué ces liens au profit d'une logique de branchement, massif et continu, elle a aussi accéléré la perte de sens symbolique à l'œuvre depuis le milieu du XXe siècle. À sa place, elle a promu le divertissement, agent d'une stratégie inédite : la déréliction alimentaire.

Les aigreurs belliqueuses des Anciens n'y ont pu mais. Une fois lancées des proclamations martiales et déplorées les lézardes apparues aux frontons des temples gastronomiques, force a été de constater que le tocsin des valeurs corrompues n'entravait pas le succès prodigieux du conformisme égalitaire. Les « produits intermédiaires » garnissent les réfrigérateurs et leur mode d'emploi fait désormais partie du cursus scolaire professionnel. Ces nourritures requièrent une attention distraite, peu d'effort de mastication – à l'inverse de ce qui prélude à la satisfaction gourmande – mais elles contentent des mangeurs désireux de se sustenter à n'importe quelle heure, dans la rue, au bureau, devant un écran, préoccupés avant tout de ne pas avoir été trompés. Hantise partagée par les guides gastronomiques, doutant à ce point du lien qui doit unir cuisinier, client, critique, qu'ils refusent le risque d'aiguiller vers une fausse piste et cantonnent le restaurant à une distraction.

Jamais le nomadisme alimentaire n'a été si intense ; certains ont même inscrit le métissage comme une figure moderne de l'art combinatoire culinaire. À chacun son style, son régime, son menu dans un monde saisi par une mobilité, une vitesse et une flexibilité générales. L'individualisme gouvernerait les choix alimentaires. L'affirmation a beau être lanternée, elle procède d'une illusion et parfois d'une supercherie. La table a adopté des principes définis dans l'industrie automobile voilà un demi-siècle et connus sous l'appellation de *sloanisme*. Ceux-ci consistent à multiplier des options sur des produits standardisés. L'efficacité commerciale de la méthode est accrue grâce à deux emprunts à l'industrie du disque, la compilation et le mixage, moyen de recycler des standards au goût du jour en exploitant la notoriété de la vedette. Des mangeurs de plus en plus semblables croient se composer un repas personnalisé, alors qu'ils zappent d'un morceau à un autre, en l'occurrence qu'ils dégustent des juxtapositions gustatives.

Cette stratégie est justifiée par un discours habile et convaincant, où le principe libéral se trouve instrumentalisé. Le consommateur est postulé libre, donc paradoxal, susceptible de modifier son comportement en fonction des occasions ; sa capacité d'arbitrage – présentée comme la conquête du second XXe siècle – déterminerait la stratégie des marques, par exemple en exigeant information, sécurité, souci de l'environnement voire éthique.

Moyennant quoi, selon le principe éprouvé de l'habit qui fait le moine, les clients des magasins « hard discount » achètent des produits livrés par les mêmes entreprises qui garnissent les rayons des grandes surfaces, mais conditionnés autrement. De même, les pizzas les plus vendues en Amérique du Nord s'appellent « légendaires » ou « stars », mais ce sont des Margarita fabriquées en série et dont le seul changement est la vedette chargée de la promotion télévisuelle périodique. Plats surgelés et *fusion food* amalgament produits et terroirs au motif d'un dépaysement dont les destinations obéissent à un choix de marketing – italo-japonais autour de 2000, hispano-slave aujourd'hui. Les restaurants convertis à la cuisine mondialisée prétendent réemployer la pratique fort ancienne de la commande spontanée, dès lors que le client peut combiner produit, garniture, condiment et sauce. Cela revient à choisir la couleur des sièges dans une voiture quand règnent la mise en place et le sous-vide.

Sous couvert de défendre et de populariser des terroirs planétaires, ces diverses compilations se réduisent en fait à une variation sur le modèle éprouvé depuis un siècle de la cuisine internationale, le liant en moins, c'est-à-dire l'essentiel. Peu de gens s'en plaignent au demeurant car leur attention est focalisée sur la norme médiatique. Venu des États-Unis et adapté avec succès dans les pays d'Europe du Nord où la certification visuelle prime le goût, le *fooding* (contraction de *food* et de *feeling*) veut contribuer à la révélation des sensations, et offrir l'assurance d'un « bon repas. » Celui-ci ne se détermine plus dans l'assiette mais devient synonyme de « bonne soirée ».

Partout, le jet continu des images modèles nettoie la part insondable de l'acte nourricier, ce qui touche au tréfonds de l'âme. La place du mangeur dans cette société alimentaire mondialisée se mesure à l'écart entre sa pratique et la norme visuelle à but commercial. Mais comment définir celle-ci quand les images changent, par définition, sans cesse ? En abandonnant imagination et libre arbitre à l'efficace médiation des professionnels de l'image. Le montage est alors permanent : l'exotisme muté en métissage et l'invention de la tradition en « rétro-innovation ». L'inscription à l'inventaire culinaire de l'époque est validée par le patronage des stars. Des chefs multiétoilés et des sportifs se transforment, littéralement, en hommes-sandwichs ; des acteurs filmés dans un haut lieu touristique garantissent l'exacte cuisson des pâtes ou leur provenance « italienne » ; des mannequins échappés des catalogues de haute couture vantent les « snacks » sucrés des traiteurs ; les pâtissiers et les couturières proposent leurs « collections saisonnières ».

Personne n'est supposé échapper au vertige hypnotique suggéré par de telles images. Même en leur tournant le dos, ce qu'avait pressenti Erro dans une aquarelle de 1984, *Le Régime de Stravinski* (fig. 32) : le compositeur peut feindre la sérénité, les moirures qui maculent sa veste signalent la gloutonnerie d'images-enzymes, sorties du mur d'écrans en arrière-plan. L'anticipation futuriste s'est concrétisée quinze ans plus tard avec le lancement d'un réfrigérateur coréen doté d'une porte à cristaux liquides permettant de visualiser le contenu de l'appareil, tandis qu'un autre – à écran tactile connecté sur Internet – passait directement les commandes au supermarché, suggérait les recettes en fonction de son remplissage, jusqu'à indiquer les façons d'utiliser les restes. Dès lors pourquoi se gêner ? Dans leur livre, *Art and Cook*, Emmanuel Paletz et Allan Ben proposent des installations mangeables, conçues par le premier, designer célèbre pour sa collaboration avec le groupe *The Cure* et avec l'acteur Keanu Reeves, le héros de *Matrix*. Dans son manifeste *2 398 g*, élaboré au centre de recherche sur la communication lancé par la marque *Benetton*, Jaime Hayon ne s'embarrasse pas de circonlocutions : cette compilation concoctée par des gens célèbres vaut par leur « éclairage personnel et unique sur la nourriture ». La cuisine ne s'apparente plus à un casse-tête, mais à un jeu de cartes dont les honneurs sont choisis sur *casting*.

Dans le détail, l'offensive du conformisme, au début des années 1990, a été planifiée par les patrons de chaîne alimentaire, chez McDonald's, Pizza Hut, Chicago Pizza Paï, en même temps que des voyageurs forcés en improvisaient un. Déplacés à cause des chambardements déclenchés par la mondialisation, de guerres locales ou à la suite de la submersion soviétique, ces exilés de la faim inventent une *convenience food*. Des transfuges chinois en provenance de La Havane ouvrent en Floride des restaurants *cuban-chinese* ; des Asiatiques importent en Californie et dans quelques villégiatures – Cancùn, Acapulco, Hawaii – des brochettes sauce « thaïe-internationale-Mexique » ; des immigrés latino-américains installés dans le golfe du Mexique servent des *tapas* « Nouvelle-Texas-Mexique ». Autant de compilations redoutables au goût, mais auréolées de l'appellation « nouvelle », en référence à une cuisine prétendument plus digeste que le hamburger, déclinable en principe à volonté, mais de fait organisée sur cinq à six standards et exotique à mesure du nombre de kilomètres parcourus.

À cette nourriture bricolée, correspond le « made for you » des chaînes. Celles-ci prennent le contre-pied de la politique commerciale suivie depuis les années 1930 et résumée par le slogan des établissements *White Castle* : « Le même hamburger, dans les mêmes proportions, au même prix, dans des lieux tous propres et disponible partout, à toute heure. » Le « made for you » semble étudié sur mesure pour des personnes qui fréquentent leurs fourneaux par inadvertance : douze minutes quotidiennes en 2005, contre trente en 1975 et soixante en 1955. Pratique, cette solution alternative exploite également le thème de l'abondance en invitant le consommateur à multiplier des ingrédients, ce qui lui donne l'impression de manger pour pas cher à discrétion. Il y est encouragé par un service décontracté, par une absence de rituel – « Faites comme à la maison » – et par une attention particulière portée aux jeunes clients – les anniversaires sont fêtés par la salle, les campagnes de promotion des « blockbusters » (films à entrées massives) sont relayées par des affiches et des cadeaux, l'ensemble constituant un leurre efficace – celui d'un client choisi, presque élu, au royaume de la massification.

Les variations ne tiennent plus à la cuisine mais à des réflexes comportementaux. L'Américain empile, l'Européen du Sud étale ; le Nord-Européen et le Moyen-Oriental additionnent les ingrédients gustatifs : ail, herbes, sauce piquante surlignent l'appellation « sicilienne » d'une pizza. Les uns et les autres sont persuadés de choisir l'inspiration en piochant dans une liste de déclinaisons : en réalité, pizzas Margarita et Sicilienne, Hamburger *double deck* trustent les deux tiers des ventes puisque le client est venu précisément pour le gros gâteau au fromage de cette Margarita standardisée. Jadis, l'excellence culinaire se mesurait à la richesse d'un patrimoine – six cents plats pour l'italien, douze cents pour le vietnamien, sept mille pour le français ; sa fréquentation signait un statut social. Désormais, l'accumulation constitue la preuve culturelle de l'inclusion consumériste, raison pour laquelle les pizzas Gargantua au diamètre de trente centimètres et les « spécial chef » ou « complète » sont surtout consommées dans les quartiers défavorisés[6].

Il reste à désamorcer la critique antistandardisation, fondée sur l'authenticité opposée à la fausseté des apparences comestibles offertes par les bœufs aux hormones, les poulets de batterie et les fromages pasteurisés. Puisque la vie semble menacée, on rassure en invoquant le « naturel », la qualité allégée des ingrédients donc leurs propriétés diététiques. Le conformisme consiste à soutenir la protestation humanitaire contre la fausseté en retournant les arguments utilisés par les contempteurs de la « malbouffe », ainsi pris au piège d'un marketing efficace. Ceux-ci dénoncent des produits sans « pays » ni « terroirs », il suffit de leur en donner à l'œil et au nez par un goût marqué et à occulter les moyens utilisés pour leur élaboration. C'est l'arôme « naturel » à la fraise du dessert lacté ou de la glace qui compte, pas les copeaux de bois nécessaires ni les molécules obtenues grâce à une chimie efficace. La répétition fait le reste : le vrai goût de fraise devient celui qu'on a mangé depuis l'enfance, à force de yaourts, de confiseries, de sirops et de desserts glacés. C'est un goût net, standardisation oblige, soit le contraire d'un goût authentique, variable et complexe. C'est un goût qui se passe de tour de main et de convivialité.

L'effet d'entraînement est si massif et son succès commercial si avéré que les restaurateurs s'y sont en partie convertis : en quinze ans, un tiers des cent cinquante établissement Relais et Châteaux a ainsi adopté les arômes de synthèse, un plus grand nombre encore le principe de déclinaison, à l'exemple de celle qui a permis aux grands couturiers de survivre sous la forme d'une marque griffée. Celle-ci permet de multiplier les citations : les tapas, sushis et autres tomates renvoient aux cuisines dans l'air du temps, comme les cuissons à la *plancha* ou au *wok* ; les purées « bonne maman » convoquent les souvenirs d'enfance, de même que les glaces malabar, tagada ou vichy-fraise ; les recettes « à la manière de » suggèrent une filiation traditionnelle, sans se soucier de vraisemblance comme ces « restes de lièvre à la royale », compromis fantaisiste entre le n'importe quoi et la recette du bœuf miroton. Les couleurs soulignent l'effet de déclinaison, sans que personne s'offusque de l'aberration gustative que constituent un couscous ou des pâtes tricolores. Pour les promoteurs du *fooding*, le camaïeu fait sens culinaire à soi seul, par exemple dans un bleu de Bresse, bleu de méthylène, pâtes *Lustucru* sorties de leur boîte bleue.

Cette cuisine de coordonnées tient sa justification de la signature qui l'accompagne. Repérable sur l'assiette, les ronds de serviettes, l'uniforme des serveurs, le menu ou le sac estampillés, sa légitimité repose sur la performance accomplie à chaque service, le mot s'entendant en son sens anglais de spectacle. C'est pourquoi les cuisines se sont ouvertes aux regards, parfois installées à l'avant-scène, en un effort de transparence et de traçabilité, comme si la cuisine commençait au moment où le client voit quelque chose. Car tout est affaire de concentration visuelle, comme au spectacle, y compris dans la mise en bouche, présentée désormais dans un verre à cocktail ou une cuillère à soupe asiatique, annonce d'un repas calculé au millimètre, arôme, portions et calories, toutes dispositions qui conviennent à une clientèle attentive à cette gestion des sensations gastronomiques.

Il ne manque plus que le chef en majesté. Mais celui-ci aurait du mal à sortir de cuisines qu'il fréquente lors de la mise au point du plat ou pour les besoins des reportages promotionnels. Au reste, personne n'est censé s'en offusquer puisqu'il a d'excellents collaborateurs, comme un entrepreneur efficace. Les produits ne sont-ils pas de meilleure qualité depuis vingt ans, les formes distrayantes, le travail culinaire conduit selon les principes industriels du « zéro défaut » ? Ces cuisines n'ont plus de style, parce qu'elles n'ont plus grand-chose à dire. Elles ont un ton, c'est pourquoi le prêt-à-porter culinaire séduit.

Déplorer une altérité en trompe-l'œil, c'est se mortifier sans espoir de rédemption puisque le métissage a valeur de dogme. Peu importe que sa « fusion sous tension » se réduise à des touches coloristes et à des arômes de synthèse, peu importe que sa logique commerciale, fondée sur une absence de risque et une stratégie de confort, soit à l'opposé du principe élémentaire de l'alimentation, le danger et la nécessité de s'y confronter. La substitution est faite, à coups d'aliments et d'imaginaires polyclonés. Le fameux aphorisme de Brillat-Savarin : « Dis-moi ce que tu manges et je te dirai ce que tu es », s'est transformé en : « Mange ces images et tu sauras que tu es comme les autres. »

Résultat, les barbares, ces autres provisoires, ont cédé la place aux exclus. La mémoire est invoquée à tout bout de champ, mais la familiale et la régionale s'entendent à peine, quand la mémoire généalogique est ignorée. Dans sa préface à la réédition de *Margaridou, journal et recettes d'une cuisinière en pays d'Auvergne*, publié en 1946 par Suzanne Robaglia, un cuisinier aussi expert que Pierre Troisgros récuse la sauce au loup prévue avec le gigot et les lentilles parce qu'elle « apporterait un mélange des goûts des plus disgracieux », tout est dit. Réduction interminable, calories surabondantes, évocation déplacée des restrictions quand l'époque est à la satisfaction distractive, autant d'excellentes raisons oublieuses qu'elles justifient ainsi l'abandon à la glaise de Moravie des squelettes rouges de Predmost, vieux de trente mille ans.

Les sensations de table n'exigent plus le recours à des dépositaires, ni *a fortiori* aux mythes, mais obéissent à la parole docte du diététicien, au discours rassurant des mères de remplacement que sont devenues les prescriptions médiatiques, aux boniments des bateleurs d'estrade intronisés hygiénistes ou « conseillers alimentaires ». Leur communication fonctionne en écho, ne connaît que le présent et lorsqu'elle se soucie du passé, c'est pour l'actualiser en « mode rétro ». Le plaisir culinaire a été supplanté par le bien-être et la religion du bonheur.

CONCLUSION PROVISOIRE

L'APOLOGUE DU LAPIN

Voilà un curieux animal[1] dont la réputation peut se retourner comme une peau : réputé reconstituant, il est cependant déconseillé aux « très » vieux parce qu'il risquerait d'empoisonner leur sang ; connu pour sa peur de l'eau et la hantise qu'il suscite en retour chez les marins, le lapin n'en a pas moins conquis la planète, s'adaptant même aux îles Kerguelen ; fournissant, on l'a vu, l'extraordinaire carné des néolithiques, il disparaît autour de l'âge de fer, sauf en Espagne qui devint sa réserve sans explication climatique, épidémiologique ou zoologique particulière. On avance parfois la sédentarité de la bête dont le territoire ne dépasse guère un rayon de cinq cents mètres autour du terrier. Pourtant, le couple de lapins introduit en 1859 sur le territoire australien est réputé avoir colonisé l'île en trente ans. D'un autre côté, les garennes italiens ne se sont pas risqués en Suisse au-delà de Neuchâtel comme s'ils respectaient une frontière alimentaire, ce qui n'a pas précipité pour autant la dégénérescence de l'espèce par encombrement démographique. Au fond, le lapin n'est jamais au juste nombre : rare et pourchassé pendant les disettes ou les guerres, il paraît encombrant lorsque le goût porte à la nouveauté, au point qu'en 1953, des scientifiques lui inoculent la myxomatose et réussissent à dégoûter du lapin deux générations de Britanniques.

En fait, le lapin est un marqueur culturel. Lorsque les Phéniciens débarquent sur les côtes ibériques, le nombre des bêtes fournit le nom du lieu, *I-Saphan-Im*, le « pays des lapins », transformé en Hispanie. Les Romains qui se sont habitués au lapin pendant les guerres puniques, empruntent le vocable espagnol dans leur langue (*cuniculus*) et créent le néologisme *laurices* pour qualifier leur mets préféré, les lapereaux, spécialité espagnole certes, selon Pline, mais améliorée par le talent romain. Le processus d'identification se clôt sous le règne de l'empereur Hadrien (76-138), originaire de Bétique, puisqu'une monnaie du règne associe l'animal et le souverain. Plutôt qu'Hercule ou Jupiter, Hadrien est l'homme du pays aux lapins, manière de rappeler son irréductible part non italienne.

En même temps, cette consécration impériale favorise la diffusion du produit et des recettes en Italie, puis vers les autres territoires sous contrôle romain, en Méditerranée orientale notamment. Les Grecs découvrent le lapin et lui trouvent un nom calqué sur le romain (*Koniklos*). En rétorsion à cette allégeance alimentaire devant un barbare (l'Espagnol) et un envahisseur (le Romain), eux qui se prétendent les « inventeurs » par excellence, y compris en cuisine, ils insinuent que la viande de lapin est à celle de lièvre ce que le latin est au grec, un sous-produit. Le marqueur fonctionne en boucle : ici, il suscite son antidote patriotique devant une double décadence ; en même temps, comme en pratique des lapins impériaux évincent les lièvres grecs, se forge une nouvelle variation sur le thème de l'âge d'or et des produits disparus. Dans l'opération, la controverse change d'échelle : manger du lapin, c'est se revendiquer sujet impérial. Les tribus suisses qui acceptent l'assimilation se persuadent que le mammifère est une « ancienne spécialité étrusque ». On aimerait disposer de sources montrant que les autres dénoncent un reniement, mais l'effet de symétrie n'est pas indispensable à la démonstration.

D'un côté, le lapin familial, populaire et international ; de l'autre le lapereau, au goût raffiné, de préparation délicate et paradoxalement rare malgré la réputation reproductrice des mammifères. En effet, la femelle n'allaite ses petits qu'une fois par jour pendant cinq minutes ; compte tenu de ses déplacements, cela condamne un dixième de la progéniture. Voilà qui est suffisant pour exciter l'ingéniosité des gastronomes, ceux-ci ne se privant pas pour dénoncer au passage la médiocrité culinaire du temps comparée à l'âge d'or antique, celui-ci perdant tout caractère national au profit d'une célébration patrimoniale. Au VIe siècle, les moines de Corvey ne se contentent pas de restaurer la vogue du lapereau à leur usage ou des lapins réclamés en fermage ou servis aux pèlerins, ils se montrent productivistes et propagandistes. En inventant les cages pour les femelles lors de la mise à bas, ils garantissent l'allaitement régulier des lapereaux. En même temps, ils s'interrogent sur l'instinct d'un animal né aveugle et sourd mais s'alimentant si sûrement ; le petit lapin symbolise une sorte de perfection naturelle qu'il est tentant d'appliquer au registre religieux, la métaphore de l'allaitement servant le prosélytisme chrétien. Un millénaire plus tard, la *Madonne au lapin* du Titien (1530) concrétise le triomphe d'un animal qui ignore les frontières religieuses du continent, les Prussiens rejoignant les Suédois avec un siècle de décalage.

À mesure que l'élevage du lapin concurrence la garenne – en gros de la fin du XIVe siècle à celle du XVIIIe – les réticences gustatives, sociales et régionales coalisent leurs effets dépréciatifs. La chair « molle et peu savoureuse » de la bête expliquerait sa consommation excessive chez les voisins italiens, application stéréotypée de la cuisine « contre nature » prêtée aux Transalpins, surtout ceux installés en France et évidemment un Mazarin. *A contrario*, au nom de la célébration du passé culinaire français, un Olivier de Serres déplore que l'élevage systématique ait altéré le « vrai goût » du lapereau depuis la mort d'Henri IV, bel exemple de construction identitaire raboutée au mythique « inventeur » de la poule au pot. À la faveur des transhumances démographiques et des turbulences politiques fin-de-siècle, les hiérarchies nationales se multiplient – Polonais et Espagnols prétendant pareillement livrer le « plus naturel » des lapins – tandis que les clivages régionaux s'accusent : un lapereau, né au sud de la Loire, dans un paysage de transition climatique vers le Midi et marqué par des reliefs peu élevés, incarne le goût juste de la bête ; un lapin nordiste est bon à remplir les assiettes du tout-venant, indispensable aux artisans, aux ouvriers sur les chantiers ferroviaires, aux soldats comme aux nécessiteux des villes et aux familles nombreuses.

Le succès prodigieux de ce lapin « démocratique » achève le travail de dévalorisation. Dans l'Angleterre victorienne, il devient la preuve de la vulgarité alimentaire, un chat comestible dont se contentent les prolétaires, les braconniers ou les errants, cette cohorte de suspects sociaux que viennent rejoindre les colonisés maltais ou chinois. Que le lapin suive le célébrissime canard dans l'ordre symbolique du raffinement propre à la table chinoise est interprété comme l'exemple de la violence inutile qu'un individu peut infliger à la nature pour satisfaire des goûts alimentaires incompréhensibles, voire suspects. Au reste, les immigrés en quête d'intégration ne s'y trompent pas et dédaignent les recettes traditionnelles importées de Pologne ou d'Italie.

À lire les compilations du temps, le lapin devrait satisfaire tout le monde : lapin à la bourgeoise, au gratin pour les familles, en croquettes ou en matelote dans les cantines ; lapereau à la tartare chez les Français, en fricassée à l'est du Rhin… En pratique, il sert à stigmatiser le mauvais goût des autres : provinciaux montés du Midi avec leurs odeurs d'ail, de thym et leur jactance à table, à l'image d'un Tartarin de Tarascon, ci-devant exterminateur de lapins ; immigrés de Méditerranée dont les plats forts en goût sont jugés contraires aux principes nutritifs modernes ; arrivants d'un Orient habile à trafiquer la chair et à commercialiser de la fausse marchandise. Les guerres et les vicissitudes économiques lui donnent un ultime lustre, celui de symboliser les années noires

Tombé de l'Olympe culinaire, le lapin n'en perd pas pour autant son efficacité sélective, en Espagne et surtout en Italie.

Il satisfait les exigences de « modestie » des cadres « reconstructeurs », les précautions contre le « gaspillage » dénoncé par les élites de l'État nouveau et les recommandations diététiques des médecins soucieux d'une population dure au travail. Le lapin soulage les familles nombreuses confrontées à la hausse des prix et qui puisent, dans les rééditions de *Trente Recettes pour cuisiner le lapin*, la recette d'un plat aux lentilles « à manger parcimonieusement, régénérante pour les vieux, moyen pour l'Italie de s'attaquer à des buts plus élevés ». Ainsi met-on d'accord, en 1948, le Vatican avec Palmyro Togliatti, ce leader syndical qui croyait plus aux vertus roboratives du lapin farci qu'au ciel.

Comme ses voisines, l'Italie d'après 1945 recherche une cuisine à dominante virile, restauratrice d'énergies consommées dans le travail industriel ou la confrontation sociale. Autant de raisons avancées pour justifier à nouveau la consommation naturelle du lapin, aussi spontanée que le réflexe du lapereau tétant sa mère. Par un hasard comme les aime l'historien, une étude menée par des biologistes de Dijon en 2002 a confirmé que le lait maternel émettait une phéromone alimentaire réflexe chez le lapereau. À l'animal guidé par une molécule volatile, ferait pendant un homme n'agissant pas à l'aveugle, lui, pour cuisiner ce qui calme son appétit, démonstration de la supériorité culturelle de l'individu.

À cela près qu'il s'agit d'une victoire superbement inutile puisque la restauration à emporter et les *fast-foods* ignorent le lapin, que les végétariens et les diététiciens dénoncent le scandale et les dangers de sa consommation, enfin que l'industrie trouve les profits de sa commercialisation médiocres. Vestige dérisoire, la malédiction du lapin accable périodiquement ceux que l'opinion entend stigmatiser : lors de la seconde guerre d'Irak, certains restaurants installés sur les côtes est des États-Unis et en Californie crurent judicieux de retirer de leurs cartes leurs préparations de lapin, au motif que celles-ci étaient « ethniquement » associées à la cuisine française. Et c'est ainsi que le lapin offre la métonymie des stratégies nourricières des humains, sans cesse partagées entre besoin, confort, interdits et plaisir.

NOTES BIBLIOGRAPHIQUES

CHAPITRE 1
NAISSANCE DES STRATÉGIES ALIMENTAIRES

1. Brigitte et Gilles Delluc, « l'alimentation paléolithique », in *Du bien manger et du bien vivre à travers les âges et les terroirs*, Pessac, MSHA, 2002, p. 9-23.

Brigitte Lange-Badré et Françoise Le Mort, « Isotopes stables du carbone et de l'azote et éléments traces indicateurs du régime alimentaire de la population néolithique de Khirokitia (Chypre) », in *L'Homme préhistorique et la mer*, Paris, CTHS, 1998, p. 415-426.

Catherine Perlès, « Les stratégies alimentaires dans les temps préhistoriques », in J.-L. Flandrin et M. Montanari (dir.), *Histoire de l'alimentation*, Paris, Fayard, 1996, p. 29-31.

Fulvio Bartoli, Francesca Bartoldi, Gaspare Baggiere, Francesco Mallegni, « La paleodieta di alcuni individui del paleolitico superiore in Italia » et « Analisi paleonutrizionali su un campione umano di epoca longobarda », in *Il Cibo e il corpo : dal cibo alla cultura, dalla cultura al cibo*, Gênes, Erga, 1999, p. 53-57 et 59-62.

Steven Boyd Eaton et Michaël Konner, « Paleolithic nutrition. A consideration of its nature and current implications », *The New England Journal of Medicine*, 312 (5), 1985, p. 283-288.

2. *Rustica*, 19 avril 1995.

Raymond Dumay, *Le Rat et l'Abeille. Court traité de gastronomie préhistorique*, Paris, Phébus, 1997, p. 68-82.

3. Catherine Perlès, *op. cit.*, p. 31-38, défend le premier point.

Lewis Binford, *Bones, Ancient Men and Modern Myths*, Londres, Academic Press, 1981, chap. 3 et 4, soutient le contraire. Bonne synthèse dans Patrick Auguste, Marie-Hélène Moncell et Marylène Pathou-Mathis dans « Chasse ou "charognage" : acquisition et traitement des rhinocéros au paléolithique moyen en Europe occidentale », in *Economie préhistorique : les comportements de subsistance au paléolithique*, Sophia Antipolis, APDCA, 1998, p. 134-151.

Claude Lévi-Strauss, *Regarder Écouter Lire*, Paris, Plon, 1993, p. 173-176. Nous récupérons à notre usage l'analyse comparée du mythe de la jeune veuve chez deux peuplades d'Alaska, les Tsimhian et les Tlingit.

4. James G. Enloe, « Fonctions des sites et chasse spécialisée : variation régionale pendant l'époque magdalénienne », in *Economie préhistorique : les comportements de subsistance au paléolithique, op. cit.*, p. 369-370.

Philippe Fernandez, Martine Faure, Claude Guérin, Serge Lebel, « Stratégie de chasse des Néandertaliens du Bau de l'Aubesier (Vaucluse) : choix et opportunisme », *ibid.*, p. 308-323.

Patrick Auguste, Marie-Hélène Moncell et Marylène Pathou-Mathis, art. cité, *ibid.*, p. 148.

Raymond Dumay, *op. cit.*, p. 168-184.

5. Olivier Le Gall, « Aperçu des pêches maritimes préhistoriques en Europe occidentale », in *L'Homme préhistorique et la mer, op. cit.*, p. 377-386.

Anna Pujol-Puigvehi, « La alimentacion en terras catalanas en la Antiguedad : su caracter mediterranes », in *La Alimentacion mediterrenea. Historia, cultura, nutricion*, Barcelone, Institut catala de la Mediterrania, 1996, p. 59-72.

Catherine Cade, « Les coquillages marins dans les gisements préhistoriques du Midi méditerranéen français », in *L'Homme préhistorique et la mer, op. cit.*, p. 339-349.

Robert Chenorkian, « Les amas coquilliers anthropiques : l'autre malacofaune », *ibid.*, p. 321-337.

Cyr Descamps, « Amas coquilliers du banc d'Arguin (Mauritanie) : une approche paléoethnologique », *ibid.*, p. 355-365.

Raymond Dumay, *op. cit.*, p. 93-99.

André Muzzolini, « Les débuts de la domestication des animaux en Afrique », *Ethnozootechnie*, n° 42, 1989, p. 7-9.

6. Nadia Mohia, « Autour de la marmite amérindienne », *Revue des sciences sociales*, n° 27, 2000, p. 110-113.

7. Catherine Perlès, art. cité, p. 40-41.

André Muzzolini, art. cité, p. 9-11.

8. Catherine Perlès, art. cité, p. 42-44.

André Muzzolini, art. cité, p. 12-19.

Alfredo Riedel, « Archéozoologie des animaux domestiques dans l'Italie nord-orientale », *Ethnozootechnie*, n° 42, 1989, p. 23-29.

Christian Chevillot, « Manger et boire au néolithique et aux âges des métaux en Périgord », in *Du bien manger…, op. cit.*, p. 23-26.

André Georges Haudricourt, *Dictionnaire archéologique des techniques*, articles « Agriculture », « Céréales », Paris, Éditions de l'Accueil, vol. 1, 1963.

André-Georges Haudricourt, « De l'origine de quelques céréales », *Annales d'histoire sociale*, vol. 1, 1939, p. 180-182.

Jacques Cauvin, *Naissance des divinités, naissance de l'agriculture. La révolution des symboles au néolithique*, Paris, CNRS éditions, 1994, chap. 2 à 5.

E.S. Higgs, « Early domesticated animals in Libya », in *Background to Evolution in Africa*, Londres, Cambridge, 1967, p. 3-13.

Jean-Denis Vigne, « Domestication ou appropriation pour la chasse. Histoire d'un choix sociologique depuis le néolithique », in *Exploitation des animaux sauvages à travers le temps*, Juan-les-Pins, APDCA, 1993, p. 201-220.

9. Catherine Perlès, « Les petits plats de la préhistoire », *L'Histoire*, n° 30, janvier 1987, p. 94-95.

Thérèse Poulain, « L'élevage ovin en France à l'époque préhistorique », *Ethnozootechnie*, n° 21, 1977, p. 95-101.

Jean Guilaine, « Les débuts de l'élevage du mouton en France », *ibid.*, p. 103-105.

CHAPITRE 2
L'ORDRE À TABLE

1. Mes remerciements à Marcel Detienne dont les conversations et les analyses m'ont aidé à enfin y voir clair. Je renvoie notamment à son livre *Les Grecs et nous*, Paris, Perrin, 2005, p. 64-77 (la citation est p. 66) et 113-119.

2. Jean Bottéro, « La plus vieille cuisine du monde », *L'Histoire*, n° 187, avril 1995, p. 80-85.

Robert Ellison, « Methods of food preparation in Mesopotamia », *Journal of the Economic and Social History of the Orient*, t. XXVII, n° 1, p. 87-105.

Peter Damerow, « Food production and social status as documented in Proto-cuneiform texts », *Food and the Status Quest – An Interdisciplinary Perspective*, Oxford, Berghahn Books, 1995, p. 149-167.

Edda Bresciani, « Nourritures et boissons de l'Égypte ancienne », in *Histoire de l'alimentation, op. cit.*, p. 63-70.

Marie-Claire Amouretti, « Villes et campagnes grecques », *ibid.*, p. 137-142.

3. Françoise Sabban, « Cuisine à la cour de l'empereur de Chine au XIVe siècle », *Médiévales*, n° 5, 1983, p. 157-158.

Robert Étienne, « Rome et les poissons », in *Du bien manger et du bien vivre, op. cit.*, p. 75-81.

Gilles Boileau, « Grande soupe et bonne soupe dans l'Antiquité chinoise », *Asie. Savourer, goûter*, Paris, Presses Universitaires de la Sorbonne, 1995, p. 97-102.

4. Liliane Bodson, « Élevage et utilisation de l'oie dans l'Antiquité », *Ethnozootechnie*, n° 39, 1987, p. 1-5.

Joëlle Pichon, « L'oie à l'époque gauloise et au Moyen Âge », *ibid.*, p. 11-17.

Christian Malet, « Ethnozoologie du cygne et de l'oie dans les pays nordiques », *ibid.*, p. 20-23.

Kevin C. Mac Donald et Roger Blench, article « Geese », in *The Cambridge World History of Food*, Cambridge, Cambridge University Press, 2000, vol. I, p. 529-531.

5. Christina Chevrillot, « Manger et boire... », art. cité, p. 38-42.

Liliane Bodson, « Le mouton dans l'Antiquité gréco-romaine, de la civilisation créto-mycénienne au monde gallo-romain », *Ethnozootechnie*, n° 21, 1997, p. 107-111.

Jean-Denis Vigne, « Les grandes étapes de la domestication de la chèvre : une proposition d'explication de son statut en Europe occidentale », *Ethnozootechnie*, n° 41, 1988, p. 8-11.

6. Jean-Hervé Yuinec, « Découpe, pelleterie et consommation des chiens gaulois à Villeneuve-Saint-Germain », *Anthropozoologica*, numéro spécial, 1987, p. 86-89.

Alfredo Riedel, « Archéozoologie des animaux domestiques… », art. cité, p. 28-29.

7. Peter Damerow, « Food production and social status… », art. cité, p. 162-166.
Pierre Briant, « L'élevage ovin dans l'empire achéménide, VI-IVe siècle avant notre ère », *Ethnozootechnie*, n° 21, 1977, p. 55-58.
Pierre Dubois, « Les débuts de l'élevage du mouton au Proche-Orient », *ibid.*, p. 41-43.

8. Pierre Briant, « L'élevage ovin… », art. cité, p. 59-60.
Pierre Dubois, « Les débuts de l'élevage du mouton », art. cité, p. 43-45.

9. Liliane Bodson, « Aperçu de l'élevage bovin dans l'Antiquité », *Ethnozootechnie*, n° 32, 1983, p. 39-47.
Edda Bresciani, « Nourritures et boissons de l'Égypte ancienne », art. cité, p. 67-68.
Jean Bottéro, « La plus vieille cuisine… », art. cité, p. 84.
Patrizia Aureli, « L'alimentazione degli Etruschi », in *Il Cibo culturale…*, *op. cit.*, p. 244-247.

10. Carmen Botto, « L'alimentation dans le bouddhisme ancien », in *Asie. Savourer, goûter*, *op. cit.*, p. 56-58.
K.T.S. Sarao, « Meat-eating and non-violence in early Buddhism », *Congrès des Études bouddhistes*, Bologne, 1985, p. 6-8.

11. Gilles Boileau, « Grande soupe et bonne soupe… », art. cité, p. 101-102.
Patrizia Aureli, « L'alimentazione degli Etruschi », art. cité, p. 246.

12. Claude Lévi-Strauss, *Le Cru et le Cuit*, Paris, Plon, 1964, p. 299.

13. Sur l'ensemble du développement consacré à Rome, voir Mireille Corbier, « La fève et la murène : hiérarchie sociale des nourritures à Rome », in *Histoire de l'alimentation*, *op. cit.*, p. 218-225.
Florence Dupont, « Grammaire de l'alimentation et des repas romains », *ibid.*, p. 202-206.
Sur le rituel analysé, voir Claude Lévi-Strauss, *Histoire de lynx*, Paris, Plon, 1991, p. 113-116 ; *L'Homme nu*, Paris, Plon, 1971, p. 597-598.

14. Albert Uderzo, René Goscinny, *Astérix chez les Helvètes*, Paris, Dargaud, 1970, p. 7, 8, 10, 13, 14, 18 où figurent deux préparations d'ours, d'ailleurs empruntées au texte de Pétrone, avec les simplifications d'usage.
Sur le rapprochement, à notre sens évident, avec l'armature mythique, voir par exemple l'étude du mythe du castor et du coyote dans Claude Lévi-Strauss, *Histoire de lynx*, *op. cit.*, p. 193-195.

15. Peter Garnsey, « Les raisons de la politique : approvisionnement alimentaire et consensus politique dans l'Antiquité », in *Histoire de l'alimentation*, *op. cit.*, p. 241-250.
Peter Garnsey, *Famine et approvisionnement dans le monde gréco-romain*, Paris, Les Belles Lettres, 1996, p. 213-221.
William Jongman et R. Dekker, « Public intervention in the food supply in pre-industrial Europe », in *Bad Year Economics*, Cambridge, Cambridge University Press, 1989, p. 115-120.

16. Carmen Botto, art. cité, p. 54-55.
Gilles Boileau, art. cité, p. 98-99.

17. Janick Auberger, « Le beurre dans la Grèce antique », *Histoire et société rurales*, n° 11, 1er semestre 1999, p. 15-30.

CHAPITRE 3
RÈGLES ET CONFUSIONS

1. Émile Bergier, *Peuples entomophages et insectes comestibles*, Avignon, Rullière, 1941, p. 18-24, 95-99 et 19 pour la citation.

2. Carlo M. Cippolla, *Le Poivre, moteur de l'histoire*, Paris, Balland, 1992, p. 12-14. On trouvera une bonne illustration de ce présupposé développementaliste in Georges Duby, *L'Économie rurale et la vie des campagnes dans l'Occident médiéval*, Paris, Payot, 1962, tome 1, p. 55-59.

3. Pour Byzance, voir Otto Mazal, *Manuel d'études byzantines*, Bruxelles, Brepols, 1995, p. 82-84 ; pour l'Europe, voir Massimo Montanari, « Structures de production et systèmes alimentaires », in *Histoire de l'alimentation*, *op. cit.*, p. 285-290 et *idem*, *La Faim et l'Abondance*, Paris, Le Seuil, 1995, p. 23-29.

4. Sur les céréales, voir P. Marinval et M.-P. Ruas, « Les céréales vêtues en France du néolithique jusqu'au Moyen Âge », *Cahier d'histoire des techniques*, Aix-en-Provence, 1991, I, p. 129-139 ; Michel Rouche, « La faim à l'époque carolingienne : essai sur quelques types de rations alimentaires », *Revue historique*, n° 508, 1976, p. 295-320.

5. Interprétations différentes chez Massimo Montanari, *La Faim et l'Abondance*, *op. cit.*, p. 31-37 et Chris Wickham, « The fall of Rome will not take place », in Lester K. Little et Barbara H. Rosenwein (ed.), *Debating the Middle Ages*…, Oxford, Blackwell, 1998.

6. Frédérique Audoin-Rouzeau, « Les ossements du cheptel médiéval », *Ethnozootechnie*, n° 59, 1997, p. 69-78 ; C. Beck, « Animal et vie quotidienne en France et en Italie… », in *Le Monde animal et ses représentations au Moyen Âge*, congrès de Toulouse, Presses Universitaires de Toulouse, 1985, p. 103-120.

7. Voir la thèse de Perrine Mane, « L'outil et le geste. Iconographie de l'agriculture dans l'Occident médiéval », 3 vol. dact., Paris, 2003.

8. Frédérique Audoin-Rouzeau, « Élevage et alimentation dans l'espace européen au Moyen Âge : cartographie des ossements animaux », in E. Mornet et F. Morenzoni (éd.), *Mélanges Robert Delort*, Paris, Publications de la Sorbonne, 1997, p. 143-159.

9. Françoise Desportes, *Le Pain au Moyen Âge*, Paris, Olivier Orban, 1987, p. 12-17, 135-137.

Sur les exceptions, voir Olivier Assouly, *Les Nourritures divines*, Arles, Actes-Sud, 2002, p. 206-208.

10. Perrine Mane, *op. cit.*, vol. 2, p. 555-585 ; Michel Pastoureau, « L'homme et le porc, une histoire symbolique », in *Couleurs, images, symboles. Études d'histoire et d'anthropologie*, Paris, 1989, p. 237-282.

11. Ce passage doit beaucoup à la communication d'Alban Gautier à mon séminaire de Sciences-Po et à son article, « La table de Bède », in *Bède le Vénérable : bilans et perspectives*, colloque Lille-Amiens, juillet 2002. La citation est p. 4 de sa communication.

12. Sur les aborigènes, voir Barbara Glowczewski, *Rêves en colère*, Paris, Plon, 2004, p. 56-57, 355-372.

13. Neil Hammond, « The Maya Lowlands : Pioneers farmers to merchant princes », in *The Cambridge History of the Native Peoples of the Americas*, vol. II, Part 1, Boston, Cambridge University Press, 2000, p. 197-249 ; V. Scarnborough, « Ecology and ritual : Water management and the Maya », *Latin American Antiquity*, 9 (2), 1998, p. 135-159.

14. Une estimation plausible des famines et de leurs conséquences sur les régimes alimentaires a été proposée par W.A. Dando, *The Geography of Famine*, Londres, Macmillan, 1980. Les pratiques jaïnistes sont étudiées par Marie-Claude Mahias, *Délivrance et convivialité. Le système culinaire des jaïnas*, Paris, Maison des sciences de l'homme, 1985, et par Olivier Assouly, *op. cit.*, p. 72-78.

15. Sur l'héritage culinaire, voir Bernard Rosenberger, « La cuisine arabe et son apport à la cuisine européenne », *Histoire de l'alimentation, op. cit.*, p. 346-350 ; Christian Boudan, *Géopolitique du goût*, Paris, PUF, 2004, p. 137-148 ; Zaka Muzgar, « Cooking in Pahlavi litterature », *Encyclopedia Iranica*, New York, 1992, p. 247-253 ; E. Ashtor, « Essai sur l'alimentation des diverses classes sociales dans l'Orient médiéval », *Annales, ESC*, XXIII, vol. 5, 1968, p. 1021-1026.

16. Sur le Japon, voir Sylvie Guichard-Anguis, « Les douceurs, expressions sucrées de la culture japonaise », in *Asie, Savourer, goûter, op. cit.*, p. 259-263.

Sur le Liban, je remercie le père Selim Abou, recteur de l'Université Saint-Joseph de Beyrouth, de ses précieux renseignements. Voir également Aïda Kanafani-Zahar, « Fêter en douceur : les pâtisseries calendaires maronites et chiites… », in Françoise Cousin (éd.), *Cuisines. Reflets des sociétés*, Paris, Sepia/Musée de l'Homme, 1996, p. 373-380.

17. Voir Teresa Dunin-Wasowicz, « Uguaglianze e differenze alla tavola signorile, ecclesiastica e laica nella Polonia medievale », Actes du Colloque de Prato, *Alimentazione et Nutrizione…*, Prato, Le Monnier, 1997, p. 808-813.

18. Voir Annick Lévy-Ward, « De la collation à l'exceptionnel, la pâtisserie en Thaïlande », in *Cuisines. Reflets des sociétés, op. cit.*, p. 401-418 ; Madeleine Giteau et Marie-Alexandrine Martin, « Saveurs et cuisine à travers les âges au Cambodge », in *Asie. Savourer, goûter, op. cit.*, p. 206-210 ; Manuela Marin, « Beyond taste : The complements of colour and smell in the medieval arab culinary tradition », in *Culinary Cultures, op. cit.*, p. 206-213.

19. Antoni Riera-Melis, « Il Mediterraneo crogiulo di tradizioni alimentarii… », in *Il Mondo in cucina, op. cit.*, p. 5-16 ; Andrew Watson, « The arab agricultural revolution and its diffusion, 700-1100 », *The Journal of Economic History*, XXXIV, vol 1., 1974, p. 8-35.

CHAPITRE 4
L'APPÉTIT EUROPÉEN

1. Pierre Alexandre, *Le Climat en Europe au Moyen Âge*, Paris, EHESS, 1987, p. 352-376 ; Emmanuel Le Roy Ladurie, *Histoire humaine et comparée du climat*, Paris, Fayard, 2004, t. 1, p. 20-23.

2. Sur le cheval et les transformations techniques, voir G. Astill et J. Langdon, *Medieval Farming and Technology*, Leiden-New York-Cologne, 1997, p. 115-145 et 261-287 ; Perrine Mane, *op. cit.*, p. 194-198 ; Massimo Montanari, *op. cit.*, p. 76-80.

3. Françoise Desportes, *op. cit.*, p. 92-93, 108-112, 135-139 ; Louis Stouff, *Ravitaillement et alimentation en Provence aux XIVe et XVe siècles*, Paris, EHESS, 1970, p. 366-367 ; Georges Comet, « Dur ou tendre ? Propos sur le blé médiéval », *Médiévales*, n° 16-17, 1989, p. 105-109.

4. Herbert C. Peyer, « Von der Gastfreundschaft zum Gasthaus », in *Schriften der M.G.H.*, Hanovre, 1987, p. 207-241 ; Éric Bortzmeyer, « Y a-t-il eu une importation de culture alimentaire en Norvège entre 1000 et 1300 ? », Colloque de l'IEHA, Bologne, 2003.

5. On lira une approche différente et stimulante chez Allen J. Grieco, *Histoire de l'alimentation, op. cit.*, p. 479-490. La nôtre emprunte les remarques sur la forme à Adolf Erich Brinckmann, *Plastik und Raum als Grundformen künsterischer Gestaltung*, Munich, 1922 et celles sur la circulation des nouvelles élites au *Traité de sociologie générale* de Vilfredo Pareto, Paris-Genève, Librairie Droz, 1917.

6. Voir Hatem Akkari, « Nourritures et manières de table épiques à Nîmes et à Orange », in Yassine Essid (éd.), *Alimentation et pratiques de table en Méditerranée*, Paris, Maisonneuve et Larose, 2000, p. 111-121.

7. Nils-Arvid Bringéus, « Good table manners », in *Man, Food and Milieu*…, Édimbourg, Tuckwell Press, 2001, p. 171-180.

8. Anthony Rowley, « L'opulence alimentaire du bon roi Louis », in *Les Français à table*, Paris, Hachette, 1997, p. 46-47.

9. Christian Pfister, « Winter severity in Europe : the fourteenth century », *Climatic Change*, vol. 34, 1996, p. 91-108 ; Ian Kershaw, « The great famine, 1315-1322 », *Past an Present*, vol. 59, mai 1973, p. 3-60 ; W.C. Jordan, *The Great Famine*, Princeton, Princeton University Press, 1996, p. 50-51, 108-111, 142-145, 165-167, 209-211.

10. Joan Thirsk, *Alternative Agriculture. A History from the Black Death to the Present Day*, Oxford, Oxford University Press, 1997, p. 28-35 ; Christophe Dyer, « Les régimes alimentaires en Angleterre, XIIIe-XIVe siècle », in *Manger et boire au Moyen Âge*, Paris, Les Belles Lettres, 1984, p. 266-271.

11. Jean-Noël Biraben, *Les Hommes et la peste*, Paris, Mouton, 1975, vol. 1, p. 50-64, 107-115, 135-141 ; J. Brossolet, « Sur quelques traces des anciennes épidémies de peste dans la langue et la légende », *Vie et Langage*, 1971, p. 101-110.

12. Les informations fournies proviennent des études suivantes :

Antoni Rucquoi, « Alimentation des riches, alimentation des pauvres dans une ville castillane du XVe siècle », in *Manger et boire…, op. cit.*, p. 298-305 ; Jean-Pierre Molinat, « Menu des pauvres, menu des confrères de Tolède dans la seconde moitié du XVe siècle », *ibid.*, p. 314-317 ; Anna Maria Nada-Patrone, *Il Cibo del ricco e il cibo delle povero*… (pour le Piémont), Turin, 1981, p. 497-515 ; Giovanna Frosini, *Il Cibo e i signori. La mensa dei Priori di Firenze*…, Florence, 1994, p. 91-96 ; Maria Giagnacovo, « Due alimentazioni del basso Medioevo : la tavola dei mercanti e la tavola dei ceti subalterni », in *Alimentazione e nutrizione, op. cit.*, p. 821-826 ; *idem*, « Una tavola privilegiata » (Avignon fin XIIe-XIVe) *Food and History*, vol. 2, n° 1, 2004, p. 59-83 ; Marie-France Ruas, « Les plantes exploitées en France au Moyen Âge d'après les semences archéologiques », in *Plantes et cultures nouvelles*…, Auch, abbaye de Flaran, n° 12, 1990, p. 12-31 ; Teresa Dunin-Wasowicz, « Uguaglienze e differenze alla tavola signorile, ecclesiastica e laica della Polonia medievale », in *Alimentazione e nutrizione, op. cit.*, p. 807-817 ; Gilly Lehmann, « The late medieval menu in England », *Food and History*, vol. 1, n° 1, 2003, p. 49-81.

13. Ulle Sillasoo, « Defining food boundaries on the basis of late medieval urban archeobotanical material », Colloque de l'IEHA, Bologne, 2003 ; Natacha L. Zhukovskaja, *Categories and Symbolism of the Traditional Culture of Mongols*, Moscou, Nauka, 1988, p. 69-85.

14. Flavia Perasso da Rin, « Regime alimentare della gente di mare et dieta di bordo nel Mediterraneo in Eta' Medievale », in *Il Cibo culturale*…, *op. cit.*, p. 380-389.

15. Johanna Maria Van Winter, « Festive meals in the Late Middle ages… », *Food and History*, vol. 1, 2003, p. 95-101 ; Carole Lambert, *Du manuscrit à la table. Essais sur la*

cuisine au Moyen Âge, Genève-Montréal, 1992 ; Marianne Mulon, « Deux traités inédits d'art culinaire médiéval », *Bulletin philosophique et historique du CTHS*, 1968, p. 380-395 ; *Livres en bouche*, catalogue de l'exposition de l'Arsenal en nov. 2001, Paris Hermann, 2001, p. 31-53 ; Trude Ehlert, « Les manuscrits culinaires médiévaux et le modèle allemand... », in Martin Bruegel et Bruno Laurioux (éd.), *Histoires et identités alimentaires en Europe*, Paris, Hachette, 2002, p. 121-132.

16. Voir Frédérique Audoin-Rouzeau, « L'alimentation carnée dans l'Occident... », in *Histoires et identités alimentaires...*, *op. cit.*, p. 79-100 ; Louis Stouff, *op. cit.*, p. 169-194 ; Bernard Chevalier, « Alimentation et niveau de vie à Tours à la fin du XVe siècle », *Bulletin philologique et historique*, 1958, p. 143-157 ; Emmanuel Le Roy Ladurie, *Les Paysans du Languedoc*, Paris, Flammarion, 1966, p. 267-270.

17. Johanna Maria Van Winter, « Interregional influences in Medieval cooking », in Melitta Weiss Anderson (ed.), *Food in the Middle Ages*, New York-Londres, Garland Medieval Casebooks, vol. 12, 1995, p. 45-49 ; Constance B. Hieatt, « Sorting through the Titles of the medieval dishes : What is, or is not, a blancmanger ? », *ibid.*, p. 25-37 ; Jean-Louis Flandrin, « Internationalisme, nationalisme et régionalisme dans la cuisine des XIVe et XVe siècles... », in *Manger et boire au Moyen Âge*, *op. cit.*, p. 75-91 ; Bruno Laurioux, « Identita nazionali, peculiarita regionali e "Koinè" europea nella cucina del medioevo », in *Il Mondo in cucina*, *op. cit.*, p. 45-61.

18. Sur la Catalogne et ses voisines, voir Rudolf Grewe, « Hispano-arabic cuisine in the twelfth century », in Carole Lambert, *op. cit.*, p. 59-60 ; Barbara Santich, « L'influence italienne sur l'évolution de la cuisine médiévale catalane », in *Manger et boire au Moyen Âge*, *op. cit.*, p. 131-139.

19. Sur la Gascogne, voir Gilles Le Bouvier dit Berry, *Le Livre de la description des pays*, Paris, E.T. Hamy, 1908, p. 41-49 ; Bruno Laurioux, art. cité, p. 56-58 ; Françoise Desportes, *op. cit.*, p. 56-58.

CHAPITRE 5
GOÛT DU NEUF ET OBSESSION DU MÊME

1. Sur la loggia de la Farnesina et les travaux de Giovanni da Udine, voir Vasari, *Le Vite de'piu eccellenti pittori* (1550), Turin, Einaudi, 1986, p. 636-637. Plus généralement, sur les représentations picturales des produits d'Amérique, voir Hugh Honour, *The New Golden Land : European Images of America from the Discoveries to the Present Time*, Londres, éd. 1976, chap. 2 et, pour la citation, p. 1.

Sur les livres de cuisine, voir Alain Girard, « Du manuscrit à l'imprimé : le livre de cuisine en Europe aux XVe et XVIe siècles », in Jean-Claude Margolin et Robert Sauzet (dir.), *Pratiques et discours alimentaires à la Renaissance*, Paris, Maisonneuve et Larose, 1982, p. 107-117 ; et Philip et Mary Hyman, « Imprimer la cuisine : les livres de cuisine en France entre le XVe et le XIXe », in *Histoire de l'alimentation*, *op. cit.*, p. 643-655, et p. 647 pour la citation extraite du *Grand Cuisinier de toute cuisine*, publié en 1542.

2. Lucien Febvre, *Le Problème de l'incroyance au XVIe siècle. La religion de Rabelais*, Paris, Albin Michel, 1988, p. 388 et p. 422-423. Anthony Rowley, « La compagnie des morts », *Commentaire*, n° 101, printemps 2003, p. 173-174.

3. Esther Katz, « Adoption du manioc par les Vili et les Yombé du Congo », *Techniques et culture* n° 31-32, 1988, p. 265-270.

4. Jean Andrews, « The peripatetic chili pepper : diffusion of the domesticated capsicums since Columbus », *Journal of Gastronomy*, 4, automne 1998, p. 21-35 et *in* Nelson Foster et Linda S. Cordell, *Chilies to Chocololate*, The University of Arizona Press, 1992, p. 81-93.

5. Denis Twitchett et Frederick W. Mote fournissent des données récentes sur l'époque Ming in *The Cambridge History of China*, vol. 8, Cambridge University Press, 1998, p. 421-435 et Dwight H. Perkins, *Agricultural Development in China 1368-1968*, Chicago, Aldine, 1969, p. 47-51, 431-437. Lire également Françoise Sabban, « Esthétique et techniques dans la haute cuisine chinoise », in *Asie. Savourer, goûter, op. cit.*, p. 238-245. Sur la cuisine moghole et les épices, lire Alain Desoulières, in *Cuisines d'Orient et d'ailleurs, op. cit.*, p.79-80.

6. Jean-François Revel, *Un festin en paroles*, Paris, Plon, 1995, p. 38-39. Son analyse conviendrait mieux au *Mangia polenta* (Schaeffer Galeries, New York) du même Carrache.

7. John Hale, *La Civilisation de l'Europe à la Renaissance, op. cit.*, p. 479-482 ; Marie-Laure Derat, « Le banquet royal en Éthiopie au XVe siècle », in M. Chastanet, F.-X. Fauvelle-Aymar, D. Juhé-Beaulaton (éd.), *Cuisine et société en Afrique*, Paris Karthala, 2002, p. 41-51 ; Dominique Sewane, « Le premier sorgho et la confrérie des Vrais Hommes au Togo », *ibid.*, p. 89-91 ; Christian Seignobos, « La disparition de l'éleusine… au lac Tchad », *ibid.*, p. 104-113.

8. Sur la répétition, le même et la variante : Gilles Deleuze, *Différence et répétition*, Paris, PUF, 1996, p. 370-385 ; Michel Jeanneret, *Perpetuum mobile. Métamorphoses des corps et des œuvres de Léonard de Vinci à Montaigne*, Paris, Macula, 1977, p. 194-214.

9. Piero Camporesi, « Le déclin de la lune… », in *La Terre et la Lune*, Paris, Flammarion, 1993, p. 256-271.

10. Hervé This, Pierre Gagnaire, « L'œuf à 65° », 2 p., http. www.pierre-gagnaire.com, juin 2002.

11. Evangelista Torricelli, *Lezioni academiche*, Milan, Silvestri, 1823, p. 137. Claude Lévi-Strauss, *Histoire de lynx, op. cit.*, p. 197-205. Sur la périodicité dans les mythes amérindiens, p. 201-202.

12. Je détourne à l'usage de mon propos le concept d'*habit-forming force*, défini par Erwin Panofsky, *Architecture gothique et pensée scolastique*, Paris, Minuit, 1967, p. 83-84. On sait que Pierre Bourdieu, in *Raisons pratiques. Sur la théorie de l'action*, Paris, Le Seuil, 1994, p. 17-23, a repris ce thème pour le formaliser sous la notion d'*habitus*. On s'en tient ici à la définition de Panofsky.

13. Jean-Pierre Poussou, « Une autre alimentation et son évolution : l'Irlande et les Highlands d'Écosse », in *Du bien manger et du bien vivre, op. cit.*, p. 177-179.

L.M. Cullen, « Comparative aspects of the Irish diet 1550-1850 », in H.J. Teuteberg (ed.), *Eureopean Food History, op. cit.*, p. 45-55.

B. Sintic, « Boire et manger à Pont-Audemer à la fin du XVe siècle », in *Manger et boire en Normandie*, Caen, Annales de Normandie, 1999, p. 199-208.

Antoni Rucquoi, « Alimentation des riches, alimentation des pauvres dans une ville castillane au XVe siècle », in *Manger et boire au Moyen Âge, op. cit.*, p. 297-311.

J.-P. Molénat, « Menus des pauvres, menus des confréries à Tolède dans la seconde moitié du XVe siècle », *ibid.*, p. 313-317.

14. Frédéric Duhart, « Le dindon et le canard musqué de l'Amérique aux terroirs européens, XVIe-XXe siècle », conférence de décembre 2001, musée Agropoli, Montpellier.

C. Lefèvre et M.-C. Marinval-Vigne, « Histoire culturelle du dindon dans le Nouveau Monde », *Ethnozootechnie*, n° 9, 1992, p. 37-42. Frédérique Audoin-Rouzeau et J. Pichon, « Témoignages ostéarchéologiques sur la place du dindon dans l'Europe des temps modernes », *ibid.*, p. 67.

15. Fernand Braudel, *Civilisation matérielle, économie et capitalisme*, tome 1, Paris, Armand Colin, 1979, p. 12.

Jean-Paul Desaive, « L'alimentation populaire d'après les archives de l'Académie de médecine », *93e Congrès national des sociétés savantes*, Tours, 1968, p. 51-53, à propos des thèses d'Ernest Labrousse sur l'absence de la pomme de terre dans les pays gouvernés par les intendants ; Pierre Flatrès, *Géographie rurale de quatre contrées celtiques : Irlande, Galles, Cornwall et Man*, Rennes, Plihon, 1957, p. 307-308, sur l'inadaptation des techniques aux tubercules.

Jean-Louis Flandrin et Massimo Montanari, *Histoire de l'alimentation*, *op. cit.*, p. 391, sur le retard paysan.

Sidney Mintz, *Tasting Food, Tasting Freedom*, Boston, Beacon Press, 1996, p. 15-20. Ellen Messer, « Anthropoligical perspectives on diet », *Annual Review of Anthropology*, vol. 13, 1984, p. 205-250.

16. Jean-René Toulet, « Les plantes américaines et l'Europe. L'innovation dans l'outillage », *Histoire et sociétés rurales*, n° 1, 1er semestre 1994, p. 99-117.

17. Ellen Messer, « Three centuries of changing european tastes for the potato », in *Food Perferences and Taste. Continuity and Change*, Oxford, Berghahn Books, 1997, p. 101-109. Anna Kowalska-Lewicka, « The potato and the Polish kitchen », *Food in Change*, *op. cit.*, p. 90-94. Louis Trenard, « L'alimentation en Flandre française au XVIIIe siècle », *93e Congrès national des sociétés savantes*, *op. cit.*, p. 67-73. Philippe Guignet, *Vivre à Lille sous l'Ancien Régime*, Paris, Perrin, 1989, p. 249-251. Jean-Pierre Poussou, art. cité, p. 180-183. Jean-Paul Desaive, art. cité, p. 48-49.

18. On trouvera la traduction du texte de Swift, tirée de *La Bataille des Livres* (1697) in Marc Fumaroli, *La Querelle des Anciens et des Modernes*, Paris, Gallimard, 2001, p. 216-217. L'analyse du texte de Mandeville, *La Fable des abeilles* (1704) est développée dans François Guéry, *La Société industrielle et ses ennemis*, Paris, Olivier Orban, 1989, p. 202-220.

19. Sur Magalotti, voir Piero Camporesi, « Le déclin de la lune », in *La Terre et la Lune*, *op. cit.*, p. 268-275. Sur Castel, voir Claude Lévi-Strauss, *Regarder, Écouter, Lire*, *op. cit.*, p. 126-130. Sur Chevreul, voir Hervé This et Pierre Gagnaire, « Les contrastes simultanés », http:www.pierre-gagnaire.com, juillet 2003.

20. Arthur Young, *Voyages en France, 1787, 1788, 1789*, tome 2, Paris, Armand Colin, 1976, p. 619-620 et *idem*, *Voyage en Irlande*, Paris, Maradan, 1800, p. 206.

CHAPITRE 6
L'EMPIRE DU MILIEU

1. Denis Diderot, *Lettre sur les aveugles à l'usage de ceux qui voient*, rééd., Paris, éd. 1969, t. 2, p. 206.

2. Jean-Paul Aron, *Le Mangeur du XIXe siècle*, Paris, Robert Laffont, 1973, p. 113.

3. Pour les sources paloises, Pierre Tucoo-Chala, « Tradition culinaire et gastronomie à la cour des Béarn-Navarre », *Alimentation et cuisine en Béarn*, ABC, Pau, 1984, p. 23-47. Pour les sources parisiennes, archives de l'auteur. La tradition politique s'est

maintenue : le 18 décembre 2003, le ministre de l'Intérieur, Nicolas Sarkozy, a reçu un jambon remis par le maire de Bayonne, lors de sa visite.

4. Alexandre-Balthasar-Laurent Grimod de la Reynière, *Almanach des Gourmands*, 1803, p. 64 et 1805, p. 223.

5. Les trois citations viennent, dans l'ordre, de : Claude Mettra, *L'Express*, 14 mai 1973 ; Jean Duvignaud, *Le Nouvel Observateur*, 28 mai 1973 ; Jean-Paul Aron, *op. cit.*, p. 113-114. Analyse critique in Antoine Schnapper, « Quand un chercheur se met à table », *Contre point*, n° 12, 1975, p. 55-67.

6. Nos éléments d'information proviennent de : Henri Blaquière, « L'alimentation populaire dans la région toulousaine sous la monarchie de Juillet », *93e Congrès national des sociétés savantes*, *op. cit.*, tome 1, p. 177-185 ; Jean-Paul Desaive, « L'alimentation populaire... », art. cité, p. 47, 50-52 ; Philippe Guignet, *Vivre à Lille sous l'Ancien Régime*, Paris, Perrin, 1999, p. 250-251 ; Louis Trenard, « L'alimentation en Flandre française au XVIIIe siècle », *93e Congrès national des sociétés savantes*, *op. cit.*, p. 67-71 ; général Jean Ferry, « L'alimentation dans les Vosges au XIXe siècle d'après les études de deux officiers », *ibid.*, p. 191-195 ; Henriette Dussourd, « L'alimentation dans les communautés familiales agricoles du centre de la France », *ibid.*, p. 201-203 ; Claude Mesliand, « Contribution à l'étude de l'alimentation paysanne en Provence », *ibid.*, p. 56-57 ; Madeleine Ferrières, « À la table d'une famille cévenole », *De l'herbe à la table...*, université Paul-Valéry, 1994, p. 210-225 ; Michel Nassiet, « La diffusion du blé noir en France à l'époque moderne », *Histoire et sociétés rurales*, n° 9, 1998, p. 57-72.

7. Alexandre Grimod de la Reynière, *op. cit.*, 1810, p. 5.

8. Sur Brillat-Savarin et Grimod de la Reynière, remarques très fines de Pascal Ory, *Le Discours gastronomique français des origines à nos jours*, Paris, Gallimard, 1998, p. 51-78. La citation de Lecointe in *La Cuisine de santé...*, Paris, Briand, 1789, t. I, p. 18.

9. Outre le concept initial du marqueur social par consommation ostentatoire formulé par Thorstein Veblen, voir Norbert Elias, *La Société de cour*, Paris, Flammarion, 1985, chap. 2. « Le système des dépenses » et la modélisation proposée par Neil Mc Kendrick, in *The Birth of a Consumer Society. The Commercialisation of Eighteen Century England*, Londres, Europa, 1982, chap. 2. Le tome 2 consacrera une large place à l'analyse sociologique et à sa discussion.

10. Outre la thèse d'Ernest Labrousse, « Esquisse du mouvement des prix et des revenus en France au XVIIIe siècle », Paris, dactylographié, 1933, p. 103-104, 183, 203, 599-610, on a utilisé les travaux de Maurice Lévy-Leboyer et François Bourguignon, *L'Économie française au XIXe siècle*, Paris, Economica, 1985, p. 328-334 et de Jean-Charles Asselain, « Mouvement des salaires réels (1789-1815) et modèle de croissance économique français après la Révolution », *Ministère des Finances*, colloque des 12/14 octobre 1989, Imprimerie nationale, 1991, p. 495-518. Sur les enrichis, voir la démonstration impeccable de Michel Bruguière, *Gestionnaires et Profiteurs de la Révolution*, Paris, Olivier Orban, 1986 et notamment les 278 notices individuelles de l'annexe.

11. Sur la garbure, voir *Annuaire statistique du département*, Hautes-Pyrénées, Tarbes, 1807, p. 360-362. Sur les cuisines régionales en général, voir Philip et Mary Hyman, « Les cuisines régionales à travers les livres de recettes », *Dix-huitième siècle*, 1983, p. 65-74. Sur les vins régionaux, voir Bernard Bodinier, « Les caves des châteaux de l'Eure à la fin du XVIIIe siècle », in *Manger et boire en Normandie*, Actes du 33e Congrès, Caen, Annales de Normandie, 1984, p. 301-317.

12. Ce passage doit beaucoup aux travaux réalisés dans le séminaire que Catherine Brice et moi-même avons animé au DEA d'histoire de Sciences-Po de 1992 à 2004, autour du thème « Art et société ». En particulier, je détourne le concept de mythomotricité défini voilà dix ans par le philosophe allemand Jan Assmann, in *Das Kulturelle Gedächtnis. Schrift, Erinnerung und politishe Identität in den frühen Hochkulturen*, Munich, 1992, chap. 2 et 3.

13. Les chiffres cités par les contemporains sont supérieurs de 25 à 30 %. Voir Alexandre Grimod de la Reynière, *op. cit.*, 1803, p. 161 ; Simeon South, *Simeon's Letter to his folks*, Londres, 1834 ; docteur Véron, *Mémoires d'un bourgeois de Paris*, Paris, 1857, p. 71-72. Sur le restaurant, interprétation intéressante et divergente de notre analyse chez Jean-Robert Pitte, « Naissance et expansion des restaurants », *Histoire de l'alimentation, op. cit.*, p. 771-773.

14. Christine Demeulenaere-Douyère, *Thérèse, Frédéric, Eugène et les autres ou la destinée d'une famille de gens de bouche à Paris.*

15. Alexandre Debay, *Hygiène alimentaire, histoire simplifiée de la digestion des aliments et des boissons à l'usage des gens du monde*, Paris, Dentu, 1868, p. 107. Châtillon-Plessis, *La Vie à table au XIXe siècle*, Paris, Firmin-Didot, 1894, p. 209.

16. Eugène Briffault, *Paris à table*, Paris, Hetzel, 1846, p. 8-10.

17. Sur l'Italie, voir le colloque *Gli Archivi per la Storia dell'alimentazione*, Potenza-Matera, 5/8 septembre 1988, publié par le ministère de la Culture, Rome, 1995. Les deux communications les plus riches sont de Liliana Cargnelutti, « Il vitto di Friuli attraverso la mensa degli educadanti feminili (secoli XVII-XVIII) », p. 1330-1342 et le remarquable texte de Marina Valdès, « L'aristocrazia cagliaritana a tavola : cultura e abitudini alimentari fra'700 e'800 », p. 1964-2016. Lire également Piero Camporesi, « La cuisine bourgeoise du XIXe siècle, tradition et renouvellement », *La Terre et la Lune, op. cit.*, p. 97-98, 113-115. Et Maurice Aymard, Henri Bresc, « Nourritures et consommation en Sicile entre le XIVe et le XVIIIe siècle », *Histoire de la consommation, Annales,* ESC, 3/6-1975, p. 592-601.

18. Sur les États-Unis, voir Kathleen Ann Smallzreid, *The Everlasting Pleasure : Influences on America's Kitchens, Cooks and Cookery, from 1565 to the Year 2000*, New York, 1956, chap. 4.

Sur les Pays-Bas, voir Anneke H. Van Otterloo, « The Low Countries », *Cambridge History…, op. cit.*, t. 2, p. 1236.

Sur la Belgique, voir Peter Scholliers, *Arm en rijk aan tafel. Tweebonderd jaar eetcultuur in België*, Bruxelles, éd. 1993. Je remercie un de mes étudiants néerlandais du séminaire de Sciences-Po de m'avoir fourni une traduction des pages intéressant le passage.

Sur le Canada, voir James Conver in *Cambridge History…, op. cit.,* t. 2, p. 1310.

Sur la Grande-Bretagne, voir J.-C. Drummond et Anna Wilbraham, *The Englishman's Food : A History of Five Centuries of English Diet* ; sur les emprunts anglais à la cuisine du XVIIIe français, voir Gily Lehmann, « Les femmes à la page et aux fourneaux : le livre de cuisine en Angleterre au XVIIe et au XVIIIe siècle », *Papilles*, n° 1, 1992, p. 19-30 et n° 2, 1993, p. 23-52.

19. Antonio Garrido Aranda, « La revoluciòn alimentaria del siglo XVI en América y Europa », in *Los Sabores de Espãna, op. cit.*, p. 205-206.

20. Ce passage repose sur l'utilisation de trois « lectures générationnelles » : (a) Richard O. Cummings, *The American and his Food…*, Chicago, 1940 ; (b) Sally S. Booth, *Hung, Strung and Potted : A History of Eating in Colonial America*, New York,

1971 ; (c) Sam Hilliard, « Hog meat an corn pone : Foodways in the antebellum South », in *Material Life in America, 1600-1860*, Boston, 1988. Harvey A. Levenstein, *Paradox of Plenty : A Social History of Eating in Modern America*, New York, 1993. Raymond A. Sokoloff, *Why we eat what we eat : How the Encounter between the New World and the Old changed the Way everyone on the Planets Eats*, New York, 1991.

CHAPITRE 7
LE TEMPS DES VISIONNAIRES

1. Parmi les sources disponibles voir G. Smith, *Nouveau voyage de Guinée*, Paris, 1751 ; P. S. Gourg, *Mémoires pour servir d'instruction au Directeur qui me succèdera au comptoir de Juda*, Archives d'Aix-en-Provence, Dépôt des fortifications des colonies, carton 76, pièce 118 ; John A. Skertchly, *Dahomey as it is, being a Narrative of 8 Months Residence in that Country*, Londres, 1874. Lire aussi Dominique Juhé-Beaulaton, « Alimentation des hommes, des *vodoun* et des ancêtres : une histoire de céréales dans le golfe de Guinée », in *Cuisine et Société en Afrique*, *op. cit.*, p. 55-60.

2. Sur la Bretagne, voir les récits des abbés érudits locaux, Kerlaveo, Élie Gautier, Alphonse Jarry et Beuve.

Sur l'Italie, Nicola Quilici, *La Borghesa italiana*, Milan, 1942, chap. XVIII et XIX ; Sismondi, *Della condizione degli agricoltori in Toscana*, Turin, 1860, série II, vol. II, p. 555-556.

3. Aux références du chapitre 5 sur la France, on ajoutera Béatrice Fink, *Les Liaisons savoureuses. Réflexions et pratiques culinaires au XVIIIe siècle*, Saint-Étienne, Presses de l'université de Saint-Étienne, 1995.

Sur l'Italie, Giovanni Battara, *Pratica agraria distribuita in vari dialoghi*, Faenza, 1798, p. 200-202 développe les propos d'Adam Smith dans *Richesse des nations* sur l'intérêt d'adapter le modèle anglais en Italie. Le thème est repris par cinq ouvrages en 1815/1817, lors de la disette, puis par Claudio Ridolfi, « Instruzione popolare per la coltura e conservazione della patata », *Giornale agrario toscano*, n° 63, 1839.

Sur l'Europe de l'Est, Zofia Szromba-Rysowa, « Bourgeois influences on polish popular food and eating habits… », in *Food in Change*, *op. cit.*, p. 95-98 ; Anna Kowalska-Lewicka, « The potato and the polish kitchen », *ibid.*, p. 90-93 ; Rudolf Weinhold, « Potato spirits in early days », *ibid.*, p. 84-86 (sur la Saxe et les voisins) ; Ofelia Vaduva, « Popular rumanian food, 1750-1850, traditional and incoming elements », *ibid.*, p. 99-102 ; Lilija Radeva, « Periods and turning-points in the history of bulgarian food », *ibid.*, p. 66-67.

4. Janet Long-Solis, « El tomate : de hierba silvestre de las Américas a denominador comùn en las cocinas méditerraneas », *Cultura alimentaria de España y America*, Huesca, La Val de Onsera, 1995, p. 215-235 ; Pierro Camporesi, *op. cit.*, p. 110-111.

5. Bernard Roussel et Dominique Juhé-Beaulaton, « Les plantes américaines en Afrique tropicale », *Les Cahiers d'Outre-mer*, n° 179-180, 1992, p. 377-383 ; Yves Pehaut, « L'arachide en Afrique occidentale », *ibid.*, p. 401-402.

6. On utilise les informations fournies par Jean-Paul Aron dans un *Cahier des Annales*, n° 15, 1967, p. 86-92, 113-114. Pour des raisons inconnues de nous, l'auteur a cru bon d'inverser le sens de ses conclusions dans son livre *Le Mangeur du XIXe siècle*, *op. cit.*, p. 255, mais sa démonstration ne tient pas. Sur Toulouse, voir Henri Blaquière, art. cité, p. 184-185. Observations synthétiques utiles dans Alain Clément, *Nourrir le peuple.*

Entre État et marché... L'approvisionnement alimentaire, XVIe-XIXe *siècle*, Paris, L'Harmattan, 1999, chap. 6 et 8, 9.

7. Howard et Marion Fisher, *Life in Mexico. The letters of Fanny Caldéron de la Barca*, New York, Garden City, 1966, p. 85, 91 et 107 ; Sydney W. Mintz, « Caribbean market places and Caribbean history », *Radical History Review*, n° 27, 1983, p. 110-120 ; Richard B. Sheridan, « The crisis of slave subsistence in the British West Indies during and after the American Revolution », *William and Mary Quarterly*, n° 33, 1976, p. 615-641.

8. Claude Thouvenot, Claire Delfosse, « Les fromages maigres, aliments de pauvreté ? », *Ethnozootechnie*, n° 47, 1991, p. 99-105.

9. Sur la châtaigne, Eugenio Maria Beranger, « La castagne... el panne dele povere personne... » in *Gli archivi per la Storia dell'alimentazione*, *op. cit.*, p. 1283-1293.

Sur le sarrasin, Alexander Fenton et Trevor M. Owen, *Food in Perspective*, *op. cit.*, ajouter aux articles cités de la note 3.

10. Une représentation synthétique chiffrée des principales productions en Europe est fournie par Hans Jurgen Teuteberg et Jean-Louis Flandrin, « Transformation de la consommation alimentaire », *Histoire de l'alimentation*, *op. cit.*, p. 725-746. Des données complémentaires se trouvent dans H. Baudet et H. Van der Meulen, *Consumer Behaviour and Economic Growth in Modern Economy*, Londres, Croom Helm, 1988, chap. VIII.

11. Voir Gabriel Désert, « La viande dans l'alimentation des Bas-Normands au XIXe siècle », *93e Congrès national des sociétés savantes*, *op. cit.*, p. 147-169 ; Alexander Fenton, « Pork in the rural diet of Scotland », in Walter Escher, Théo Gantner, Hans Trümpy (ed.), *Festschrift für Robert Wildhaber*, Bâle, G. Krebs AG, 1973, p. 98-110.

12. Jean-Paul Aron, *op. cit.* (1973), p. 114.

13. Harvey A. Levenstein, *Revolution at the Table. The Transformation of the American Diet*, New York, Oxford University Press, 1988, p. 52-53.

14. Noélie Vialles, *Le Sang et la Chair : les abattoirs du pays de l'Adour*, Paris, MSH, 1987, p. 139-141 ; Jean-Vincent Pfirsch, *La Saveur des sociétés*, Rennes, Presses Universitaires de Rennes, 1997, p. 113-123 ; Anthony Rowley, « Du totémisme culinaire », *Commentaire*, n° 89, 2000, p. 167-169 ; Claude Lévi-Strauss, « Le triangle culinaire », *L'Arc*, 1965, p. 22-25.

15. Anthony Rowley, « Les pourritures terrestres », *Commentaire*, n° 92, 2000/2001, p. 895-896 ; l'article « Pica » de la *Cambridge History of Food*, *op. cit.*, p. 967-976, ne contient aucune référence française. Harry D. Eastwell, « A pica epidemic : a price for sedentarism among Australian ex-hunter-gatherers », *Psychiatry*, n° 42, 1979, p. 264-273, et Brenda et William Parry-Jones, « Pica : symptom or eating disorder ? A historical assessment », *British Journal of Psychiatry*, n° 160, 1992, p. 341-354.

16. Giorgio Pedroco, « L'industrie alimentaire et les nouvelles techniques de conservation », *Histoire de l'alimentation*, *op. cit.*, p. 784-793 ; Alberto Capatti, « Le goût de la conserve », *ibid.*, p. 797-802 ; Gérard Emptoz, « Aperçu de la mécanisation des industries agroalimentaires au XIXe siècle », *L'Agroalimentaire, histoire et modernité*, Nantes, Presses universitaires de Nantes, 1999, p. 38-41 ; Alix Le Naour, « La révolution alimentaire du XIXe siècle », mémoire dactyl, IEP de Paris, 2004, p. 8-12. Sur les conserves et les rations de marine, voir l'article éponyme de Michel Morineau, in *Annales*, ESC, vol. 20, n° 6, 1965, p. 1150-1157.

17. Anne-Claire Déré, « La gélatine, aliment nouveau du XIXe siècle », *Cahiers François Viète*, n° 1, 1999, p. 57-64.

18. Les données sur la Chine viennent de D.H. Perkins, *Agricultural Development…*, *op. cit.*

19. Calculs interpolés d'après Paul Bairoch, *Victoires et déboires. Histoire économique et sociale du monde*, Paris, Gallimard, 1997, t. 2, p. 628-629, et observations diverses dans les chapitres XVIII, XIX, XXII, XXIII. La pertinence des calculs de Bairoch est confirmée par le survol démographique in Robert W. Fogel, *Time on the Cross*, Londres, 1974, vol. 1, chap. 7.

20. Sur la performance africaine, voir P. Bairoch, *op. cit.*, p. 765-841 ; Claude-Hélène Perrot, « L'alimentation des "invisibles" en pays éotilé… », in *Cuisine et Société en Afrique, op. cit.*, p. 70-71 et 74-75 ; Françoise Cousin, « Cuire à la vapeur en Afrique », *ibid.*, p. 131-132, 136-139 ; François-Xavier Fauvelle-Aymar, « Traditions culinaires sud-africaines : partimonialisation et oubli de l'histoire », *ibid.*, p. 28-36.

21. Voir les analyses de Philippe Descola, « Societies of nature and nature of society », in *Conceptualising Society*, Londres, Adam Kuper, 1992, p. 110-126.

22. Sur l'Éthiopie, voir les remarques de Joseph Tubiana, « La consommation des céréales en Éthiopie », in *Cuisine et Société en Afrique, op. cit.*, p. 283-284 qui confirment sur la longue durée celles de J. D. Tothill, *Agriculture in the Sudan*, Londres, MacMillan, 1954.

CHAPITRE 8
L'ESPRIT DE CROISADE

1. Klaus J. Bade, *L'Europe en mouvement*, Paris, Le Seuil, 2002, p. 166-171, 215-218 ; Dirk Hoerder et Leslie Page-Moch, *European Migrants. Global and Local Perspectives*, Boston, 1996, p. 52-69, 115-140.

2. David Grigg, « The nutritional transition in western Europe », *Journal of Historical Geography*, 21, 1995, p. 247-261 ; Hans-Jurgen Teuteberg, « Periodes and turning points in the history of european diet… », art. cité, p. 17-23 ; Yves Segers, « Nutrition and living standards in industrializing Belgium », *Food and History*, vol. 2, n° 2, 2004, p. 166 ; Bernard Etemad, *La Possession du monde…*, *op. cit.*, p. 285-289, 307-313, 372-376.

3. Anthony Rowley, « Mythes et légendes de la morue », Institut français de Barcelone, avril 2005.

4. Havard Duclos, *L'Élevage et la trypanosomiase. Ses relations avec l'alimentation indigène*, Paris, Imprimerie nationale, 1938, p. 26-29, 40-60.

5. N. Pollock, *These Roots Remains. Food Habits in Islands of the Central and Eastern Pacific Since Western Contact*, Hawaï, Institute for Polynesian Studies, 1992, p. 65-73, 104-110.

6. Voir Arjun Appadurai, « Gastro-politics in Hindu South India », *American Ethnologist. The Journal of the American Ethnological Society*, vol. 8, 3, août 1981, p. 493-502.

7. Alberto Capatti, *Le Goût du nouveau. Origines de la modernité alimentaire*, Paris, Albin Michel, 1999, p. 81-84, 115-123, 136-140 ; *idem*, « Le goût de la conserve », in *Histoire de l'alimentation, op. cit.*, p. 800-806 ; *ibid.*, Giorgio Pedrocco, « L'industrie alimentaire et les nouvelles techniques de conservation », p. 788-792 ; Harvey A. Levenstein,

Revolution at the Table…, *op. cit.*, p. 33-35 ; Ulrike Thomas, « Learning from America ? », *Food and History*, vol. 2, n° 2, 2004, p. 117-125, 133-136.

8. Bertrand Thaite, *Defeated Flesh. Wellfare, Warfare and the making of Modern France*, Manchester, Manchester University Press, 1999, p. 106-129.

9. Le menu était le suivant : beurre, radis, sardines, tête d'âne farcie ; purée de haricots rouges aux croûtons ; consommé d'éléphant ; goujons frits ; chameau rôti à l'anglaise ; civet de kangourou ; côtes d'ours rôties, sauce poivrade ; cuissot de loup sauce chevreuil ; chat flanqué de rats ; salade de cresson, terrine d'antilope aux truffes ; cèpes à la bordelaise ; petits pois au beurre ; gâteau de riz aux confitures ; gruyère.

10. Max Weber, préface à *Beiträge Zur Sozialstastistik der deutschen Buchdrucker*, Berlin, éd. 1900, p. XXX.

11. Maurice Halbwachs, *La Classe ouvrière et les niveaux de vie. Recherches sur la hiérarchie des tensions dans les sociétés industrielles contemporaines*, Paris-Londres, Gordon and Breach, 1970, p. 334-365. Le livre contient des données sur la France. Voir aussi l'enquête de Seebohm Rowntree, *Comment diminuer la misère. Études sur la Belgique*, et les travaux de Peter Scholiers.

12. Andrew F. Smith, *Pure Ketchup. A History of America's National Condiment*, Washington, Smithsonian Press, 2001, p. 31-50.

13. Alberto Capatti, *op. cit.*, p. 100. Sur la France, voire *idem*, p. 87-105. Sur l'Italie, *idem*, « La nascita delle associazioni vegetariane in Italia », *Food and History*, 2004, vol. 2, 1, p. 157-169. Sur les États-Unis, voir Harvey A. Levenstein, *Revolution at the Table…*, *op. cit.*, p. 156-161.

14. Anthony Rowley, *La Cuisine, une pièce à vivre*, Paris, Flammarion, 1999, p. 114-120.

15. Harvey A. Levenstein, *Revolution at the Table…*, *op. cit.*, p. 45-49.

16. Martin Bruegel, « A bourgeois good ? Sugar, norms of consumption and the labouring classes in nineteen century France », in Peter Scholiers (ed.), *Food, Drink…*, *op. cit.*, p. 99-101, 105-112 ; Jane Dusselier, « Bonbons, lemon drops and Oh Henry ! Bars », in Sherrie A. Inness, *Kitchen Culture in America*, Philadelphie, Philadelphia University Press, 2001, p. 18-40 ; Andrew F. Smith, *Popped Culture : A Social History of Popcorn in America*, Washington, Smithsonian Press, 2001, p. 95-122 ; Francesco Chiapparino, « Milk and Fondant chocolate and the emergence of the swiss chocolate industry », in *Food and Material Culture, op. cit.*, p. 335-341.

17. Albero Capatti, *op. cit.*, p. 136-137 ; Ulrike Thomas, art. cité, p. 123-124.

18. Sophie Chave-Dartoen, « La cuisson des vivres au four de pierres à Wallis », in *Cuisines. Reflets…*, *op. cit.*, p. 437-438, 441, 452.

19. Hasia R. Diner, *Hungering for America*, Cambridge (Mas.), Harvard University Press, 2001, p. 201-209.

20. Sophie Chave-Dartoen, art. cité, p. 439-444.

21. Pour les États-Unis, voir Jeff Weinstein, « A postcard history of the US restaurant », in *Eating Culture*, Albany, State of New York University Press, 1998, p. 244-257 ; pour le Japon, voir Nicolas Fiévé, « L'Hôtel impérial de Tokyo », in Thierry Sanjuan (éd.), *Les Grands Hôtel en Asie…*, Paris, Presses Universitaires de la Sorbonne, 2005, p. 22-37.

22. Henriette Dussourd, « L'alimentation dans les communautés familiales agricoles du centre de la France », art. cité, p. 206-207 ; rev. William Campbell, *Sketches from Formosa*, Taipei, Taipei Ch'eng Wen Publishing Co, 1972, p. 131-135 ; Hasia R. Diner, *op. cit.*, p. 43-47 ; Max-Jean Zins, « Cuisine et politique en Inde. La politique culinaire des Kayasthes », *Revue française de science politique*, vol. 48, n° 3-4, juin-août 1998, p. 423-429.

23. Eva Colom Valageas, « La sobressade et l'ensaimada de Mallorca », mémoire de l'IEP de Paris, 2005, p. 3-11 ; Eszter Kisbàn, « Dishes as samples and symbols : national and ethnic markets in Hungary », in Hans-Jürgen Teuteberg (ed), *Essen und kulturelle Identität*, Bonn, Akademie Verlag, 1996, p. 204-207 ; Henry Notaker, « En contrepoint : l'identité nationale à travers les livres de cuisine du XIXe siècle », in Martin Bruegel et Bruno Laurioux (éd), *Histoire et identités…*, *op. cit.*, p. 140-147 ; Peter Scholliers, « L'invention d'une cuisine belge », *ibid.*, p. 164-166 ; Laura Mason, « Les puddings et l'identité anglaise », *ibid.*, p. 177-179.

24. Max-Jean Zins, art. cité, p. 418-420 ; *idem*, « Rites et protocoles du British Raj en Inde. La mise en scène des traditions inventées et importées », *Revue française de science politique*, vol. 45, n° 6, décembre 1995, p. 101-107.

25. Les passages sur 1914-1918 ont été développés pendant mon séminaire de Sciences-Po. Sur les vitamines, voir Harvey A. Levenstein, in *Histoire de l'alimentation*, *op. cit.*, p. 850-852.

26. Anthony Rowley, *La Cuisine*, *op. cit.*, p. 124-128.

27. Édouard Husson, « *Nous pouvons vivre sans les juifs…* » *Quand et comment ils décidèrent la Solution finale*, Paris, Perrin, 2005, p. 124 ; Nicolas Werth, *L'Île aux cannibales*, Paris, Perrin, 2006, p. 96 ; Werner Abelshauser, « Germany : guns, butter and economic miracles », in Mark Harrison (ed.), *The Economics of World War II*, Cambridge, Cambridge University Press, 1998, p. 127-144.

28. Alberto Capatti, « La croisade des régionalistes », in *Le Goût du nouveau*, *op. cit.*, p. 215-242 ; Pascal Ory, *Le Discours gastronomique…*, *op. cit.*, p. 124-142 ; T. C. Lloyd, « The Cincinnati chili culinary complex », *Western Folklore*, vol. 1, n° 40, 1981, p. 28-40.

CHAPITRE 9
LE PRINCIPE D'ANARCHIE

1. Sur les consommations après 1945, voir Joseph Persky, « Retrospectives : consumer sovereignty », *Journal of Economic Perspectives*, n° 7, hiver 1993, p. 183-193. Des informations sur la nourriture entre 1944 et 1948 ont été synthétisées d'après les archives du Public Record Office, notamment WO 204 et ss. Sur la France, voir Pierre-Henri Chombart de Lauwe, *La Vie quotidienne des familles ouvrières*, Paris, CNRS, 1977, chap. 9, p. 171-197. Sur l'Allemagne, voir Michael Widt, « Promise for more. The Rethoric of food consumption in West Germany », in Peter Scholliers, *op. cit.*, p. 63-69. Sur l'Italie, voir P. Del Bosco, « La forza delle cose, Un'acculturazione tangibile, masticabile, orrechiabile », in A Placania (éd.), *1944, Salerno capitale. Istituzioni e societa,* Naples, ESI, 1986, p. 514-519. Sur les rapports États-Unis/Europe, voir Victoria de Grazia, *Irresistible Empire…*, Cambridge (Mass.), Harvard University Press, 2005, p. 336-364.

2. La citation est commentée par Marcel Mauss dans son « Essai sur le don », in *Sociologie et anthropologie*, Paris, PUF, 1950, p. 279.

3. Voir François-Xavier Fauvelle-Aymar, « Traditions culinaires sud-africaines... », art. cit., p. 30-31.

4. Ce passage emprunte à Erving Goffman, *La Mise en scène de la vie quotidienne*, Paris, Éd. de Minuit, 1973.

Sur l'Afrique, voir Anne Luxereau, « Variation autour des mils au Niger », in *Cuisine et société en Afrique, op. cit.*, p. 228-230 et Catherine Baroin, « Éleusine et maïs... chez les Rwa (Tanzanie) », *ibid.*, p. 272-274.

Sur les États-Unis, voir Harvey A Levenstein, « Diététique contre gastronomie », in *Histoire de l'alimentation, op. cit.*, p. 853-854.

5. Voir Gabriella Petitdemange, « Entre lasagne, couscous et camenbert... », *Revue des sciences sociales*, n° 27, 2000, p. 27-32 ; Paolo Sorcinelli, « Identification process at work : vitues of the italian working-class... », in *Food, Drink and Identity, op. cit.*, p. 90-94 ; Chantal Thouvenot, « Frontière de civilisation et habitudes alimentaires dans la France du Nord-Est... », Colloque de l'IEHA, Bologne, 2003 ; Ulrike Thomas, « Crossing the border : Italian cuisine in Germany in the 20 th Century », *ibid.* ; Joël Bahloul, « Nourritures de l'altérité : le double langage des juifs algériens en France », *Annales, ESC*, 1983, p. 326-337 ; Jean-Michel Mignot, « Éléments ethnographiques pour une histoire des résistances et des changements alimentaires. Masas ruraux du Nord-Cameroun », *Technique et Culture*, n° 31-32, 1998, p. 278-291 ; David Y.H. Wu, « Improvising chinese cuisine overseas », in D.Y.H. Wu et Sidney C.H. Cheung (éd.), *The Globalization of Chinese Food*, Honolulu, University Press of Hawaï, 2002, p. 57-62.

6. Voir Sylvie Sanchez, « La pizza des uns dans le pays des autres », in Isabelle Garabuau-Moussarui (éd.), *Alimentations contemporaines*, Paris, L'Harmattan, 2002, p. 123-141 ; Harvey Levenstein, *Paradox of Plenty..., op. cit.*, p. 51-55 ; Annick Sjögren de Beauchaine, « The Bourgeoisie in the dining room, Meat ritual and cultural process in Parisian families of today », *Institutet för folklivsforkning*, 1988, p. 75-90. Ilios Yanakakis, « De la malbouffe à l'utopie ruraliste », *Cahiers d'histoire sociale*, printemps/été 2000, p. 5-12.

CONCLUSION

1. Jean Rougeot, « Origine et histoire du lapin », *Ethnozootechnie*, n° 27, 1981, p. 1-8.

Peter R Checke, « Potential of rabbit production in tropical and subtropical agricultural system », *Journal of Animal Science*, 1986, n° 63, p. 1581-1586.

Piero Camporesi, « Le déclin du bouillon », in *La Terre et la Lune, op. cit.*, p. 176-184.

Benoist Schaal, *Nature*, 2003.

TABLE

DU MÊME AUTEUR

L'Évolution économique de la France du milieu du XIXe siècle à 1914, Paris, Sedes, 1981.

L'Évolution économique de la Russie du milieu du XIXe siècle à 1914, Paris, Sedes, 1982.

Histoire générale du XXe siècle (avec Bernard Droz), Paris, Le Seuil, 4 volumes, 1986-1992.

Les vingt-cinq ans qui ont transformé la France (avec Jean-Louis Monneron), Paris, NLF, 1986, rééd. SGED 1999.

À table, la fête gastronomique, Paris, Gallimard, 1994.

Les Français à table. Atlas historique de la gastronomie française (avec plusieurs contributeurs), Paris, Hachette, 1997.

Mémoires de Jacques Le Roy-Ladurie (édition établie avec Emmanuel Le Roy Ladurie), Paris, Flammarion, 1997.

Histoire du Continent européen de 1850 à nos jours (avec Jean-Michel Gaillard), Paris, Le Seuil, 1998, rééd. Points, 2001.

La Cuisine, une pièce à vivre, Paris, Flammarion, 1999.

Le Vin, une histoire de goût (avec Jean-Claude Ribaut), Paris, Gallimard, 2003.

L'Étiquette du vin, Paris, Hachette, 2003.

DANS LA COLLECTION « POCHES ODILE JACOB »

N° 1 : Aldo Naouri, *Les Filles et leurs mères*
N° 2 : Boris Cyrulnik, *Les Nourritures affectives*
N° 3 : Jean-Didier Vincent, *La Chair et le Diable*
N° 4 : Jean François Deniau, *Le Bureau des secrets perdus*
N° 5 : Stephen Hawking, *Trous noirs et Bébés univers*
N° 6 : Claude Hagège, *Le Souffle de la langue*
N° 7 : Claude Olievenstein, *Naissance de la vieillesse*
N° 8 : Édouard Zarifian, *Les Jardiniers de la folie*
N° 9 : Caroline Eliacheff, *À corps et à cris*
N° 10 : François Lelord, Christophe André, *Comment gérer les personnalités difficiles*
N° 11 : Jean-Pierre Changeux, Alain Connes, *Matière à pensée*
N° 12 : Yves Coppens, *Le Genou de Lucy*
N° 13 : Jacques Ruffié, *Le Sexe et la Mort*
N° 14 : François Roustang, *Comment faire rire un paranoïaque ?*
N° 15 : Jean-Claude Duplessy, Pierre Morel, *Gros Temps sur la planète*
N° 16 : François Jacob, *La Souris, la Mouche et l'Homme*
N° 17 : Marie-Frédérique Bacqué, *Le Deuil à vivre*
N° 18 : Gerald M. Edelman, *Biologie de la conscience*
N° 19 : Samuel P. Huntington, *Le Choc des civilisations*
N° 20 : Dan Kiley, *Le Syndrome de Peter Pan*
N° 21 : Willy Pasini, *À quoi sert le couple ?*
N° 22 : Françoise Héritier, Boris Cyrulnik, Aldo Naouri, *De l'inceste*
N° 23 : Tobie Nathan, *Psychanalyse païenne*
N° 24 : Raymond Aubrac, *Où la mémoire s'attarde*
N° 25 : Georges Charpak, Richard L. Garwin, *Feux follets et Champignons nucléaires*
N° 26 : Henry de Lumley, *L'Homme premier*
N° 27 : Alain Ehrenberg, *La Fatigue d'être soi*
N° 28 : Jean-Pierre Changeux, Paul Ricœur, *Ce qui nous fait penser*
N° 29 : André Brahic, *Enfants du Soleil*
N° 30 : David Ruelle, *Hasard et Chaos*
N° 31 : Claude Olievenstein, *Le Non-dit des émotions*
N° 32 : Édouard Zarifian, *Des paradis plein la tête*
N° 33 : Michel Jouvet, *Le Sommeil et le Rêve*
N° 34 : Jean-Baptiste de Foucauld, Denis Piveteau, *Une société en quête de sens*
N° 35 : Jean-Marie Bourre, *La Diététique du cerveau*
N° 36 : François Lelord, *Les Contes d'un psychiatre ordinaire*

N° 37 : Alain Braconnier, *Le Sexe des émotions*
N° 38 : Temple Grandin, *Ma vie d'autiste*
N° 39 : Philippe Taquet, *L'Empreinte des dinosaures*
N° 40 : Antonio R. Damasio, *L'Erreur de Descartes*
N° 41 : Édouard Zarifian, *La Force de guérir*
N° 42 : Yves Coppens, *Pré-ambules*
N° 43 : Claude Fischler, *L'Homnivore*
N° 44 : Brigitte Thévenot, Aldo Naouri, *Questions d'enfants*
N° 45 : Geneviève Delaisi de Parseval, Suzanne Lallemand, *L'Art d'accommoder les bébés*
N° 46 : François Mitterrand, Elie Wiesel, *Mémoire à deux voix*
N° 47 : François Mitterrand, *Mémoires interrompus*
N° 48 : François Mitterrand, *De l'Allemagne, de la France*
N° 49 : Caroline Eliacheff, *Vies privées*
N° 50 : Tobie Nathan, *L'Influence qui guérit*
N° 51 : Éric Albert, Alain Braconnier, *Tout est dans la tête*
N° 52 : Judith Rapoport, *Le garçon qui n'arrêtait pas de se laver*
N° 53 : Michel Cassé, *Du vide et de la création*
N° 54 : Ilya Prigogine, *La Fin des certitudes*
N° 55 : Ginette Raimbault, Caroline Eliacheff, *Les Indomptables*
N° 56 : Marc Abélès, *Un ethnologue à l'Assemblée*
N° 57 : Alicia Lieberman, *La Vie émotionnelle du tout-petit*
N° 58 : Robert Dantzer, *L'Illusion psychosomatique*
N° 59 : Marie-Jo Bonnet, *Les Relations amoureuses entre les femmes*
N° 60 : Irène Théry, *Le Démariage*
N° 61 : Claude Lévi-Strauss, Didier Éribon, *De près et de loin*
N° 62 : François Roustang, *La Fin de la plainte*
N° 63 : Luc Ferry, Jean-Didier Vincent, *Qu'est-ce que l'homme ?*
N° 64 : Aldo Naouri, *Parier sur l'enfant*
N° 65 : Robert Rochefort, *La Société des consommateurs*
N° 66 : John Cleese, Robin Skynner, *Comment être un névrosé heureux*
N° 67 : Boris Cyrulnik, *L'Ensorcellement du monde*
N° 68 : Darian Leader, *À quoi penses-tu ?*
N° 69 : Georges Duby, *L'Histoire continue*
N° 70 : David Lepoutre, *Cœur de banlieue*
N° 71 : Université de tous les savoirs 1, *La Géographie et la Démographie*
N° 72 : Université de tous les savoirs 2, *L'Histoire, la Sociologie et l'Anthropologie*
N° 73 : Université de tous les savoirs 3, *L'Économie, le Travail, l'Entreprise*

N° 74 : Christophe André, François Lelord, *L'Estime de soi*
N° 75 : Université de tous les savoirs 4, *La Vie*
N° 76 : Université de tous les savoirs 5, *Le Cerveau, le Langage, le Sens*
N° 77 : Université de tous les savoirs 6, *La Nature et les Risques*
N° 78 : Boris Cyrulnik, *Un merveilleux malheur*
N° 79 : Université de tous les savoirs 7, *Les Technologies*
N° 80 : Université de tous les savoirs 8, *L'Individu dans la société d'aujourd'hui*
N° 81 : Université de tous les savoirs 9, *Le Pouvoir, L'État, la Politique*
N° 82 : Jean-Didier Vincent, *Biologie des passions*
N° 83 : Université de tous les savoirs 10, *Les Maladies et la Médecine*
N° 84 : Université de tous les savoirs 11, *La Philosophie et l'Éthique*
N° 85 : Université de tous les savoirs 12, *La Société et les Relations sociales*
N° 86 : Roger-Pol Droit, *La Compagnie des philosophes*
N° 87 : Université de tous les savoirs 13, *Les Mathématiques*
N° 88 : Université de tous les savoirs 14, *L'Univers*
N° 89 : Université de tous les savoirs 15, *Le Globe*
N° 90 : Jean-Pierre Changeux, *Raison et Plaisir*
N° 91 : Antonio R. Damasio, *Le Sentiment même de soi*
N° 92 : Université de tous les savoirs 16, *La Physique et les Éléments*
N° 93 : Université de tous les savoirs 17, *Les États de la matière*
N° 94 : Université de tous les savoirs 18, *La Chimie*
N° 95 : Claude Olievenstein, *L'Homme parano*
N° 96 : Université de tous les savoirs 19, *Géopolitique et Mondialisation*
N° 97 : Université de tous les savoirs 20, *L'Art et la Culture*
N° 98 : Claude Hagège, *Halte à la mort des langues*
N° 99 : Jean-Denis Bredin, Thierry Lévy, *Convaincre*
N° 100 : Willy Pasini, *La Force du désir*
N° 101 : Jacques Fricker, *Maigrir en grande forme*
N° 102 : Nicolas Offenstadt, *Les Fusillés de la Grande Guerre*
N° 103 : Catherine Reverzy, *Femmes d'aventure*
N° 104 : Willy Pasini, *Les Casse-pieds*
N° 105 : Roger-Pol Droit, *101 Expériences de philosophie quotidienne*
N° 106 : Jean-Marie Bourre, *La Diététique de la performance*
N° 107 : Jean Cottraux, *La Répétition des scénarios de vie*
N° 108 : Christophe André, Patrice Légeron, *La Peur des autres*
N° 109 : Amartya Sen, *Un nouveau modèle économique*
N° 110 : John D. Barrow, *Pourquoi le monde est-il mathématique ?*

N° 111 : Richard Dawkins, *Le Gène égoïste*
N° 112 : Pierre Fédida, *Des bienfaits de la dépression*
N° 113 : Patrick Légeron, *Le Stress au travail*
N° 114 : François Lelord, Christophe André, *La Force des émotions*
N° 115 : Marc Ferro, *Histoire de France*
N° 116 : Stanislas Dehaene, *La Bosse des maths*
N° 117 : Willy Pasini, Donato Francescato, *Le Courage de changer*
N° 118 : François Heisbourg, *Hyperterrorisme : la nouvelle guerre*
N° 119 : Marc Ferro, *Le Choc de l'Islam*
N° 120 : Régis Debray, *Dieu, un itinéraire*
N° 121 : Georges Charpak, Henri Broch, *Devenez sorciers, devenez savants*
N° 122 : René Frydman, *Dieu, la Médecine et l'Embryon*
N° 123 : Philippe Brenot, *Inventer le couple*
N° 124 : Jean Le Camus, *Le Vrai Rôle du père*
N° 125 : Elisabeth Badinter, *XY*
N° 126 : Elisabeth Badinter, *L'Un est l'Autre*
N° 127 : Laurent Cohen-Tanugi, *L'Europe et l'Amérique au seuil du XXIe siècle*
N° 128 : Aldo Naouri, *Réponses de pédiatre*
N° 129 : Jean-Pierre Changeux, *L'Homme de vérité*
N° 130 : Nicole Jeammet, *Les Violences morales*
N° 131 : Robert Neuburger, *Nouveaux Couples*
N° 132 : Boris Cyrulnik, *Les Vilains Petits Canards*
N° 133 : Christophe André, *Vivre heureux*
N° 134 : François Lelord, *Le Voyage d'Hector*
N° 135 : Alain Braconnier, *Petit ou grand anxieux ?*
N° 136 : Juan Luis Arsuaga, *Le Collier de Néandertal*
N° 137 : Daniel Sibony, *Don de soi ou partage de soi*
N° 138 : Claude Hagège, *L'Enfant aux deux langues*
N° 139 : Roger-Pol Droit, *Dernières Nouvelles des choses*
N° 140 : Willy Pasini, *Être sûr de soi*
N° 141 : Massimo Piattelli Palmarini, *Le Goût des études ou comment l'acquérir*
N° 142 : Michel Godet, *Le Choc de 2006*
N° 143 : Gérard Chaliand, Sophie Mousset, *2 000 ans de chrétientés*
N° 145 : Christian De Duve, *À l'écoute du vivant*
N° 146 : Aldo Naouri, *Le Couple et l'Enfant*

N° 147 : Robert Rochefort, *Vive le papy-boom*
N° 148 : Dominique Desanti, Jean-Toussaint Desanti, *La liberté nous aime encore*
N° 149 : François Roustang, *Il suffit d'un geste*
N° 150 : Howard Buten, *Il y a quelqu'un là-dedans*
N° 151 : Catherine Clément, Tobie Nathan, *Le Divan et le Grigri*
N° 152 : Antonio R. Damasio, *Spinoza avait raison*
N° 153 : Bénédicte de Boysson-Bardies, *Comment la parole vient aux enfants*
N° 154 : Michel Schneider, *Big Mother*
N° 155 : Willy Pasini, *Le Temps d'aimer*
N° 156 : Jean-François Amadieu, *Le Poids des apparences*
N° 157 : Jean Cottraux, *Les Ennemis intérieurs*
N° 158 : Bill Clinton, *Ma Vie*
N° 159 : Marc Jeannerod, *Le Cerveau intime*
N° 160 : David Khayat, *Les Chemins de l'espoir*
N° 161 : Jean Daniel, *La Prison juive*
N° 162 : Marie-Christine Hardy-Baylé, Patrick Hardy, *Maniaco-dépressif*
N° 163 : Boris Cyrulnik, *Le Murmure des fantômes*
N° 164 : Georges Charpak, Roland Omnès, *Soyez savants, devenez prophètes*
N° 165 : Aldo Naouri, *Les Pères et les Mères*
N° 166 : Christophe André, *Psychologie de la peur*
N° 167 : Alain Peyrefitte, *La Société de confiance*
N° 168 : François Ladame, *Les Éternels Adolescents*
N° 169 : Didier Pleux, *De l'enfant roi à l'enfant tyran*
N° 170 : Robert Axelrod, *Comment réussir dans un monde d'égoïstes*
N° 171 : François Millet-Bartoli, *La Crise du milieu de la vie*
N° 172 : Hubert Montagner, *L'Attachement*
N° 173 : Jean-Marie Bourre, *La Nouvelle Diététique du cerveau*
N° 174 : Willy Pasini, *La Jalousie*
N° 175 : Frédéric Fanget, *Oser*
N° 176 : Lucy Vincent, *Comment devient-on amoureux ?*
N° 177 : Jacques Melher, Emmanuel Dupoux, *Naître humain*
N° 178 : Gérard Apfeldorfer, *Les Relations durables*
N° 179 : Bernard Lechevalier, *Le Cerveau de Mozart*
N° 180 : Stella Baruk, *Quelles mathématiques pour l'école ?*

N° 181 : Patrick Lemoine, *Le Mystère du placebo*
N° 182 : Boris Cyrulnik, *Parler d'amour au bord du gouffre*
N° 183 : Alain Braconnier, *Mère et Fils*
N° 184 : Jean-Claude Carrière, *Einstein, s'il vous plaît*
N° 185 : Aldo Naouri, Sylvie Angel, Philippe Gutton, *Les Mères juives*
N° 186 : Jean-Marie Bourre, *La Vérité sur les oméga-3*
N° 187 : Édouard Zarifian, *Le Goût de vivre*
N° 188 : Lucy Vincent, *Petits arrangements avec l'amour*
N° 189 : Jean-Claude Carrière, *Fragilité*
N° 190 : Luc Ferry, *Vaincre les peurs*
N° 191 : Henri Broch, *Gourous, sorciers et savants*
N° 192 : Aldo Naouri, *Adultères*
N° 193 : Violaine Guéritault, *La Fatigue émotionnelle et physique des mères*
N° 194 : Sylvie Angel et Stéphane Clerget, *La Deuxième Chance en amour*
N° 195 : Barbara Donville, *Vaincre l'autisme*
N° 196 : François Roustang, *Savoir attendre*
N° 197 : Alain Braconnier, *Les Filles et les Pères*
N° 198 : Lucy Vincent, *Où est passé l'amour ?*
N° 199 : Claude Hagège, *Combat pour le français*
N° 200 : Boris Cyrulnik, *De chair et d'âme*
N° 201 : Jeanne Siaud-Facchin, *Aider son enfant en difficulté scolaire*
N° 202 : Laurent Cohen, *L'Homme-thermomètre*
N° 203 : François Lelord, *Hector et les secrets de l'amour*
N° 204 : Willy Pasini, *Des hommes à aimer*
N° 205 : Jean-François Gayraud, *Le Monde des mafias*
N° 206 : Claude Béata, *La Psychologie du chien*
N° 207 : Denis Bertholet, *Claude Lévi-Strauss*
N° 208 : Alain Bentolila, *Le Verbe contre la barbarie*
N° 209 : François Lelord, *Le Nouveau Voyage d'Hector*
N° 210 : Pascal Picq, *Lucy et l'obscurantisme*
N° 211 : Marc Ferro, *Le Ressentiment dans l'histoire*
N° 212 : Willy Pasini, *Le Couple amoureux*
N° 213 : Christophe André, François Lelord, *L'Estime de soi*
N° 214 : Lionel Naccache, *Le Nouvel Inconscient*
N° 215 : Christophe André, *Imparfaits, libres et heureux*
N° 216 : Michel Godet, *Le Courage du bon sens*

N° 217 : Daniel Stern, Nadia Bruschweiler, *Naissance d'une mère*
N° 218 : Gérard Apfeldorfer, *Mangez en paix !*
N° 219 : Libby Purves, *Comment ne pas être une mère parfaite*
N° 220 : Gisèle George, *La Confiance en soi de votre enfant*
N° 221 : Libby Purves, *Comment ne pas élever des enfants parfaits*
N° 222 : Claudine Biland, *Psychologie du menteur*
N° 223 : Dr Hervé Grosgogeat, *La Méthode acide-base*
N° 224 : François-Xavier Poudat, *La Dépendance amoureuse*
N° 225 : Barack Obama, *Le Changement*
N° 226 : Aldo Naouri, *Éduquer ses enfants*
N° 227 : Dominique Servant, *Soigner le stress et l'anxiété par soi-même*

Cet ouvrage a été transcodé et mis en pages
chez Nord Compo (Villeneuve d'Ascq)

Impression réalisée par

CPI
Brodard & Taupin

La Flèche (Sarthe), le 14-08-2009
N° d'impression : 53819
N° d'édition : 7381-2297-X
Dépôt légal : août 2009

Imprimé en France